Erika Becker · Geliebt – gesucht – gefunden
Therese Neumann begleitet Wahrheitssucher

Therese Neumann in der Vision von Christi Himmelfahrt (1934)

Erika Becker

Geliebt – gesucht – gefunden

Therese Neumann begleitet Wahrheitssucher

Mit kirchlicher Druckerlaubnis

Die Deutsche Bibliothek – CIP-Einheitsaufnahme

Becker, Erika:
Geliebt – gesucht – gefunden : Therese Neumann begleitet
Wahrheitssucher / Erika Becker. – 2. Aufl. – Würzburg :
Naumann, 1996
  1. Aufl. u. d. T.: Becker, Erika: Durch Resl bekehrt
  ISBN 3-88567-068-2

© Johann Wilhelm Naumann Verlag GmbH, Würzburg
Gesamtherstellung: Echter Würzburg

Bildnachweis: Archiv Erika Becker, Siegfried Ratai: »Lohr am Main – in alten Ansichten«;
Max Rößler: »Therese Neumann von Konnersreuth«.

ISBN 3-88567-068-2

Inhalt

Geleitwort

Die Wüste ruft nach Wasser. Das Dunkel begehrt nach Licht. Die Schuld lechzt nach der Gnade. Wenn dem so ist, hat Joseph Bernhart – selbst ein unbeirrbarer Verehrer der Therese Neumann – recht, wenn er sagt: *Was den Zeiten nottut, ist das Unzeitgemäße.*

Daraus erklärt sich, daß eine von Tempo und Technik beherrschte Zeit nach dem verlangt, was mehr ist als Lärm und Raserei, mehr als Leichtes und Seichtes, mehr also als Rationalismus und Materialismus zu bieten haben. Dieses seelische Verlangen mißbrauchen jene Verführer, zumal aus östlichen Landen, zumal vor westlicher Jugend, die das Hingabe-Bedürfnis des Menschen zur Unterwerfung unter fragwürdige Gurus mißbrauchen oder von Glück und Genuß dort predigen, wo von Schuld, Opfer, Gnade zu reden wäre.

Je höher ein Wert, desto mehr wird er vom *Lügner von Anbeginn* und dessen Anhängern verleumdet. Und so werden die Ereignisse der Mystik seit eh und je nicht nur vom kritischen Intellekt, nicht nur von Vorurteilen wie *Das gibt's doch einfach nicht,* sondern auch von böswilliger Verfälschung in die Verteidigung gedrängt. Die schlimme Folge ist dann, daß der Gutwillige sie aus seinem Blickfeld schiebt, die gute Folge jedoch, daß auf die Dauer echt und falsch geschieden werden und so sich das Wahre bewährt.

Doch auch ein zu früher Gebrauch des Wortes *Wunder* könnte den Gutwilligen davon abhalten, daß er sich dem Phänomen Mystik zuwendet. Denn wenn es auch, zumindest für den Katholiken, selbstverständlich ist, weder wundersüchtig noch wunderscheu zu sein, so ist doch in einem Zeitalter, das der Naturwissenschaft huldigt, aus dem früher ehrfürchtig gebrauchten Wort *Wunder* ein herausforderndes Reizwort geworden. Nur zögernd mag der Fromme anerkennen, daß manches, was bisher als Wunder geschätzt worden ist, sich durchaus natürlich erklären läßt.

Warum also immer wieder neu die unergiebige Debatte entflammen, ob – und damit werden wir konkret hinsichtlich der Therese Neumann *Wunder* das richtige Wort ist. Noch kennen wir nicht die Grenzen der Natur. Soll also *Wunder* ein außer oder über der Natur bedeuten, so kann oft nicht sicher behauptet werden, wo die Grenzen dieser Natur liegen und wo sie überwunden sind. Zumindest also solange die Kirche sich nicht offiziell dazu geäußert hat, kann die Diskussion über *Konnersreuth* auf dieses Streitwort verzichten. Denn wenn eines fernen Tages auch alle Vorgänge, die mit dem Namen Konnersreuth verbunden sind, als natürlich erklärbar befunden würden (was, vor allem hinsichtlich der Nahrungslosigkeit kaum denkbar, dennoch methodisch nicht einfach ausgeschlossen werden kann) – selbst dann also, wenn alles sich im Rahmen der Natur ereignet hätte, wären die Phänomene doch so ungewöhnlich, so geheimnistief, so exorbitant, daß ihnen der Charakter des Zeichens nicht abgesprochen werden kann. Der Herr aber spricht, der menschlichen Glaubensschwäche entgegenkommend, von *Zeichen und Wundern* (Jo 4, 48).

Zeichen aber sind Hinweise. Es wäre ungenügend, wolle man nur sie allein sehen und gelten lassen. Darum gehörte es zur Passion der Resl, daß die Leute immer sie und ihre Wundmale anstarrten – als wäre der Briefträger und nicht der Brief wichtig –, statt daß sie sich der eigentlichen Mitteilung der Begnadeten zugewandt hätten. Was aber war als Botschaft von Konnersreuth vernehmbar? Eben etwas als scheinbar Unzeitgemäßes höchst Zeit-Notwendiges: die Unausweichlichkeit des Kreuzweges und die gnadenhafte Stärkung durch die Eucharistie. Einsichten von drängender Aktualität in einer Zeit, wo der Mensch nicht für einen Kreuzweg, sondern für Glück und Genuß programmiert scheint und wo nicht genügend neben dem heiligen Wort auch das heilige Sakrament des Altars ehrfürchtig geliebt wird.

Läßt sich darin die Botschaft von Konnersreuth entdecken, dann kann man getrost jenes Testverfahren anwenden, das der Herr selbst empfohlen hat: An seinen Früchten erkennt man den Baum. Wer unvoreingekommen die (allerdings meist verborgenen) Wirkungen überprüft, die von Konnersreuth ausgegangen sind, wer auch nur einen Bruchteil der Bekehrungen kennt, wer gar mit der Resl selbst zusammen gewesen – er kann keinen Zweifel über die Güte dieser Früchte des Konnersreuther Baumes haben. Und selbst wer heute nach Konnersreuth kommt, ohne je der Resl begegnet zu sein, kann an den von der Resl geprägten Anstalten – Anbetungskloster Theresianum und Spätberufenen-Seminar Fockenfeld – erkennen, welcher Art Früchte hier herangereift sind.

Nein, die Resl braucht keine Verteidiger. Doch die Wahrheit will Zeugen. Und das ist der Sinn dieses Buches. Es will dem Zeugnis von Menschen dienen, die die Resl gekannt und die erkannt haben, wie sie vielen zum Segen geworden. Ihr Zeugnis könnte die Gleichgültigen herausfordern, es will den Suchenden eine Hilfe und den Fragenden eine Antwort sein.

Max Rößler

Und kommt das Ende
dieser raschen Tage,
Naht jene Stunde
mit der großen Frage,
Herr, gib mir Kraft,
daß ich das Eine sage.
Auch wenn kein Atem mehr
zum Worte bliebe,
Mein Herz laß stammeln
mit dem letzten Schlage:
Was auch geschah –
Du weißt, daß ich Dich liebe.

Max Rößler

In Dankbarkeit legte ich am Tage der Beisetzung auf seinen schmucklosen Sarg drei Rosen, die nun weiterblühen in meinem Herzen.

— . — . — . — . —

Für Unterstützung und Mithilfe bei der zweiten erweiterten Auflage meines Buches möchte ich danken:

Herrn Bischöflichen Officialatsrat Msgr. Emmeram H. Ritter,
Herrn Bischöfl. Geistl. Rat und Postulator Pfarrer Anton Vogl,
Herrn Guy Gaucher, Weihbischof von Lisieux, Karmelit
Frau Miriam Ilan-Kirstein,
den Mitgliedern des Konnersreuther Ring e. V. und
dem Team des Naumann Verlages.

Mein eigenes Fotomaterial ergänzten:
Herr Ferdinand Neumann,
der Kölner Karmel und Egino Weinert, Goldschmiedemeister aus Köln
und Herr Karl Anderlohr.

Bad Orb, Fest der heiligen Theresie vom Kinde Jesu, 1. Oktober 1996

Erika Becker

Begegnung in Konnersreuth

Wer zur Quelle gehen kann,
der gehe nicht zum Wassertopf!
Leonardo da Vinci

»Heiland!« Mit diesem Gottesnamen auf den Lippen starb jener Mensch, der durch Therese Neumann den Weg zur katholischen Kirche und zum Priestertum gefunden hat, und zuletzt seinen Ruheplatz auf dem Friedhof zu Konnersreuth.

Ein Jude auf einem katholischen Friedhof – wie ist es dazu gekommen? Und warum ist es von Bedeutung, diesem Menschenleben nachzuforschen und es aus der Vergangenheit heraufzuholen, so, wie man nach einem Schatz gräbt und überwältigt ist, wenn man ihn gefunden hat?

Eine erste Antwort gibt uns das Sterbebildchen, auf dem wir lesen: *Siehe Heiland, ich komme zu Dir, den ich geliebt, den ich gesucht habe.*

Wer heutzutage auf den Friedhof geht, der findet das hölzerne Grabkreuz mit der Inschrift: *Hier ruht in Gott der hochwürdige Priesterkonvertit BRUNO ROTHSCHILD, gestorben am Hl. Abend 1932 im 33. Lebensjahr,* nicht mehr an der Stelle, wo es erst gestanden hat. Auf der Rückseite dieses Grabkreuzes befand sich ein Spruch, der den Lebensweg des Verstorbenen zusammenfaßte:

> *Siehe Heiland,*
> *ich komme zu dir,*
> *den ich geliebt,*
> *den ich gesucht habe.*

Als im Jahr 1967 eine besondere Priestergruft unter dem großen Friedhofskreuz angelegt wurde, übertrug man auch die Gebeine von Bruno Rothschild dorthin. Sein altes Grab blieb fast zehn Jahre unbesetzt. Erst während eines Urlaubs im Herbst 1977 entdeckte ich einen neuen Grabstein auf altbekannter, vorher grasbewachsener Stelle:

ERNA HAVEN
Belgien
* 30. 9. 1902 † 14. 4. 1977
HIER FAND ICH DEN GLAUBEN

Ich vermutete, daß es nur eine Verwandte sein könne, die Anrecht auf diesen Grabplatz habe.

Als ich im nächsten Jahr wiederkam, fand ich keine besondere Veränderung auf dem Friedhof vor. Am letzten Urlaubsmorgen, unmittelbar vor meiner Heimreise, ging ich noch einmal zu den liebgewordenen Gräbern, um Abschied zu nehmen. Erschrocken bemerkte ich, daß zwei Friedhofsarbeiter sich dort zu schaffen machten, wo tags zuvor noch der Grabstein der Erna Haven gestanden hatte. Einer der Arbeiter stand bereits in der ausgegrabenen Gruft auf dem Sarg: *Mein Gott, was willst du mir damit sagen?* dachte ich. Ich erfuhr von den Arbeitern, daß sie den Auftrag hätten, den Sarg noch tiefer zu legen, damit später dasselbe Grab noch den Sarg des in Belgien lebenden Ehemanns aufnehmen könne. Nachdenklicher als sonst ging ich durch das schmiedeeiserne Friedhofstor, an dem – unübersehbar – zu lesen ist: Denk o Mensch ans Sterben.

Vom Friedhof aus ging ich noch einmal ins Theresianum. Ich wollte meine Pension bezahlen und mich verabschieden. Als ich den Speisesaal betrat, sah ich dort nur einen mir unbekannten, alten Herrn im Rollstuhl sitzen sowie eine Begleiterin. Sofort dachte ich: Dies ist Herr Haven und bei ihm kann ich die langgesuchte Auskunft über Bruno Rothschild bekommen; hier bin ich an der Quelle. Deshalb sprach ich ihn an und erzählte ihm, daß Bruno Rothschild und Resl bei der Konversion unserer Familie im Jahre 1930 auch unsere Taufpaten geworden seien. Leider hätten wir durch Brunos plötzlichen Tod und die schicksalsschweren Jahre während des *Tausendjährigen Reiches* nur sehr wenig über ihn erfahren.

Herr Haven war so beeindruckt über diese unerwartete, ja fast wunderbare Begegnung, daß er mich spontan nach Belgien einlud und mir zu verstehen gab, daß er noch viele Dokumente besitze, die er mir zeigen wolle.

WEITERER WEG ZU DEN QUELLEN

Diese Einladung nahm ich freudig an; es war mir, als wolle mir Bruno endlich von sich und seiner Familie erzählen. Bei diesem ersten Wochenendbesuch in Belgien, dem später längere Besuche folgten, hielt ich einen Brief Brunos vom 2. August 1930 in Händen. Er hatte ihn aus Konnersreuth an seine jüdische Kusine Erna Herrmann, die spätere Frau Haven, geschrieben. Darin erwähnt er: *Hier ist noch alles beim alten. Morgen konvertiert hier eine ganze Familie aus Berlin. Resl läßt*

Dich grüßen und auch von mir beste Grüße! Dein Vetter Bruno. Diesen Brief schenkte mir Herr Haven im Original. Ich nahm es als ein Geschenk der Vorsehung an und sandte ihm dafür die Konversionsgeschichte meines Vaters Hermann Becker.

Schon am Fest Allerheiligen 1978 lernte ich die Kusine Brunos – seine Mutter und Ernas Vater waren Geschwister – durch ein mir übersandtes Tonband näher kennen. Sie hatte es kurze Zeit vor ihrem Tode, der unerwartet eintrat, besprochen. Erna schildert ihre Konversion, wobei deutlich wird, daß ihr Bruno Rothschild und Edith Stein eine große seelische Stütze waren. Auch Edith Stein hatte – wie Bruno und Erna – eine fromme, jüdische Mutter, die anfangs unter der vermeintlichen Ab-Götterei ihres Kindes litt.

Am 30. Oktober 1981 verstarb Herr Haven und wurde, seinem Wunsche entsprechend, nach Konnersreuth überführt und im Grabe bei seiner Frau Erna beigesetzt. Ich erfüllte auch seinen letzten Wunsch, zu seiner Beerdigung zu kommen. Es erscheint mir providentiell, daß mir bei diesem Anlaß – fast fünfzig Jahre nach Brunos Tod und mehr als fünfzig Jahre seit meiner letzten Begegnung mit ihm im Jahre 1930 – alle seine Originalbriefe an Erna und die fotokopierten Briefe Edith Steins an Erna als Vermächtnis übergeben wurden. Die Originalbriefe Edith Steins, der späteren Schwester Teresia Benedicta à Cruce OCD, sandte ich schon von Belgien aus am 20. Mai 1981 in das Archiv des Kölner Karmels.

Von einem anderen kostbaren Dokument erfuhr ich am 25. April 1982 durch Pater Benedikt Stolz OSB[1] in der Abtei Dormitio auf dem Sionsberg in Jerusalem. Es war der Geburtstag meines verstorbenen Vaters und zugleich meines 1981 verstorbenen Bruders Hermann, der vier Jahre seines Studiums in Jerusalem verbracht hatte.

Pater Benedikt ist ein alter, väterlicher Freund unserer Familie. Wir lernten ihn 1930 in Konnersreuth kennen. Davon erzählt er in seinem Buch *Von Jerusalem nach Konnersreuth*. Wir unterhielten uns über Bruno Rothschild. Pater Benedikt erinnerte sich, daß er noch ein kleines Notizbuch von Bruno verwahre, in welchem dieser sich Aufzeichnungen von seinem Aufenthalt in Konnersreuth im Jahre 1928 notiert habe. Ich ließ mir dieses Notizbuch zeigen und bat den Pater, mir die in Gabelsberger Stenographie gemachten Aufzeichnungen sogleich zu übersetzen. Das tat er und schenkte mir dann das Notizbüchlein.

Wieder nach Deutschland zurückgekehrt, begab ich mich nach Lohr, um in der Geburtsstadt von Bruno nach Menschen zu suchen, die seine Familie gekannt hatten. Es fand sich noch ein Jugendfreund Brunos, der die Schulzeit mit ihm verbracht hatte.

Der Redakteur der *Lohrer Nachrichten*, Karl Anderlohr, war so freundlich, mir die Einsichtnahme in die 1932 herausgegebenen Exemplare dieser Zeitung zu gestatten; er fertigte mir die erbetenen Fotokopien an und sandte mir später noch weiters erbetenes Quellenmaterial aus dem Jahre 1924.

Von einer alten Nachbarin der Rothschilds, Frau Anna Emmert[2], erhielt ich die Anschrift eines um acht Jahre jüngeren Bruders von Bruno, dessen Familienangehörige noch nach dem 9. November 1938, der sogenannten *Kristallnacht*, das Land der Rettung – Amerika – erreicht hatten. Sogleich versuchte ich brieflich ein Lebenszeichen aus Amerika zu erhalten. Postwendend kam eine Antwort dieses Bruders Alvin, die mich tief beeindruckte: *Liebe Erica! Well, ich erlaube mir obige Anschrift – ein Freund meines Bruders ist ein Freund von uns. Ich habe mich sehr gefreut mit Deinem Brief … obwohl ich niemals Deinen Namen durch meinen Bruder gehört habe … Oft denke ich an meinen Bruder, was wohl mit ihm geschehen wäre unter dem Hitlerregime … ich respektiere ihn, daß er allein einen solch wichtigen Schritt unternahm … ich hoffe nur, daß er mit seinem kurzen Leben glücklich war …*

Im Oktober 1987 erhielt ich eine Einladung nach New York und lernte nun Alvin Rothschild und seine Frau Herta auch persönlich kennen und liebgewinnen als *lebendige Dokumente*, von denen ich noch viel Unbekanntes aus erster Quelle über Brunos Leben erfahren durfte. Im Oktober 1991 sahen wir uns in New York wieder.

Nach einer weiteren Quelle forschte ich in Germersheim bei der Familie Uhl[3], in deren Apotheke Bruno zuletzt tätig war, bevor er mit dem Studium der Theologie begann. In der ehemaligen Wirkungsstätte Brunos wurde ich herzlich empfangen. Ein lebendiges Andenken an ihn überragt inzwischen das Haus – eine große, schlanke Tanne. Einst war es ein kleines Bäumchen im Blumentopf, zum Christfest schön geschmückt, ein Geschenk für den jungen, jüdischen Apotheker von einer Händlerin, bei der er Blumen zu kaufen pflegte. Nach dem Fest wurde das Bäumchen in das Gärtchen im Hof des Apothekerhauses gepflanzt. In dem Haus hatte man viele Briefe Brunos aus den Jahren 1927 bis 1932 aufbewahrt, die er aus Konnersreuth und anderen Orten an die Familie Uhl geschrieben hatte. Diese Briefe ergänzen seine Notizen von 1928 und später.

Auch aus dem Diözesanarchiv des Ordinariates Eichstätt erhielt ich noch weiteres Quellenmaterial und aus der Klosterchronik der Benediktinerinnen-Abtei St. Walburg wurden mir dankenswerter Weise Fotokopien von erwünschten Dokumenten angefertigt.

Anfang des Jahres 1983 gab mir Prälat Professor Andreas Bauch[4], ehemals Regens des Priesterseminars Eichstätt, Gelegenheit, mit ihm über seinen früheren Kurskollegen im Priesterseminar Eichstätt, Bruno Rothschild, zu sprechen. Besonders die Schilderung der Ereignisse unmittelbar nach Brunos Tod auf dem Hauptbahnhof in Nürnberg bereicherte mein Wissen.

Die *Stadtapotheke Lichtenfels*, in der Bruno nach seinem Staatsexamen bis 1. Januar 1927 arbeitete und wohnte, besteht nicht mehr. Das Haus wurde verkauft und dient seinem neuen Besitzer, Herrn Weber, als Kunstgalerie im alten Apothekerhaus, in dem er eigene Kunstwerke ausstellt. Im Sommer 1983 führte mich Herr Weber durch seine Galerie und zeigte mir noch alte Holzschränke mit Schubladen für Kräuter einzige Überreste aus der alten *Stadtapotheke Lichtenfels*.

Auch die gesuchte alte Stadtapotheke neben dem Rathaus in Schotten, in der Bruno als noch unexaminierter Gehilfe bei Herrn Apotheker Theodor Skriba[5] tätig war, existiert nicht mehr. Sein Grab aber wird von der Stadt Schotten in Ehren gehalten und sein Name wird durch die Benennung einer Straße in Erinnerung bleiben als Wohltäter dieser Stadt.

In Speyer besuchte ich das Diözesan-Archiv und das Kloster der Dominikanerinnen St. Magdalena, in deren Schule einst Dr. Edith Stein und Erna Herrmann (später verheiratet mit Firmin Haven, Belgien) tätig waren.

Dort traf ich am 4. Mai 1987 – anläßlich des Gottesdienstes mit Papst Johannes Paul II. – auch wieder mit einer ehemaligen Kollegin von Dr. Edith Stein, Uta Freiin von Bodman zusammen, die einst in der Hauskapelle des Bischofs Dr. Ludwig Sebastian von Speyer Firmpartin von Erna Herrmann geworden war. Sie starb – 91jährig – am 14.8.88.

Zuletzt nahm ich persönlich und schriftlich Kontakt auf mit Sr. Maria Amata Neyer OCD im Kölner Karmel. Dies geschah im Zusammenhang unmittelbar nach der Seligsprechung von Edith Stein durch Papst Johannes Paul II. am 1. Mai 1987, im Müngersdorfer Stadion.

Ein Jahr später, am 1. Mai 1988, schrieb Sr. Amata: *Heute, am 1. Jahrestag der Seligsprechung Edith Steins, grüße ich Sie besonders herzlich. Wir haben in der hl. Messe an alle in den Fürbitten gedacht, die sich über unsere Selige mit uns verbunden wissen. Und dazu gehören ja auch Sie ...*

Nun danke ich Ihnen aber zunächst einmal für die wertvollen Kopien, die Sie mir sandten. Das sind ja Schätze, denn sie belegen in einmaliger Weise, wann und wie Pater Stolz und Edith Stein sich kennenlernten. Wie schade, daß die Korrespondenz verloren ging! Man muß halt dankbar sein für alles, was trotzdem noch gerettet werden konnte. So wie jetzt die Briefstellen, die Sie mir sandten, mit denen ich so glücklich bin ...

Es scheint mir fast sicher, daß Edith Steins Pläne, ins Hl. Land überzusiedeln, über Pater Benedikt zustande kamen. Woran sind denn diese Pläne wirklich gescheitert? ... Ich kann mich nur gut erinnern, daß unsere Mutter Renata[6] *mir als Postulantin – also doch wohl 1944 oder Anfang 1945 – erzählte, sie mache sich heftige Vorwürfe, daß sie damals dieses Projekt nicht mehr unterstützt hätte. Sie fand die Niederlande, als neutrales Ausland, sicher genug, und wollte die geliebte Mitschwester nicht soweit weg wissen, wie man damals das Hl. Land empfand. – Es war ja nicht wie heute, wo praktisch jeder, der will, dorthin kann, und das in wenigen Stunden. Jetzt grüße ich Sie herzlich und bitte auch um Ihr Gebet. In treuem Gedenken Ihre Sr. Amata Neyer O.C.D.*

---

[1] Stolz, Dr. Pater Benedikt, geboren 6. Januar 1895, gestorben 28. April 1986.

[2] Gestorben am 7. November 1991.

[3] Dagobert Uhl, geboren 4. Februar 1906, gestorben 26. November 1986.

[4] Bauch, Andreas, Prof. Dr. Päpstlicher Ehrenprälat und Bischöflicher Geistlicher Rat, Ehrenbürger der Stadt Eichstätt und der Marktgemeinde Mörnsheim-Ernsfeld. 22. 2. 1908 geboren in Ensfeld; 29. 6. 1932 zum Priestergeweiht in Eichstätt; 1932–1934 Kaplan in Nürnberg-Eibach; 1934–1946 Subregens im Priesterseminar Eichstätt; 1950–1971 Regens des Priesterseminars; 1947–1976 Professor für Allgemeingeschichte, Kirchengeschichte u. Kirchliche Kunst an der Bischöflichen Phil.-Theol. Hochschule, später Katholische Universität Eichstätt. Gestorben in Eichstätt 24. 10. 1985

[5] Skriba, Theodor, geboren 1. Oktober 1882, gestorben 26. April 1959.

[6] Schwester Teresia Renata de Spiritu Sancto O.C.D., Glotz und Lutz, Nürnberg 1954.

14

Bruno Rothschild

DAS ELTERNHAUS IN LOHR

Die Kaufmannseheleute Hermann Rothschild, geboren am 8. Mai 1868 in Grünsfeld, und Helena, geborene Herrmann, geboren am 17. Januar 1876 in Scheßlitz, wohnten in Lohr am Oberen Markt, gegenüber dem Rathaus, und besaßen dort ein Manufakturwarengeschäft.

Inmitten der katholischen Bevölkerung lebten die Eltern streng nach jüdischen Gesetzen und erzogen auch ihre drei Kinder in diesem Sinne. Bruno wurde am 24. Januar 1900 geboren, Irma am 28. August 1901, Alvin am 16. Mai 1908. Die Rothschilds waren als ehrenwerte und gleichberechtigte Lohrer Bürger anerkannt und integriert. Man achtete sie als Handelspartner und verkehrte gesellig mit ihnen. Sie galten als vaterlandsliebend und der Regierung untertan. Hermann Rothschild trat im Laufe der Zeit mehreren Vereinen bei und erhielt als Mitglied der Freiwilligen Feuerwehr in Lohr die Auszeichnung mit dem Verdienstkreuz. Als er plötzlich im Jahre 1932 starb, war Frau Helena gezwungen, das Geschäft allein weiterzuführen. Sie bat die Kundschaft, das ihrem Manne entgegengebrachte Vertrauen auf sie zu übertragen. Zunächst konnte die Witwe sich auf ihre katholischen Mitbürger verlassen, die ihre Herzen den antisemitischen Parolen nicht öffneten. Als jedoch der politische Druck von Jahr zu Jahr auch in der Kleinstadt Lohr stärker wuchs, sich am 9. November 1938 in der sogenannten *Kristallnacht* entlud, Terrorgruppen jüdisches Eigentum beschädigten und in Brand setzten, wurde auch das Haus der Rothschilds nicht verschont. SA-Männer drangen in die Räume ein, zerschlugen Gegenstände, warfen sie aus den Fenstern und zündeten den Hausrat auf dem Marktplatz an.

Danach mußten Mutter und Tochter aus ihrem Hause fliehen. Sie fanden zunächst Zuflucht bei einer befreundeten Familie in Lohr und später bei Verwandten in Scheßlitz. Es gelang den Rothschilds, nach Amerika auszuwandern und im Land ihrer Rettung eine neue Heimat zu finden. Das Haus in Lohr wurde nach dem Kriege verkauft und zusammen mit dem Nachbarhaus *Gasthaus zum Schwarzen Adler* abgerissen. Heute steht auf dem Platz des ehemaligen Elternhauses von Bruno die Stadtsparkasse.

Im Elternhaus fühlte sich Bruno mit seinen beiden Geschwistern Irma und Alvin glücklich und geborgen. Er galt nach dem Urteil der Mutter als *stets brav und wohlerzogen*. Aus der Zeit ist noch ein Kinderbild erhalten, das sich im Besitz seiner Kusine Erna befand und um dessen Kopie Resl einmal nach Brunos Tod bat: *Liebe Erna ... schicke mir Brunos Bild als Kind. Hansl macht es dann ab und so kommt es in keine fremden Hände ...*

Die Grundschul- und Gymnasialzeit verlebte Bruno in seiner Vaterstadt Lohr. Unzertrennliche Freundschaft verband ihn seit dem ersten Schuljahr mit seinem katholischen Mitschüler Fritz Ortlauf[1]. Sie saßen auf der Schulbank nebeneinander.

Bruno erlebte im Elternhaus das *Jüdische Jahr*, war in Gesetz und den Propheten wohl unterrichtet und hielt sich streng an die Weisungen. Er galt als ein tiefreligiöser, nach Wahrheit strebender junger Mann.

Inmitten der katholischen Bevölkerung erlebte Bruno aber auch deren intesives religiöses Leben und Brauchtum, das ihm von Kindheit an einen lebendigen Anschauungsunterricht vermittelte. Über Christus konnte er besonders am Karfreitag belehrt werden, denn seit Jahrhunderten hatte sich die Lohrer Bevölkerung einen frommen Brauch bewahrt: Da zogen die Bürger im langen Trauerzug durch ihre Stadt. Angehörige der Handwerksinnungen und Zünfte – auch einige Mädchen der Marianischen Kongregation – trugen zwölf große Figuren, Stationen des Leidens Christi darstellend.

Am Fronleichnamstag konnte Bruno mit ansehen, wie der in der Brotsgestalt gegenwärtige Heiland feierlich durch die festlich geschmückten Straßen getragen wurde und die Bevölkerung betend und singend ihm folgte. Sobald die Prozession am Markt angekommen war, ertönten Böllerschüsse vom Stadtrand her, und der Priester erteilte mit dem Allerheiligsten den Segen. Noch heute steht, an das Rathaus angelehnt, das schöne, altehrwürdige Wegkreuz in der Hauptstraße Lohrs.

Die Ruhe des kleinbürgerlichen Alltagslebens wurde jäh durch den Ausbruch des Ersten Weltkrieges gestört. Bruno war damals erst 14 Jahre alt. Während seiner Schulferien half er bei der Einbringung der Ernte auf einem Bauernhof. Doch noch vor der Beendigung des Krieges im Februar 1918 mußten auch Bruno und seine Mitschüler einrücken. Er kam zunächst nach Bamberg zum 5. Infanterie-Regiment und von dort zur Front.

Gereift durch die Kriegszeit und durch Nachkriegserlebnisse im Freikorps Würzburg, dem er beigetreten war und mit dem er auszog, die Münchener Unruhen zu bekämpfen, kehrte Bruno Ende 1919 an das Gymnasium in Lohr zurück und saß wieder neben seinem Schulkameraden Fritz Ortlauf. Nach einem halben Jahr absolvierten beide das Not-Abitur. Danach entschied sich Bruno zunächst für das Studium der Medizin, das er im Wintersemester 1919/20 begann. Im Sommersemester studierte er Chemie. Dann wechselte er in den pharmazeutischen Beruf, war zwei Jahre als Praktikant in Frankfurt am Main und Würzburg, ein Jahr als unexaminierter Gehilfe in Schotten tätig. In der Zwischenzeit hatte er im Juliusspital in Würzburg die pharmazeutische Vorprüfung bestanden. Von 1923 bis 1925 besuchte er zum weiteren Studium der Pharmazie die Hochschulen Würzburg und Jena und übernahm nach bestandenem Staatsexamen eine Gehilfenstellung in Mainz. In Lichtenfels am Main arbeitete er vom 1. April 1926 bis 1. Januar 1927. Danach war er – bis zu seiner Konversion im Jahre 1928 – in Germersheim tätig.

EINE WAHLVERSAMMLUNG UND DEREN FOLGEN

Die politischen Wirren der Nachkriegszeit bewegten den jungen patriotisch gesinnten Studenten, sich aktiv an der Neugestaltung eines demokratisch regierten Vaterlandes zu beteiligen und eine kommunistische Diktatur zu verhüten. Bei einem Aufenthalt in Lohr nahm er an einer Wahlversammlung im Hotel Post am Sonntag, 23. März 1924, teil. Bruno brachte einige junge jüdische Freunde mit. Allen war bekannt, daß der Leiter dieser Versammlung auch auf die Judenfrage zu sprechen kommen werde. Bruno ging nicht unvorbereitet in diese Wahlversammlung. Er hatte sich unter anderem Material vom Reichsbund Jüdischer Frontsoldaten aus Berlin besorgt und wollte alle Juden verteidigen, die am Krieg teilgenommen hatten, verwundet oder gefallen waren. Seine Freunde hatten Bruno als ihren Sprecher und Verteidiger gewählt. Sie nahmen zusammen vorn im Saal Platz.

Sobald der Redner die Juden attackierte, griff Bruno mutig in die Debatte ein und verteidigte seine Glaubensgenossen. In der Hitze des Redegefechts kam Bruno von der Politik auf die Religion zu sprechen und ließ sich dabei zu der Behauptung hinreißen, daß Jesus Christus ein außereheliches Kind von einer Jüdin und einem römischen Hauptmann sei.

Nach dieser Behauptung entstand im Saal ein Tumult. Einige Versammlungsteilnehmer stürzten sich auf den jungen jüdischen Sprecher und verprügelten ihn, so daß er – im Gesicht stark blutend – das Lokal verlassen mußte. Die Ereignisse wurden in der Stadt Lohr zum Tagesgespräch.

Am 29. März 1924 veröffentlichte die Lohrer Zeitung eine Erklärung, die vom katholischen Stadtpfarrer Abel und vom evangelischen Stadtpfarrer Fuchs unterzeichnet war. Sie hat folgenden Wortlaut:

Ich glaube an Jesum Christum, Gottes eingeborenen Sohn, unsern Herrn, der empfangen ist von dem Heiligen Geist, geboren aus Maria, der Jungfrau. So lautet das Bekenntnis aller christlichen Kirchen, nicht erst seit gestern, sondern seit Jahrhunderten, seit bald zwei Jahrtausenden. Ein ehrwürdiges und heiliges Bekenntnis ist es für jeden, der Christi Namen trägt. Wir haben in der Lehre von der Jungfrauengeburt einen menschlichen Versuch vor uns, *das gottselige Geheimnis, Gott ist geoffenbart im Fleisch* (1 Tim 3,16) in menschliche Begriffe zu fassen. Die heiligen Evangelisten Matthäus und Lukas, die uns davon berichten, wollen damit die göttliche Ehre und Herrlichkeit des Erlösers begründen. Sie bestätigen damit gleich allen Schriftstellern des Neuen Testaments das wunderbar tiefe Bekenntnis des Johannes-Evangeliums. *Wir sahen seine Herrlichkeit, eine Herrlichkeit als des eingeborenen Sohnes vom Vater, voller Gnade und Wahrheit* (Joh 1,14). Man mag sich persönlich zur Jungfrauengeburt stellen wie man will, sicher ist, daß diese Lehre die Ehre und Würde des göttlichen Erlösers begründen will, und wer sie in den Kot zu ziehen wagt, der frevelt gegen unseren Heiland und Erlöser und rührt unser Heiligstes an.

Es ist klar, daß das Christentum bei seinem Eintritt in die feindselige Umwelt, in die jüdische wie in die heidnische, es sich gefallen lassen mußte, daß es verhöhnt und verlästert, verspottet und geschmäht wurde. Es wurde besonders die Gestalt des Gekreuzigten verhöhnt und verlästert und über die christlichen Liebesmahle, die Abendmahlsfeiern, wurden die schändlichsten Verleumdungen verbreitet. Kein Wunder, daß auch die Lehre von der Jungfrauengeburt verspottet und in gemeiner Weise in den Schmutz gezogen wurde. So finden wir schon in der Schmähschrift des heidnischen Philosophen Celsus (170–180 n. Chr.), die den Titel *Wahres Wort* führt, alle die gehässigen jüdischen und heidnischen Schmähungen und Lästerungen, die noch heute die Freude aller Feinde des Kreuzes Christi bilden. Hier finden wir auch die schamlose Lüge über die Geburtsgeschichte Jesu. Professor Ernst Häckel hat es sich nicht entgehen lassen, in seinen *Welträtseln*

18

diese Schandgeschichten wieder aufzuwärmen, und hat dabei seinem blindwütigen Haß gegen das Christentum selbst seinen wissenschaftlichen Ruf geopfert.

Das also sind die trüben Quellen, auf die sich am letzten Sonntag in einer Wahlversammlung in unserer Stadt ein geborener Feind des Kreuzes Christi, ein junger Jude, angeblich im Namen *der Wissenschaft* berief, wobei er die ungeheuere Frechheit besaß, einen *wissenschaftlichen Nachweis* für die Jungfrauengeburt zu verlangen. Noch ungeheuerer freilich ist die Gutmütigkeit der aus Hunderten von Christen bestehenden Wählerversammlung, die sich derartiges von einem Juden bieten ließen, und die naive Einfalt, mit der heute gar mancher in unserer Stadt, ohne zu erröten, von diesen pikanten Geschichten spricht und dabei sehr *gebildet* von einer wissenschaftlichen Streitfrage redet, von der man bisher nichts gewußt. Fehlte nur noch, daß man dem frechen Lästerer eine Dankesadresse widmet für die *wertvolle wissenschaftliche Aufklärung,* die er geleistet. O sancta simplicitas!

Der Nachweis, der hier erbracht werden müßte, wäre der für die Richtigkeit der erhobenen Schmähungen. Dieser Nachweis aber ist nicht zu erbringen, weil eben die *historischen und wissenschaftlichen Grundlagen* hierfür nichts als jüdische und heidnische Schmähschriften sind. Im übrigen ist dies unglaubliche Gerede über die Geburtsgeschichte Jesu so einfältig und gemein, daß es überflüssig ist, es hier zu widerlegen. Es ist dies schon von den Tagen des Origines unzählige Male geschehen, und auch ein so scharfsinniger und unerbittlicher Kritiker des Christentums wie David Friedrich Strauß hat schon 1835 die jüdischen Schandgeschichten über Maria in ihr Nichts aufgelöst. Selbst hochangesehene Juden wie Moses Mendelssohn in einem Brief an Lavater und Graetz in seiner *Geschichte der Juden* bezeichnet solche jüdischen Schmähschriften gegen Jesus als *elendes Machwerk, kombiniert aus fragmentarischen Sagen des Talmud über Jesus.* Der Versammlung aber vom letzten Sonntag und insbesondere deren Leitung kann der schwere Vorwurf nicht erspart bleiben, daß sie die Ehre des Christenglaubens gegen jüdische Anmaßung und Frechheit nicht entschieden genug gewahrt hat – ganz im Gegensatz zu dem angekündigten Programm.

Von der jüdischen Kultusgemeinde hier ist, wenn in ihr noch ein Gefühl für Anstand und Schicklichkeit lebt, zu erwarten, daß sie durch eine öffentliche Erklärung das schwere Ärgernis zu beseitigen versucht, das jener junge Jude durch seine Schmähungen allen gläubigen Christen in unserer Stadt bereitet hat. Denn wenn auch in jener Versammlung wohl heftige Angriffe gegen die Juden erhoben wurden, so war einmal ja das Thema allgemein bekannt und kein Jude hätte hinzugehen brauchen. Zum anderen darf auch berechtigte Gegenrede niemals dazu führen, das, was Tausenden ein heiliger Glaubenssatz ist, mit Schmutz zu bewerfen.

Wenn wir auch einem schrankenlosen Antisemitismus keineswegs das Wort reden, so müssen wir uns doch gegen solche jüdische Anmaßung und Beleidigung unseres Glaubens verwahren. Die Schmach, die man hier öffentlich unserem Heiland angetan hat, müssen wir als unsere eigene Schmach empfinden. Und wir wissen uns gewiß mit allen gläubigen Christen aller Konfessionen einig darin, daß wir allen Verleumdungen und Schmähungen zum Trotz festhalten an dem Bekenntnis zu Jesus Christus, unserem Herrn und Heiland, *Gottes eingeborenen Sohn, empfangen durch den Heiligen Geist und geboren aus Maria der Jungfrau.*

Abel, Stadtpfarrer[2]
Fuchs, Stadtpfarrer[3]

Die israelitische Kultusgemeinde in Lohr sah sich durch den Artikel der christlichen Kirchen herausgefordert, die Schmähreden des jungen, namentlich nicht erwähnten Juden, öffentlich aufs schärfste zu verurteilen und das Ärgernis zu beseitigen. Die Veröffentlichung in der Lohrer Zeitung vom Dienstag, 1. April 1924, geschah jedoch, ohne daß der Vorstand der Kultusgemeinde vorher mit dem Angeklagten oder seinen Verwandten ein Gespräch gesucht hatte. Die Erklärung lautete:

Zu den Veröffentlichungen der hochwürdigen Herren Stadtpfarrer in der Sonntagsnummer erklärt die unterfertigte israelitische Kultusgemeinde, daß sie den Äußerungen des jungen Mannes in jeder Weise vollständig ferne steht und solche schärfstens verurteilt. Sie bedauert deshalb aufrichtig die dadurch entstandene Mißstimmung und wünscht nichts sehnlicher, als mit allen christlichen Mitbürgern nach wie vor in Frieden und Eintracht weiter zu leben.

Israelitische Kultusgemeinde Lohr am Main
H. Winheimer, Vorstand.

Aus Protest gegen den vom Vorstand der Iraelitischen Kultusgemeinde unterzeichneten Text erklärte Bruno schriftlich seinen Austritt. Dieser Schritt bedeutete für ihn jedoch noch keinen Glaubenswechsel oder gar die Abwendung von dem Gott seiner Väter. Er fühlte sich alleingelassen in seinem Kampf gegen die antisemitische Ideologie des aufkeimenden Nationalsozialismus. Er blieb der festen Überzeugung, daß der Mensch nicht ohne Religion leben könne.

Nach dem Protestschreiben kam es noch zu einer gerichtlichen Verhandlung in Aschaffenburg, die jedoch nicht von den christlichen Kirchen oder der Israelitischen Kultusgemeinde in Lohr veranlaßt wurde. Nach Meinung des Bruders Alvin Rothschild waren für die Anzeige drei oder vier Nazis verantwortlich, die seinen Bruder der Gotteslästerung bezichtigten. Bruno wurde zu einer Freiheitsstrafe verurteilt. Nach anderen Berichten von damals handelte es sich nur um eine Geldstrafe.

AUF DER SUCHE NACH WAHRHEIT

Als *ein geborener Feind des Kreuzes Christi* war Bruno angeschuldigt und geschlagen worden. Seine Ankläger verspotteten ihn, seine berufliche Laufbahn war gefährdet.

Was ist Wahrheit? – diese Frage beschäftigte ihn nun so stark, daß er sich an den katholischen Stadtpfarrer von Lohr wandte, der ihm Verständnis entgegengebracht hatte, als die Ankläger harte Sühne forderten. Pfarrer Abel belehrte den Unwissenden gütig und versorgte ihn mit katholischen Büchern. Später verwies er ihn nach Mariabuchen – einem Wallfahrtsort in der Nähe von Lohr – an einen Kapuzinerpater, der die weitere Unterweisung übernahm.

Mit Staunen stellte Bruno fest, daß sein bisheriges Wissen über die Hinweise der Propheten auf den Messias lückenhaft war. Trotzdem fühlte er sich schon jetzt unter die Streiterschar Christi eingereiht, in das Neue Israel. Er ließ nicht nach im vertrauensvollen Gebet um Erkenntnis der Wahrheit. Auch nahm er Kontakt auf zu Menschen, die den Weg von der Synagoge zur Kirche bereits gegangen waren. Das Studium der Pharmazie hatte unter den Studien über die katholische Religionslehre nicht gelitten.

Während seiner Tätigkeit in der Stadtapotheke in Lichtenfels hatte er einmal Gelegenheit, einen Vortrag über Therese Neumann anzuhören, zu dem der Kolpingverein der katholischen Pfarrgemeinde eingeladen hatte. Die Stigmatisierte war damals schon zu Weltruhm gelangt. Glaube und Wissenschaft lagen wegen des einfachen Bauernmädchens, das die Wundmale Christi trug, ohne Nahrung und Trank lebte und Visionen hatte, in heftigem Widerstreit. In den Streit mischten sich in den Zeitungen auch politische Stimmen.

Von diesem religiösen und naturwissenschaftlich rätselhaften Phänomen fühlte sich auch Bruno unwiderstehlich angezogen. Er wollte die Wahrheit ergründen. Deswegen fuhr er mit dem Fahrrad von Lich-

tenfels nach Konnersreuth und erkundigte sich zunächst bei den Ortsbewohnern über Therese Neumann. Eine Schwester Resls, Agnes, die
noch in Konnersreuth lebt, erinnert sich daran, daß sie während eines
Freitagsleidens ihrer Schwester auf deren Anweisung im ekstatischen
Zustand einen jungen Mann unter den vor dem Hause Stehenden und
Wartenden heraussuchen und in das *Leidensstübchen* mit hinaufneh-
men mußte. Es habe sich um Bruno Rothschild gehandelt. Brunos Bruder Alvin erwähnt, daß er öfter in Lichtenfels mit Bruno zusammenkam und daß sie dabei auch über Therese Neumann gesprochen hätten. Er glaube bestimmt, daß Konnersreuth seinen Bruder teilweise
überzeugt habe. Bruno sei aber schon vorher ein tief religiöser Mann
gewesen und habe ihm immer geschrieben, daß der Mensch nicht
ohne Religion leben solle. Niemals aber habe Bruno dem Bruder empfohlen, seiner Religion zu folgen.

Der Ortswechsel Brunos von Lichtenfels nach Germersheim hatte
wohl seine Ursache darin, daß ihm die Möglichkeit fehlte, sich neben
der Berufstätigkeit ungestört der inneren Weiterbildung zu widmen.
Aus einem Brief an seine Kusine Erna vom 4. März 1930 erfahren wir:
*… Ich habe mir seinerzeit auch die größte Mühe gemacht, eine passende Stel-
lung zu finden, die es mir ermöglichte, in Ruhe und Zurückgezogenheit meinen Übertritt vollziehen zu können. Ein halbes Jahr lang gingen alle Versuche fehl oder blieben ohne jeglichen Erfolg. Da löste sich zum Schluß, als die
Sache reif war, alles spielend leicht, wie wenn es von langer Hand her schon
vorbereitet wäre.* Am Schluß des Briefes empfiehlt er seiner in ähnlicher
Lage befindlichen Verwandten: *Habe Mut und Gottvertrauen, es wird
bestimmt alles gut.*

Bruno las in der Pharmazeutischen Zeitung damals eine Anzeige
und bewarb sich um die Stelle in Germersheim. Die Bewerbung wurde
angenommen und telegrafisch durch den Apotheker Julius Uhl bestätigt. Man vereinbarte als Arbeitsbeginn den 1. April 1927.

So übersiedelte Bruno in die alte, gemütliche ehemalige Garnison-
stadt Germersheim, die zu dieser Zeit noch von französischen Truppen
besetzt war. Er fand bei der katholischen Familie Uhl einen angenehmen Arbeitsplatz mit Wohnung und wurde auch bald in die Tischge-
meinschaft der Familie aufgenommen. Bruno freute sich besonders
über gelegentliche Besuche des Ortspfarrers[4] und religiöse Gespräche,
in denen oft Therese Neumann von Konnersreuth im Mittelpunkt
stand.

Wesentlich war für Bruno auch die Bekanntschaft mit Edith Stein
aus Speyer, die dort an dem Mädchengymnasium der Dominikanerin-

nen von St. Magdalena und am Lehrerinnenbildungsseminar der Pfalz Unterricht gab. Sie begann damals neben ihrer wissenschaftlichen Arbeit Vorträge zu halten. In Briefen an Erna erwähnt er später oftmals den Namen der bedeutenden Philosophin und Husserlschülerin und empfiehlt, sich mit ihr zu befreunden.

---

[1] Geboren am 4. März 1900 in Lohr, gestorben in Lohr am 10. Dezember 1991.

[2] Geboren am 19. Oktober 1866 in Kolitzheim, gestorben am 29. März 1933 in Lohr.

[3] Friedrich Wilhelm Heinrich Fuchs, Pfarrer und Dekan in Lohr von 1922 bis 1954, auch zum Kirchenrat ernannt.

[4] Eugen Sauer, Geistl. Rat und Dekan in Germersheim von 1920 bis 1956. Geboren am 22. Mai 1879 in Waldmohr, gestorben am 7. Mai 1961 in Herxheim.

Nach Konnersreuth

Für seine Ferien wählte sich Bruno als Ziel Konnersreuth. Er versah am 22. Juli 1928 noch seinen Sonntagsdienst in der Apotheke und verabschiedete sich am 23. Juli von der Familie Uhl mit der Bemerkung, daß er in Konnersreuth eine Lebensentscheidung treffen wolle. Von diesem Tage an machte er sich Notizen in jenem Büchlein, welches sich später bis zum Jahre 1982 in Jerusalem befand.

Einen Tag blieb er in Ludwigshafen, reiste von dort am Dienstag, dem 24. Juli frühmorgens ab und kam um 19 Uhr in Konnersreuth an. Unterwegs lernte er einen jungen Mann aus Ludwigshafen kennen[1], schloß sich ihm an und ging mit ihm in den Gasthof. Dann spazierten sie durch den Ort, wobei sie gleich das Glück hatten, Therese Neumann zu sehen, die in ihr elterliches Haus in Begleitung eines Jungen ging, gefolgt von einem Lämmchen mit rotem Halsband. Dieses Lamm war ein Geschenk. Es folgte ihr wie ein Hündchen und ruhte gern unter dem Schneidertisch von Resls Vater. Nach dem Abendspaziergang kamen die beiden wieder am Neumann-Haus vorbei und sahen Therese nochmals, diesmal in Gesellschaft von zwei anderen Personen. Auch Resl hatte die Vorübergehenden gesehen und erinnerte sich am nächsten Tag sofort an sie.

Nach dem anstrengenden Anreisetag fand Bruno keine erholsame Nachtruhe. Deutlich drückt sich in seinem Traumbild aus, in welchem Seelenzustand er war. Am 25. Juli steht folgende Notiz in seinem Büchlein: *Schlecht verbrachte Nacht., Um 3 Uhr durch einen schweren Traum erwacht (Leiter mit Stacheln!, Steinen und Blöcken unten), der mich beunruhigte.*

Noch unter dem Eindruck der unruhigen Nacht begab sich Bruno am Vormittag des 25. Juli ins Pfarrhaus. Er konnte aber den Pfarrer nicht sprechen, da dieser - nach Auskunft der Haushälterin Anna Dimpfl – in der Schule war. Um die Zeit auszufüllen, ging Bruno, begleitet von einem Studenten, Artur Grüßer, in die Kirche. Dort setzte er sich mit seinem Begleiter vor den Theresienaltar. Der Altar war am 17. Mai 1928, dem dritten Jahrestag der Heiligsprechung der Karmelitin Theresia von Lisieux, zu deren Ehre und als Dank für die wunderbare Heilung der Resl in der Pfarrkiche zu Konnersreuth aufgestellt und eingeweiht worden[2].

Man kann voraussetzen, daß Bruno bereits vor seiner Reise nach Konnerreuth den ersten Bericht von Fritz Gerlich über Therese Neumann kannte, der in Millionenhöhe erschienen war, am 6. Nov. 1927 Neumann in der »Einkehr« Nr. 81, Beilage der Münchner Neuesten Nachrichten[3].

Diesen Bericht würdigte Kardinal Faulhaber, München, durch einen Brief an den Verfasser, der damals noch nicht zur katholischen Kirche konvertiert war:

Mit innerster Ergriffenheit habe ich Ihre Darstellungen in der ›Einkehr‹ gelesen. Es ist nicht bloß die schriftstellerische Kunst der Darstellung, nicht bloß die Wärme des unmittelbar Erlebten, es ist für mich auch der Bekennermut, mit dem Sie unter Zeichnung Ihres Namens Ihre Erlebnisse aus Konnersreuth gegeben haben. Die Kundgebungen von uns beiden sind, ohne daß wir voneinander wußten, am gleichen Tag erfolgt. Die Ihrigen auf Grund Ihrer persönlichen, mit offener Seele empfangenen Eindrücke an Ort und Stelle, die meinige auf Grund theologischer Prinzipien. Wenn ich mich nicht täusche, lodert in Ihren Darlegungen das gleiche Feuer, das in der ›Stimme‹ von Hermann Bahr mir früher entgegenschlug. Gebe Gott, daß Ihre Darlegungen zur Klärung und Beruhigung der Seelen und zum ‚›Durchdenken bis zum Ende‹, wie Hermann Bahr es nannte, viel beiträgt!

Mit dem Ausdruck aufrichtiger Verehrung bleibe ich

Ihr ergebener Card. Faulhaber.

Wahrscheinlich kannte Bruno – außer dem Bericht von Dr. Fritz Gerlich – auch die Veröffentlichung von Pfarrer Naber in der Waldsassener Grenzzeitung vom 21. April 1926. Dieser Bericht stellt die älteste Schilderung jenes Augenzeugen dar, dem durch sein Amt ein besonders genauer Einblick in die Geschehnisse gewährt worden war:

Konnersreuth, den 15. April 1926.

Anscheinend sind nah und fern über auffallende Vorgänge, die sich in Konnersreuth in den letzten Jahren zugetragen haben, Gerüchte im Umlauf, die der Wahrheit nicht ganz entsprechen. Da es sich um ganz Ungewöhnliches und Erhabenes an einem scheinbar ganz gewöhnlichen Menschenkinde handelt, muß sich der in unserer Zeit steckende kritische Geist geradezu herausgefordert fühlen, und es ist zu befürchten, daß die kleinste Entstellung der Wahrheit schon ihn zu einem wegwerfenden Urteil über das Ganze veranlaßt. Deshalb halte ich es für meine Pflicht, die fraglichen Vorgänge in ihren Hauptmomenten der Öffentlichkeit einfach und schlicht so, wie sie sich vor unseren Augen abgespielt haben, vor Augen zu führen.

Die Schneiderstochter Therese Neumann in Konnersreuth hatte sich im Frühjahr 1918 im Alter von zwanzig Jahren gelegentlich eines Brandes beim Hinaufreichen von Wasser zum Löschen offenbar infolge von Überanstrengung eine Wirbelsäulenverletzung zugezogen. Sie war damals plötzlich zusammengeknickt, hat sich dann mühsam durch den Sommer geschleppt, um im Herbst, als die Grippe so gefährlich auftrat, von furchtbaren Krämpfen überfallen zu werden, zu denen sich verschiedenartigste Lähmungen und Muskelzusammenziehungen gesellten. Unter anderem war sie von 1919 an über vier Jahre stockblind. Am Seligsprechungstag der ehrwürdigen Theresia vom Kinde Jesu, am 29. April 1923, kehrte plötzlich das volle Augenlicht wieder. Die übrigen erwähnten Leiden dauerten fort bis zum Heiligsprechungstage Theresiens, bis zum 17. Mai 1925. An diesem Tage wurde ich zu der Kranken gerufen, weil man nicht wisse, was sie habe. Ich traf sie, die Augen unverwandt auf etwas vor ihr gerichtet, die Hände darnach ausgestreckt, das Angesicht freudig strahlend; sie nickte mit dem Kopf und schüttelte ihn, als ob sie mit jemand spreche; plötzlich setzte sie sich, nachdem sie das sechseinhalb Jahre nicht mehr gekonnt hatte, auf, aber unter großen Schmerzen an der verletzten Stelle im Rückgrat. Als der außerordentliche Zustand verschwunden war, fragte ich, wo sie denn jetzt eben gewesen sei. Statt einer Antwort auf diese Frage erklärte sie mit verblüffender Sicherheit, sie könne jetzt aufstehen und gehen. Ihre Mutter sah alsbald nach dem linken Fuß, der seit ungefähr dreiviertel Jahren unter den rechten hinaufgezogen war; der lag jetzt wieder normal neben dem anderen. Hierauf stand die Kranke auf, und von ihrem Vater und einer Krankenschwester geleitet, ging sie über die halbe Stube hin und zurück. Auf meine erneute Frage, wo sie denn vorhin gewesen sei, erzählte sie: Plötzlich sei es, während sie betete, vor ihren Augen ganz wunderbar hell geworden, und eine überaus freundliche Stimme habe sie gefragt, ob sie nicht gesund werden wolle; sie habe erwidert, ihr sei alles recht, gesund werden, krank bleiben, sterben, wie Gott es wolle. Darauf habe die Stimme gesagt: Sie solle heute eine kleine Freude erleben, sie solle aufstehen und gehen können; aber sie werde noch viel leiden dürfen, und kein Arzt werde ihr helfen können; sie solle aber nicht verzagen: *Ich hab dir bisher geholfen und werde dir auch in Zukunft helfen*. Nachdem die Stimme noch über anderes, besonders über den Wert des Leidens, gesprochen hatte, schloß sie: *Ich habe geschrieben: Durch Leiden werden mehr Seelen gerettet, als durch die glänzendsten Predigten*. (Siehe sechster Brief der hl. Theresia vom Kinde Jesu an die Missionäre!) Von da an waren die zwei Rückgratwirbel, die vordem etwas eingedrückt und seitlich verschoben waren, in natürlicher Lage, Krämpfe und Lähmungen blieben völlig aus, und die Kranke konnte, auf einen Stock und eine begleitende Person gestützt, gehen. Daß sie das nicht ganz frei konnte, war wohl die Folge allgemeiner Schwäche infolge ganz geringer Nahrungsaufnahme. Die fünfzehn Tage vor Ostern hatte die Kranke überhaupt nichts, nicht einmal einen Tropfen Wasser, zu sich nehmen können[4].

Am 30. September, dem Todestag der hl. Theresia, erschien das wunderbare Licht wieder und dieselbe freundliche Stimme erklärte der Kranken, Gott wolle, daß sie von jetzt an ohne fremde Hilfe gehen könne. Und also konnte sie es.

Am 7. November 1925 wurde Therese Neumann wieder bettlägerig. Schließlich stellten sich rasende Schmerzen ein, unter denen sie drei Tage lang dalag, zuletzt so schwach, daß sie kein Auge mehr öffnen konnte. Der endlich am 13. November abends herbeigerufene Arzt – ein berühmter Chirurg[5] – erklärte nach genauester Untersuchung, es liege Blindarmentzündung vor, und die Kranke müsse sofort zur Operation ins Krankenhaus nach Waldsassen gebracht werden, für eine Operation am nächsten Morgen erst könne er keine Verantwortung mehr übernehmen. Von dieser Erklärung waren die Eltern ganz betroffen, und sie schickten nun nach mir in der Hoffnung, ich würde vielleicht von einer Verbringung ins Krankenhaus abreden. Nach Rücksprache mit dem Arzte sagte ich den Eltern, sie sollten im Urteil des Arztes die Stimme Gottes erkennen und die kranke Tochter sofort ins Krankenhaus verbringen lassen. Nun lief der Vater nach einem Fuhrwerk für die Überbringung, die Mutter richtete Bett und Wäsche her, die Kranke aber rief mich zu sich und fragte, ob sie nicht die kleine hl. Theresia bitten dürfe, ohne Operation zu helfen, wenn es Gott recht wäre, nicht weil sie – die Kranke – nicht operiert werden wolle, sondern weil halt die Mutter gar so trostlos jammere. Auf meine bejahende Antwort hin ließ sie sich eine Reliquie der hl. Theresia auf die kranke Stelle legen. Während nun die Anwesenden zur hl. Theresia beteten, wand sich die Kranke wie ein Wurm im Bette. Urplötzlich aber richtete sie sich etwas auf, öffnete die Augen, ihr Gesicht wurde wie verklärt, sie hob die Hände und streckte sie nach jemand vor ihr aus, sprach einige Male ›Ja‹ und setzte sich dann ganz auf. Hierauf drückte sie etliche Male auf die kranke Stelle mit der Frage: ›...‹ *Wirklich?* Nun fragte ich, ob vielleicht die hl. Theresia wieder da gewesen sei und ihr geholfen habe. Antwort: ›*Ja, und sie hat gesagt, ich solle gleich in die Kirche gehen und Gott danken. Mutter, bringt mir ein Gewandt!*‹ Nun zog sie sich an und wir gingen, etwa zehn Personen, zur Kirche. Aller Schmerz und alles Fieber war verschwunden. Nächsten Morgen kommunizierte sie wieder in der Kirche und mittags fuhren wir zum Arzt. In der Nacht war aller Eiter abgegangen, einzig die Fieberkrusten blieben noch über acht Tage an den Lippen. Dasselbe Licht und dieselbe Stimme waren wieder zur Stelle gewesen und diesmal auch noch eine Hand. Die Stimme hatte gesprochen: ›*Deine völlige Hingabe und Leidensfreudigkeit freut uns. Und damit die Welt erkenne, daß es ein höheres Eingreifen gibt, sollst du jetzt nicht geschnitten zu werden brauchen. Steh auf und geh gleich in die Kirche und danke Gott! Du wirst aber noch viel zu leiden haben und dadurch mitwirken dürfen am Heile der Seelen. Dem eigenen Ich mußt du immer mehr absterben. Und bleib immer so kindlich – einfältig!*‹

Heuer zu Fastnacht wurde die Neumann neuerdings bettlägerig. Nach einiger Zeit fingen beide Augen zu bluten an. Ihr Zustand verschlimmerte sich zusehends. Als ich sie am Karfreitag nach dem Mittagstisch mit noch einem Geistlichen besuchte, lag sie da wie ein Marterbild, die Augen von Blut ganz verklebt, zwei Streifen Blut über die Wangen, fahl wie eine Sterbende. Bis um 3 Uhr, der Todesstunde des Heilandes, rang sie in furchtbaren Todesqualen. Dann wurde sie wieder ruhiger. Am nächsten Morgen floß aus dem rechten Ohr eine Portion Blut und Eiter und der Kopf wurde wieder leichter. In der Nacht zum Ostersonntag schlief sie außerordentlich gut und mit dem Ostermorgen begann auch für sie ein neues Leben. In den Todesqualen des Karfreitags hatte sie des Heilands ganzes Leiden vom Ölberg bis zum Kalvarienberg vor ihren Augen sich abspielen sehen und daran lebhaften Anteil genommen, auch seine Verlassenheit am Kreuze geteilt. An der Oberseite der Hände und Füße hatte sie damals argen Schmerz verspürt. Jetzt tragen beide Hände und beide Füße an der Oberseite rundliche, offene Wunden, aus denen reines Blut fließt. In der Herzgegend war schon mehrere Wochen vor Ostern plötzlich eine längliche Wunde aufgebrochen, aus der zeitweise viel reines Blut floß. Der Arzt hatte all diese Wunden genau untersucht.

Von Vorstehendem – mit größter Zurückhaltung geschrieben, eher zu wenig als zu viel – war Unterzeichneter größtenteils Augenzeuge oder hat es von solchen durchaus glaubwürdigen Zeugen vernommen, insbesondere von dem kranken Mädchen selbst. Dieses letzteren Glaubwürdigkeit in Zweifel zu ziehen oder von Hysterie, Autosuggestion oder dergleichen zu reden, wird keinem einfallen, der das Mädchen kannte. Die Beteiligten fühlen sich aber nicht berufen und berechtigt, ein Urteil über den Charakter der geschilderten Vorgänge abzugeben; sollte die zuständige kirchliche Behörde sich zu einem solchen veranlaßt sehen, unterwerfen sie sich demselben mit selbstverständlicher Bereitwilligkeit bis ins kleinste. Nur die Ehre Gottes und der kleinen hl. Theresia, welche die Kranke seit Jahren verehrt, sowie das Heil der Mitmenschen wollen wir im Auge haben.

Schließlich möchte ich noch dringend bitten, von Besuchen der Kranken, besonders längeren, absehen zu wollen, da dieselbe seit mehr als drei Jahren keine feste Speise, sondern nur etwas Flüssigkeit zu sich nehmen kann, infolge dessen und starken Blutverlusten sehr geschwächt und deshalb der Ruhe sehr bedürftig und überhaupt am liebsten allein ist.

Nachschrift vom 17. April: In der vergangenen Nacht haben die Wunden zu bluten aufgehört und sind eingetrocknet.

J. Naber, Pfarrer.

Auf seltsame Weise fühlte sich Bruno an jenem Vormittag des 25. Juli 1928, vor dem Altar der kleinen hl. Theresia vom Kinde Jesu stehend, von der Heiligen angesprochen. Er war in die Betrachtung ihrer Rosen tragenden Hände versunken. Auf einmal schien es ihm, als trügen sie statt der Rosen einen Totenschädel. Bruno konnte sich das von ihm Geschaute nicht erklären und war äußerst beunruhigt hierüber, denn er vermutete, sein eigener Tod sei nahe und er werde seine Taufe nicht mehr erleben.

Seinem Begleiter, Herrn Grüßer, verschwieg er dieses *mysteriöse Erlebnis*. Er sagte nur auf einmal zu ihm: *So, jetzt gehen wir!*

Über das Geschaute vor dem Theresien-Altar gibt es mehrere glaubhafte Zeugnisse. Es seien nur erwähnt die Aufzeichnungen der Cousine von Bruno, Erna Herrmann-Haven, sowie die Berichte der Familie Uhl, Germersheim und die von Herrn Pater Dr. Sträter SJ[6]. Für den Informativprozeß auf Tonband aufgenommenen Aussagen des Herrn Otto Graßl, der schon am 27.7.1928 die Bekanntschaft mit Bruno Rothschild machte.

Veröffentlichungen über dieses *Erlebnis* finden sich u.a. im Sonntagsblatt für das Bistum Speyer *Der Christliche Pilger*, Jahrgang 1933 und in der Zeitschrift *Nach der Schicht*, Heft 14, Seite 213 f., 1933.

Ob den oben angegebenen Zeugen wohl auch folgende, außergewöhnliche Begebenheit bekannt war, die sich am Tage der Heiligsprechung (17. Mai 1925) der Theresia vom Kinde Jesu ereignet hatte? – Aus der Sonderberichterstattung von P. Cassian O.M.Cap. hier ein Auszug[7]:

Nach der feierlichen Lehrentscheidung des Papstes (Pius XI.) setzte ein Beifallssturm sondergleichen ein. Das muß man miterlebt haben.

Währenddessen ereignete sich etwas Unerklärliches, was allgemein Aufsehen erregte: Vor den Thron des Papstes fiel langsam ein Zweig mit drei

Rosen nieder, der unmöglich geworfen, auch kaum von irgendeiner Galerie herabgekommen sein kann. Augenzeugen, die bei der Assistenz des Papstes waren und in unmittelbarer Nähe des Thrones zu tun hatten, haben es mir erzählt. Es hat tiefen Eindruck gemacht. Selbst in Kardinalskreisen betrachtet man es als eine auffallende, merkwürdige Tatsache. Viele Kardinäle haben es gesehen, auch Kardinal Faulhaber, und haben sich gegenseitig erstaunt angesehen. Die kleine Theresia scheint wahrgemacht zu haben, was sie prophetisch gesprochen hatte:
ICH WERDE NACH MEINEM TODE ROSEN AUF DIE ERDE REGNEN LASSEN.

Wenn man sich auch diesen Vorgang nicht erklären kann, wollen wir daraus noch kein Wunder konstruieren. Es kann jeder einzelne darüber denken, wie er will ...

Fusziardi schreibt darüber im *Osservatore Romano* vom 20. Mai 1925:
Zur Verwunderung aller sieht man einen Rosenzweig aus der Höhe vor seine Heiligkeit herabsinken. Ist es ein Zufall gewesen? Es mag sein. Aber mit Grund dürfen wir dies als glückliche Vorbedeutung einer Belohnung ansehen, die das Herz des Papstes mit dichtem, mystischem Rosenregen erfreuen soll ...

In einer Ansprache sagt der Heilige Vater, Papst Pius XI. von der Heiliggesprochenen:
Die kleine Theresia vom Kinde Jesu ist durch ihr Leben, wie sie es gelebt und geschrieben hat, zu einem Gotteswort an die Menschheit geworden[7].

Nun wird der Bericht aus dem Tagebuch von Bruno Rothschild fortgesetzt; der am 25. Juli 1928 am Vormittag vor dem Altar der kleinen heiligen Theresia in die Betrachtung ihrer Rosen tragenden Hände versunken war.

Als sie hinauskamen, vermerkt Bruno, *stand schon Herr Pfarrer da und winkte uns, denn er wußte schon, daß ich ihn suchte. Er nahm mich mit ins Pfarrhaus und wir unterhielten uns nun so eine halbe Stunde hauptsächlich über die Stellung der Wissenschaft (Dr. Aigner, Dr. Weisl). Dann kam auf einmal Resl. Sie erzählte vom Tempel, von den Pharisäern, Pilatus, Hostie, die bei ihr bleibt bis zum nächsten Morgen, wo sie bei der Auflösung den Heiland bittet, er möge doch noch ein Weilchen bleiben ... Beim Vorbeifahren an Kirchen in der Diaspora spürt sie die Nähe des Tabernakels und unterscheidet so protestantische und katholische. Es ist so eine Kraft, die sie anzieht, meint sie. Zum Schluß meint sie, ich solle mein Quartier bei B. aufgeben. Es gefällt ihr nicht.*

Aus dem Tagebuch:
Donnerstag, 26. Juli
Ich verreiste am Nachmittag darauf nach Eger. Dort schauten wir uns die Burg an.

Übernachtung in Eger. Besichtigung des Museums; Zimmer, in dem Wallenstein ermordet wurde. Franziskanerkirche. Auf der Fahrt nach Waldsassen schrieb ich eine Karte; ich war sehr ernst geworden. Dort in Waldsassen ging ich in die Kirche, traf dort zwei Frauen, die wir vorher kennengelernt hatten, und zeigten ihnen etwas die Kirche.

Eine Karte ist an Familie Uhl in Germersheim gerichtet und am 26. Juli 1928 in Waldsassen abgestempelt. Bruno schreibt:

Für einen Tag hierher über die Grenze gewandert, sende ich Ihnen aus Wallensteins Todesstätte beste Grüße. In Konnersreuth habe mit Herrn Pfarrer Naber im Beisein von Therese Neumann schon eine eineinhalbstündige Unterredung gehabt, die heute nachmittag ihre Fortsetzung finden wird. Morgen (Freitag) werde zusammen mit Herrn Pfarrer Naber in ihrem Hause sein. Näheres übermittle ich Ihnen nächstens brieflich. Evtl. Post erbitte ich postlagernd Arzberg (Fichtelgebirge).
Beste Grüße Bruno R. Grüße erlaubt sich A. Grüßer.

Im Notizbuch Brunos befindet sich unter dem 26. Juli 1928 eine auffallende handschriftliche Eintragung, die nur aus den beiden Worten »Evas Tod« besteht und eigens unterstrichen ist. Es ist möglich, daß diese Eintragung erst später- nachdem er vom Tod dieses jungen Mädchens erfahren hatte – durch ihn hinzugefügt worden ist.

Stenografisch hält er dann nur noch unter diesem Datum fest, daß er wieder nach Konnersreuth zurückgefahren sei und bis Mitternacht im Gasthof diskutiert habe.

In zahlreichen Berichten über Konnersreuth dichtet man dem Konvertiten Bruno Rothschild eine Braut an und erklärt unrichtigerweise, daß er durch deren Tod zutiefst erschüttert gewesen und zu seinem Übertritt zur katholischen Kirche veranlaßt worden sei. Dies ist ein schwerwiegender Irrtum. Die Tatsachen: Evas Todestag war der 26. Juli 1928, ihr Geburtstag der 10. Mai 1914.

Evas Schicksal traf die Eltern und auch die Gasteltern schwer und ihretwegen auch Bruno, der Freud und Leid mit ihnen teilte. Das vierzehnjährige Mädchen aber als seine Braut zu bezeichnen, ist wohl ausgeschlossen und kann als Sensationsbericht angesehen und abgetan werden.

Wenn ich einmal sterbe, möchte ich auf dem Inselfriedhof ruhen; und ich meine, ich sterbe früh, hatte das Mädchen einmal einer Freundin im Internat gesagt. Dies berichtet ihr Religionslehrer, Pater Laurentius Steger OSB, der die Grabrede für Eva Weber, dem Institutszögling von der Insel Frauenwörth im Chiemsee/Oberbayern, hielt.

Eva war das einzige Kind ihrer Eltern, begabt mit einem klaren, leicht alles erfassenden Verstand, einem begeisterten Sinn für alles Schöne, besonders Musik und Gesang, mit jugendlicher Anmut und einer reinen, edlen Seele. Eva hatte noch sieben Wochen vor ihrem Tod an der Fronleichnams-Prozession auf der Insel Frauenwörth teilgenommen. Davon berichtet Pater Laurentius:

Ergriffen lauschten die andächtigen Gläubigen auch den sanften Weisen des Chores im Hauptschiff, dessen Pange lingua, Tantum ergo, O salutaris hostia aus dem Munde der Institutszöglinge und einiger Männer der Insel so lieblich über den See drangen. Ein blühendes Mädchen leitete den Chor und schwang leicht und gefühlvoll den Taktstock. Freude und Jubel herrschten an diesem Sonntag.

Am 26. Juli 1928 war Eva Weber, die ihre Ferien im Elternhaus ihrer Institutsfreundin Hildegard Uhl in Germersheim/Rhein verlebt hatte, mit der Freundin an den Rhein geeilt. Dort badeten sie im Strome. Plötzlich rief Eva, ihre Arme erhebend: *Ich kann nimmer!* und versank vor den Augen ihrer Freundin. Obgleich sofort fachkundige Hilfe zur Stelle war, brachte man sie leblos an Land. Alle Wiederbelebungsversuche waren vergeblich. Das Herz hatte versagt. Eva wurde auf die Insel Frauenwörth überführt. Man fuhr die Tote in einem mit weißen Tüchern und Kränzen geschmückten Sarg über den See. Zahlreich waren die Trauernden, die Eva danken wollten für alle Güte und Liebe und für den Sonnenschein, den sie ihren Eltern, ihrem Seelsorger, den Lehrerinnen und ihren Mitzöglingen so oft in trüben Tagen brachte.

Dort, wo sie ruhen wollte, ruht sie noch heute, und ihr Grab ist nicht vergessen.

Weitere Eintragungen und Briefe von Bruno:

27.7.1928

Das erste Mal bei der Passion. Ich traf zufällig den Geistlichen, der früher an der Heil- und Pflegeanstalt Lohr war und im Auto wieder heimfuhr ...

Nachmittags taucht ein Herr Cleve auf, der einige Tage blieb... Einquartierung bei Bürgermeister Weiß[8].

Am Abend lernte ich noch nach einem Gebet in der Kirche Familie Graßl kennen und ging mit ihnen zusammen und Dr. Wetzel spazieren. Wir saßen gemeinsam bei Schiml[9]. Starkes Gewitter abends 10 Uhr.

Konnersreuth, 27.7.28.

Werte Familie Uhl!

Die Zeit hier in Konnersreuth vergeht so schnell, und so wenig findet man eine passende Gelegenheit zum Schreiben, gerade jetzt im ersten Kennenlernen der hiesigen Verhältnisse und Geschehnisse, daß es wirklich schwer fällt, sich zu einem Briefe aufzuraffen. Endlich bietet sich jetzt so viel Zeit, um Ihnen in kurzen Zügen einiges Wissenswerte und Interessierende zu übermitteln. Es wäre unmöglich, auch nur skizzenmäßig ein Bild der Verhältnisse oder eine Schilderung von Erlebtem zu entwerfen, da sich in den wenigen Tagen meines Hierseins schon so ungeheuer viel Schönes, Erhebendes und Wundervolles abgespielt hat, daß ich schon jetzt mindestens einen vollen Tag benötigte, um nur einigermaßen und gründlich all das erzählen zu können, was man erleben, schauen und hören konnte. Es ist eine gewaltige Gnade, die ich hier genieße. Schon am ersten Tag hatte ich das unbeschreibliche Glück, daß Herr Pfarrer Naber mich beim Verlassen der Kirche erkannte und zur Besprechung ins Pfarrhaus mitnahm, zu der dann nach einer knappen halben Stunde urplötzlich Theres Neumann selbst aus ihrem Elternhaus her eintraf und in deren Verlauf ich nun noch eine gute Stunde inmitten der beiden eine der interessantesten Unterhaltungen erlebte. Die Unterredung erstreckte sich auf allgemeine, umfassende Fragen, unterbrochen von kindlich frohen, dann wieder ernsten Erlebniserzählungen Theres Neumanns und des Herrn Pfarrers, der übrigens ein äußerst intelligenter, vornehmer, liebenswürdiger Mann ist; von einer unzerstörbaren Ruhe, die ihn auch nicht bei der stärksten Inanspruchnahme durch das an Freitagen stark vertretene Publikum verläßt. Ich lege Ihnen anbei ein Bildchen aus der Zeit des Massenandrangs bei, auf dem Sie den hochw. Herrn unter der Türe stehend (mit einem + versehen!) erkennen können. Das Resultat jener ersten Unterredung, in der ich eigentlich noch gar nichts Persönliches in konkreter Form vorbrachte, war außer eines Fingerzeiges betr. Wohnungssuche das, daß sie nicht der Auffassung war, daß ich nach einigen Tagen Konnersreuth verlassen und in einem Kloster zwecks Unterrichtung die Weiterentwicklung betreiben solle, sondern hier zu bleiben und das Weitere unter Ausbildung und Studien abzuwarten. Und in dieser letzten Beziehung hat sich bis jetzt alles zum besten gegeben, insofern als in einem benachbarten Ort ein junger Kaplan[10] ist, mit dem ich von morgen ab regelmäßig mich treffe und, da er in Urlaub bei seinen Verwandten sich befindet, genügend viel Zeit hat, mir Unterricht zu erteilen.

Seit jener ersten Unterredung habe ich sie bis jetzt nicht mehr gesprochen; Freitag erlebte ich aber das Größte von Konnersreuth, das keinerlei Schilderung zuläßt, das jeder Einzelne selbst erleben muß. Therese war nicht mehr das Mädchen, das froh und heiter Erlebnisse erzählte und mit etwas ernsterer Miene Ratschläge gab, sondern ein vergeistigtes Wesen, das losgelöst von allem Irdischen Dinge schaute, die dem Menschenauge verschlossen und dunkel bleiben, eine göttliche Dulderin, die in empfindsamer und feinfühliger Form die ganzen historischen Leidensphasen erlebt, erleidet und nach außen teilweise weitergibt. Es wird wohl wenige Menschen nur geben, die nicht innerlich erschüttert dieses Zimmer verlassen. Ich selbst war nach 10 Uhr bei der sechsten Station und von $1/_2$1 bis 1 Uhr in der Kreuzigungsekstase dort und konnte auch erkennen, welch ungeheuren Eindruck das Leiden auf einen brasilianischen Bischof[11], der an ihrem Bette saß, auf amerikanische Geistliche und all die anderen zahlreichen Anwesenden ausübte. Gleichzeitig bekam sie von Donnerstag zu Freitag eine Lungenentzündung, die sie zur Rettung eines Regensburger Theologen[12] trug und noch zur Zeit erträgt und an deren Folgen sie auch heute und morgen noch zu leiden hat, so daß man sie jetzt für einige Tage nicht mehr zu Gesicht bekommen wird. Hoffentlich wird der junge kranke Theologe von seiner Krankheit erlöst! Welchen sie am vergangenen Freitag erlöste, ersehen Sie aus beiliegendem Artikel.

Nun aber einstweilen für heute Schluß, da die Zeit und das Papier nicht mehr reicht.

Ihr Bruno Rothschild

Beste Grüße für das gesamte Haus! Gestern habe ich durch einen Kaplan aus Neuburg a.O.[13] (einen netten Herrn) persönlich an Herrn Pfarrer Sauer mich zu wenden Gelegenheit gehabt!

Evtl. Post erbitte ich weiterhin postlagernd Arzberg (Fichtelgebirge), da ich nicht möchte, daß durch ein Bekanntwerden in Germersheim die Kunde bis Lohr eventuell dränge!

28.7.1928, Samstag
Am Abend las ich im Gasthaus die Nachricht von Evas Tod und
wollte noch ins Pfarrhaus.

Zeitungsnotiz:
Tragischer Tod einer Schwimmerin
An einem Drahtseil hängen geblieben.
Germersheim, 28. Juli. Hier ertrank beim Baden im Rhein ein
14jähriges Mädchen aus München, das seit einigen Tagen auf Besuch
hier weilte. Der bedauerliche Unglücksfall ereignete sich dadurch, daß
das Mädchen, das eine gute Schwimmerin war, mit den Beinen in das
Drahtseil eines an der Unfallstelle nächst der Militärschiffbrücke ver-
ankerten Balkens geriet und nicht mehr los kommen konnte und unter Wasser kam. Bis es gelang, das Mädchen aus seiner Lage zu be-
freien und ans Land zu bringen, hatte es das Bewußtsein schon verloren. Die sofort angestellten Wiederbelebungsversuche waren ohne Erfolg.

Aus dem Tagebuch:
29.7.1928
Am Morgen nach der Frühmesse traf ich Graßl's und erzählte ihnen
die ganzen Begebenheiten. Dann Hochamt. Nach der Ernteandacht,
die Rosner hielt, sprach ich Herrn Pfarrer, der mir sagte, ich möchte für
die Ekstase ihm alles aufschreiben.
Dann saß ich mit Rosner im Gartenhaus im Pfarrgarten. Beim
Abendessen erst fiel mir ein, daß ich Herrn Pfarrer das Schreiben geben sollte, schrieb es schnell (drei Fragen) und brachte es hin.

Nach Aussage von Dagobert Uhl handelt es sich um folgende Fragen:
Ist es Eva aus München, die in der Apotheke Uhl in Germersheim
zu Besuch weilte? Todesursache?
Die dritte Frage betrifft ihr Seelenheil.

Die Antworten Resls im ekstatischen Zustand:
1. Eva Weber.
2. Versunken infolge Herzschwäche.
3. Befindet sich im Reinigungsort. Wir wollen bitten, daß sie bald erlöst wird.

Aus dem Tagebuch:
30.7.1928
Ich selbst schrieb auf der Post (Waldsassen) einen Eilbrief nach Germersheim wegen des Todes von Eva.

Weiterhin hält Bruno fest, daß er aus seinem Gasthof ausziehen werde und auch schon mit seinem neuen Quartiergeber Männer gesprochen habe. Es liegt die Vermutung nahe, daß Bruno – besorgt wegen seines Namens, der ihn verraten könne – in einem Privatquartier mehr Schutz vor Neugierigen finden und verhindern wollte, daß sein Aufenthaltsort in Germersheim und Lohr bekannt werde.

31.7.1928
Morgens nach der Frühmesse schon bat ich Herrn Graßl, er möchte mit mir zum Gasthof gehen, da ich dort ausziehen möchte. Herr Bürgermeister war nach der Verteidigung von seiten des Herrn Gr. auch mit einverstanden. Ich zahlte und siedelte gleich um.

Am 3.8.1928, Herz-Jesu-Freitag, vertraut Bruno dem Notizbuch unter anderem an: *Du brauchst viel Gnade, damit Du die Kämpfe überstehst,* habe Resl ihm gesagt. Und weiter: *Da waren schon welche da von Frankfurt, Mainz und Lohr, auch ein Rabbi, die wollen Dich sprechen und abwendig machen.*

In der Nacht vom 3. zum 4. August hat Bruno folgendes Erlebnis:

Da gegen 12 Uhr wache ich selbst auf, nachdem ich zweimal NEIN und JA und HIER gerufen habe (auch Gr. hat es gut gehört) und mir war, als habe ich im Zimmer leuchten sehen. Schlief aber wieder weiter. Frau Gr. behauptete, einen Schlag auf den Kopf und Ziehen am Rosenkranz.

An Familie Uhl geht am selben Tag noch ein Brief ab:

Werte Familie Uhl!

Ihren ausführlichen Brief sowie die Karten von Herrn Dagobert habe ich erhalten und sage Ihnen besten Dank.
Ihren Brief habe ich gleich gestern Resl selbst vorgelegt. Ich hatte nämlich vorgestern das höchste Glück, was einem hienieden beschieden sein kann, daß ich am Donnerstagabend um sechs Uhr zusammen mit einem Kunstmaler nebst Frau, mit denen ich in einem Hause wohne und esse, zu ihr zwecks gemütlicher Unterhaltung eingeladen wurde, nachdem schon vormittags

36

Herr Pfarrer Naber mir versprochen hatte, am Abend selbst der Ekstase anläßlich Petri Kettenfeier anwohnen zu dürfen. Wir unterhielten uns also in
heiterster Weise bis nach acht Uhr. Resl ließ sich unter anderem auch von
Evas Unglück berichten (sie weiß ja nicht mehr, was sie im gehobenen Zustande beantwortete) und kam mir mit einer solch offenen und freundlichen
Schwesterlichkeit entgegen, daß ich glaubte, so viel Gnade überhaupt noch
nicht verdient zu haben.

Sie freute sich jetzt wie ein Kind auf den Tag meiner hl. Taufe und erklärte
mir wörtlich, daß ich da nun wieder würde wie ein unschuldiges Butzerl
(Konnersreuther Ausdruck für Kind), nur daß ich halt zu schwer für sie wäre,
sonst wollte sie mich in Kissen zum Pfarrer tragen. Sie versprach mir für diesen Tag als Geschenk ein kleines Kreuz, das der heiliggesprochene Papst Pius[14]
geweiht mit der Verfügung, daß, so oft man es küsse, ein vollkommener Ablaß
damit verbunden wäre. Sie können sich denken, wie es uns allen miteinander
bei diesen Worten zu Mute wurde.

Aber noch nicht genug mit diesen Erlebnissen: als wir fort wollten, kam
gerade Herr Pfarrer und sagte, während sie zu Bett ging, wir sollten doch
noch ein bißchen uns unten aufhalten. Kaum gesprochen, da machte Herr
Pfarrer die Tür wieder auf, und sie sitzt auch schon in ihrer Visionsekstase
aufgerichtet im Bett, wozu uns der Herr Pfarrer gleich wieder hereinnimmt.

Sie sieht nun in allen Einzelheiten Petrus im Kerker zu Jerusalem, seine
Befreiung durch einen lichten Moa (Mann), ferner im zweiten Bild die
Verurteilung Petrus und Paulus vor Nero in Rom; für Paulus zeigt sie
in ihrer Ekstase viel Sympathie, weil er dem Nero es richtig gesagt
hatte. Nach kurzer Pause sieht sie im dritten Bilde die vereinigten Ketten von Jerusalem und Rom, auf einem öffentlichen Platze in Rom in
Gegenwart des Papstes und vieler Geistlicher unter gewaltigem Andrang der Menschen der allgemeinen Verehrung ausgegeben, sieht drei
Wunder, die durch Berührung mit den Ketten dabei sich ereignen und
sinkt dann im Zustand der Eingenommenheit, in dem sie aber noch
mit all dem verbunden ist, in die Kissen[15].

Da deutet sie auf einmal auf mich, der ich vor ihr am Bettende neben Herrn Pfarrer kniee, sagt, daß ich noch vieler Gnaden bedürfe;
denn schwere Kämpfe würden meiner harren, aber ich würde, wenn
ich dem Rufe Gottes nun folgte, dafür und darnach noch sehr viel wirken können; ihr ganzes heutiges Freitagsleiden würde sie für mich aufopfern, bestimmte schon den ungefähren Zeitpunkt der hl. Taufe,
sagte, bis Ende des Monats wäre ich wieder daheim und hätte den
Herrn bis dort schon des öfteren empfangen. Sie ist bei mir nicht z. Zt.
für wissenschaftliche Lektüre, sagte dem Herrn Pfarrer, im obersten
Regal seines Bücherschrankes wäre etwas für mich (am nächsten Tag

erhielt ich aus eben diesem Regal das Leben der hl. Theresia vom Kinde Jesu). Ich hätte zu Hause zwei Bücher, die ich nicht jetzt lesen solle (Kardinal Newman *Christentum*) und bekäme Besuch, der mir Kämpfe verursachte!

Sie können sich denken, wie wir nachts $^1/_2$ 11 Uhr Neumanns Haus verließen. Am nächsten Tag war ich noch ganz geschlagen, da sieht sie mich um 9 Uhr und lädt uns ein, um 10 Uhr mit ihr den Theresienaltar zu schmücken (wir hatten nämlich in Waldsassen hierfür Nelken gekauft). Zwei Stunden waren wir damit unter ihrer Aufsicht beschäftigt und zum Schluße sagte sie zur Heiligen, jetzt möge sie aber auch zum Lohne für alle Dienste einige himmlische Rosen herabfallen lassen; das klang so schlicht und kindlich!

Am Nachmittag schmückten wir ihr Hausaltärchen; dabei gab ich ihr auch Ihren Brief, den Herr Pfarrer übrigens gerade morgens vor dem Theresienaltar mir übergab. Sie wird Ihrer gedenken, außerdem habe ich Sie in die mir zugeteilte Opfergabe durch Theresens heutiges Leiden mit eingeschlossen.

Eben kehre ich gerade von Resls Leidensbett zurück, wo ich mich eine Stunde lang aufgehalten habe. In ihrem nach den Visionen folgenden Trancezustand, während das Zimmer leer war, rief sie mich zu sich und sagte mir sehr viele Antworten auf besondere Fragen. Evas Seelenzustand (d.h. ihre derzeitige Lage) legte ich ihr ganz zum Schluß vor. Kurz und gut, es wird überall zum Besten führen. Ich selbst soll so bald wie möglich das Theologiestudium aufnehmen, nicht mehr allzulang beruflich tätig sein, sondern frisch und mutig an meine neue Zukunft herangehen. Wo ich studieren soll, hat sie noch nicht entschieden. Von der Innsbrucker Universität lernte ich vorhin noch sechs bis sieben Theologiestudenten kennen, die mich einluden, dorthin zu kommen.

Nun muß ich aber schließen, sonst geht der Brief nicht mehr weg.
Alles Gute
Ihr Bruno Rothschild.

---

[1] Arthur Grüßer, geb. 2. Februar 1909 in Oggersheim, Todesdatum unbekannt.

[2] Vgl. Fritz Gerlich, *»Die stigmatisierte Therese Neumann von Konnersreuth«*, I. Teil, Verlag J. Kösel u. Friedrich Pustet, München 1929 (Seite 317–322).

[3] Seite 145–172.

[4] Dieser Text ist auch bei Fritz Gerlich in seinem Werk über Therese Neumann abgedruckt (Bd. I, Seite 110).

[5] Sanitätsrat Dr. Otto Seidl, Waldsassen.

[6] Professor Dr. Carl Ferdinand Ernst Maria Sträter. Gründungsmitglied des »Konnersreuther Ring e.V.« 1972 hatte er die Vorbereitungen für einen Seligsprechungsprozeß der Mystikerin Therese Neumann übernommen. Geboren am 1. August 1909 in Maasrricht, gestorben am 18. Januar 1992 in Freilassing. Letzte Ruhestätte im Priestergrab der Gemeinde Teisendorf.

[7] Vgl. *»Die heilige Theresia vom Kinde Jesu«*, Verlag der Schulbrüder. Kirnach-Villingen, Baden, 1929. (Seite 527–528).

[8] Im »Gasthof zum Deutschen Haus.

[9] Im »Gasthof zum Weißen Roß«.

[10] Kaplan Lorenz Rosner aus Höflas, Domkapitular i.R., Prälat, zuletzt Hausgeistlicher im Theresianum in Konnersreuth. Am 21. Juni 1990 im 89. Lebensjahr verstorben.

[11] Antonio MALAN von Petronila.

[12] Josef Siller, Priester der Diözese Regensburg.

[13] Kaplan Stengl.

[14] Pius X.

[15] Siehe auch bei Steiner, *»Visionen der Therese Neumann«*, Zweiter Teil, Seite 57.

Taufe und Erstkommunion

Über diese heiligsten Erlebnisse hat Bruno in der Zeit vom 5. bis 28. August 1928 keine Aufzeichnungen mehr in seinem Notizbüchlein gemacht. Jedoch berichtet Pfarrer Naber in seinem Tagebuch unter dem 10. August 1928:

Wegen des Festes des hl. Laurentius, des Patrones der Pfarrkirche, sah Theres in der vergangenen Nacht den Heiland nur im Ölbergsleiden, die weiteren Leiden fielen aus.

Mit herzlicher Freude nimmt sie bereits morgens fünf Uhr teil an der Taufe eines aus dem Judentum übertretenden Apothekers, der zugleich mit ihr dann die heilige Kommunion empfängt und den sie mit Begeisterung in den Geist der Kirche einzuführen sucht.

Abends 8 Uhr schaut sie das Martyrium des hl. Laurentius.

Im Taufbuch der Pfarrkirche ist unter dem Jahrgang 1928, Seite 21, Nr. 21, die Taufe von Bruno Rothschild eingetragen, der sich die Taufnamen Paulus, Franz Xaver und Theresia vom Kinde Jesu zulegt. Seine Taufpaten sind:

Wutz, Franz Xaver, Hochschulprofessor in Eichstätt,

Neumann, Theres, Schneidermeisterstochter von Konnersreuth.

Der taufende Priester ist Pfarrer Naber. Anwesend bei der Taufe sind auch Kaplan Lorenz Rosner aus Höflas, ein namentlich nicht mehr feststellbarer Kaplan und das Ehepaar Graßl.

Konnersreuth, 12.8.1928

Werte Familie Uhl!

Für die rasche Übersendung meines Anzuges, wie auch für Ihre freundlichen Mitteilungen besten Dank. Nun will ich Ihnen in Kürze über alles Geschehene zu berichten suchen. Ich bin also gestern endgültig in Christi irdische Kämpferschar aufgenommen und habe den Leib des Herrn schon im Anschluß an die Taufe erhalten.

Nun des weiteren: Der gestrige Tag, St. Laurentius, ist zum ersten Mal seit 1914 als das Fest des Kirchenpatrons von Konnersreuth gefeiert worden und schon zehn Tage vorher hat ja Theres Neumann diesen Tag in ihrer Ekstase bestimmt. Die Taufe mußte sehr früh vorgenommen werden, da sehr viele Geistliche (da Freitag) hier waren und zelebrieren wollten. Sie kamen aber nicht auf ihre Rechnung, da dieser Tag als Festtag bei Theres leidensfrei blieb.

Um $^3/_4$ 5 Uhr begannen die Zeremonien, die bis $^1/_2$ 6 Uhr dauerten und vollständig auch meinerseits in lingua latina gehalten wurden. In der Wahl meiner Paten hat mir Gott das unnennbare Glück zuteil werden lassen, daß Theres Neumann selbst unbedingt dieses Amt übernehmen wollte, andererseits Herr Professor Wutz sich in die zweite Stelle teilte.

Mein Taufname ist darob BRUNO PAULUS FRANZISCUS THERESIA A INFANTE JESU geworden. Gelt, fast ein fürstlich langer Name Aber er ist nach langen Auseinandersetzungen erst so geworden. Franziscus war anfänglich nicht dabei, durch die zweite Patenschaft von Herrn Professor Wutz nahm ich noch am Morgen der Taufe dessen Vornamen hinzu.

Die Taufhandlung selbst war für alle Teilnehmer wie für Herrn Pfarrer Naber selbst ein Erlebnis. Anwesend waren nur zwei Kapläne, die ich gut kannte, Theres Neumann, Professor Wutz und eine Kunstmalerfamilie, die im gleichen Hause mit mir wohnen und natürlich Pfarrer Naber. Um 7 Uhr war gleich Messe, im Verlauf derer ich hinter dem Hochaltar neben meiner Patin die erste heilige Kommunion empfing.

Sie können sich keinen Begriff machen von der Freude, die Theres Neumann schon Tage vorher hatte. Sie wollte mir Mutter und Schwester an diesem meinem Ehrentag gleich zusammen sein. Das Gleichnis von den neunundneunzig Gerechten hatte es ihr wahrscheinlich angetan oder die Geschichte vom verlorenen Sohn. Die von ihr mir vermachten Kostbarkeiten werde ich Ihnen bei meinem Dortsein zeigen. Mittags war ein kleiner Kreis bei Herrn Pfarrer Naber zu Gast und nachmittags fuhr uns Herr Professor Wutz in seinem Auto spazieren. Theres Neumann war frohester Dinge und freute sich wie ein Kind an Gottes schöner Natur, die wir durchfuhren.

Nun aber sind die Tage der Freude verrauscht, und das bittere Leben mit seinen vielen täglichen Kreuzen steht hart vor einem. Ich muß, wenn es auch hart und schwierig aussieht, mich nun doch noch einmal aufs Studium stürzen mit seinen vielen Examina und seinen Nöten, das ich so frohen Herzens als Apotheker beendigt hatte. Das ganze erkenntnismäßige und wissenschaftliche Arbeiten war ich satt und gerade hier bei Theres Neumann habe ich noch mehr Widerwillen gegen die Vorherrschaft des Kopfes empfunden. Aber in Christi Namen wird es schon gehen und ich die anfänglichen Mühsale überwinden. Nicht umsonst werden mir hier die Gnadenquellen so voll zugeteilt. Theres Neumann selbst sagt, daß ich alles benötigen werde für die schweren Tage und Monate, die nunmehr kommen werden. Konnersreuth muß mir die Quelle bleiben, die mir die Kraft gibt, über die Irdischkeit und seelische Trockenheit hinwegzukommen.

Der erste schwere Schritt erfolgte schon vor Ihrem Briefe, indem ich meinen Eltern alles mitteilte. Theres Neumann hat in der Kommunionsekstase mir sogar gesagt, daß wahrscheinlich meine Mutter hierher kommen würde und wir beten müßten, daß alles gut würde. Ferner legte sie mir dringend nahe, nicht mehr in den Beruf einzutreten, sondern womöglich bis Ende dieses Monats hier zu bleiben und erst dann nach Germersheim zu fahren, aber womöglich nicht mehr die alte Tätigkeit aufzunehmen. Ferner soll ich dann nach Erledigung alles Nötigen wieder hierher zurückkehren, um hier unter vorbereitenden Studien den Beginn des Hochschulsemesters abzuwarten.

Ich muß daher heute die traurige Mitteilung machen, daß darnach die Tage unseres gemeinschaftlichen Zusammenseins nicht mehr zahlreich sein können. Theres Neumann hat mir schon zweimal in der Ekstase dies zu verstehen gegeben, daß ich zur Vorbereitung auf meinen neuen Beruf aus dem Alltags- und Berufsleben heraus muß; sie hat ja einen Weitblick und eine Sehergabe, die frappierend auf jeden wirkt.

Sie hat mir tagelang vor dem Übertritt vorausgesagt, daß ich durch Besuch von Leuten in Gefahr stünde und teuflische Mächte daran sind, mich von meinem Schritte abzuhalten. Und in der Tat hat sich der Satan die größte Mühe gegeben. In zwei Autos kamen bisher schon drei bis vier Mal zwei Mediziner, ein Rabbiner und sonstige jüdische Herren und Damen, die ich aber gar nicht kannte und die anscheinend in benachbarten Bädern sich aufhielten und von meinem Übertritt vielleicht Kunde erhielten, hierher und versuchten mich kennenzulernen und sprechen zu dürfen. Familie Neumann und sonstige Bekannte haben dieselben immer so gut abfahren lassen, daß für mich nichts zu tun übrig blieb.

In erster Linie möchte ich nun halt bitten, daß Sie sich für diese Zwischenzeit bis zum endgültigen Engagement eines festen Herrn mit einem Vertreter aushelfen lassen möchten, da ich gegen den Willen von Theres Neumann auf keinen Fall etwas tun darf. Sie weiß halt, daß man durch berufliche Betätigung und durch den Verkehr mit der Welt zu sehr wieder abgelenkt wird von Höherem, das man so reichlich hier als Seelensaat erhalten hat. Also bis Ende des Monats (den Tag wird sie selbst angeben) werde ich vielleicht für zwei oder drei Tage hinüberkommen, um alles noch Notwendige zu ordnen.

In Ihren eigenen Angelegenheiten weiß Theres Neumann Bescheid und schließt alles ins Gebet ein; sobald ich aber wieder mal Gelegenheit habe, zu einer Ekstase zugelassen zu werden, werde ich betreffend der zuletzt genannten Sache fragen. Auch ich habe Sie alle bei meiner ersten heiligen Kommunion mit eingeschlossen.

Therese Neumann ist natürlich so überlaufen, mit Briefen überladen (täglich kommen einhundert bis einhundertfünfzig, die sie selbst öffnet und liest) und von Besuchern mit Fragen geplagt, daß man sehr vorsichtig nur sein kann. Sie selbst ergreift mir gegenüber immer selbst die Initiative, und ich habe gefunden, daß es so das Beste ihr gegenüber ist, da man auf diese Weise ihr nicht zur Last wird, besonders bei längerem Hiersein. Wenn man in diesem Punkte nicht genügend taktvoll sich beträgt, hat die Freundschaft bald einen Riß. Sie hat schon sehr vielen Leuten gegenüber, selbst den Hochangesehendsten und Hochgestelltesten, auf diese Art Stellung genommen; ich will die Namen nicht nennen, aber dieselben wissen es teilweise.

In der nächsten Zeit werde ich zusammen mit Professor Wutz nach Eichstätt reisen, um alles Notwendige in Angriff zu nehmen und die Studiumsfrage zu erörtern. Entschuldigen Sie also, wenn ich Sie so auf einmal aufsitzen lasse, aber es geschieht ja nicht aus persönlichen Gründen, sondern der höchsten Dinge wegen, in denen man sehr vorsichtig und umschauend sich verhalten muß. Falls es Ihnen schwer fällt, einen geeigneten Vertreter zu finden, kann ich auch einmal an Herrn Natter[1] schreiben. Auf alle Fälle brauchen Sie mir natürlich kein Gehalt mehr zuweisen, ich habe dies ja schon Wochen vorher erwähnt!

Zum Schluße noch die Mitteilung, daß ich Ihnen verschiedenerlei an Reliquien und Andenken persönlich überbringen werde und dann auch Sie Betreffendes mündlich ausrichten kann.

Seien Sie für heute bestens gegrüßt von
Ihrem Bruno Rothschild.

N.B. Falls Herr Pfarrer schon in den nächsten Tagen wieder in Germersheim bzw. bei Ihnen sein sollte, würde ich Sie bitten, den ersten Teil des Briefes oder auch ganz zur Lektüre ihm zu reichen, da ich in den nächsten Tagen wahrscheinlich nur schwer zum Schreiben wieder komme.

Am 20. August, Montag, vermerkt Bruno in seinem Notizbüchlein: *Abreise von Familie Graßl. Mit Herrn Professor Mayr begleiteten wir sie nach Waldsassen.*

DER RUF ZUM PRIESTERTUM

Leider ist uns der Brief nicht überkommen, den Bruno in jenen Tagen aus Konnersreuth an seine Eltern schrieb und im Brief an Familie

Uhl andeutet: *Der erste schwere Schritt erfolgte schon vor Ihrem Briefe, indem ich meinen Eltern alles mitteilte ...* In schmerzvoller Sorge schrieb bald darauf die Mutter Brunos an dessen Chef, Apotheker Julius Uhl, Germersheim:

Lohr am Main, den 21.8.1928

Sehr geehrter Herr Apotheker!

Verzeihen Sie gütigst, wenn ich Sie hiermit belästige. Mein Sohn hat uns vergangene Woche, das heißt schon vor vierzehn Tagen, aus Konnersreuth geschrieben und zwar hat uns sein Brief tief erschüttert. Die Ursache unseres schweren Leids kennen Sie wohl. Ich habe Tag und Nacht keine Ruhe und sehne mich so sehr nach einer bestimmten Nachricht von ihm.

Mein Mann ist wohl sehr erbittert, aber eine Mutter kann einem Kinde, das stets brav und wohlgeraten war, wohl auch vergeben und vergessen. Vor allem soll er doch den Schutz des Elternhauses nicht entbehren. Ich möchte Sie deshalb recht herzlich bitten, mir mitzuteilen, wo sich mein Sohn zur Zeit befindet oder mir bei seinem dortigen Eintreffen sofort Nachricht zu geben. Ich wäre Ihnen für evtl. Mitteilung von Herzen dankbar, da ich mich in einer sehr großen Sorge um ihn befinde. Da Sie ja selbst Vater von erwachsenen Kindern sind, so können Sie auch mit mir fühlen.

Möchten Sie nicht bitte Ihren ganzen Einfluß auf ihn ausüben, damit er doch seinem Beruf, den er sich mit großem Fleiß und Mühe erworben hat, auch treu bleibt. – Er war stets sehr ideal veranlagt, die Lebensweisheit kennt er leider zu wenig.

Es tut mir leid, Sie mit meiner Angelegenheit belästigen zu müssen, aber ich wußte mir wirklich leider keinen anderen Rat. -

Haben Sie im Voraus für Ihre Mühe meinen aufrichtigen Dank, gleichzeitig Ihnen und werter Familie meine besten Empfehlungen.

Ergebenst!
Helene Rothschild.
Postwendend erfolgte die Antwort nach Lohr:

Germersheim, 22.8.1928

Sehr geehrte Frau Rothschild.

Auf Ihr Geehrtes von gestern erlaube ich mir zu erwidern, daß Ihr Herr Sohn meines Wissens sich noch in Konnersreuth befindet. Er nahm seinen Urlaub am 23.7. und kündigte mir vor kurzem von Konnersreuth aus. Ich verliere Ihren Herrn Sohn in Apotheke und Haus

44

sehr ungern; er war sehr fleißig, zuverlässig und brav. An seinen freien Tagen fuhr er gewöhnlich nach auswärts.

Wegen seiner weiteren Entwicklung und Pläne, von denen ich erst in letzter Zeit Kenntnis erhielt und denen gegenüber ich mich vollkommen neutral verhalten mußte, glaube ich Ihnen raten zu können, baldmöglich nach Konnersreuth zu fahren zu einer ruhigen, offenen Aussprache mit Ihrem Herrn Sohn. Ein Mutterherz versteht leichter ihr Kind!

Wir selbst haben tiefes Leid erfahren, das wir nur schwer verwinden können. Eine Institutsfreundin meiner Tochter, ein einziges Kind und bei uns auf Besuch, ertrank vor kurzem hier im Rhein.

Menschenschicksale – Fügungen.

Mit freundlichen Grüßen Ihnen und Ihrer werten Familie

Ihr Julius Uhl.

Das Notizbuch Brunos enthält am 24. August 1928 die Eintragung: *Besuch von Herrn Kardinal*[2].

Mehr darüber berichtet Bruno in seinem Brief an Familie Uhl aus Konnersreuth vom 27. August 1928:

Werte Familie Uhl!

Vielen Dank für Ihren Brief, der gerade zur rechten Stunde kam und mir Aufschluß geben konnte über das Verhalten meiner Eltern, von denen ich bis dahin nichts hörte, und der mit ihnen in Fühlung stehenden gegnerischen Partei. Es war nämlich gerade ein Tag vorher ein Ludwigshafener junger Mann hierher gekommen, der mir im Auftrag des dortigen Kaplans mitteile, daß er von Umtrieben vernommen habe, die auf eine Vereitelung meiner heiligen Taufe bzw. meines Priesterstudiums hinausliefen. Inzwischen lief ein Brief meiner Mutter ein, in dem sie zum Ausdruck brachte, saß sie sich mit der nun einmal vollzogenen Taufe abfinden könnten und mein Tun verzeihen könnten, aber nicht zugeben wollen, daß ich das Studium der Theologie aufnehme, da meine Nervenkraft hierzu nicht ausreiche. Gleichzeitig bat sie um Angabe eines Ortes außerhalb von Konnersreuth, wo sie mich sprechen könne. Meine Antwort ist inzwischen dort, so daß ich aufgrund deren erwarten kann, daß meine Mutter doch noch hierher kommen wird, evtl. Mittwoch. – Ich wollte nur eigentlich zur Regelung aller Angelegenheiten nach Eichstätt fahren; nun muß ich halt noch etwas warten, evtl. über Freitag. Von Eichstätt komme ich zu Ihnen, möchte Sie aber bitten, strengste Diskretion über die Zeit meines

Hinkommens zu wahren. Vor allem keine Nachricht an Herrn Mandelbaum, das Mitglied der Würzburger Freimauerloge.

Betr. Ihrer Anfragen habe ich auch genaue Auskunft aus Resls Kommunionsekstase. Mitteilung mündlich!

Vergangenen Freitag stand Konnersreuth im Zeichen eines großen Ereignisses. Aber Silentium hierüber! Kardinal Faulhaber kam ganz allein und inkognito hierher, um durch eigene Überzeugung Konnersreuth beurteilen zu lernen. Konnersreuth hat nämlich noch immer eine große Gegnerschaft im eigenen Lager. Der süddeutsche Klerus steht uns sehr skeptisch gegenüber. Um so wertvoller war dieser Besuch, und der hohe Herr war sichtlich ergriffen, ich glaube er wird dies nie vergessen., was er in zwei Tagen hier erlebte. Auch ich hatte das einzige Glück, ihm vorgestellt zu werden, wobei er gleich sagte: *Ach, das ist der Herr Bruno!* Resl hat nämlich in der Ekstase von mir gesprochen, wo er mit dem Herrn Pfarrer allein zugegen war, und unter anderem verkündet, daß in Eichstätt schon alles geordnet sei. Die Bestätigung hierfür werde ich heute erhalten durch Herrn Professor Wutz, der noch gestern nacht per Auto wieder hierher kam. Übrigens habe ich schon vernommen, daß meine Mutter auch an ihn geschrieben habe. Den Brief bekomme ich auch heute zu lesen.

Besonderes hat sich sonst hier nichts ereignet. Das schönste Erlebnis war nur die Vision von Mariä Himmelfahrt, unvergeßliche Stunde. Einmal habe ich wieder neben Resl kommunizieren dürfen. Vergangenen Freitag war mächtiger Andrang hier, gegen zweihundertfünfzig Personen wurden zugelassen … Zur Zeit ist auch noch ein zweiter Professor der Hochschule Eichstätt hier, der Naturwissenschaftler Herr Dr. Mayr, der jetzt bei mir herüben mit ißt, nachdem ich durch die Abreise meiner Vizeeltern, Kunstmalerfamilie Graßl, verwaist bin. Dies waren nette Leute, die das Zimmer neben dem meinen hatten und hier ihre Studien für christliche Kunst unter Resls Aufsicht bzw. Begutachtung übten.

Hier ist auch noch eine interessante Familie, mit Namen Herbot, in Wiesbaden ansässig, früher in der Pfalz, die nun bald fast ganz im Kloster sein wird. Zwei Söhne sind schon im geistlichen Stande, ein Sohn ist bei den Pallotinern, zwei Töchter sind in Speyer bei den Schulschwestern, eine dritte tritt noch ein. Und nun gehen auch Vater und Mutter ins Kloster, wenn Rom genehmigt hat. Die Frau geht ins Magdalenenkloster, Speyer wahrscheinlich. Nur ein Sohn steht in der Welt bei der Reichswehr.

Nun will ich schließen für heute mit den besten Grüßen
Ihr Bruno Paul Rothschild

N. B.: Betr. Ihrer Mitteilung ob Geldmangels wäre es ja recht, wenn ich das Geld für Juli erhalten könnte. Damit lassen wir dann die Geldfrage abgeschlossen sein, ich werde schon durchkommen, auch wenn Lohr streikt. An Herrn Natter habe ich geschrieben.

Am nächsten Tag schreibt Bruno noch einmal an den Apotheker in Germersheim:

Konnersreuth, 28.8.1928

Werter Herr Uhl!

Kaum lag der gestrige Brief im Briefkasten, da erhalte ich Kunde von einer Zeitungsnotiz in dem Wiesauer Tageblatt[3], die in ausführlicher Form meine Konversion behandelt und dabei so viele und recht peinliche Unrichtigkeiten enthält, daß ich schon gestern sofort um rascheste Berichtigung in der dortigen Redaktion brieflich nachsuchte. So ist unter anderem behauptet, ich sei ein Verwandter des bekannten Hauses Rothschild, Frankfurt etc. Was aber mir das Unangenehmste bedeutet, ist die Behauptung jenes skrupellosen Moritatenschreibers, ich habe meine Apotheke in Germersheim meinem Provisor geschenkt. Woher dieser Sensationen suchende Berichterstatter diese Neuigkeiten genommen hat, war bis zur Stunde nicht herauszubekommen.

Die ganze Konversion war vorher und nachher mit bewußter Absicht so geheim gehalten worden wie nur möglich. Die Kirche war damals eigens gesperrt, nur an eine Person war nicht gedacht worden und diese war der Meßner. Es bleibt daher nur die Möglichkeit übrig, daß von diesem, der sehr redselig ist, das Hauptsächlichste dem Berichterstatter erzählt wurde und, was noch fehlte, hat der Letztere wahrscheinlich selbständig ergänzt. Wenn ich komme, können Sie dieses lächerliche Elaborat selbst lesen.

Mir persönlich ist das hauptsächlich nun darum so peinlich, da dieser Mann diesen Bericht wahrscheinlich noch anderen Zeitungen anbietet, so daß dadurch sehr leicht wiederum die Zahl der um Konnersreuth entstandenen unwahren Berichte vermehrt wird und allzu leicht eine Schädigung der katholischen Sache eintreten könnte.

Der Pfarrer selbst und Resl machen sich wenig daraus, sie erklären, sie wären an derlei hinreichend gewöhnt und würden garnicht mehr erwidern. Aber auch mir persönlich ist das so unangenehm, da ich ja in den Verdacht komme, als hätte ich diese unwahren Behauptungen hier selbst ausgegeben, um Konnersreuth zu täuschen. Ich hätte darob die große Bitte, falls Ihnen irgend etwas unter die Augen kommen sollte, mir dies mitteilen zu wollen; es besteht sogar die Möglichkeit,

47

daß auch die Pharmazeutischen Blätter diese Nachricht schon erhalten haben und als Kuriosum berichten. Würden Sie die Personalnachrichten, bis daß ich komme, daraufhin mal überprüfen? Es könnte höchstens ab vergangenem Samstag vorkommen!

Wahrscheinlich werde ich nunmehr nächste Woche, Montag oder Dienstag, in die Pfalz fahren, um nun noch alles vor meinem Eintritt ins Eichstätter Seminar zu regeln. Im Zusammenhang hiermit habe ich noch die Frage, ob meine Abmeldungen beim Finanzamt, Ortskrankenkasse etc. schon vollzogen wurden? Ich wollte schon die ganze Zeit schreiben.

Hier gibt es zur Zeit etwas ganz besonders Neues nicht. Theres hatte die letzten Tage noch den Abschluß eines Sühneleidens für einen Priester zu ertragen, ein Geschwür im Mastdarm und im Rücken. Das Erstere ging, wie in der Ekstase schon vorher angekündigt, gegen Morgen der vergangenen Nacht auf und entleerte den Eiter durch den Darm. Schon diese kleine Affäre wäre für einen Inneren Mediziner wieder eine große Angelegenheit. Theres braucht bei ihren vielerlei Leiden keinen Arzt und wendet nie auch das einfachste Heilmittel an. Sie ist halt in der Behandlung und Fürsorge des höchsten Arztes und Weltenlenkers.

Nun will ich meine Mitteilungen beenden und verbleibe mit besten Grüßen für das ganze Haus, Wiene-Peter u. a.

Ihr Bruno P. Rothschild.

Aus dem Tagebuch:
2. September 1928
Morgens Kommunion zu Germersheim. Nachmittags zusammen mit Dr. Niklas bei Apothekers und Besuch bei Danner. Abends bei Herrn Pfarrer Abendbrot.

3. September
Einpacken! Nachmittags 4 Uhr nach Speyer und Ludwigshafen. Dort über Nacht bei Frau Brand[4]. Schöner Dachgarten! Sie schenkte mir ein Kruzifix. Abschied abends 7 Uhr vom Dom.

Bei Fräulein Dr. Stein war eine Dame noch hinzugekommen, die schon durch jemand wußte, daß ich in Konnersreuth bei Neumann mitgedroschen hätte.

Edith Stein und Bruno Rothschild verbinden viele Gemeinsamkeiten. Beide entstammen einer strenggläubigen jüdischen Familie; besonders die Mütter der beiden versuchen, ihren ganzen Einfluß gegenüber ihren Kindern geltend zu machen. Beide zeichnen sich durch Fleiß und außergewöhnlich gut bestandene Examina aus, sind von leidenschaftlicher Wahrheitsliebe und von Idealismus erfüllt und am Gegenwartsgeschehen stark interessiert. Beide nähern sich stufenweise der christlichen Religion, die sie durch eifriges Studium theoretisch kennenlernen, mehr noch aber in der Begegnung mit glaubensstarken Bekannten und Freunden. Schließlich trennen sich beide unter schweren inneren und äußeren Kämpfen von der Glaubensüberzeugung ihrer Eltern und stellen ihr ganzes Sein in den Dienst der katholischen Kirche, Edith Stein als Schwester Teresia Benedicta a Cruce im Karmel, Bruno Paul Franz Xaver Theresia vom Kinde Jesu Rothschild als Weltpriester.

Sind bei Edith Stein die Schriften der *Großen* heiligen Theresia von Avila eine Hilfe bei der Entscheidung zur inneren Umkehr, so wird für Bruno Rothschild die *Kleine* heilige Theresia von Lisieux seine Wegbegleiterin, die auf ihre Weise den Fußstapfen der großen heiligen Mitschwester folgte. Beide Konvertiten erkennen auch in Therese Neumann eine gottbegnadete Person, deren fürbittendem Gebet sie sich empfehlen und deren Opfergesinnung sie sich zu eigen machen.

Nicht zuletzt verbindet Edith Stein und Bruno Rothschild das Bemühen, die Menschen zu lehren, *wie man es anfangen kann, an der Hand des Herrn zu leben!* (Worte der Zielsetzung von Edith Stein).

Die Probleme unserer Zeit lassen sich nur lösen und heilen durch das Kreuz und Leid. Daran hängt unsere ganze heutige Weltverfassung, die nach Lösung und Klärung des Lebens von heute ruft und stöhnt. (Bruno Rothschild in einem Brief an Familie Uhl.)

Auch noch im Tod ist eine gemeinsame Linie zu sehen: Edith Stein fällt am ersten Augustsonntag 1942 im Karmel zu Echt/Holland den Nationalsozialisten in die Hände, wird nach Auschwitz verschleppt und stirbt dort am 9. August 1942 in den Gaskammern. Im Lexikon für Theologie und Kirche wird Edith Stein von Otto Karrer als *Mystikerin* bezeichnet. 1962 wurde der Prozeß für ihre Seligsprechung eröffnet. Der plötzliche Herztod von Bruno Rothschild auf dem Nürnberger Hauptbahnhof am Heiligen Abend 1932 erspart ihm ein ähnliches Schicksal wie der Konvertitin Edith Stein. Die Nationalsozialisten sind noch nicht an der Macht, aber sie streiten sich schon mit den amtlichen Stellen und wollen verhindern, daß Bruno Rothschild in Konnersreuth beigesetzt wird. In der Kampfschrift der Nationalsozialistischen Arbeiterpartei *Der Stürmer* von Januar und Februar 1933 versuchen sie, sich noch des Toten zu bemächtigen und die Angehörigen des Mordes zu beschuldigen. Darum versuchen sie auch, von der Staatsanwaltschaft eine Anordnung zur Exhumierung zu erwirken.

Edith Stein, von Brunos Kusine Erna Herrmann unterrichtet, hat an seinem Schicksal innig Anteil genommen. Sie bat Erna oftmals darum, Grüße an Bruno und die *begnadete* Therese Neumann auszurichten.

Am 10. Januar 1933 schrieb Edith Stein an Erna Herrmann:
Liebes Fräulein Herrmann, als ich gestern abend nach Münster zurückkehrte, fand ich auf meinem Schreibtisch einige Zeilen von Herrn Wilde mit der ganz überraschenden Nachricht von Herrn Rothschilds Tod, die mich sehr bewegt hat. Es ist wohl fast der härteste Verlust, der Sie jetzt treffen konnte. Ich denke herzlich an Sie und an den Toten.
Mit vielen Grüßen
Ihre Edith Stein[5]

ÜBERSIEDLUNG NACH KONNERSREUTH

Aus dem Tagebuch Brunos:

Konnersreuth, 4. September 1928

Morgens kam ich gerade noch auf den fahrenden Zug; abends 7 Uhr komme ich wieder ins Haus der Resl. Sie kam vom Pfarrhof herein um Beratung wegen der Wohnung. Ich schlief dann halt bei Neumanns.

Am selben Tag schreibt Bruno seinen Lebenslauf für die Aufnahme ins Priesterseminar Eichstätt.
Aus dem Tagebuch:
5. September
Resl fuhr mit dem Auto nach Waldsassen. Ich selbst mit dem Rad, um Pinsel zu besorgen. Dort traf ich auf Resl im Auto und gab ihr die Ware. Nachmittags half ich mit dem Anstreichen. Übernachten bei Neumanns. Ich hatte endlich nun auch eine Wohnung gefunden bei Spitzwirts.

Eigentlich hieß seine neue Wirtin Anna Weiß. Von den Ortsbewohnern wurde sie *Die Spitzwirtin* genannt, weil sie früher mit ihrem Mann eine Wirtschaft *An der Spitz'n* des Ortes Konnersreuth hatte, was so viel wie *am Anfang oder am Ende des Ortes* bedeutet. Nach dem Tode ihres Mannes betrieb sie das Gewerbe nicht mehr und lebte von ihrer Landwirtschaft. Sie hatten nur einen Sohn, der sich zu der Zeit, als Bruno bei ihr durch Resls Vermittlung Wohnung nahm, bereits in Regensburg auf das Priestertum vorbereitete.

Bei der Spitzwirtin fühlte sich Bruno wie ein Sohn. Er war bei ihr auch sicher vor neugierigen Fremden. Er half ihr gern in Haus und Garten. *An diesem Morgen wurden Apfelbäume geleert und zwar morgens bei meinem Wirte Weiß*, schreibt Bruno am 10. September 1928 in sein Notizbuch. Im Herbst hilft er auf dem Feld und vermerkt am 7. Oktober: ... *und half zum Schluß beim Grummet*[6] *bei Weiß.*

Zu der Spitzwirtin hatte Resl ein besonders herzliches Verhältnis. Beide berieten sich noch kurz vor Resls Tod über einen Klosterbau, für den die Spitzwirtin ihr ganzes Besitztum schenken wollte. Verwirklicht wurde dieser Plan aber erst nach Resls plötzlichem Tod, dem 18. September 1962. Am 28. April 1963 wurde der Grundstein für den Klosterbau gelegt und schon fünf Monate später konnten Kloster und Kapelle durch den Regensburger Bischof Dr. Rudolf Graber eingeweiht werden. Es war der Begräbnistag Resls, der 22. September.[7]

Das Kloster erhielt den Namen Theresianum. Patronin ist die heilige Theresia von Lisieux. Nach dem Wunsch des Bischofs und Resls halten in diesem Kloster Ordensschwestern und Pensionärinnen gemeinsam vor dem Allerheiligsten Anbetung für die Anliegen des Bistums und der Welt. Die Spitzwirtin reihte sich als eine der ersten Pensionärinnen ein in die Lebensgemeinschaft der gottgeweihten Marienschwestern vom Karmel im Theresianum. Sie starb im 82. Lebensjahr am 15. April 1969 und wurde auf dem Friedhofe in Konnersreuth begraben.

Der Ortspfarrer Schuhmann sagte bei ihrer Beerdigung: *Die Verstorbene brauchte vor Gottes Gericht nicht mit leeren Händen erscheinen. Sie hat in ihrem Leben vielen in helfender Liebe gedient, sie hat aber auch viel gebetet und geopfert. Zum Lohn hat Gott ihren einzigen Sohn zum Priester*[8] *berufen. Und sicher war es auch eine besondere Gnade für sie, daß durch ihre großzügige Stiftung das Anbetungs-Kloster und der Kindergarten erbaut werden konnten.*

Am 4. September 1928 schreibt Bruno einen Brief aus Konnersreuth an die Tochter der Apothekersleute Uhl:
Wertes Fräulein Elisabeth!
Gestern abend kam ich von einem eineinhalbtägigen Aufenthalt in Germersheim zurück, wo ich meine ganzen Habseligkeiten packte und Abschied nahm von den hauptsächlichsten Bekannten. Leider

konnte ich Ihrem Herrn Vater in gar nichts helfen, da ich gleich wieder hierher zurückkehren wollte …

Dann noch etwas, aber ganz im Geheimen! War nicht Hildegard am Samstag bei Theres? Schade, daß ich schon weg war, aber ich werde ihr schreiben oder auch sie mir. Ich werde nämlich demnächst noch in ihrer Angelegenheit bei Theres anfragen. Das Schicksal Evas ist mysteriös und wird vielleicht noch nachträglich manches Unerklärliche jetzt noch klar werden … Nichts nach Hause schreiben!

Am 6. Oktober beginnt mein neues Leben im Priesterseminar zu Eichstätt. Sie werden ja schon über alles unterrichtet sein.

Ihr Bruno P. Rothschild.

Aus dem Tagebuch:

6. September

Ankündigung des Besuches des Bischofs von Speyer.

Resl nahm mich mit in den Pfarrhof, dort packte sie uns Briefe und Sonstiges auf und ging mit ins Elternhaus.

Am Abend kam noch ein Bischof aus Ungarn[9]. Ebenso Prinzessin Hildegard und Helmtrud[10] mit Herrn Hochschulprofessor Ruhland. Außerdem war auch Reichsarbeitsminister Brauns[11] gekommen. Derselbe reichte ihr am Samstag die heilige Kommunion. Beim Blumengießen stellte mich Resl der Prinzessin vor.

9. September, Sonntag

Nach dem Hochamt trafen wir den Pfarrer vor der Sakristei. Er sagte mir, wir könnten abends bei der Vision anwesend sein und nahm uns mit in den Pfarrhof. Dort sagte er mir, was Resl in der Ekstase meine Mutter betreffend anrate … Sie solle erst acht Tage später kommen, da dort auch erst Wutz komme. Sie wird es gut aufnehmen.

Nachmittags machte ich mit Herrn Neumann einen Waldspaziergang, den ich vorher abbrach, da ich um $1/2$ 6 Uhr bei Resl sein wollte. Dort Evangelium des Jünglings zu Naim:

Der Heiland geht mit sehr vielen Leuten, worunter Johannes und Petrus … einem kleinen Städtchen entgegen. Er heilt unterwegs ein Mädchen von Blindheit. Am Stadttor begegnet er dem Leichenzug und sagt: *Kum!* Sie setzen die Bahre ab, die bloß Bretter war, ohne Füße, mit Stangen. Er nimmt mit etwas Gewachsenem etwas Wasser aus einem Gefäß und besprengt die Leute. Der Leichman war ganz in Tüchter gehüllt, besonders das Gesicht. Der Heiland läßt das Gesicht etwas frei machen, auch die Hände, hält seine Hände gegen den Himmel, spricht

Abba und *Ephetach*, dann etwas mehr. Der Jüngling schlägt, nachdem er ihn berührt, die Augen auf, erhebt sich, er bekommt einen Mantel, steht dann voll auf und dankt in Ruhe dem Heiland. Er geht von der Mutter zum Heiland hin und wieder, und die ganze Menge schreit durcheinander, während der Heiland abwinkt: *Schalom malech, schalom machische, schalom Rabbi!* Dann gehen sie durch die Stadt und der Jüngling folgt ihm weiter. Es wird Nacht.

16. September, Sonntag

Sieben Uhr Messe, neun Uhr Hochamt. Danach war (ich) von $^1/_2$ 11 Uhr bis 12.30 Uhr bei Resl. Sie öffnete Briefe, sie gab mir zum Durchlesen auch verschiedene mit. Außerdem schenkte sie mir ein Aufstellbildchen vom Heiland, ein Wandbildchen vom heiligen Franz, viele Fotografien und gab mir meine Kerze mit. Wir unterhielten uns über allgemeine theologische Probleme, über die heutige Mädchenfrage, meinen Entwicklungsgang, Dr. Gerlich, Dr. Cramer. Professor Mayr schrieb, daß meine Aufnahme ins Priesterseminar genehmigt sei und ich ein Einzelzimmer bekomme.

17. September

Ich war bei Resls Kommunion. Siehe Zettel!

Danach war ich noch, wie schon vorher, bei Dr. Gerlich. Dann in Neumanns Sommerhäuschen bis $^1/_2$ 1 Uhr. Sodann bei Resl...

Um $^1/_2$ 7 Uhr Vision der Stigmatisation des heiligen Franziskus. Auf einem Berge, der einem Gebirge angehörte (Gegend wie bei Eichstätt), kniete er im Gebet (mit Kapuze)! Sehr mager, einen Strick um den Leib. Dann erschien urplötzlich, in hellem Lichte, eine Gestalt, ähnlich dem Heiland, aber ohne Bart, mit Flügeln am Kopf, Armen und Beinen (ganz große Flügel, mit denen er aber nicht fliegen konnte). Derselbe trug die Wundmale, und auf einmal gingen von diesen Lichtstrahlen aus und stigmatisierten Franziskus. Dann betete er noch lange mit zum Himmel erhobenen Händen ...

Erst spät gegen 9 Uhr trennten wir uns von ihr ...

19. September, Mittwoch

Morgens von 9 bis 11 Uhr schmückte ich Resls Zimmer, dann kam sie mit Professor Wutz und Begleiter. Von 12 bis $^1/_2$ 1 Uhr war ich dann noch mit ihr allein beim Briefeaufmachen.

Bischof Waitz[12] hatte in einer Broschüre von mir geschrieben. Resl wird es durchsehen zum Berichtigen.

Nachdem ich noch den Nachmittag über zusammen mit Wutz und

Gerlich auf Resls Zimmer war, entfernten wir uns wegen einer internen Angelegenheit: Fahrt von Pfarrer Naber mit Wutz nach Regensburg.

Um $^1/_2$ 5 Uhr fuhren wir per Auto nach Marktredwitz, holten Mutter und A.[13] vom Bahnhof und setzten uns mit ihr in ein Café. Sie wurden untergebracht bei Weiß hinter Neumanns. Am Abend war sie, nachdem ich kurz vorher im Pfarrhof vorgesprochen hatte, in meiner Wohnung bei Spitzwirts.

20. September, Donnerstag
Morgens $^1/_2$ 8 Uhr wurde ich schon, als ich mit Dr. Gerlich verhandelte, wie man es anfangen könnte, um Mutter noch zu längerem Verbleiben zu veranlassen, plötzlich gerufen, da meine Mutter abfahren wolle. Vorher waren schon W. und N.[14] abgefahren. Ich traf sie in völliger Ausrüstung und schon am Platz stehen. Schließlich gingen wir zu Neumanns. Resl kam gerade von oben, die Hände unverbunden, schauerte aber vor Eintritt ins Zimmer plötzlich zurück (ihre Wunden brannten wohl … im Angesicht der Zustände in der Familie). Da Mutter nicht über Freitag blieb, ging ich mit ihnen und Dr. Gerlich spazieren... sodann fuhren sie im Taxi ab.

Resl, die ich schon gleich nach der Kommunion noch in der Sakristei getroffen hatte, drückte ihre Freude über die große Gnade aus, die mir widerfahren im Angesicht der Familie …

Um 1 Uhr fuhr ich sodann nach Waldsassen in die Apotheke und konnte durch geschicktes Verhandeln erreichen, daß ich die Rezepte von Resl von 1918-1921 abschreiben konnte.

Konnersreuth, 21 September (Leidensfreitag)
Liebe Familie Uhl!

So muß ich nun endlich doch so viel Zeit mal dem heutigen Tage abzwacken, daß ich zur Dankeserstattung Ihres Paketes, das allerdings erst Montagnachmittag mich erreichte, und Ihres gestrigen Briefes komme. Theres habe ich noch am nämlichen Tage alles für sie Bestimmte überreicht und war diese sehr erfreut über Binden, Kopftücher, Mull. Diese 8 cm Binden schneidet sie in der Mitte durch, und da sie die einzelnen Stücke immer wieder wäscht, halten sie doch ziemlich lange aus. Auch die Kopftücher waren recht. Ich hätte sie gerne schon jetzt veranlaßt, einige Zeilen des Dankes Ihnen hier beizulegen, aber ich hatte noch gar keine Zeit, sie hierzu ernstlich aufzufordern; denn Sie können sich wohl denken, was für ein Trubel die ganze Woche über ist. Außerdem waren auch für mich sehr harte Tage.

Mittwoch kamen meine Mutter und Bruder, die anfänglich sehr aufregend wirkten, da meine Mutter in dem Gedanken kam, es wäre der Abschied fürs ganze Leben. Mit dem größten Teil ihrer Vorurteile konnten wir schon in Marktredwitz, wo ich dieselben zusammen mit Herrn Professor Wutz per Auto abholte, aufräumen, sodaß sie schon in besserer Stimmung hierher kamen. Unser aller Wunsch, sie möchte noch am Freitagmorgen hier bleiben, war allerdings nicht zu verwirklichen; gestern, Donnerstag mittag, fuhr sie wieder ab und ein Alpdruck stärkster Güte löste sich damit für mich.

Nun wollte noch ein Bruder von ihr, Chemiker[15], kommen, dem ich aber nach der gutgelungenen Aussprache entschieden abschrieb, da ich jetzt meine Ruhe haben will. Ich muß nämlich jetzt unbedingt meine philosophischen Studien beginnen; bis jetzt bin ich noch nicht zum Allermindesten gekommen. Daher werden wohl jetzt auch die Korrespondenz und die handwerklichen und bäuerlichen Arbeiten, denen ich des öfteren unterlag, etwas in den Hintergrund gedrängt werden. Ein ordentliches Pensum Arbeit hängt nämlich immer noch an mir, so bin ich: ehrenamtlich bezahlter Hofgärtner für Garten und die zahlreichen Blumenstöcke bei Neumann, habe die Schmückung des Theresienaltars in der Kirche und der beiden Hausaltäre von Theres, habe einen Teil von schriftlichen Arbeiten zu erledigen und außerdem bin ich zuweilen außeretatmäßiger Postadjunkt. Dazu kommen die vielerlei anderen Arbeiten, die aus jeglichem anderen Ressort sich rekrutieren. Ich bin oft ganz unzufrieden über die Kürze der Länge jeglichen Tages, da oft die Nacht zu früh von dem vielen Unerledigten einen trennt. Daraus ersehen Sie also auch, warum Sie so lange auf Antwort warten mußten.

Und nun zum Speziellen: Betreffend Ihrer Bitte einer Beteiligung an einer Novene bin ich gerne bereit, dies mit zu unternehmen, ich habe ja auch so vielerlei Anderes noch mit zu vertreten; ich würde mich womöglich mit Theres in Verbindung zu setzen versuchen …

Meine Aufnahme ins Seminar Eichstätt ist nunmehr endgültig genehmigt, ich bekomme sogar ein Einzelzimmer trotz großen Mangels an solchen. Schriftliche Bestätigung habe ich allerdings noch nicht! Dieselbe wird durch das Bischöfliche Ordinariat erfolgen. Nun bitte ich Sie aber noch, sich nicht zu sehr durch weiteres Zusenden allzu sehr zu belasten. Theres wird Ihnen vielleicht etwas widmen.

Ihr Bruno P. Rothschild.

Aus dem Tagebuch:
25. September
In allen süddeutschen Zeitungen erscheint in diesen Tagen der Artikel mit der falschen Meldung über die Verschenkung meiner Apotheke und meiner reichen Verwandtschaft.

30. September, Sonntag
Mittags Besuch bei Herrn Benefiziat. Nachmittags nach der Andacht zur heiligen Theresia ging ich ins Neumannhaus. Dann sah Theres das heutige Evangelium. Die Heilung des Gichtbrüchigen in der Synagoge. Weite, große Stube. Von oben wird auf einmal vom flachen Dach her im Bett der kranke Mann herabgelassen vor den Heiland. Viele Pharisäer stehen herum, und er spricht mit ihnen. Sie widersprechen ihm und reden auf ihn ein. Dann heilt er den Kranken, nachdem er wieder dreimal zum Himmel aufgeschaut. Sie sieht auch die Thorarollen, Säulen rechts und links entlang des Raumes. Frauen sieht sie nie. Dann geht er ... während das Volk durcheinanderruft und ihm zujubelt.
Gegen 7 Uhr ging ich zum Essen. Als ich zurückkehrte, hatte Theres schon die Todesvision der heiligen Theresia. Sie sah sie bloß auf einer Decke liegend (wahrscheinlich war noch ein Bett darunter) ... Klosterfrauen knien im Zimmer; diese werden fortgeschickt, nachdem noch eine, die der Betreffenden sehr ähnlich sieht (Celine), ihr ein Stück Eis auf die Lippen gegeben hatte, wofür dieselbe mit einem Lächeln dankte. Sie legt auf einmal den Kopf nach rechts, die Nase wird spitz, das Gesicht verfällt, die Zurückgebliebene nimmt an, daß sie tot ist. Dann hört man das Totenglöcklein und an den verschiedenen Türen erscheinen die Klosterfrauen wieder. Da erhebt sie auf einmal wieder die Augen und bewegt sie nach den verschiedenen Richtungen. Sie sieht den Heiland und fällt zurück. Vorher hörte sie noch die Worte: *Mon Dieu, je vous aime!* etc. gesprochen. Dann erhält ihr Gesicht wieder den früheren Ausdruck, und Theres hat sogar das Gefühl des Duftes von Blumen.

1. Oktober, Montag
Theres hat noch in der Nacht vorher gegen 9 Uhr mit dem Pfarrer am Theresienaltar in der Kirche gebetet. Da erscheint ihr, während sie in der ersten Bank, der Pfarrer in der dritten Bank kniet, die heilige Theresia, gibt ihr einige Anweisungen und schenkt ihr eine Rose[16].

2. Oktober, Dienstag

Auch morgens war ich wenig bei Neumanns. Ein Brief von Hildegard Uhl kam, wodurch mein Zweifel und mein Widerwille gegen Theres noch verstärkt wurden. Mittags trieb es mich hinaus. Ich ging um 12 Uhr nach Höflas und faßte dann aber den Entschluß, zum Herrn Pfarrer zu gehen. Ich sprach mich auch mit ihm aus, ging dann zu Neumanns, traf dort Theres und gleich fing sie auch an von Hildegard Uhl. Theres ging in den Pfarrhof, kam aber plötzlich zurück und erzählte mir nun die ganze Geschichte.

Hildegard Uhl war wirklich da, hat zu ihr gesagt, sie wolle mir noch ausreden, Priester zu werden, da sie mich gern hätte, sie hätte mich so gern in der Apotheke haben wollen ...

Aber sie durfte nichts sagen und solle ihr Wort darauf geben und nahm ihr zum Zeichen die Hand.

Unter Tränen erzählte mir dann Theres, daß sie das versprochen und nun dies gebrochen habe, weil der Herr Pfarrer es gewünscht habe.

3. Oktober, Mittwoch

Morgens nach der Messe herrliches Hochamt am Theresienaltar. Theres sitzt im Beichtstuhl[17], Dr. Gerlich daneben. Theres hatte noch nicht einmal kommuniziert, ja selbst nach Schluß derselben ist sie noch zu Haus, bis auf einmal, gegen 10 Uhr, der Heiland fortgeht[18].

Ich fahre dann für Neumanns nach Waldsassen, kehrte gegen 1 Uhr zurück und war nachmittags im Pfarrhaus, wo gerade Honig geschleudert wurde. Wir schüttelten zuerst Haselnüsse, dann färbte ich zusammen mit Dr. Gerlich wieder Birnen[19] bis 8 Uhr ...

Theres sagte unter anderem, sie habe schon gewußt, daß ich Kämpfe hätte und wäre auch ganz scheu geworden.

Hier enden die Tagebuchaufzeichnungen Brunos. Er hält noch – ohne Datum – ein kleines Sprüchlein fest:

Im Herzen Freude, im Arme die Tat,
ist stets dem Gerechten ein Lebenskamerad.

Und auf der letzten Seite:

Inmitten dunkler Winternacht
zu neuem Leben das Licht sich erhebt
bis daß in des Junis glühendster Pracht
zum Untergang Gott es bewegt.

Das sind der Welten zwei Sonnenwenden.
Des Menschen Beherrscher, des Schicksals Mächte,
die unbeirrt und ohne Ende
Neues erzeugen und begraben das Schlechte.

---

[1] Bekannter von Bruno.

[2] Siehe auch Chronik des Marktes Konnersreuth, Seite 424.

[3] Tirschenreuth-Wiesauer Tageblatt vom 22. August 1928, Nr. 193.

[4] Oder Clara Barth (Leseschwierigkeiten im handschriftlichen Original!) Clara Barth: Kreisvorsitzende im Kath. Bayerischen Lehrerinnenn Verein (siehe: *»Die Speyerer Jahre von Dr. E. Stein«* von M. A. Hermann O.P., Pilger-Verlag, Speyer.)

[5] Vgl. Erna Hermann-Haven, II. Teil, Seite 197?.

[6] Grummet bedeutet soviel wie kurzes Gras, letzte Mahd.

[7] Vgl. *»Konnersreuther Nachrichten«, Rundbrief* Nr. 1–2 der Marienschwestern vom Karmel, Konnersreuth Theresianum.

[8] Johannes Weiß, jetzt Kanonikus in Regensburg .

[9] Weihbischof Dr. Victor Horwáth aus Kolocza, Ungarn.

[10] Aus dem süddeutschen Geschlecht der Wittelsbacher.

[11] Heinrich Brauns (geb. 3. Januar 1868), gehörte dem Zentrum an. Er war kath. Priester, der auch als Minister treu seine Priesterpflichten erfüllte. Er schied im Juni 1928 aus dem Reichsarbeitsministerium aus, wurde aber wieder Mitglied des sozialpolitischen Ausschusses des Deutschen Reichstags und fungierte von 1930 bis 1933 als Vorsitzender dieses wichtigen Gremiums. Im Zeichen des Kreuzes starb Dr. Heinrich Brauns im fünfzigsten Jahr seines Priestertums, am 19. Oktober 1939. (Vgl. Deutsche Tagespost vom 19. Oktober 1989).

[12] Dr. Sigismund v. Waitz, Erzbischof von Salzburg: *»Die Botshaft von Konnersreuth.«* gestorben am 30. Oktober 1941.

[13] Alvin (Brunos Bruder).

[14] Professor Wutz und Pfarrer Naber.

[15] Jener Herr Herrmann, der 1932 die Verhandlungen wegen der Beisetzung von Bruno führte.

[16] Rose – als »Gnadenwunder « zu verstehen.

[17] Der Beichtstuhl stand neben dem Theresienaltar. Resl schützte sich auf diese Weise vor Neugierigen. Gewöhnlich war ihr Platz auf einem Betstuhl hinter dem Hochaltar.

[18] Das soll heißen: Resl fühlt die sakramentale Gegenwart Christi in sich nicht mehr und verlangt nach der hl. Kommunion, die ihr wieder neue Lebenskraft gibt.

[19] Elektrische Glühbirnen.

Theologiestudent in Eichstätt

Eichstätt, 14.X.28

Liebe Patin u. Schwester in Christo!

Grüße und beste Wünsche zu Deinem Namensfeste voraus! Der 15. Oktober, Deiner Namenspatronin großer Tag der Aufnahme in das himmlische Heer, veranlaßt mich, Dir schon heute nach der Ankunft in Eichstätt zu schreiben. Wir werden Deiner am Montag in der Frühmesse und des Tages über gedenken und außer zur großen Theresia auch der kleinen Heiligen ein Momento halten.

Mögen sie auch uns in den dunklen Ölbergstunden des Lebens die himmlische Stärkung bringen!

Ist nun die Anbetung in Konnersreuth noch schön verlaufen; der Wetterlage nach zwar wohl kaum, denn es hat an diesen Tagen auf meiner Fahrt den ganzen Tag so geregnet, daß man nicht mal im Wagen, der überheizt und darum unausstehlich heiß war, ein Fenster öffnen konnte. Bis Regensburg hatte ich Gesellschaft zweier mir bekannter Konnersreuther Pilger. Wir besuchten dort noch den Dom und unterhielten uns ein Viertelstündchen mit dem Heiland im Tabernakel. Dann kam die Trennung der Konnersr. Reisegesellschaft. Abends 8 Uhr langte ich am Stadtbahnhof hier an, wo Hansl schon auf Lauer stand.

Heute, Samstag, früh ging ich mit Hansl und kam um ³/₄ 8 Uhr gerade noch in die letzte Messe im Dom. Nun schlage ich mir den Tag mit Musik und Plaudern herum.

H. Prof. Mayr war einige Stunden vor meiner Ankunft hier im Hause und frug nach mir. Bis jetzt hat mich aber noch niemand entdeckt.

Nun hat die Umstellung in meinem Innern kräftig begonnen. Der alte und aufgepfropfte Apothekerberuf muß nun endgültig in die Vergessenheit sinken. Ab August dieses Jahres muß eine unsichtbare Wand die Vergangenheit von der Zukunft trennen. Der Blick nach vorwärts und aufwärts bringt Licht und Sonne und neues Leben. Ein Streiter der großen Armee Christi, nicht bloß der siegreich-jubilierenden sondern eher der Kreuze schleifenden und kämpfenden wird unser Los sein!

In diesem Sinne nun also vorwärts, der Befehle unseres göttlichen Führers gegenwärtig und unterwürfig.

59

Der Heiland wird ja, wenn wir ehrlich kämpfen, uns helfen und uns Wege und Ziel zeigen!

Denke an mich auch manchmal, liebe Patin, wie ich auch versprechen will im Gebete und der heiligen Messe Deiner zu gedenken!

In Treue und der festen Hoffnung, daß der Heiland helfen wird
Dein
P. Bruno.

Lb. Resl! Hochgesch. Patin!

Ich denke heute am 1. Freitag fern von Dir und Deinem Leiden viel an Dich und bete auch zum Heiland für Dich und Deine irdische Mission. Denke Du auch an mich und meine Armseligkeit. Das Studium fällt mir halt jetzt, nachdem ich mit allem schon fertig war, anfänglich schon recht sauer. Aber es geht und wird auch weiter gehen. Der Heiland hat schon in vielem geholfen, wo ich früher gänzlich versagt hätte. Ohne Kampf, kein Sieg und immer kann nicht die Sonne der Gottesfreude und der emporreißenden Gnaden scheinen. Es muß auch dazwischen immer wieder mal trüb sein, regnen, vielleicht auch manchmal Gewitterstimmung sein und Entladungen und Blitzschläge kommen.

In diesem Sinne grüße ich Dich in pace Christi
Dein Bruno.

Aus den beiligenden Zeilen an den Vater ersiehst Du, daß die Frage der Firmung brennend geworden ist. Ich halte den 28. Okt. für geeigneter als späterhin den November. Du auch?

Hansl läßt auch grüßen.

Derselbe fährt jetzt per Rad zur Schule.

Herzliche Grüße an
alle im Hause.
Franz X. W.

Eichstätt, 18.X.28

Lb. Vater Neumann!

Soeben erfahre ich durch H. Prof. Mayr, daß betr. meiner hl. Firmung im bischöfl. Palais dahier schon gesprochen wurde. H. H. Regens, der davon wußte, daß ich noch nicht gefirmt sei, hat es dort vorgebracht. Der hochw. H. Bischof schlug ihm nun vor den 28. Oktober, da dies für ihn der geeignetste Zeitpunkt sei. Ich halte es nun für wichtig darüber Resl in Kenntnis zu setzen und ihre Ansicht zu hören, da ja wir schon öfters davon gesprochen haben und besondere Verhältnisse in Betracht kommen. Ich gebe mich ja nicht der Hoffnung hin, daß Resl sich selbst zu einem Briefe aufrafft, deswegen schreibe auch direkt an Sie. Vielleicht erbarmt sich irgendeiner aus dem Kreise der zum Haus Gehörigen und gibt uns bald Antwort.

Mir selbst wäre der Zeitpunkt ganz gelegen; nur H. Prof. Wutz hat einige Bedenken, da er wahrscheinlich zum 30. Okt. in Nürnbg. zum bekannten Vortrag sein soll.

Ich muß in den nächsten Tagen meinen Besuch beim Hochw. H. Bischof machen und bis dahin wäre es mir recht, Antwort zu haben, da doch sicherlich die Rede darauf kommen wird.

Anbei lege ich einen Brief bei, der mir beigelegt war für Resl. Heute hatte ich Gesellschaft durch Pater von Lama, den ich bei H. Prof. Mayr antraf. Wir verbrachten einen schönen Nachmittag. Langsam komme ich nun auch ins Arbeiten. Hart ist es schon. Altar schmücken und Blumen gießen wäre schöner, auch Dreschen und Heuholen. Aber der eine hat diese, der andere jene Aufgabe. Ich muß mir nun halt vorläufig von den Philosophen den Kopf bearbeiten lassen, daß ich zum Schlusse bald nicht mehr weiß, ob ich lebe oder nur eine Phantasie bin. Ja, ja die Wissenschaft, schöner war es sogar noch beim Obstableeren und Resls Briefaufschneiden. Wenn man sich die Wissenschaft nur pfundweise im Krämerladen kaufen könnte, dann ginge es schneller und schmerzloser.

Ich denke heute, Donnerstag abend, oft an Resl und werde auch morgen sie vor Augen haben. Grüße an Resl und alle
Bruno!!

Eichstätt

Lb. Patin, Du liest doch mit!!
Lb. Vater Neumann!

Nun habe ich mich so einigermaßen in die Eichstätter Situation und das Studium wie das geistige Leben eingeführt. Montag von 3–4 Uhr war meine 1. theologische Stunde, damit war der Eintritt ins theolog. Leben vollzogen. Die übrigen Mitstudierenden haben natürlich anfänglich die Augen aufgerissen; den ehem. protest. Vikar habe schon da kennen gelernt und gesprochen. Er ist soweit ein ganz netter Herr, energisch und zielbewußt.

H. Prof. Mayr hat sich viel Mühe gegeben, mir eine Wohnung ausfindig zu machen. H. Regens war bisher sehr freundlich.

Hansl (jüngster Bruder von Theres Neumann, der in Eichstätt das Gymnasium besucht) ist frischauf, ich habe jetzt an ihm einen neuen Gesellen zu Streichen. Gestern waren wir bis $^1/_2$ 12 Uhr am Radio festgehalten worden, da die Ankunft und Landung des Zeppelin in Amerika übertragen wurde. Da ging es bei uns auch sehr lustig und ausgelassen her, zumal H. Prof. nicht da war. Nun habe ich heute endlich eine Wohnung gefunden, die ich morgen beziehen werde in derselben Straße, in der H. Prof. wohnt, aber noch näher am Seminar.

Und nun komme ich zu meinem Anliegen. Ich wäre Ihnen nämlich dankbar, wenn Sie meine nunmehrige Adresse der Post drüben geben würden. Am Schluße schreibe ich sie auf. Die Post hat mir auch noch nicht das damalige Telephongespräch berechnet. Dieselben sollen es mir berechnen.

Ferner ist für mich die hl. Firmung nunmehr eine dringende Angelegenheit geworden, ein Gebot der Zeit.

Würden Sie bitte so bald als möglich darob vielleicht Resl fragen bzw. in der Ekstase H. Pfarrer um Stellung der Frage bitten. Auch Resl kann ja jetzt mal mit H. Pfarrer davon sprechen. Ich muß doch in der nächsten Zeit beim Hw. H. Bischof mich vorstellen und da wird diese Frage sicherlich angeschnitten werden. Resl weiß schon, daß es damit eine besondere Bewandtnis hat und ich nicht ohne Konnersr. handeln will. Recht baldige Antwort wäre darum mir schon erwünscht; denn ich brauche ja auch dieses hl. Sakrament doch jetzt besonders dringend, wo ich mich doch in erhöhtem Maße jetzt in der Welt herumschlagen muß.

Und mein 3. Anliegen wäre die polizeil. Abmeldung, die eigentlich aber Spitzwirts besorgen könnten; denn ich muß bei der Anmeldung dieselbe wahrscheinlich vorlegen.

Nun bin ich mit meinem Wunschzettel zu Ende. Besten Dank für Erledigung!!

Heute ist Herr Dr. Gerlich abgereist, Tränen hat es keine auf beiden Seiten gegeben, da es sehr eilends herging.

Die Unterredung beim H. Bischof in Regensbg. ist zufriedenstellend verlaufen. Derselbe wich jeder intensiveren und schärferen Auseinandersetzung aus. Den Brief von Ihnen hat er gar nicht erwähnt; vielleicht hat er ihn hinter den Spiegel gesteckt??

Mutter Wutz klagt heute wieder recht über Schmerzen in der Brust. Auf ist sie schon wieder, seit ich hier bin. Hansl ist eben einmal ins Kino gegangen, wo der Weltkrieg vorgeführt wird.

Das Arbeiten im Seminar ist für mich natürlich jetzt noch recht ungewohnt, zumal ich in meinen Studien anders ausgebildet und eingestellt worden war. Philosophie ist halt etwas recht Beschauliches und rein Gedankliches. Auch die theolog. Fächer sind schwierig. Aber es wird mit Gottes Hilfe schon gelingen, daß ich meinen eingerosteten

Verstand wieder in Schwung setze. Denkt denn Resl im Gebete jetzt auch noch an mich? Wie ist der Namenstag verlaufen? Ich habe am Abend noch an meine Reliquien der großen hl. Theresia gedacht und sie herumgereicht.

Nun muß ich aber schließen, da es sonst zu spät für die Post würde.

Glückauf weiterhin und Ihnen beste Grüße, Resl nochmals beste Wünsche. Ihr Br. P.

Adresse: Br. P. Rothschild, Eichstätt, Ostenstr. 33. bei Niklas

Eichstätt, 21.10.1928

Werte Familie Uhl!

Nun stehe ich mitten im praktischen theologischen und wissenschaftlichen Leben. Das Studium selbst an sich macht vorläufig noch große Schwierigkeiten. Wenn ich den Berg von wissenschaftlichem Material, das Endlose des noch zu bewältigenden Stoffes betrachte, wird mir bald schwindlig. Es ist doch eine ungeheure Last, die mir zu tragen übrig bleibt; zudem wirkt dieses von ganz vorne Anfangen jetzt im Beginn schon arg deprimierend. Ich sehe jetzt auch klar, warum mir dieses große übernatürliche Glück und die vielen Einblicke in Konnersreuth in diesem Maße vergönnt waren. Ich glaube, unter gewöhnlichen Umständen hätte ich diese gewaltige Umstellung und diesen Neubeginn mit eigenen Kräften nicht bewältigen können. So kam mir Gott schon im voraus entgegen und zeigte mir Seine goldenen Gefilde und ließ mich ahnen den Lohn derjenigen, die seinetwillen alles auf Erden aufgeben. Wenn ich nicht Zeuge dieses Leidensdramas in Konnersreuth gewesen wäre und tiefer dabei in das Wesen und den Sinn der Leiden hätte einblicken dürfen, fände ich jetzt nur schwerlich Trost und Hilfe.

Schon gleich vor meinem Eintritt in der Diözese Eichstätt gab es unvorhergesehene Schwierigkeiten von außen her, die bald den Wechsel mit einer anderen Hochschule gebracht hätten. Hier selbst habe ich nun im Anfang mancherlei Vergünstigungen. Ich wohne in der Stadt privatim[1], esse nur im Seminar und kann außerhalb der Vorlesungen studieren und arbeiten ohne die gültige Seminarordnung. Ich habe dadurch den Vorzug, länger und intensiver studieren zu können als im Seminar, wo nur zwei bis drei Stunden Studierzeit am Tage frei werden, und werde dabei nicht gestört; denn im Gemeinschaftsleben ist die Ablenkung außerdem noch eine sehr große.

Die Alumnen sind größtenteils brave Gesellen, die Herren Dozenten auch nett. Hochw. Herr Regens sehr loyal und entgegenkommend. Gestern habe ich beim hochwürdigen Herrn Bischof[2] meine Aufwartung gemacht, der auch sehr freundlich war und mir zur Stärkung noch beim Abschied seinen bischöflichen Segen gab.

Bis in vierzehn Tagen werde ich dann noch die heilige Firmung empfangen; bis dorthin hoffe ich aber nochmals über meine Studienangelegenheiten im bischöflichen Palais vorgesprochen zu haben, da mein erster Besuch eine Unterbrechung durch eine zweite Audienz erlitt. Firmpate wird Herr Pfarrer Naber. Wenn der Termin sich günstig gestalten ließe, würde Herr Pfarrer persönlich kommen. Bis jetzt sind allerdings noch keine Anzeichen hierfür.

Nun läßt bei mir glücklich die Post an Umfang nach. Das war schrecklich vorher. Jetzt muß ich aber schließen, da es nach reichlicher Tagesarbeit zu Bett geht. Mit den besten Grüßen, auch an Wiene Peter, Herrn Dr. Niklas, Hochwürden Herrn Pfarrer Sauer, verbleibe ich
Ihr Bruno P. Rothschild.

Eichstätt, 18.11.1928

Wertes Fräulein Elisabeth!

In der Annahme, daß Sie der heiligen Elisabeth von Thüringen nachbenannt sind, entbiete ich Ihnen zu Ihrem Namensfeste die besten Glückwünsche.

Hoffentlich haben Sie die schwierige Lage, in die Sie durch den wohlmeinenden und unfehlbaren Bescheid von Konnersreuth gebracht wurden, bisher gut überstanden. Ohne Opfer ist ein wahres, christliches Leben nicht zur Durchführung zu bringen. Nur über persönliche Opfer gelangt man zur wahren Gemeinschaft mit Gott und zur sicheren Erfassung unseres Glaubens; die Gemeinschaft mit Christus verlangt, daß man auch rein äußerlich im Leben an dessen Leben sich anpassen muß. Nur auf das Kreuz folgt die Verklärung. Die Taborstimmung bleibt nicht allzu lange; ihre Zeit ist beschränkt, wir können auch jetzt noch nicht sie festhalten, dadurch, daß wir auf ihr *unsere Hütten* bauen wollen. Auf den Tabor folgt der graue Alltag, wo keine übernatürliche Sonne scheint.

Und so fassen nun auch Sie Mut und übergeben Sie Ihre ganzen Sorgen dem Tabernakel. Von dort wird dann schon hier und dort ein Lichtstrahl ausgehen, der momentane Helligkeit und Einsicht auf den Lebensweg Ihnen gewährt.

Eine Zeitlang müssen wir alle immer wieder zappeln, werden ungeduldig und glauben die gegenwärtige Lage nicht ertragen zu können. Halten wir aber, sei es länger oder kürzer, geduldig aus, so werden wir bald merken, wie rasch sich plötzlich Situationen ändern können, wie rasch das Glück und die Sonne über uns ist und wir vielfach entschädigt werden.

Auch ich habe nach der Taborstimmung von Konnersreuth meinen Tribut schon zahlen müssen. Nur wenige Sonnentage waren es, die mir bisher beschieden waren. Tage nur mit inneren Kämpfen ausgefüllt waren oft und oft, zuweilen in endloser Reihenfolge beschieden. Aber ich sage mir halt immer, wir können uns unsere Kreuze nicht auswählen. Was kommt, müssen wir in Ermangelung eines anderen schon annehmen. Und wenn es ganz besonders schwer einen manche Tage drückt, dann denke ich mich halt in die Lage eines Bauern versetzt, der so einen Zentnersack auf der Schulter oder dem Rücken zu bewältigen hat.

Auch ich harre sehnsüchtig auf lichtvollere Tage und grüße Sie aufs beste Ihr Br. P. Rothschild.

Eichstätt, 21.11.1928

Werte Familie Uhl!

Ihren Brief nach längerer Pause habe ich erhalten; derselbe hat mich recht erfreut. Allerdings werde ich mich heute nicht so ausführlich revanchieren können; denn die Zeit ist bei mir recht knapp geworden. Der Tag ist streng eingeteilt, und kaum ein halbes freies Stündchen läßt sich aus dessen Programm herauswirtschaften. Es gibt Hände voll Arbeit. In allen Fächern schreitet es rüstig voran, und jeden Tag muß man die Tageslektionen mit- und durcharbeiten. Im großen und ganzen werden wenige Lehrbücher verwendet; man muß entweder aus dem Vortrag des Dozenten sich das Notwendige mitschreiben, anderseits aber gibt der größere Teil der Professoren ein Diktat, an das man im Studium sich zu halten hat. Sie können sich denken, daß es da besonders noch für mich Neophyten[3] Arbeit in Fülle gibt, zumal am jeweiligen Semesterschluß in jedem Fach Abschlußexamina zu bestehen sind. Deswegen muß man gleich kräftig mitarbeiten.

Nun zum speziellen Teil: ... Soeben erhielt ich von meiner Mutter ein Wäschepaket mit vielen Beilagen; ich bin hocherfreut. Gute Freunde, treue Katholiken, haben inzwischen für mich gewirkt und den Einfluß protestantischer und jüdischer Kreise anscheinend zurückgedämmt. Sie schreibt, sie hätte bei den oberen Hausleuten, Professor Imhof, mit dem jetzigen Stadtpfarrer, der mich persönlich allerdings kaum kennt, eine Aussprache gehabt, die anscheinend guten Erfolg hatte. Ich höre wenigstens, daß sie als Mutter von Natur keinen anderen Standpunkt einnehmen könnte. Der Vater hätte sich äußerlich beruhigt, innerlich würde er noch darunter leiden. Ich hoffe nunmehr, daß Gott noch alles zu guter Harmonie führen werde und auch meinem Vater der Friede zuteil werde. Er hat freilich den schwersten Standpunkt.

Ich bin einerseits nun auch froh, etwas mehr mit dem Kreuz beladen zu werden und bin dessen zufrieden, damit ich auch erkenne, daß man eine Freude und die Gnadenerweise auch durch Gegenleistungen zu begleichen versucht. Geschenke verpflichten, und so ist es auch im übernatürlichen Leben. Unserem größten Wohltäter und Schöpfer bleiben wir zeitlebens zu Gegenleistungen verpflichtet...

Ihr Br. P. Rothschild.

Konnersreuth, den 3. Dez. 1928

Mein lieber, teurer Bruno!

Ich sag mal gleich »Du«. Dann sag ich etwas leichter weiter: Keñst mich, wie saumselig ich im Schreiben bin. Ich tröste mich damit, daß wir auch vom Heiland nicht wissen, daß er Briefe geschrieben hat, obschon er sicherlich auch die Abwesenden, besonders aus den ihm Nahestehenden sehr lieb hatte. Die Schlußfolgerung daraus in Bezug auf Dich und mich wirst Du selber ziehen und mir dann gewiß nicht mehr böse sein, wie Du es mit Recht schließlich sein konntest.

Die Genehmigung meines Gesuches an das bischöfl. Ordinariat, die Firmpatenstelle bei Dir übernehmen zu dürfen, hat ziemlich lang auf sich warten lassen und war deshalb eine rechtzeitige Antwort an Dich nicht möglich. Deswegen soll aber unser Verhältnis zueinander ein nicht weniger herzliches sein.

Das hl. Weihnachtsfest, das Gott und die Menschen und diese untereinander in innigster Liebe vereinigen will, soll dies auch bei uns. Komm also, bring die Weihnachtsferien bei mir zu und laß uns mit der Theres und ihrer Schwester Marie, die jetzt allein bei mir ist, uns recht freuen des lieben göttlichen Kindes, das uns den Frieden gebracht hat.

Herzlichst grüßt
Dein Pate
Naber, Pfr.

Besten Gruß auch
Hr. Professor Wutz,
wenn er noch zu Hause
ist, u. seiner Frau Mutter!
Und dem Schlankl Hans!

Lb. Bruno!

Da der Herr Pfarrer wie Du siehst, sich bekehrt hat, so will auch ich nicht zurückstehen. Daß wir Deiner täglich gedenken, brauche ich wohl nicht eigens erwähnen. Aber zum Schreiben bleibt mir halt sehr wenig Zeit; Du weißt ja wie es immer ist. Neben mir liegen ungefähr 500 ungeöffnete Briefe u. zudem die Besuche von auswärts, zu denen sich auch jetzt die hiesigen gesellen. Und seit Kirchweih immer ziemlich Leidenszeit. Rege dich *nimmer* auf! Hat ja keinen Zweck! Am Firmungstage gedachten wir besonders Deiner. Möge der hl. Geist Dir recht viel Kraft u. Gnade geben. Und jetzt im düsteren Advent wollen wir unser Herz zu einer recht warmen Krippe für das lb. Jesulein bereiten, daß es an Weihnachten mit rechter Freuden zu uns kommt, wo wir uns dann alle mitsammen freuen können. Besonders wollen wir recht kindlich, fromm, aufrichtig, bescheiden, anspruchslos u. freundlich, wie das lb. Jesulein werden damit wir ganz von seinem Geiste durchdrungen werden. Und jedes Opfer wollen wir ihm zuliebe mit Freude bringen. Wenn wir nur den lb. Heiland immer näher kommen u. ihm gefallen, alles andere ergibt sich schon. Beten u. kämpfen wir halt weiter u. vertrauen dabei auf denjenigen, der allein uns glücklich machen kann, dann wird gewiß alles recht. Sei von uns allen, den lb. Eltern Geschwistern, dem kl. Josefl u. besonders von mir recht herzlich gegrüßt.

Deine Patin
Theres Neumann

Auf baldiges Wiederseh'n freuen wir uns Alle.

Mein lieber Bruno!

Herzlichen Gruß! Wie's Dir wohl gehen mag? Manchmal höre ich so ein bißchen was, was mich vermuten läßt, daß Du halt auch etwas zappeln mußt. Macht nichts. So behandelt der Heiland seine Freunde.

Manche werden ihm bei solchen Anlässen untreu, weil sie seine weisen u. liebevollen Absichten nicht durchschauen; wir aber wollen ihm mit Zuversicht in sein klares, liebes Auge schauen u. mit treuer Liebe seine Hand küssen, die nur deßwegen etwas kräftiger zufaßt, damit es mit uns schneller vorwärts geht.

Auf Wiedersehn zu Weihnacht freut sich
herzlich
Dein Naber, Pfr.

Liebe Familie Uhl!

Schnell will ich noch, bevor ich durch die Wiederaufnahme der Studien keine Zeit mehr übrig habe, Ihnen für Ihre große Aufmerksamkeit aufs beste zu danken.

Ich kam hierher Samstag, den 22. Dezember, und wurde gleich im Hause Neumann mit Ihrem Pakete vertraut gemacht. Es war des Guten aber wirklich zu viel. Ich bin überhaupt so beschenkt worden. Sie machen sich auch keinen Begriff, wie herrlich die Christmette war. Die Kirche im strahlendsten Lichtglanz, am Hochaltar das Jesuskind von Lampen umfaßt.

Nach der Bescherung im Hause Neumann ging es dann ins Pfarrhaus, wo unter Harmoniumbegleitung die Bescherung der Haushälterin stattfand. Zum erstenmal hat so der Herr Pfarrer wieder einmal nach langem (seit seiner Seminarzeit) im Kreise von Freunden wirklich schön und erhebend einen Bescherabend feiern können. Was muß der liebe Mann früher soviel entbehrt haben!

Ich bin jetzt auch im Pfarrhaus untergebracht und verbringe, wenn es möglich ist, immer gerne bei ihm meine Ferien. Es ist so für mich das Beste und ich bekomme dadurch Anregungen und Durchbildung, die bei mir in jeglicher Beziehung ja noch genügend notwendig ist.

Ich werde jetzt im Neuen Jahr so schwere Zeiten und Kämpfe noch bekommen, die ich ohne Hilfe von Oben und durch Konnersreuth gar nicht allein ausfechten könnte. Es bewahrheitet sich immer wieder: *Wer viel empfängt, der muß viel leiden!* Ich glaube kaum, daß Leute, die auch von Konnersreuth viel Gnade empfangen, ohne große Gegenleistungen und Opfer bestehen können. Die Probleme unserer Zeit lassen sich nur lösen durch das Kreuz und Leid. Daran hängt unsere ganze heutige Weltverfassung, die nach Lösung und Klärung des Lebens von heute ruft und stöhnt. Nie ist der wahre Gehalt der Adventsstimmung mir mehr zu Bewußtsein gekommen als in den letzten zwei erlebten Tagen, wo gewissermaßen die Buße und das Leiden innerer Art auf dem Höhepunkt stand.

Und in dieser Adventstimmung liegt heute draußen wieder der weitaus größte Teil der Welt. Die Finsternis dieses Advents wird auch nicht erhellt durch die heutige *allwissende* und *allmächtige* Wissenschaft. Diese hat nur Kerzenlicht, in Bethlehem aber brannte und brennt noch immer überirdisches, göttliches Licht, das wir Menschen nicht immer erneuern müssen …

Ihr Br. P. Rothschild.

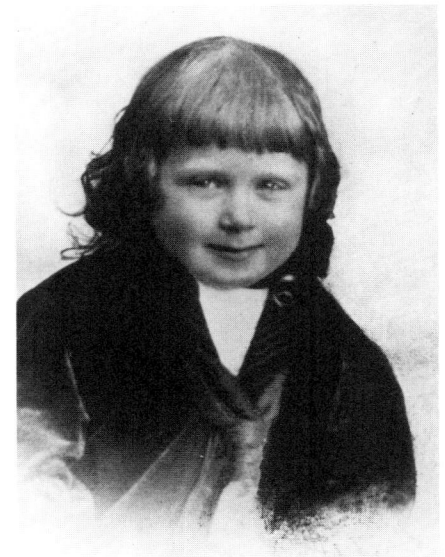

er obere Marktplatz in Lohr im Jahr 1910. Im zwei-
n Haus von links, neben dem Gasthaus zum
hwarzen Adler und gegenüber dem Rathaus,
urde Bruno Rothschild am 24. Januar 1900 gebo-
n. Seine Eltern führten ein Manufakturwarenge-
häft.

Bruno Rothschild als Kind

Karfreitagsprozession
in Lohr am Main

Geistlicher Rat Stadtpfarrer Abel
geb. 19. 10. 1866, gest. 29. 3. 1993
1916–1933 Pfarrer von Lohr

uno Rothschild (rechts im Bild) als Soldat in Bamberg (1918)

Bruno Rothschild als junger Mann (um 1927)

Besucher vor dem Geburtshaus von Therese Neumann in Konnersreuth (um 1928)

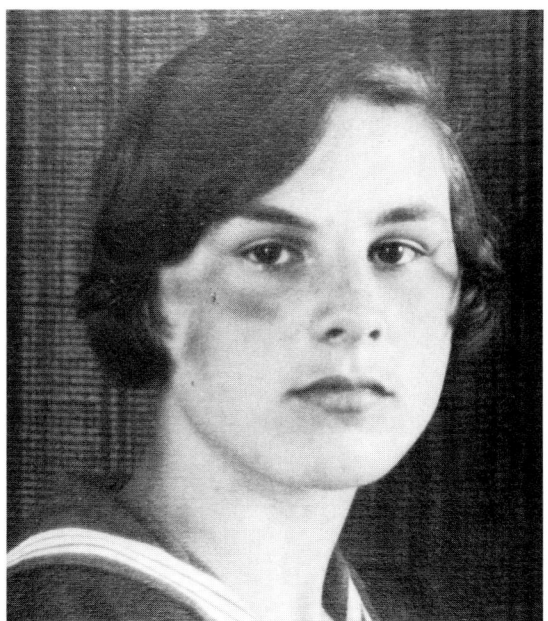

Eva Weber (1914–1928). Vom Tod d[...]
jungen Mädchens im Rhein berich[...]
Bruno Rothschild in Briefen und im Tag[...]
buch.

Christus-Bild des Kunstmalers Otto Gr[...]
in Resls Stübchen hängend

Altar zu Ehren der hl. Theresia vom Kinde Jesu
in der Pfarrkirche Sankt Laurentius von Konnersreuth

Apothekerhaus Uhl in Germersheim a. Rh. im Fronleichnamsschmuck

APOTHEKE in GERMERSHEIM a. Rh.

JULIUS UHL.

REZEPT

für...

Jedes Rezept wird kopiert.
Behufs Repetition genügt das Vorzeigen der Etikette.

FR. MELSBACH, SOBERNHEIM.

…ilat Professor Andreas Bauch (Di-
…ese Eichstätt). Er starb am 24. Okto-
…r 1985.

Zeugnis.

Der bisherige Kandidat der Pharmazie,
nunmehr geprüfte Pharmazeut Herr Bruno
Rothschild, geboren am 24. Januar 1900 zu
Lohr Main, war vom 1. April 1927 bis zum
15. August 1928 in meiner Apotheke tätig.

Seine Tätigkeit erstreckte sich auf Rezeptur,
Handverkauf, Einem Defektur; auch erledigte er die
vorkommenden Harn- usw. - Untersuchungen.

Herr Rothschild war sehr fleißig und gewissenhaft und mir im angenehmen Gedächtnis.
Er hat sich meine volle Zufriedenheit erworben.

Germersheim, 16. August 1928

Julius Uhl
Apotheker

Beglaubigt mit dem Bemerken,
daß Nachteiliges über Bruno
Rothschild nicht bekannt geworden
ist.

Germersheim, den 30. Sept 1928

Dr Kaestel
Bezirksarzt

Zeugnis von Apotheker Julius Uhl, Germersheim vom 16. Aug. 1928

Alvin Rothschild an Gedenktafel in New York (1984)

Kemmerreuth, 4. IX. 28

Lebenslauf.

Ich, Paul Franz Joseph Rothschild, bin geboren am 24. Januar 1900 als Sohn des Kaufmanns Herrn Rothschild u. dessen Ehefrau Helene geb. Herrmann zu Lohr a/Main. Dort verbrachte ich meine Schulzeit bis zur Absolvierung des dortigen Gymnasiums. Nach Kriegsdienst u. Eintritt in das Freikorps Würzburg, mit dem ich zur Bekämpfung der Münchener Unruhen auszog, kam ich in den Besitz des Notreifezeugnisses. Ich studierte zunächst im Wintersemester 1919/20 zuerst Medizin, im Sommersemester Chemie und ging von da aus direkt in die Pharmazie über, wo ich 2 Jahre als Praktikant in Frankfurt u. Würzburg, 1 Jahr als angenommener Gehilfe in Schotten verbrachte. Inzwischen hatte ich im Jahresviertel Würzburg die pharmaz. Vorprüfung bestanden.

Hierauf kam ich zum Studium der Pharmazie nach den Hochschulen Würzburg u. Jena (1923–1925) um sodann nach bestandenem Staatsexamen zu Jena eine Gehilfenstellung in Meiningen zu übernehmen. Von dort wanderte ich über Lichtenfels a/Main (1. IV. 1926 – 1. X. 1927) nach Germersheim a/Rh, wo ich als Gehilfe bis zu meiner Konversion in Kemmerreuth tätig war. Am 10. Aug. 1928 trat ich zur kathol. Kirche und entschloß mich gleichzeitig zur Aufgabe meines bisherigen Berufes und Übergang zur Theologie.

Bruno Paul Rothschild.

Lebenslauf Bruno Paul Rothschilds vom 4. IX. 28.

Professor Wutz (vorn rechts) mit dem Professoren-Kollegium in Eichstätt (1932)

„Die Spitzwirtin" Anna Weiß
in Konnersreuth, in deren Haus
Bruno Rothschild zeitweise wohnte

Benediktinerpater Dr. Benedikt Stolz in
der Abtei Dormitio in Jerusalem

Gedenkstätte an der Sparkasse Main-Spessart in Lohr anstelle des ehemaligen Rothschild-
und des ehemaligen Gasthauses „Zum Schwarzen Adler"

Chor der Benediktiner-Abtei Sankt Walburg in Eichstätt

Eichstätt, 12.1.1929

Werte Familie Uhl!

Zur größten Überraschung traf heute noch in Ergänzung Ihres Weihnachtspaketes ein besonderes Christkindchen in Form einer Theresien-Statue aus dem Karmel Würzburg bei mir ein. Sie haben aber wirklich des Guten zuviel getan; meinen besten Dank hierfür und für die ganze Weihnachtsüberraschung ...

Ich bin überreich auch in Konnersreuth beschenkt worden ... Zudem erhielt ich von Herrn Grassl nun auch den versprochenen Christuskopf, der sehr gut ausgefallen ist und nunmehr im Goldrahmen eingefaßt über meinem Bette angebracht ist ...

In Konnersreuth ist die Zeit natürlich wieder wie im Fluge vergangen; leider habe ich diesmal mit Theres nicht allzu oft und lang unter vier Augen sprechen können. Dafür waren die Visionen, an denen ich teilnehmen konnte, sehr zahlreich und imposant. Der Karmel Würzburg hat mir übrigens noch eigens ein Skapulier, Agnus Dei und Theresien-Bildchen beigelegt nebst einem lieben Briefchen. Da muß ich auch schon dorthin mal schreiben.

Seit Dienstag, 8. Januar, bin ich nun wieder hier und schon wieder mitten im vollen Studienbetrieb. Ich muß mich jetzt schon kräftig ans Zeug halten; denn zu Ende des Semesters, Mitte März, müssen in fünf Fächern Examinas abgelegt werden und da muß man schon etwas wissen.

Darob will ich nun schließen. Nehmen Sie nochmals meinen besten Dank entgegen für alle Aufmerksamkeiten und Geschenke.

Ihr Br. P. Rothschild.

Eichstätt, 28.I.29

Werter H. Pfarrer!
Lb. Patin!

In erster Linie gilt der heutige Brief Ihnen, H. Pfarrer. Es ist nämlich höchste Zeit, daß ich Ihnen für die erwiesene Gastfreundschaft auf diesem Wege nochmals meinen besten Dank ausspreche; ebenso wie auch Resl für ihre bewußt und unbewußt gegebenen guten geistlichen Anregungen.

Ich denke schon noch des öfteren Eurer und Euren mutmaßlichen Ergehens.

Das Eingewöhnen fiel nach jener denkwürdigen Herfahrt mir nicht besonders schwer. Ich kam am nächsten Tage schon wieder so ins alte Geleise, als wären die Studien überhaupt nicht durch Ferien unterbrochen gewesen. Inzwischen habe ich mir auch das besprochene Augenglas angeschafft, sodaß meine Augen schon eine merkliche Entlastung verspüren.

Mit der Heimat hat es insofern eine kleine Überraschung gegeben als mein Vater anläßlich des Tages, an dem ich das Licht dieser armseligen Welt erblickte, mir zum 1. Mal einige Zeilen schickte, die mich aber aufs tiefste ergriffen und mir einen Einblick gaben in die Trauer und den Schmerz seines Herzens. Er bittet mich aufs dringlichste, ihnen ihre Ruhe wiederzugeben und noch solange es Zeit wäre, zurückzukehren zum alten Glauben u. Berufe.

Meine Antwort ging schon ab u. war klar u. einleuchtend. Gott hat allein hier das letzte Wort; ihre Anliegen sollen sie ihm in Hingabe unterbreiten, er allein wird und kann entscheiden und wird ihm auch sicherlich die notwendige Klarheit, Einsicht u. innere Ruhe geben. Wenn sie ihm sich in allem auch in Not und Kummer hingeben, wird er ihnen Trost und Hilfe nicht versagen.

Im übrigen aber heißt es, daß man Gott mehr folgen müsse als den Menschen, selbst wenn es die Eltern sind. Ich selbst kann nur beten! Glücklich war nun dieser kleine Ansturm abgeschlagen, da setzt nun aber die Generaloffensive unseres guten Bekannten von der anderen Seite, dem wir ja sogerne kilometerweit ausweichen, wieder mit aller Wucht ein. Nun läßt er von anderer Seite, auf neuem Gelände Sturm laufen. Ich stecke noch mitten drin, vielleicht noch einige Tage; vergeßt mich darob gerade jetzt nicht, auf daß ich aushalte gegenüber den Gefahren, die von außen drohen. Mit des Heilands Hilfe wird's schon gut werden, aber die Hauptsache steht noch bevor. Die Nuß muß noch geknackt werden. Die Entwirrung und glückliche Lösung der Wirren liegt allein in der Hand Gottes; ich selbst kann eben nichts weiter tun als beten und ausharren im Herrn.

So, nun habe ich, was von Bedeutung ist, in Kürze zu Papier gebracht.

Gedenket beim Heiland meiner wie ich auch Eurer!
Euer Bruno.

Eichstätt, 17.III.29

Lb. Herr Pfarrer!

Bevor der Sonntag zu Ende geht, will ich doch nicht vergessen auch mich unter die Schar der Glückwünschenden zum Josefstag noch einzureihen. Daher meine besten Wünsche in jeglicher Hinsicht! Was war das für eine Überraschung als ich Samstag abend in die Wutz-Villa kam und zur alten, kranken Mutter gerufen wurde und dort zu meinem nicht geringen Erstaunen Mutter Neumann vorfand.

Das Neueste wurde natürlich auch übermittelt. Herr Professor ist diesmal doch recht gelegen hingekommen. Heute war Mutter Neum. auf Walburgis, am Dienstag, sagte sie vorhin, wollte sie wieder heim. Sie fühlt ihre Stelle daheim sonst verwaist. Mutter Wutz ist es heute am Tage wieder etwas besser gegangen, nachdem die vergangene Nacht sehr unruhig verlaufen ist, sodaß sogar die Schwester gerufen wurde. Sie bekommt jetzt gegen die Asthmaanfälle Einspritzungen. Es wird sich aber schon bald machen, da augenscheinlich die Sache vom Magen ausgeht, von wo Blähungen gegen Lunge und Herz drücken und dadurch den Druck und die Beklemmungen verursachen.

Eben komme ich von draußen; Villa Wutz. Da fällt mir siedendheiß der Josefstag wieder ein; sonst hätte ich draußen fragen können, ob sie draußen etwas Besonderes für Konnersr. zu übermitteln hätten.

Ich will daher langsam Schluß machen; es ist nämlich schon gleich 11 $^{U\cdot}$ nachts und morgen früh muß der Brief fort.

Herr Prof. übermittelte mir übrigens die frdl. Einladung für Ostern, für die vielmals danke. Ich werde, wenn nichts dazwischen kommt, schon hinter fahren. Wann, weiß ich allerdings noch nicht!

Wahrscheinlich in der Charwoche. Diese Woche wird es noch heiß hergehen. Metaphysik, Kirchengeschichte, Ethik, Examinas!

Aber es geht. Ich bin trotz allem munter und fidel und der Kopf tut tapfer mit.

Der Heiland hat mich seit Weihnachten nicht mehr aufsitzen lassen, wenn's auch manchmal etwas schief aussah. Diese Woche noch, dann wäre das 1. Semester glücklich erledigt.

Späterhin wird's dann von selbst schon leichter, da der Kopf jetzt eingewöhnt ist. Im kommenden Wintersemester bekomme ich dann wahrscheinlich schon die Tonsur!

Dem Hans'l geht's auch gut. Der hat schon fast keine Schul mehr. Aber erst bis zum Doñerstg. bekommt er frei.

Er möchte gern mit Hans von Regensburg aus mit dem neuen Lastwagen heimfahren.

Nun, jetzt aber Schluß; zwei Seiten habe ich schreiben wollen und 4 sind's geworden.

Ich grüße Sie, Resl und alle im Hause Neumann, auch Marie und Söllner aufs beste und wünsche einen recht schönen Josefstag!

Ihr Bruno!

Konnersreuth, 17. III. 29.

Mein lieber Bruno!

Wiederhole die Einladung, auch die Osterferien bei mir zuzubringen, und das umso lieber, da mir H. Professor Wutz gesagt hat, daß Du jetzt recht gut in den Geist hineingefunden hast, wie er ihn wünscht.

Also auf frohes Wiedersehen!

Herzlichst grüßt Dein Pate J. Naber

Eichstätt/Konnersreuth, 27.3.1929

Werte Familie Uhl!

Nachdem die Examenswochen nun ihren glücklichen Abschluß gefunden haben, mache ich mich an die bisher sehr vernachlässigte Korrespondenz ... In Eichstätt wäre nun das erste Semester und mit ihm die einzelnen Examinas gut vollendet. Es ist schließlich doch noch besser gegangen, als ich gedacht hätte. Das erste mal ist es halt eine recht ungewohnte und etwas schwierige Sache in all den philosophischen und theologischen Fächern, die einem bisher so ganz fremd waren, in Einzelheiten und Details geprüft zu werden, zumal wenn ich mir überlege, daß ich erst ein gutes halbes Jahr im katholischen Glaubensleben stehe. Aber mit Gottes Hilfe gelingt halt schließlich alles, auch wenn es anfänglich noch so schwer aussieht und noch so viele Hindernisse sich vor einem auftürmen wollen. Auch recht erhebende und gnadenvolle Tage des kirchichen Lebens durfte ich im Verlaufe des Semesters verleben. So war an den drei Faßtnachtstagen das Allerheiligste zum vierzigstündigen Gebete ausgesetzt zur Sühneleistung für den maßlosen Karnevalsschmutz. Je fünf Alumnen hielten von morgens bis zur Einsetzung jeden Tag die Ehrenwache und so hatten wir alle das Glück, in Ablösung immer eine halbe Stunde vor dem Hochaltar knien zu können.

Unvergeßliche Tage auch für mich, zumal ich damals zum ersten mal in Talar und Chorrock steckte. Ebenso hatten wir am Sonntag Laetare das Hoch- und Familienfest der Marianischen Männerkongregation, wo eine große Anzahl von Marianischen Männern und Jünglingen in der Seminarkirche zusammengeströmt waren und gleichzeitig hiermit auch eine zehnstündige Anbetung verbunden war.

Erhebend waren auch am Palmsonntag die Zeremonien im Dom. Ich erlebe nun halt mein erstes Kirchenjahr!

Seit Montagabend bin ich nun hier in Konnersreuth zum Ferienaufenthalt wieder. Da spürt man die Trauer und Düsterheit der Karwoche vom ersten Augenblick an. Theres liegt schon seit St. Joseph fast dauernd zu Bett und hat recht, recht viel zu leiden. Die Kirche atmet noch mehr, als ich es bisher in den anderen Kirchen finden konnte, die ganze Karwochenstimmung wider.

Welche Freude wird der Ostertag, der glorreiche Auferstehungs- und Verklärungstag, auch hier hervorbringen! Ich freue mich auch schon recht darauf ...

Bruno schreibt an seine Elern in Lohr (ohne Datum):

»Liebe Eltern!

Da ich annehme aufgrund Eurer letzten Mitteilungen, daß Alvin nun bei Euch ist, schreibe ich ihm meine Gratulation gleich nach Lohr. Ich mag sie nicht nochmals schreiben, da z. Zt. wenig Zeit habe. Für Euer Päckchen herzlichen Dank, ebenso für beigelegenen Brief mit Photo. Mutter sieht ja noch immer gut aus. Vater hat doch mein Ge- burtstagspäckchen erhalten? Brief war inliegend. Ich denke bald von Euch zu hören.

Um mich macht Euch doch keine falschen Sorgen. Buße und Fasten gibt es doch bei uns in einem Seminar für Weltpriester nicht. Wir sind doch nicht in einem strengen Büßerorden. Da habt Ihr falsche Ideen. Freilich strengt das Studium schon etwas an. Aber damals, als Mutter mich am Ende der Ferien traf, war ich abgespannt und müde durch eigene Schuld, weil ich nicht die ganzen Tage über zur Zeit zu Bett ging und bis in die Nacht durch Unterhaltung, Spiel und viele Be- kannte mich um den notwendien Schlaf gebracht hatte. Zur Zeit sehe ich fast zu gut aus. Als ich nach Ostern zurückkam, sagte man mir all- gemein, ich sei so dick geworden. Habe aber auch in den Osterferien viel geschlafen. Macht Euch deswegen nur keine unnötigen Sorgen! Ebenso wenig darüber, daß ich Euer vergäße und nichts von daheim wissen wolle. Im Gegenteil; früher habe Euer noch nie soviel gedacht, wie jetzt, wo ich in der Wahrheit lebe und die Welt und das Leben in seinem wahren Wesen schaue und erkenne. Sorget Euch also nicht! Seht, wenn ich verheiratet wäre oder wie Onkel Max es immer wollte, ins Ausland gegangen wäre, müßtet Ihr Euch ja auch damit abfinden. In der Welt geht es halt nicht immer so, wie man es am liebsten hätte. Man muß überall und in jedem Stand Opfer und Entsagungen tragen. Das Leben ist halt nicht bloß Freude und Vergnügen, sondern bringt auch viel Unangenehmes und hat seine eigenen Gesetze. Gott weiß, warum Er es so eingerichtet hat; vor allem, damit wir nicht so sehr an der Welt hängen.

Nun sage Euch noch vielen, herzlichen Dank für übersandtes

Päckchen und verbleibe mit besten Grüßen auch an Familie Schma-
becker; (? der Name ist nicht genau lesbar) Propst, etc.

Euer Bruno.«

Auch Brunos Bruder erhält gleichzeitig einen Brief:

»*Lieber Alvin.*

Zu deinem nahenden Geburtstag will ich nicht vergessen, Dir bei dieser Gelegenheit einige Zeilen zu schreiben, zumal ich sonst kaum Zeit
hierzu fände. Du wirst ja von daheim her wissen, daß ich sehr beschäftigt bin und zur Korrespondenz selten Zeit finde. Nun aber benutze ich
die freien Stunden des Sonntagmorgen, um Dir meine Glückwünsche
zu übermitteln. Vieler Worte bedarf es nicht; was ich Dir hauptsächlich
wünsche, wird Dir bei meiner grundsätzlichen Lebensumstellung und
Geisteserneuerung nicht schwer fallen Dir selbst vor Augen zu stellen.

Ich wünsche hauptsächlich, daß Du recht bald auch zu einer ruhigen, tieferen Lebensbetrachtung und grundsätzlichen Erkenntnissen
und Einsichten kommen mögest; denn eines Tages wird auch Dir das
Leben mit seinem Schein und Trug trotz aller möglichen Abwechslun-
gen, Vergnügen und Ablenkungen kaum mehr etwas Besonderes und
Interessierendes zu bieten vermögen. Schau zu, daß Dich dann die
Enttäuschung und der Katzenjammer nicht mißmutig und mutlos
macht, oder zu Boden wirft. Dieses heutige moderne Leben ist ja ein
bloßes Jagen nach Glück, Vergnügen und Lust nur mehr; und trotz
alledem werden die Menschen nie satt. Je mehr sie jagen, eilen und ha-
sten, desto unruhiger und innerlich unzufriedener werden sie. Einen
Tag auf sich allein angewiesen, können sie vor innerer Unruhe und
Unrast kaum leben. Diese Menschen kommen ja überhaupt nicht mehr
zu sich, finden sich selbst nicht, noch viel weniger erkennen sie das
Trostlose ihres Lebens und ihrer Lage.

In diesem heutigen Weltgetriebe findet der Mensch nie seine Zufriedenheit, oder sein letztes Lebensziel erfüllt. Die Menschenseele
schreit eben auch nach ihrem Recht und läßt sich nicht mit all dem ab-
speisen, was den Augen und Ohren gefällt. Sie hat ihr eigenes Ziel und
ihre eigenen Wünsche und wer diese nicht beachtet, wird wohl nie in
seinem Leben zur Ruhe und zum wahren inneren Glücke kommen.

Diese Wünsche und Worte will ich Dir mitgeben auf Deinen Weg
nach Osnabrück, das Du ja jetzt als Domizil beziehen willst.

Lebe wohl und verbringe Deinen Geburtstag, den Du ja wohl sicherlich in Lohr verleben wirst, recht gut und sei bestens gegrüßt
von deinem Bruno.«

Ein Ereignis von außergewöhnlicher Sensation hält die Marktgemeinde Konnersreuth für die Chronik fest: »Am Freitag, 21. Juni *1929*, waren der Erzbischof von Warschau mit Gefolge u. Bischof Bahlmann aus Santarem in Brasilien zum Besuche der Therese Neumann hier …

Im Laufe des Herbstes 1929 zeigte man sich aus besonderen Gründen sehr strenge in der Verbescheinigung der Zulassungsgesuche zu Theres Neumann, die seit der Freisinger Bischofskonferenz, im Sept. 1928, beim Ordinariat Regensburg einzureichen waren. Die Gemeinde Konnersreuth u. die Familie Neumann haben diese Maßnahme in pietätvollem Gehorsam gegen die Kirche angenommen; denn nur so konnte man die Massenbesuche abstellen …«

Konnersreuth, 1.9.1929

Werte Familie Uhl!

Endlich finde ich mit Mühe etwas Zeit und Ruhe, Ihnen wenigstens eine kurze Antwort auf Ihre letzten drei Briefe zu geben …

Ich sage der Kürze halber nur dies: Der Heiland hat Maria lieber als Martha.

Daher alles zu seiner Zeit. Beten und arbeiten; und beides in demjenigen Verhältnis, wie es der Heiland haben will. Beten können wir nie genug, und das wäre mir ein trauriger Priester, der betende Frauen – vorausgesetzt, daß nichts Überspanntes oder eine direkte Vernachlässigung des Haushaltes vorlag – aus der Kirche zur Küche trieb.

Unser ganzes tägliches Leben soll ja ein Gebet sein und zwar so, daß wir den Willen Gottes täglich erfüllen, Ihm Freude machen und unser Mühen aufopfern. Aber wir müssen auch stets uns immer prüfen, ob wir in allem Gottes Willen erfüllen und um die Erkenntnis desselben beten. Gar zu oft tun wir etwas und machen uns schließlich weis, es Gott zu Ehren zu tun. Aber es ist unser menschliches Begehren, Wollen und Tun. Daher können wir Gott auch nur etwas aufopfern, was Er selbst will und verlangt. Um die Erkenntnis eben dessen müssen wir aber täglich beten. Meist ist gerade das, was uns am unangenehmsten und ärgerlichsten ist, dasjenige, was Gott gefällt. Unsere tägliche Arbeit müssen wir alle tun, ob Gläubige oder Ungläubige; dazu sind wir auf der Erde und tragen an der Erbschuld. Die täglichen Aufopferungen sollen sich aber gerade daraus zusammensetzen, wo wir am schwächsten sind, was uns gerade am wenigsten liegt, wo unsere Hauptfehler sind. Dann wachsen wir auch in der Liebe des Heilandes, dem wir im täglichen Leben noch immer ähnlicher werden wollen.

Nun zu Persönlichem:

Betreffend Dagobert – habe ich noch immer nichts Besonderes erfahren können. Solange er selbst halt noch nicht innerlich mit sich selbst fertig ist, ist an ein Theologiestudium noch nicht zu denken. Er muß selbst den Beruf in sich verspüren und seiner Sache sicher sein, sonst ist er den spätren Stürmen nicht gewachsen. Die Entscheidung liegt daher ganz bei ihm …«

Zum Fest der hl. Theresia v. Avila werden Grüße zum Namenstag an die Patin Resl in Konnersreuth übersandt:

Eichstätt, 14.X.29

Lb. Resl!

Glücklich in die alten Stätten zurückgekehrt, schließe ich mich gleich auch der allgemeinen Gratulationsreihe an und schicke Dir zu Deinem Namensfeste meine besten Glück- und Segenswünsche. Möge Deine hohe Namenspatronin Dir in ihrer Art helfen dem Heiland näher zu kommen und das ergänzen, was Dir die kleine hl. Theresia zu lösen und selbst zu finden überläßt. Gebe sie Dir immer zur rechten Stunde recht Mut und Kraft, daß Du in allem Deiner Aufgabe und Mission, die Dir der Heiland übertragen hat, gewachsen bist und im Leiden wie im Frohsinn Du des Heilands Wege und Willen erkennst und durchführst.

Die Gnade Gottes möge noch immer reichlicher Dich durchstrahlen und Dich den lieben Heiland noch immer besser erkennen und lieben lernen.

Hier in Eichstätt denkt man auch recht viel an Dich.

Angekommen bin ich nachts halb 11ʰ und wurde von Hans und Agnes am Bahnhof in Empfang genommen, die etwas enttäuscht waren, daß die Mutter nicht mitkam. H. Prof. selbst traf ich als Patienten an. Derselbe klagt über Schmerzen am Herzen und Arm, augenscheinlich rheumat. Art. Er war gerade auf dem Wege nach München z. fahren und mußte darob nun daheim bleiben. Daher konnte er natürlich auch nicht zu Hans nach Regensburg kommen, der wohl schmerzlich auf ihn gewartet haben wird. Dem H. Prof. war es auch recht unangenehm. Nun hat er heute nachmittag auch wieder rechte Schmerzen gehabt, sodaß wir nun 2 Patienten in den Betten hatten.

Betr. Ottile wird Dir ja H. Prof., wenn er hinterkoṁt, das Nähere erzählen. Sie ist halt sehr schwach und abgemagert. Heute hat sie gestützt auf Agnes und Schw. Reinilla, die ersten Gehversuche gemacht, war aber froh, daß sie nach wenigen Schritten sich wieder legen bzw. setzen konnte. Mit dem Essen ist es noch nicht weit her, da sie Fleisch, Eier, Butter etc. noch nicht genießen kann. Am besten scheint ihr noch der Wein zu schmecken; das beweist die Galerie der leeren Weinflaschen.

Morgen ist die Trauung der jungen Wutz, für die nun H. Prof. nicht mehr in Betracht kommen kann.

Joseph war heute auch heraußen. Im Seminar hatten sie mich schon vermißt, haben auch schon anfänglich gedacht, ob er vielleicht ihnen ausrückt. Heute habe ich nun den Alumnen mich gezeigt und sie alle begrüßt. Morgen gehe ich zu H. Regens.

So, jetzt mache ich Schluß!

Ich wünsche Dir viel Freude an Deinem Namenstag und Gottes reichsten Segen.

Beten wir weiter füreinander!

Dein dankbarer Bruno!

Schreibst Du mir auch mal einige Zeilchen?

Eichstätt, 20.11.1929

Werte Familie Uhl!

Da ich in der letzten Zeit nichts mehr von Ihnen hörte, will ich noch schnell ein freies halbes Stündchen benutzen, mich nach Ihnen zu erkundigen. Sie haben mit Ihrem letzten Briefe (Kreuzerhöhung) mich sehr erschreckt. Wie steht es nun mit Bruno? Ist er in sich gegangen und hat er seine bisherige feindselige Stellung gegen Gott und dessen Weltordnung aufgegeben? Ich habe in den vergangenen Wochen und Monaten oft an ihn gedacht, wenn Sie auch nichts von mir hörten. Ich glaube, er bedarf einer sehr energischen und überlegenen Führung. Beten Sie recht eifrig für ihn. Es ist im letzten Grunde noch das wirksamste und allerletzte irdische Mittel.

Was macht Dagobert? Er wird jetzt Examen machen. An Berufswechsel soll er nicht denken. Er wird in der Theologie sicher nicht zufrieden werden. Entweder Pharmazeut oder Ingenieur (Techniker).

Was macht Gisela? Ist sie noch das einfache Kind? Sie wird, wenn sie recht kindlich bleibt, dem lieben Heiland sicher viel Freude machen und in den Spuren der kleinen heiligen Theresia sehr leicht wandern können. Die wahre Kindlichkeit ist ein Geheimnis des Weges zu Gott.

Wie Sie vielleicht schon aus Zeitungen entnommen haben, erscheint jetzt das große zweibändige Werk über Therese Neumann aus der Hand von Dr. Gerlich, das nunmehr den Geisterkampf auf der ganzen Linie entfachen wird. Es wird jetzt bald heißen:

Hic Rhodus hic salta!

Dr. Gerlich hat eine ungeheure Arbeit geleistet, für die ihm der gesamte Katholizismus zum Dank verpflichtet sein müßte. Das Buch erscheint bei Kösel und Pustet ab Dezember und ist sehr interessant.

Mit besten Grüßen verbleibe ich

Ihr Br. P. Rothschild.

Noch tief beeindruckt von Dr. Gerlich's zweibändigem Werk über Therese Neumann, las Bruno im Regensburger Bistumsblatt vom 8. Dezember 1929 eine Abendpredigt des Bischofs Dr. Michael Buchberger. Anlaß hierzu war ein Triduum zu Ehren des seligen Friedrich von Regensburg in der Stadtpfarrkirche St. Cäcilia, wo die Gebeine ruhen. Dort hatten sich die Gläubigen versammelt, um an der 600jährigen Gedächtnisfeier am 29. November 1929 teilzunehmen. Thema der Abendpredigt: *Heilig sein und heilig werden!*

Folgende Textteile daraus erschienen Bruno bedenklich, ja er empfand sie als einen Angriff gegen die in Konnersreuth aus eigener Anschauung gemachte Erfahrung:

Manche suchen die Heiligkeit im Außerordentlichen und Ungewöhnlichen, z. B. in Wundern und besonderen Gnadenerweisungen Gottes. Aber die Wunder sind nicht die Heiligkeit, sondern höchstens Begleiterscheinungen derselben; es gibt viele wahre und große Heiligkeit ohne Wunder. Nirgends hat der Heiland gesagt, daß wir Wunder wirken sollen, um heilig zu werden. Darnach sind auch die außerordentlichen Erscheinungen von Konnersreuth zu beurteilen. Die wichtigste und die entscheidende Frage ist nicht die Frage nach den Wundmalen, nicht die Frage der Nahrungslosigkeit, nicht die Frage des ekstatischen Leidens, sondern die Frage eines wahrhaft heiligen Lebens. Würde dieses fehlen, dann hat alles übrige keinen Wert, dann gibt die Kirche nichts darauf.

Wenn es in der Leidensgeschichte der Therese Neumann heißt: Schließlich hat sie vor allem der eine Wunsch geleitet, so zu tun, wie es Gottes Wille sei, gehorsam seine Fügungen hinzunehmen, denn er weiß ja doch am besten, was für uns gut ist, so ist dieser Satz kostbarer als alle Berichte über wunderbare Erscheinungen. Auf die Mahnung, ein heiliges Leben zu führen, denn ein heiliges Leben ist viel wichtiger als alle Wunder, hat Therese einst geantwortet: *Ja, so ist es, denn das heilige Leben müssen wir selbst führen, die Wunder aber wirkt Gott und sie sind nicht unser Verdienst. Das heilige Leben aber besteht in der Demut und in der Liebe Gottes und dabei ist die Demut das wichtigste, denn wer demütig ist, der liebt Gott von selbst, weil er weiß, was er ihm verdankt.* Das sind Perlen einer wahrhaft christlichen Lebensauffassung und christlichen Lebensweisheit. Ich würde wünschen, daß diese Botschaft von Konnersreuth mehr beachtet würde als die wunderbaren oder wunderähnlichen Erscheinungen, bei deren Erklärung die größte Vorsicht notwendig ist, denn sie können von Gott gewirkt sein, können aber auch ganz oder doch zum Teil auf natürlicher Grundlage beruhen, sie können ebenso wieder aufhören wie sie in manchen anderen Fällen wieder aufgehört haben. Man muß hier im Anerkennen und Aburteilen, im Glauben und Unglauben sehr zurückhaltend und maßvoll sein. Man darf auch nicht meinen, daß man in Konnersreuth alle möglichen Aufschlüsse und Offenbarungen sich erholen könne. Was wir zu unserem Heile wissen müssen, das steht in der Hl. Schrift und das lehrt uns die Kirche. Mehr brauchen wir nicht, eine neue Offenbarung gibt es für uns Menschen nicht. Auch Heilige sind vor Irrtum nicht geschützt, auch Heilige haben in irdischen Fragen sich oftmals geirrt. Daher müssen die Aufschlüsse und die Schauungen der Therese nicht als irrtumslos angesehen werden. Wir dürfen unseren Glauben und unsere Hoffnung nicht aufbauen auf außerordentliche Vorkommnisse und Erscheinungen, da würden wir auf Sand bauen; nein, wir brauchen für unseren Glauben die Felsengrundlage des Evangeliums und der Lehre der Kirche. Der heilige Apostel Paulus hat seine Gläubigen, die auch nach außerordentlichen Gnaden und Wundergaben verlangt haben, gemahnt: Aemulamini charismata meloria! Bemüht euch um bessere Gaben! Gott lieben und seinen heiligen Willen erfüllen, das ist die christliche Lebensregel und das sei unsere Himmelsleiter!

Von Eichstätt aus wendet sich Bruno am 3. Januar 1930 brieflich an Bischof Dr. Michael Buchberger:

Eure Bischöfliche Gnaden.

Mit wachsendem Erstaunen und gewisser Besorgnis verfolge ich seit langem die Kundgebungen und Äußerungen kirchlicher Kreise, die sich an die Geschehnisse von Konnersreuth geknüpft haben und noch immer in der Gegenwart knüpfen.

Als ich vor 1¹/₂ Jahren nach langem Kämpfen gerade dort in Konnersreuth zum kath. Glauben übertrat, ist für mich die dreijährige Epoche eines Ringens und Abwägens, ob der Katholizismus wirklich die volle Wahrheit besitzt, ob es notwendig ist, ihm auch offen als Glied anzugehören, ob er auch wirklich von Gott als der einzig wahre und unverfälschte beglaubigt und bekundet sei und wenn, binde. Freudigen Herzens und ohne Bedenken wagte ich den erforderlichen Schritt, offen als Katholik mich zu bekennen. Ja noch mehr, ich erhielt dort in

Konnersreuth die Bestätigung eines nur unklar und entfernt in mir zuweilen auftretenden Gedankens, den ursprünglichen Apothekerberuf,
der mir sehr gefallen hätte, aufzugeben und Priester zu werden. Therese Neumann gab mir in der Kommunionsekstase unzweideutig und
sogar fordernd den Rat, zum Priesterberuf mich zu entschließen und
den alten Beruf überhaupt nicht mehr aufzunehmen.

Nun las ich vor kurzem Ihre Predigt vom Dezember 1929, gehalten
in der Stadtpfarrkirche St. Cäcilia. Außerdem mußte ich aus ganz zu-
verlässiger Quelle hören, daß Eure Bischöfliche Gnaden auf den erhobenen Ruhezustand der Therese Neumann, wie er bald nach Empfang
der hl. Kommunion zumeist auftritt, nichts weiteres und Besonderes
geben, ja denselben stark dahingehend anzweifelten, daß er täu-
schungsfähig sei und als nicht unbedingt zuverlässig zu betrachten
sei …

Da nun die zuständige kirchliche Autorität gesprochen hat und
zwar in stark pessimistischem und teilweise ablehenden Sinne, sehe
ich mich veranlaßt, Eure Bischöfliche Gnaden als die zuständige Stelle
hierüber zu befragen und zur Beruhigung meines Gewissens um da-
hingehende Auskunft zu bitten, ob ich der Aussage der Therese Neumann in der Kommunions-Ekstase volles Vertrauen schenken kann
und dieselbe in diesem Zustande wirklich den Willen Gottes kundgibt.

In Anbetracht der Wichtigkeit und Dringlichkeit der Angelegenheit,
in der ich an Eure Bischöfliche Gnaden als Seelsorger und Priester her-
antrete und deren Behandlung ich als Gewissensangelegenheit betrachte und erbitte, wäre ich um eine gefällige Antwort dankbar. In
tiefster Ehrfurcht Eurer Bischöflichen Gnaden

ergebenster Bruno P. Rothschild.

Eichstätt, Ostenstr. 33 I

Die dringend erbetene Antwort erfolgt umgehend:

Der Bischof von Regensburg

Regensburg, 6. Januar 1930

Sehr geehrter Herr Kandidat!

Sie brauchen sich wegen meiner Predigt nicht zu beunruhigen oder
in Ihrem Berufe unsicher zu werden. Ich glaube, daß für Sie Therese
Neumann ein Werkzeug Gottes war, um Sie zum katholischen Glauben und zum Priestertum zu führen.

Freilich kann ich ex longinquo über Ihren Beruf kein ausschlagge-
bendes Urteil geben, das ist Sache Ihres Seelenführers.

Ich wollte in meiner Predigt besonders jene zur Zurückhaltung mahnen, die in Konnersreuth alle möglichen Rätsel dieses und des anderen Lebens gelöst haben wollen und die auch für Fragen, die mit Glauben und ewigem Leben nicht oder nur lose zusammenhängen, sich dort Aufklärung erholen wollen, gleich als wäre Therese Neumann eine Art Orakel.

Mit freundlichen Grüßen und herzlichen Wünschen für Ihren Beruf Ihr ergebener
+ Michael
Bischof von Regensburg.

Eichstätt, 14. 12. 1929

Werte Familie Uhl!

… Von daheim erhalte ich von Zeit zu Zeit in größeren Zeitabschnitten immer wieder mal etwas durch Mutter. Vater hat sich verärgert und verletzt zurückgezogen. Er kann es nicht fassen. Ihm ist alles außerhalb des jüdischen Monotheismus Heidentum oder mindestens Abgötterei. Er steckt noch ganz in der Tradition. Er spürt zu deutlich die Kluft, die natürlich mit der heiligen Taufe einmal da ist. Auch lernt das Alter nicht gern um. Hier kann nur die Zeit Wunden heilen und die Gnade Gottes Brücken schlagen, die Menschenverstand und Vorurteil nicht zustande bringen …

Bruno bittet im folgenden Brief aus Eichstätt vom 20. Februar 1930 an die Familie Uhl unter anderem, seine Mitteilungen möglichst für sich zu behalten und anderen keinen Gesprächsstoff zu liefern. … *denn ist es einmal über die Pforte des Hauses hinaus, so ist es nicht mehr kontrollierbar, was aus einer solchen Mitteilung wird und ob sie nicht einen weiteren Weg antritt, den man sich nicht wünscht. Die Gerüchte- und Märchenbildung war noch selten so groß wie gerade jetzt. Alles wird verdreht und falsch verstanden. Ich habe darin persönlich genug erlebt …*

Was es betreffend Therese Neumann zu sagen gibt, so findet sich das Wissenswerte zum größten Teil in Dr. Gerlich's Buch, I. Teil, das, wie ich persönlich betonen möchte, die ungeschminkte Wahrheit enthält und mit einer Sorgfalt und Genauigkeit und Schärfe der Beobachtung angelegt und durchgearbeitet wurde, wie wohl selten ein Buch heutzutage entsteht. Dr. Gerlich ist im wahrsten Sinne des Wortes ein Wahrheitsfanatiker, ein Wahrheitssucher ersten Ranges. Schließlich war ja auch diese Untersuchung für ihn die Entscheidung für ein ganzes Leben, ein Kampf um die Wahrheit des katholischen Glaubens. Von dieser Untersuchung hing der Zusammenbruch seiner ganzen früheren Weltanschauung ab. Er, als Protestant, mußte so untersu-

chen und beobachten. Wohl kaum mehr wird ein Buch mit solcher Wahrheit-streue die Konnersreuther Vorgänge erfassen wie gerade dieses ...

FRITZ GERLICH

Die Bekanntschaft zwischen Bruno Rothschild und Dr. Fritz Gerlich[4] ist eine wundersame Fügung. Beide sind als Wahrheitssucher nach Konnersreuth gekommen; sie waren wissenschaftlich gerüstet, hier eine Antwort auf das Phänomen Therese Neumann zu finden, Gerlich als Historiker, Bruno Rothschild als Pharmazeut.

Zur Zeit ihrer ersten Bekanntschaft in Konnersreuth arbeitet Gerlich gerade an Ort und Stelle an seinem zweibändigen Werk über Therese Neumann und gelangt durch sachkundige Mithilfe Brunos an wichtige Dokumente, die zur Rekonstruktion der Krankengeschichte Resls von großer Bedeutung sind. Sein erstes öffentliches Bekenntnis zu Therese Neumann legt Gerlich am 6. November 1927 in der Beilage Nr. 81 *die Einkehr der Münchner Neuesten Nachrichten* ab, deren Chefredakteur er ist. Am St. Michaelstag 1931 konvertiert er in Eichstätt im Klosterchor der Kapuziner. Da auch Papst Pius XI. die Ereignisse in Konnersreuth mit großem und wohlwollendem Interesse verfolgt hatte und von der Konversionsabsicht Fritz Gerlichs unterrichtet ist, sendet er ihm zu diesem Vorhaben seinen besonderen Segen.

Eine besondere Einladung zur Teilnahme an der Feier ergeht am 23. September 1931 an Herrn Schneidermeister Ferdinand Neumann in Konnersreuth:

Lieber Herr Neumann!

Wie Sie wohl schon wissen werden, ist am 29. vormittags die Stunde, wo ich hoffe, daß mir das größte Glück, nämlich die Aufnahme in die allein wahre Kirche Christi, zuteil werden wird. Ich würde mich sehr freuen, wenn Sie und Ihre Frau der Feier anwohnen würden.
Mit herzlichen Grüßen bin ich
Ihr ergebener
Dr. Fritz Gerlich
München, Richard Wagnerstr. 27 I lks.

Am 28. Sept. 1931 sendet Bruno Rothschild aus Konnersreuth seine Glückwünsche:

Lieber Herr Dr.!

Anläßlich der großen entscheidenden Stunde Ihres Lebens und der Ihnen zuteil gewordenen großen Gnade ein Kind des Heilandes und seiner Kirche nunmehr zu sein gedenken auch wir hier in Konnersreuth Ihrer und entbieten Gruß und Glückwunsch zu weiterem gedeihlichen Leben und Arbeiten. Möge das Glück, das der Heiland mit seinen Gnadenschätzen heute in Sie ergoß, Ihr weiteres Leben begleiten und durchleuchten.

Dies wünscht Ihnen von Herzen
Ihr Bruno

Auch die besten Glückwünsche von Marie.

Einige Tage später wird Gerlich in der Hauskapelle von Kardinal Faulhaber in München gefirmt und mit seinem bei der Taufe am St. Michaelstag gewählten Namen *Michael* angesprochen, dem Namen des Engelfürsten, der ihm Vorbild und Fürbitter in dem unerhörten Kampf gegen das Böse, gegen das Satanische des heraufziehenden Hitlerwahns sein sollte. Schon vor der Machtübernahme sieht Hitler in Gerlich einen persönlichen Feind, den er bereits am 9. März 1933 – kurz nach der Machtübernahme – in sogenannte *Schutzhaft* nehmen und ins Münchner Polizeigefängnis einliefern läßt. Therese Neumann erlebt die Verhaftung ihres Biographen visionär. Obwohl von ihr gewarnt, will Gerlich vor seinem Schicksal nicht fliehen, sich in Sicherheit bringen, sondern – wie sein Heiland – das ihm auferlegte, klar erkannte Martyrium ertragen.

Er sendet ein Lebenszeichen aus dem Münchner Polizeigefängnis an seine Frau:

München, 21.III.33

Liebste Sophie!

Es geht mir gut. Ich durfte heute die hl. Kommunion empfangen und bin sehr getröstet. Ich lese fleißig im Neuen Testament. Das Meßbuch habe ich erhalten. Besten Dank, ebenso die Wäsche. Krägen bräuchte ich. Schau, daß kein von der Wäscherei eingerissener dabei ist. Bring auch wieder Schnupftabak (Saarbrücker).

Ich hoffe, daß es Dir gut geht. Halte Dich am Gebet und vertraue weiter fest auf den Heiland. Denen, die Gott lieben, dienen alle Dinge zum Besten. In der Gegenwart erkennen wir es nur oft nicht um unserer Schwachheit willen.

Sei herzlichst gegrüßt und geküßt! Grüße auch die Freunde, Ludi, Dr. Steiner, dem ich für seinen Gruß danke und alle anderen, den Xaver und seine Familie und auch den Pfarrer, den Benefiziaten und die bei ihnen.

Herzlichst!

Dein Fritzl.

Schick mir auch ein bißchen Watte für die Ohren, daß ich das Reißen verhindere.

Um den Gefangenen zu erlösen und dessen kranke Frau Sophie Gerlich aufzurichten, bittet Professor Wutz Resl um wirksame Mithilfe:

Eichstätt, 5.4.33

Liebe Resl!

… Dann bitte schreibe so bald wie möglich an den Reichskanzler a.D. Marx, er möge Dir den Gefallen tun und helfen (durch Papen!), daß Gerlich bis Ostern wieder frei werde; er sei doch seit Jahrzehnten im Kampfe gegen den Kommunismus gestanden, hätte im Kriege mit Tirpitz die Vaterlandspartei gegründet, habe in der Revolution (1918) vorne gestanden im Kampfe dagegen, auch in der Rätezeit usw. Papen soll Hitler klar machen, daß das kath. Volk die Befreiung hoch anrechnen würde.

Dir zuliebe wird Marx sicherlich alles unternehmen, wenn Du ihm sagst, daß Dir sein Schicksal nahe gehe, zumal seine Frau so krank sei und nicht allein bleiben könne …

Vergiß uns nicht in Deinen Gebeten u. Leiden. Vergiß auch nicht Dein liebes Versprechen wegen der Karfreitags … Wann wir kommen, weiß ich noch nicht so genau. Nun leb wohl, der Heiland mit Dir u. uns allen in dieser harten Zeit!

Dein getreuer Xaver.

Die Nichte des Bischofs weiß viel. die Adresse von Marx.

An seinen Freund, Professor Wutz, mit dem Gerlich erstmals am 15. September 1927 nach Konnersreuth gefahren war, schreibt er aus dem Polizeigefängnis am 18. Juni 1933: *Dank der Hilfe des Heilands halte ich auch seelisch gut aus!*

Am 30. Juni 1934 wird Gerlich von dort abgeholt und nach Dachau ins Konzentrationslager gebracht. Am 1. Juli 1934 stirbt er als Märtyrer[5].

Nach dem Zusammenbruch des Dritten Reiches ehrte die Stadt München ihren für den Kampf um die Freiheit hingemordeten Publizisten und Widerstandskämpfer durch die Benennung einer Straße, die das Andenken des ehemaligen Mitbürgers wachhalten soll: *Gerlich-Straße*[6]. Anläßlich seines 100. Geburtstages und der fünfzigjährigen Wiederkehr seiner Gefangennahme, fand am 9. März 1983 eine Gedenkfeier im Kardinal-Wendel-Haus, München, statt, bei der Erzbischof Friedrich Wetter und Kultusminister Professor Hans Maier[7] Leben und Werk des Mannes gewürdigt haben, der – so Maier – *sein Leben um der Wahrheit willen gewagt und sich damit in die Nähe derer begeben, die der christliche Glaube Märtyrer nennt.*

Am Hause Richard-Wagner-Str. 27 in München, wo Dr. Fritz Gerlich bis zu seiner Verhaftung wohnte, stiftete der Münchner Stadtrat – anläßlich des 50. Todestages – für den Herausgeber des Geraden Wegs eine Gedenktafel. Anregung hierzu gab sein damaliger Verlagsleiter, Dr. Johannes Steiner.

Eichstätt, 15.III.30

Lbwerter Herr Pfarrer!

Unter die Zahl der Gratulanten will auch ich nicht versäumen, mich einzureihen und sende Ihnen daher zum Namenstage beste Wünsche (quoad) spiritualiter et corporaliter.

Der »Tag« wird ja sicherlich, wenn auch schon Fastenzeit ist, im engeren Konnersreuther Kreise seinen Duplex-Charakter erhalten und Resl wird, wenn es der Zustand erlaubt, wohl als Wortführerin die Wünsche aller Pfarrkinder intra et extra territoriam übermitteln und zum Ausdruck bringen.

Für Resl wird wohl jetzt schon allmählich die Zeit der Bettlägerigkeit gekommen sein? Wie geht es sonst?

Wie ich hörte, werden jetzt wieder Besuche zugelassen. Haben sich die Beziehungen mit Regensburg zum Besseren gewendet?

Seit Weihnachten habe ich eigentlich nirgend wo mehr etwas vernommen. Herr Professor spricht nichts von Konnersreuth.

Ottile geht es seit ihrem letzten Besuche in Konnersr. jetzt viel besser; soviel ich hörte, schläft sie jetzt auch des Nachts. Auch mit dem Gehen hat es sich gemacht. Anscheinend hat sie auch keine sonder-lichen Schmerzen in der Hüfte mehr. Vielleicht ist bis Ostern alles wieder gut.

Agnes geht es auch gut und entwickelt sich körperlich und seelisch. Hans war die vergangene Woche für einige Tage ans Bett gefesselt durch eine kleine Erkältung, ist aber inzwischen wieder mobil.

Bei uns im Seminar setzt jetzt langsam Hochbetrieb ein. In 3 Wochen heißt es 7 Examinas machen. H. Regens wünscht, daß mit I höchstens II, in den Hauptfächern abgeschlossen werden soll. Uns ist es egal, die Hauptsache ist, wenn die Geschichte erledigt ist.

Stoff gibt es diesmal unheimlich, da das Semester so lang ist, drei Wochen länger als voriges Jahr.

Wir können bald die Wissenschaft pfundweise verkaufen, finden aber keine Abnehmer.

Gedenken Sie bitte unser auch ein bißchen in den kommenden Wochen, auch bei Ihrem guten Namenspatron am Mittwoch.

Betr. Erna Herrmann, Bamberg, hat es in letzter Stunde noch viele Hindernisse gegeben. Näheres habe ich an Resl geschrieben.

Bei meinem Vater hat sich noch gar nichts an seiner Haltung und Einstellung geändert. Ich höre nur von der Mutter Näheres. Ich glaube, daß er nur noch umso intensiver und hartnäckiger dem jüdischen Kult und Leben anhängt und tätig ist. Ich bin aber trotz allem froh, daß er so fest an seiner Tradition und seinem Glauben hängt; besser als Gleichgültigkeit.

Nun habe ich Ihnen kurz das Neueste berichtet. Feiern Sie einen frohen Namenstag und seien Sie nebst Resl und Marie bestens gegr. von Ihrem Bruno.

Würden Sie, H. Pf. bitte beiliegende Zeilen der Resl geben oder vorlesen!

Lb. Resl!

Da ich nun einmal beim Schreiben bin, lege ich auch Dir ein paar Zeilen bei.

H. Pfarrer habe ich schon berichtet über alles, wie es hier bei uns steht.

Dir möchte ich nur betr. Erna Herrmann, Bamberg, meiner Verwandten, kurz noch etwas schreiben. Dieselbe ist noch recht vom Unglück heimgesucht worden. Es sah eine Zeit lang aus, als wollte alles schief gehen. Im letzten Augenblick hat die Regierung sie nicht mehr zum Lehrerinnenexamen zugelassen, wahrscheinl. wegen der Religion. Als sie mir schrieb, wandte ich mich sofort an Frl. Dr. Stein, Speyer, von der Du ja schon gehört hast, und bat sie für dieselbe zu sorgen. Nun ist sie dort hinüber gekommen. Vergangenen Donnerstg. sollte sie dort bei den Dominikanerinnen das Examen machen. Ich habe bisher nichts mehr Näheres gehört, wie es ausging. Wenn es gut ging, wäre ihr dann endlich der Weg zur Konversion frei, zumal sie zuletzt sehr danach sich sehnte. Sie ist von vielerlei anderen Heimsuchungen zuletzt betroffen worden und sucht daher möglichst bald im Frieden der Kirche zu landen.

Gedenke ihrer daher manchmal ein wenig.

Von dem Wiener habe ich inzwischen nichts mehr gehört.

Bei uns wird es in den kommenden Wochen auch heißer hergehen; macht aber nichts, es ist ja auch alles für den Heiland. In $3^1/_2$ Wochen sind wir fertig und können uns dann ausruhen von allen Mühen.

Ich bringe Dir als Ostergeschenk eine ganze Wagenladung »wertvollster Wissenschaft« mit, die ich gerne sobald als möglich abladen möchte, damit im Mai wieder von neuem aufgeladen werden kann.

Bezahlen brauchst Du nicht dafür!

Gelt, wir verlieren den Humor doch noch nicht so schnell.

Lb. Resl, nun mache ich Schluß. Schenk' uns auch einmal ein bißchen von Deinem vielen Fastenleiden; wir denken dafür auch an Dich. Dein Bruno.

TAGEBUCH

Am 7. Juni 1930 beginnt Bruno wieder, Notizen in sein Tagebuch einzutragen:

Fahrt mit Herrn Professor Wutz und Hans im Auto nach Konnersreuth. Stimmung mau …

Die ganzen Ferientage standen unter diesen pessimistischen Stimmungen; wenig Nachtruhe. Pfingstmontag wurde auch das Verhältnis zu Resl getrübt. Pfingstmontag sprach Fahsel[8] im Schimlsaal …

8.6.1930, Pfingstsonntag

Um 8 Uhr morgens Vision von der Herabkunft des Heiligen Geistes. Schließlich sieht sie Petrus mit den Aposteln herauskommen zu der zusammengeströmten Menge und hört nun die Rede des Apostelfürsten in Schriftdeutsch. Dabei fährt sie sich zwei bis dreimal in die Haare über die Stirn, ebenso wie es Petrus tat. Dann gingen sie gleich hinaus zum Taufen. Das Wasser war in der Nähe, auch Hallen waren dort. Die Hände wurden gleich nach der Taufe aufgelegt. Dreimal noch schaute Resl im Laufe des Tages: wie Johannes und Petrus zum Tempel gehen, die Heilung des Lahmen, und schließlich, wie am Abend beide festgenommen werden.

9.6., Pfingstmontag

Am Morgen sah sie die Fortsetzung des Gestrigen, die Verhandlung gegen Petrus und Johannes, die schließlich wieder freigelassen wurden, zum Abendmahlssaal gingen und dort das Brot brachen und beteten. Dann erfolgte wieder ein Brausen und Beben.

Um 9 Uhr Flur-Umgang. Im Pfarrgarten sah Resl durch eine Ritze[9] beim letzten Evangelium zu. Beim Segen sah sie den Heiland. Dann setzte sie sich mit Pfarrer und Professor Wutz ins Gartenhaus und sah nun Petrus im Haus des Cornelius taufen. Das Haus lag am Meer.

10.6., Pfingstdienstag
Resl fährt nach Eichstätt.

12.6.
Vision der Heilung Petris Schwiegermutter. Lange hatten wir im Hofe schon gewartet, endlich kommt das Auto von St. Walburg.

13.6., Antonius von Padua
Resl fährt nach Augsburg zu Rembold. Unterwegs Raddefekt. Sie müssen in einem Dorf warten, bis ein Mechaniker kommt. Unteressen unterhält sich Resl mit einer Bäuerin, die unbedingt herausbekommen will, wer sie sind. Sie sagen, sie wären von der Oberpfalz. *Oh, da ist doch etwas los, wie man erzählt; da ist so ein Mädchen da oben! Die Bäuerin bemerkt die Wunden und sagt: Oh, Fräulein, haben Sie sich da wehegetan? Mit Ihnen könnte ich fei immer plaudern, Sie haben so ein heiliges Gesicht!*
In Augsburg sah sie Antonius.

15.6., nachmittags auf der Burg der Salesianer[10]
Resl sieht abends das Evangelium. Der Heiland erscheint auf Tabor und gibt seinen Aposteln die Gewalt, überall hinauszuziehen und zu taufen.

An diesem Abend hat es mich wieder einmal gehabt; ich war gerade in der Kapuzinerkirche nach der Rückkehr von der Burg. Als ich hinausging, fuhr gerade das Auto heim. Ich ging auch hin, klagte Resl mein Leid, daß ich mich nirgends aussprechen könnte und es mich innerlich so drückte. Sie forderte mich auf, doch noch etwas zu bleiben. Als ich mich verabschieden wollte, hielt sie mich an der Hand, gab mir Aufmunterung, mir einen Beichtvater zu halten, da fährt sie in die Vision, hält die Hand noch fest, die ich leicht lösen muß.

19.6., Fronleichnam
Resl ist auf St. Walburg, sieht beim Segen den Heiland und nach dem dritten Evangelium die Geschehnisse der Einsetzung des Sakramentes. Nachmittags auf der Burg.

21.6., St. Aloysius

Resl war mit Auto bei einem benachbarten Pfarrer. Nach der Rückkehr gegen 10 Uhr schaute sie den Tod des heiligen Aloysius. Im eingenommen Zustand: *Da sind noch zwei Bouwe* (Buben). *Weißt Resl*, sagte
ich, *das ist der Bua, der Dir da manchmal im Garten hilft! Ah, das ist ja der
Pfarrhof-Bou*[11], *ja, den kann ich schon brauchen, der kann mir helfen, aber
aufpassen tut er net!*

22.6.

Auf St. Walburg war Prozession durch das ganze Kloster. Resl sah
zu; fuhr von dort am Nachmittag nach Zell, wo sie noch eine unangenehme Szene mit der Mutter des Pfarrers hatte, die ihr vorwarf, sie
seien undankbar, und Hans[12] habe sich über das Essen beschwert. Resl
weinte und konnte nur wenig sagen.

24.6.

Ich war den ganzen Nachmittag dort und wollte nun nicht noch
auch am Abend bleiben …[13]

Nach einer Weile kam Therese aber schon im Auto in die Vision vom
Gastmahl des Herodes und später, wie das Haupt des getöteten
Johannes gebracht wurde.

25.6. Resl reist ab

Seit gestern schon war sie eifrig bemüht mit Einpacken und Her-
richten. Schon morgens 6 Uhr war sie auf. Um 8 $^1/_2$ Uhr heilige Messe.
Resl sieht den Heiland, obschon sie kein Leiden hatte. Als ich den Heiland zuerst bekomme, macht sie eine Schnut. In der Ekstase: *Das Verhältnis zur Resl wird schon besser mit der Zeit. Nicht alles ist Sünde, was Du
dafür hältst. Sei nicht ängstlich. Die Gedanken, die von außen kommen, sind
nicht Sünde. Nur darfst Du Dich nicht mit ihnen beschäftigen. Es ist schade
für die Zeit dabei. Du meinst, die anderen merken alles; außen bleibt oft manches unkenntlich. In den Ferien wird es ruhiger sein. Der Herr Pfarrer freut
sich mit Dir!*

Eichstätt, an Familie Uhl:
10.7.1930

Bei meinen Eltern ist noch alles, wie es bisher war; Mutter schreibt
immer wieder einmal, Vater nicht; kann sich noch immer nicht drein-
schicken. Will mal sehen, wie es bis zur Primiz wird.

Die Geschwätze um Theres Neumann sind belanglos und unwahr.
Alle paar Wochen gibt es einige neue Gerüchte. Anscheinend gibt es

da besondere Fabriken für Konnersreuthberichte. Lassen Sie sich deswegen nicht beunruhigen, auch wenn neue Prophezeiungen wieder kolportiert werden …

Aus dem Tagebuch:
26. Juli 1930
Über Nürnberg fuhr ich nach Arzberg. Als ich von dort per Auto in Konnersreuth ankam, kamen gerade Agnes und Maria in den Pfarrhof. Ich begrüßte sie, dann kam Zenzl[14] und sagte in aller Eile, Herr Pfarrer soll sofort kommen, ein Leiden kam.

Dort spielte sich nun folgendes ab: Resl war schwach geworden, hatte sich niedergelegt und mußte brechen, nahm ihr Taschentuch, und nun kam direkt die Hostie, die auf etwas Schleim lag und etwas rötlich war von Blut (an der Seite etwas zusammengefaltet, aber straff war, ja man sah noch die Zeichnung!). Resl hüllte sie in ihr Taschentuch, litt furchtbar Angst, dachte, der Heiland wolle nicht mehr bei ihr sein, habe sie verstoßen oder sie habe ihn beleidigt.

Als Herr Pfarrer kam, wollte er die Hostie in Wasser auflösen, Resl aber wehrte sich und sagte: *Der Heiland gehört mir, den gebe ich nicht her!* Auf Anfordern von Resl holte Herr Pfarrer auch den Herrn Benefiziat noch hinzu. Sie beteten; dann fiel Letzterem ein, daß am Morgen vorher einmal gesagt wurde, sie sollten nichts verbrennen noch sonst etwas tun, wenn etwas geschehe. Nachdem sie noch so beteten, kam auf einmal ihre Ekstase, sie machte den Mund auf, die Zunge heraus wie zur Kommunion. Da hielt Herr Pfarrer das Tüchlein hin und der Heiland war verschwunden. Dann setzte sich das Leiden für ein sterbendes Mädchen fort.

Dieses Mädchen war einst vor zwei Jahren mit einem Major nach Konnersreuth gekommen, und er wollte dieses in der dortigen Pfarrkirche erschießen. Der Herr Pfarrer kam dazu und konnte es nur verhindern (dadurch), daß er dem Herrn versprach, fünfhundert Mark zu leihen. In der Ekstase war gesagt worden, er bekomme es doppelt zurück. Nach einem Jahr nun kam ein Herr zu Resl und sagte, er sei schuld, daß jener Major verarmt ist und er habe gehört, daß er fünfhundert Mark hier schuldig sei und wolle dies nun bezahlen; aber sie dürften dem Betreffenden nichts davon sagen. Ein Vierteljahr später (November 1929) kam dieser Major wieder nach Konnersreuth zur Resl und wollte ihr fünfhundert Mark geben. Resl aber weigerte sich, es zu nehmen. Da gab er ihr auf der Straße ein Couvert, Resl gab es ab und die fünfhundert Mark waren darin. Der Mann selbst hatte sich bekehrt.

Jenes Mädchen nun hatte sich zwar noch nicht bekehrt. Als es aber krank wurde, da ging es in sich, und Resl durfte nun drei Wochen lang ein Sühneleiden für sie tragen (Lungenleiden) und ihr beim Sterben helfen.

Gegen $^1/_2$ 9 Uhr gingen wir in ihre Stube; Resl lag regungslos, nur ganz leise atmend, im Bett wie bei Lungenlähmung, manchmal ganz leise röchelnd. Schließlich richtete sie sich ein wenig auf, atmete mit offenem Munde und blieb dann eine Zeitlang ruhig im Bett liegen. Fünf Minuten später erwachte sie und sprach von der Angst, die sie gelitten, daß ihr kalt geworden sei und daß sie nunmehr wieder durchatmen könne und im Rücken und im Hals keine Schmerzen mehr habe.

Zwischen der wunderbaren Kommunion und dem Tod war auch der Teufel gekommen und hatte gegen Herrn Pfarrer und Benefiziat und Resl gewütet.

28.7.30
Die ganze Woche war eine schwere. Ich wollte fort fahren, glaubte, nicht in Konnersreuth es auszuhalten.

29.7.30
Abends kam Resl ins Pfarrhaus, auch Herr Benefiziat kam. Im Lehnstuhl des Herrn Pfarrer sah sie nun, wie der Heiland bei Lazarus in Bethanien einkehrte. Sie saßen vor dem Hause in einer Art Laube. Maria zu den Füßen des Meisters auf einer Art Stufe. Martha machte nun Maria Vorwürfe, daß sie nicht mithelfe, den Meister und seine Jünger zu bedienen. Anwesend waren noch Petrus, Johannes und Jakobus. Da machte der Heiland Martha ein Fingerchen und sprach ernst zu ihr. Resl machte ein ganz verschmitztes Gesicht und sagte, sie hat es ihr gunt (gegönnt).

Und nun kam eine liebliche Szene, indem sie den Vorgang uns vorführte an uns selbst, indem sie sagte: *Denkt einmal, wenn Marie*[15] *die Martha wäre, Herr Pfarrer der Heiland, sie (Resl) die Maria. Herr Benefiziat sollte den Petrus machen; der sagte aber, er wolle Lazarus sein und ich Johannes (Pfarrhofbou). Und die für immer Geschlagene würde nun dauernd herumrennen und auftragen und nicht auf den Heiland hören.*

30.Juli 30
Schlechte Nachricht. An diesem Tag wurde bei Neumann betoniert, wobei ich beim Zementmachen mithalf. Mit Resl konnte ich nicht in innere Harmonie kommen. Mir war jämmerlich zumute.

31. Juli 30

Zuerst ging ich zum Grab der erst vor acht Tagen verstorbenen Karolina Weiß und holte mir auch manches von ihrem Grabschmuck …

KAROLINA WEISS

Am Grabe der Karolina Weiß hatte Bruno einmal Resl gegenüber den Wunsch geäußert, auch in Konnersreuth begraben zu werden. Es mag sein, daß er am Grabe der jugendlichen Karolina, von deren Grabschmuck er sich am 31. Juli manches geholt hatte, an den jähen Tod der jugendlichen Eva Weber dachte, deren Tod auch ihn im Juli 1928 erschütterte.

Heute noch steht nahe der ehemaligen Grabstätte Brunos ein liebenswürdig gestaltetes Denkmal, eine kleine steingewordene *Predigt*, die Pfarrer Naber für Karolina Weiß entworfen hat:

Hier ruht in Gott
Jungfrau KAROLINA WEISS von Höflas
geb. 29. Jan. 1914, gest. 23. Juli 1930
Ein Muster von Unschuld,
Bescheidenheit,
Eltern- und Geschwisterliebe

Auf einem gemeißelten Halbrelief über der Inschrift ist symbolisch der himmlische Friede dargestellt, in den sie aufgenommen wurde: von der Erde aufgehoben, dem Heiland entgegen, der ein Kränzchen für sie in Händen hält. Darüber die Inschrift: *Komm, meine Braut!*

In das Totenbuch der Pfarrei trug Pfarrer Naber unter der Rubrik *Bemerkungen* sein Urteil über die Verstorbene ein: »*Pretiosa in conspectu domini mors sanctorum.*«[16]. Noch in seinem hohen Alter verehrte er dieses Grab und erzählte oft und gern – besonders Kindern – von dem vorbildhaften Leben der Karolina. Bis zu seinem Tod hing in seinem Arbeitszimmer ein kleines Foto von ihr. Ihm und ihr zur Ehre soll hier nun seine Totenansprache vom 28. Juli 1930 aufgehoben sein:

In christlicher Trauer Versammelte!
Angesichts des offenen Grabes vor uns und des sechzehnjährigen lieben Kindes, das wir in dasselbe gebettet haben, schlage ich die Heilige Schrift auf, das Buch der Weisheit, und lese dort wie geschrieben für unsere junge Entschlafene: Der Gerechte, sollte er auch vor der Zeit sterben, wird doch Er-

quickung haben; denn ein ehrenvolles Alter hängt nicht von langer Dauer und von der Zahl der Jahre ab, sondern des Menschen Verstand gilt für graue Haare, und ein unbeflecktes Leben ist das wahre Greisenalter. Da er Gott wohlgefiel, ist er zum Liebling geworden; früh vollendet, hat er viele Jahre erreicht; denn seine Seele war Gott wohlgefällig. Darum eilte Er, ihn aus der Mitte der Laster hinwegzunehmen. Die Leute aber, die es sahen, verstanden es nicht und nahmen nicht zu Herzen, daß Gott gnädig und barmherzig gegen seine Heiligen ist und acht hat auf seine Auserwählten. Der Gerechte, ist er gestorben, verdammt die noch lebenden Gottlosen und eine früh vollendete Jugend das lange Leben des Ungerechten.

Geliebte! Als ich vernahm, daß unsere verstorbene Mitschwester erkrankt sei und zwar an einer Krankheit, von der man das Schlimmste fürchten mußte, da überkam mich, so lieb ich auch das gute Kind hatte, keine Traurigkeit, sondern freudig sagte ich mir: Dieses liebenswürdige, unschuldige Kind hat der Heiland sicherlich so gerne, daß er es nicht länger hier auf Erden lassen, sondern an seiner Seite in den Himmel nehmen will.

Und wirklich, die Krankheit wuchs und nagte am Leibe, bis er zusammenbrach und die Seele in ihre ewige Heimat entließ. Und, denkt ihr, ich trauere jetzt? Ja, gewiß, ich trauere, trauere mit der Verstorbenen Eltern und Lehrerinnen, mit ihren Geschwistern, mit ihren Mitschülerinnen, mit allen, die unsere teure Tote näher kannten. Die Eltern verlieren in ihr ja das beste, willigste, anhänglichste und opferfreudigste Kind, die Geschwister eine liebevolle, treubesorgte Schwester, ihre Mitschülerinnen ein Vorbild des Fleißes, der Bescheidenheit und Sittsamkeit, alle aber eine kleine Mitschwester von so liebem Wesen, wie man es selten findet; so verständig, so still, so einfach, so unaufdringlich, so sanft, so zart, so freundlich, so unschuldig! Ihr durftet ihr nur ins Gesicht schauen, wenn ihr einen Engel in Menschengestalt sehen wolltet: Aus einem edlen Äußeren leuchtete einem eine noch edlere Seele entgegen. Ist es zu verwundern, wenn man trauert beim Verlust eines so gearteten Wesens? Gewiß nicht.

Wenn wir aber an das herrliche Los denken, das einer solchen Seele in der Ewigkeit drüben zugefallen sein muß, dann möchten wir aufjubeln und sie und uns selbst beglückwünschen: Sie, weil sie jetzt in seliger Verklärung ruhen darf am Herzen des Heilands, des unendlich Guten und Schönen; uns selbst, weil wir diesem glückseligen Schwesterlein nahe stehen durften und hoffen können, in ihr eine Fürsprecherin bei Gott zu haben.

Ich sage es offen, Geliebte: Ich bin überzeugt, daß dieses Kind – unsere Verstorbene war ein Kind, ein Kind im besten Sinne des Heilands – ich bin überzeugt, daß dieses Kind seine Taufunschuld unbefleckt hingebracht hat vor den Richterstuhl Christi, daß seine Liebe zum Heiland und seine so erbauliche Ergebung und Geduld im Leiden, die keine Klage kannten, seine Seele auch von den kleinsten Makeln gereinigt und der sofortigen Anschauung Gottes würdig gemacht haben.

Ich kann die Stunde nicht vergessen, in der ich bei der Abgeschiedenen an ihrem Sterbetag verweilte: Wie sie, schon todmüde, doch noch so herzlich lächelte, wie sie förmlich lechzte nach der Vereinigung mit dem Heiland, wie sie mit beiden Händen nach den meinen griff und Abschied nahm, auf Wiedersehen im Himmelreich!

Ich kann mir vorstellen, mit welcher Sehnsucht sie der heiligen Kommunion entgegengesehen haben wird, die ihr für den nächsten Morgen versprochen war; der Heiland aber wollte nicht mehr unter Brotsgestalt zu ihr kommen, er zeigte ihr sein Antlitz unverhüllt und dann sank sie hin, um Ihn auf ewig zu schauen und zu besitzen. –

Und, Geliebte! Ihr kennt das Wort des Heilands: Eine größere Liebe hat Niemand, als wer sein Leben hingibt für die Seinen. Die verstorbene Mitschwester hat ihr Leben dem Heiland seinerzeit angeboten für ihren hoffnungslos erkrankten Vater. Der Heiland hat das Opfer angenommen; schon in den nächsten Ferien fühlte sie sich nicht ganz gesund. Ich erinnere mich noch genau an die ergreifenden Vorgänge des Osterdienstags 1928. Solche Liebe, die sich selber opfert, wahrhaftig, die reinigt und vereinigt; reinigt von Sünden und vereinigt mit Christus.

Liebe Eltern, liebe Geschwister der Verstorbenen! Brauche ich noch Weiteres zu Eurem Troste zu sagen? Ich glaube nicht. Nur die Worte einer frommen Dichterin möchte ich Euch noch zurufen:

Gewiß, die Heil'ge denket der Geschwister,
die noch auf Erden wandeln, im Gebet.
Doch kein Gebet ist zärtlicher im Himmel,
als wenn ein Kind für seine Eltern fleht.

Euch Kameradinnen der Verstorbenen aber, besonders denen unter Euch, die nicht mehr auf dem Weg der Unschuld wandeln, möchte ich warnend und bittend zurufen: Oh, werdet besinnlich, werdet nachdenklich am Grabe Eurer besten Kameradin! Die Verstorbene hat sich gefreut, ein paar verstorbene Jugendgefährtinnen, mit denen zusammen sie einst gehütet[17], im Himmel ohne Ausnahme am Throne Gottes begrüßen dürfte. Macht ihr doch diese Freude! Nehmt Abschied von ihrem Grabe mit dem Gelöbnis:

Auf Wiedersehen im Himmelreich um jeden Preis!

Aus Brunos Tagebuch:

3. August, Sonntag
Übertritt der Familie Becker, Berlin. Nachmittags $1/2$ 1 Uhr bedingte Taufe; dann Beichte. Am Abend lustige Unterhaltung bei Neumann in Resls Stübchen, wobei Kümuth zur Gitarre vortrug.

94

4. August, Montag

Nach einer Stillen Messe, die Herr Pfarrer zelebrierte, kommunizierten – hinter dem Altare zusammen mit Resl – Vater, Mutter, Großmutter, zwei Mädchen und ein Knabe.

Wunderbar war der Anblick – auch nach Beendigung der Messe – wie Resl so ganz in Ekstase versunken mitten unter den ebenfalls sehr andächtigen Becker-Leuten im Herrn war. Darnach war ein kleiner Imbiß im Pfarrhof.

Abends fuhren sie wieder alle heim.

8. August, Freitag

Zur Passion waren gekommen ein Sekretär des Kardinals van Rossum, der etwas gegen Konnersreuth anscheinend früher war, da er in Holland seinerzeit mit Seidl zusammenkam, der auf einem Ärztekongreß über Konnersreuth berichten wollte und ihn falsch oder schlecht unterrichtete. Der Sekretär gewann den besten Eindruck.

Ferner war da ein Weihbischof und Erzbischof[18]. Als dessen Begleitung Resls Stübchen nicht verlassen wollte, obwohl Herr Pfarrer wiederholt darum bat, hörten einfach die Visionen auf, bis sie fort waren.

Gegen 10 Uhr kam auch Bischof Schrembs von Clevland[19], der aber diesmal keine besondere Aufnahme fand, da er in seinem Büchlein ein Kopftuch der Theres abbilden ließ und anscheinend auch von Regensburg her einige Aufträge hatte. Theres mußte ihn in ihrem eingenommenen Zustande schwer hergenommen, bzw. abgewiesen haben.

Auch ein gefallener Priester war anwesend, wobei Theres nach der Vision plötzlich wimmerte und dann sagte, als die Leute draußen waren, da war einer, der hat den Heiland oft in den Händen gehabt und jetzt ist er nicht mehr bei ihm. Späterhin hat Theres öfters Unterredungen mit ihm noch gehabt, die sie sehr aufgeregt haben, da er auf *den an der Spitze* schimpfte und gegen den Zölibat wetterte.

9. August 1930

Am Abend Zusammenstoß mit Dr. Mittendorfer, der wieder einmal Reden über Verliebtsein hielt und Marie und mich darnach frug, wobei ich schließlich sagte: *Dieses Reden paßt sich nicht für den Pfarrhof!* Er ging dann gleich fort.

Als am nächsten Tag Theres davon sprach, sagte sie: *Da hat der Teufel den Doktor benutzt, um Dir am Vorabend Deiner Taufwiederkehr etwas anzuhaben!*

10. August 1930, Laurentius

Mittags während des Essens hatte Theres eine Unterredung mit jenem abgefallenen Priester, der jetzt Steuersekretär ist. Zitternd kam sie herüber. Am Nachmittag verhandelt er mit Herrn Pfarrer in der Sakristei; zum Beichten kam es nicht.

14. August 1930

Eine Frau, die in einer Freidenker-Organisation war, bekehrte sich und beichtete, nachdem sie fünfzehn Jahre lang dies nicht mehr getan hatte. Am nächsten Tag kommunizierte sie hinter dem Altar mit Theres.

15. August 1930

Theres sah mittags 1/2 1 Uhr – auf Maries Bett sitzend – die Vorgänge vom Tode und Begräbnis der Mutter und darnach Himmelfahrt.

Nachmittags 4 Uhr bekehrte sich ein junges Mädchen, das Zahndentistin werden will, nachdem sie sieben Jahre lang nicht mehr gebeichtet hatte und auf großen Irrwegen war. Sie kommunizierte am nächsten Tag mit Theres.

17. August 1930

Morgens im Amt kam Theres bei der Predigt, nachdem sie noch vorher das junge Mädchen fortgerichtet hatte; da fing sie auf einmal an lak[20] zu werden. Bald seufzte sie. Ich ging zu ihr, da klagte sie über Schmerzen am Herzen. Dann kam Herr Pfarrer. Es begann ihr da schon vor den Augen zu flattern; bald merkte ich auch, daß sie im eingenommenen Zustand war. Dann mußte ich ans Telefon.

Herr Pfarrer erzählte später, daß sie den ganzen Gang der heiligen Messe mitspürte und miterlebte, und alle einzelnen Gebete erklärte, wenn sie kamen. Nach der heiligen Kommunion kam sie auch in den erhobenen Ruhezustand und sagte, daß dieses Leiden für jenes Mädchen sei, das unterwegs vom Teufel belästigt wurde.

Der Familie Uhl berichtete Bruno aus Konnersreuth:
8. September 1930

Diese Woche ist auch eine schwere für mich; Donnerstag bzw. Freitag soll ich mit meiner Mutter zusammentreffen und zwar in Hof. Während sich sonst ein jedes Kind der Mutter freut, ist mir recht bang darauf. Werden doch sicher die Gegensätze aufeinanderprallen und Mutter ihren ganzen Jammer vorbringen. Gedenken Sie daher auch meiner anderseits im Gebete …

In vier Wochen geht auch bei uns die schöne Zeit der Ferien zu

Ende. Diesmal ziehe ich ins eigentliche Priesterseminar ein und erhalte am 1. November sodann Tonsur und niedere Weihen in Vorbereitung für das Diakonat …

Konnersreuth ist noch immer das alte und wird immer bekannter. Bis in das ferne Ausland dringt immer mehr sein Ruf. So sind denn die Ausländer jetzt sehr stark vertreten gewesen. Aber demgegenüber hat nunmehr nach der liberalen und sozialistischen Hetze der Kampf im eigenen katholischen Lager eingesetzt, in dem sich Theologen finden, die alles für unecht oder hysterisch oder Aftermystik halten; andere Theres als vom Teufel circumincessus[21] erklären. Es zeigt sich an diesem Fall einmal wieder klar, wie weit der Rationalismus auch in die katholischen Reihen eingedrungen ist. Die Sachlage ist so derzeit eine traurige. Vielen werden zwar die Augen aufgehen angesichts all der Zweifler und Kritiker …

Diesen Zweiflern und Kritikern gegenüber fühlt sich Bruno Rothschild im Gewissen verpflichtet, sie zu veranlassen, ihre Irrtümer zu korrigieren.

Hatte sich Bruno Rothschild gegen den Widerstand kirchlicher Kreise auf schriftlichem Wege für Konnersreuth eingesetzt, so nimmt nun Kaplan Helmut Fahsel – freigestellt vom Bischöflichen Ordinariat Berlin für seine über ganz Deutschland ausgedehnte Vortragstätigkeit – auch öffentlich zu den Angriffen vonseiten der Nationalsozialisten Stellung.

Er steht in engem Kontakt zu Professor Wutz, Eichstätt, und berichtet diesem:

KAPLAN FAHSEL

Hotel Hof von Holland
Mainz a. Rhein
den 11. November 1930

Sehr geehrter Herr Professor, hätte ich den Brief begonnen. Da mir aber das Du angeboten wurde, darf ich wohl sagen:

Lieber Franz Xaver.

Es wird Dich interessieren zu hören: Am 1. Nov. erschien in der nationalsozial. Ztg. Der Führer (Karlsruhe) ein Artikel, unterschrieben von:

mehrere kathol. Universitätsstudenten, der unter anderem folgende Sätze betreffs Konnersreuth enthält:

Ein offener Brief. Freiburg i. B., 27. Oktober 1930.

Wir können die grenzenlose Empörung unseres christlichen und katholischen Fühlens nicht ausdrücken, mit welcher wir bei der Ankunft in das Wintersemester die Nachricht vernehmen, daß am 26. November Kaplan Fahsel hier in der Festhalle auftreten und über die ‚Stigmatisierte von Konnersreuth' sprechen wird. Ist es noch nicht genug des Skandals, daß dieser Geistliche das gleiche Thema in der Berliner Illustrierten behandelte, daß er sich zum Mitarbeiter dieser Wochenschrift machte, welche in ungeheurem Maße christlichen Glauben und christliche Sitte in unserem deutschen Volke zerstört? Wir erlauben uns zu fragen, ob die kirchliche Behörde von den ärgerniserregenden beispiellosen Entgleisungen des ordinierten Priesters Kenntnis hat und dulden will, daß diese Entgleisungen in Freiburg um einen neuen Fall vermehrt werden? Über Konnersreuth gebührt sich zu schweigen, keine rednerische Kinoaufführung zu veranstalten, wie es von Kaplan Fahsel zu erwarten steht. Wir erwarten, daß das Hochwürdigste Erzbischöfliche Ordinariat rechtzeitig einschreitet und den Vortrag verbietet, zumal dasselbe, wie genügend bekannt ist, eine andere Ansicht über Konnersreuth besitzt als Kaplan Fahsel. Wenn die Zentrumspresse diesen unseren offenen Protest angreifen will, so bitten wir, daß ihr vorher Einblick gewährt wird in die Akten, welche das Ordinariat über den Fall Konnersreuth geführt hat.

Mehrere katholische Universitätsstudenten.

Meines Erachtens geht der Sinn u. die Absicht des Schreibens von Personen aus, die mit dem Amt in enger Beziehung stehen. Der Passus: daß er sich zum Mitarbeiter dieser Wochenschrift machte kommt nämlich auch in dem Beschwerde-Schreiben des Erzbischofs v. Freiburg an Bischof Schreiber (Berlin) vor, welcher nach dem Artikel in der Illustrierten in Berlin einlief. Merkwürdigerweise hat nun Erzb. Dr. Fritz meinen Vortrag am 26. Nov. gestattet. Nun versuchen gewisse Kreise auf obigem Wege Unruhe zu stiften ... Freiburg wird und muß klappen!

In Limburg, Wiesbaden, Bingen wurden wieder Personen ohnmächtig. In Wiesbaden soll sich die liberale Presse aufgeregt haben, wie ich eben höre. In Mainz erwies sich leider wieder der Saal als zu klein. Es waren viele Kleriker da. In Speyer soll, wie ich höre, großes Interesse den Vortrag erwarten ... Bitte grüße mir alle lieben Bekannten Deines Hauses, besonders den guten Pater Cosmas, der so gut zu mir war. Ich empfehle mich Deinem und der Resl Gebet!

In Dankbarkeit Dein
Helmut Fahsel.

AUS DER CHRONIK DER MARKTGEMEINDE KONNERSREUTH:

»Am 28. September 1930, einem Sonntag, schwebte völlig unerwartet und den meisten Konnersreuthern vollständig unbekannt *LZ 127, der ZEPPELIN-RIESENVOGEL*, von Süden her über unsern Markt, silbern strahlend im Mittagssonnenglanz. Er ging tief hinunter, machte eine Schleife über den durch die ›Resl‹ weltbekannen Markt und flog in Richtung Hof weiter ...«

Es war ein *SCHOTTE* namens *LORD SEMPIL*, der Resl, die er schon seit langem kannte von Eichstätt her, eine außergewöhnliche Feude bereiten wollte. Er ließ darum das Luftschiff durch Luftschifferbauer Dr. Hugo Eckener (geb. 10.8.1868 Flensburg, gest. 14.8.1954 ebenda) *s o* lenken, daß er es über die Ortsbewohner, die herbeigelaufen kamen um den »Wundervogel« anzuschauen, hinwegschweben lassen könne.

Aus Brunos Tagebuch:

29. September 1930 St. Michael
Resl sieht nachmittags $^1/_2$2 Uhr den Engelsturz; sie wollte sich gerade fertig machen, um in den Pfarrhof noch zu gehen. Auf der Stiege sitzend will Agnes ihr die Schuhe ausziehen, die sie ein bißchen tratzt[22]. Als sie dieselbe schimpfen will darüber, fährt sie in die Vision. So sieht sie den Engelsturz auf der Stiege sitzend; später im eingenommenen Zustand wird sie ins Bett getragen, da die Lage doch zu unbequem war.

Die guten Engel waren ungefähr fast dreiviertel, die schlechten, gefallenen, gut einviertel. Abgefallen ist der Mächtigste, Lucifer; dann kommt Michael und Gabriel. Der vierte Engel fiel wiederum ab. Sieben blieben treu, fünf fielen. Der Streit war kein Handgemenge, sondern mehr mit Worten. Nach längerem Hin und Her, nachdem sich hinter die Erzengel noch viele von den anderen Abteilungen anschlossen. Neun Chöre von Engeln waren es, die hinter den Erzengeln standen, schließlich wurden die Bösen trüb und schwarz und fuhren wie der Blitz hernieder, einer nach dem anderen. Resl hatte große Angst, daß nicht einer auch zu ihr gekommen sei.

30. September 1930, Todestag der hl. Theresia vom Kinde Jesu
Resl kommt um 7$^1/_4$ Uhr in das heilige Amt, das Herr Benefiziat hält. Sie sitzt im Beichtstuhl und sieht von der Wandlung bis zur Kommunion den Heiland. Abends um 8 Uhr ging Resl mit Marie fort in die Kirche, schlossen sich dort ein; aber der Schlüssel schloß glücklicher-

weise nicht in der Sakristei. So konnten wir dann nachschauen und fanden Resl in der ersten Bank vor dem Theresien-Altar sitzend in der Vision. Neben ihr Marie, die uns schon angerufen hatte. Sie sah nun den Tod der heiligen Theresia, die schwach und müde in ihrem geräumigen Zimmer lag, zu dem drei Türen führten. Zuerst waren alle Schwestern dort und beteten, dann entließ die Oberin dieselben und nur zwei blieben mit dort (wahrscheinlich ihre Schwestern), mit denen sie anscheinend vom Heiland sprach. Jesus Christus ist öfters vorgekommen im Gespräch. Auf einmal wurde die Kranke schwächer, es läutete kurz, dann kamen die Schwestern wieder. Gleich darauf erscheint der Heiland; Resl will aus der Bank ihm entgegenfahren. Es dauert fast (gut) ein Credo lang.

Therese ist jetzt auf einmal schön und jugendlich geworden im Gesicht, sie sinkt dann zurück in die Kissen, ihren Kopf auf der Seite.

Dann kommen die Schwestern, küssen sie, berühren ihre Hände. Aus der Vision gekommen ruft sie (Resl) sofort laut: Das ist doch der Heiland! und will auf und zu ihm hin. Auf das Zureden, daß sie ihn ja in sich habe, läßt sie davon ab. Sie erzählt auch, bei den Moidln sind auch ein paar *Weie* gewesen, so wei (wie) ihre Mutter; die konnten nur schwer gehen. Das Moidl[23] hat sie im Anfang auch einmal freundlich angeschaut und angelächelt. Überhaupt hat es viel gelächelt.

3. Oktober 1930, Freitag, Fest der hl. Theresia

Das Freitagsleiden fiel aus. Resl sah und ging nur mit bis auf den Ölberg, bis der Heiland gebunden wurde.

Morgens um 7 Uhr kam sie wieder zum heiligen Amt, das Herr Pfarrer hielt. Sie schaute wieder den Heiland …

Nachmittags fuhr sie nun auf Ebnath, um den Altar von Joseph anzusehen. Gegen $3/4$ 6 Uhr waren sie schon wieder zurück.

Da sah sie nun, wie der Heiland nach der Taborverklärung am nächsten Tag mit seinen Aposteln auf Kapharnaum zuging und anscheinend von seinem Leiden sprach. Er war ernst und betrübt. Seine Apostel aber wollten es ihm nicht glauben, verstanden es nicht und stritten. Resl machte ein so widerwilliges und verzogenes Gesicht, wie sonst bei den Pharisäern. Später kamen sie auf ein alleinstehendes Haus, wo Petrus hineinging, und da er kein Geld hatte, ließ der Heiland den Judas den Beutel öffnen und zahlte nun für sich und Petrus. Die anderen brachten zum Ausdruck, daß sie nichts hätten.

Wieder später schickte der Heiland den Petrus zum See und ließ einen großen Fisch fangen. Diesen legten sie am Wege hin, machten sein Maul auf und nun kamen verschiedene Geldstücke heraus. Resl meinte, er habe sie ausgespien; damit zahlten sie nun und gingen. (Alles in Kapharnaum und beim Hause des Petrus.)

Abends, als es grau wurde, kamen sie in eine Gegend, wo neben einem großen Haus viele kleine Hütten oder Bauten waren (nach Art von Sommerhäuschen). Dort setzten sie sich auf Steine nieder und kachelten[24]. Da holte der Heiland aus der Nähe einen kleinen Butzl (vielleicht ein bis zwei Jahre alt), stellte ihn in ihre Mitte (er fürchtete sich garnicht, sondern schaute sich noch recht um) und deutete zum Himmel hinauf, indem er die bekannten Worte sprach: *Wenn ihr nicht werdet wie die Kinder, so werdet ihr in das Himmelreich nicht eingehen!* Resl wollte während der Schauung angestrengt zu dem Butzl hin und ihn packen und auf die Arme nehmen.

Nachtrag zur Vision: Das kleine Kind, das der Heiland herbeiholte, war nach den Angaben von Resl blond, mit blauen Augen und gerader Nase und hatte lockiges Haar.

Abends um 8 Uhr nach dem Rosenkranz ging sie zu Marie; da erschien ihr in deren Zimmer vis à vis vom Bett die heilige Theresia, wahrscheinlich zuerst aus dem Licht, späterhin hervortretend. Sie sprach ungefähr folgendes: *Liebes Kind, willst Du nicht mehr leiden? Hast Du Angst vor dem Leiden? Resl: Nein! Du sollst ausharren, wenn es oft auch hart und schwer ist. Arbeite nur weiter an der Rettung der Seelen, wenn sich auch noch so viele Schwierigkeiten ergeben und Du auch mißverstanden wirst. Du sollst auf den Heiland weiterhin vertrauen. Du sollst auch weiterhin so einfach und kindlich bleiben und gern leiden. Resl: Ja, hat Dir der Heiland das angeschafft? Theresia: Ja doch! Es würde uns freuen, wenn Deine Eltern den Bruder dem Heiland zum Opfer brächten. Sie sollen sich nicht übermäßig sorgen und nicht so auf's Irdische schauen. Der Heiland lohnt es ihnen!*

4. Oktober 1930
Resl bekommt ihre Thuja-Hecke[25], die Herr Fürst von Zeil gestiftet hatte.

5. Oktober 1930, Sonntag
Am Vorabend zum 6. Oktober bereitete mir Resl eine wirklich schöne Überraschung; ging sie heimlich, während wir beim Essen saßen und Herr Benefiziat noch gekommen war, im Zimmer der Marie einen Namenstagstisch zu richten. Das Fenster wurde verhängt und dahinter gearbeitet. Ein Messer, Federhalter (Agnes und Marie),

101

Briefpapier, eine Flasche Wein, ein kleines Täschchen mit geweihten Münzen und Kreuz, Geld und Kuchen lagen darauf. Der Wein wurde gleich am Abend geschlachtet.

Das Schönste: Sonntag morgen 7 Uhr las Herr Pfarrer seine Messe. Da fiel ihm nach der Wandlung, vor der Kommunionsausteilung beim Umleeren der Schale in das Ciborium, eine Hostie in den Ärmel. Er hatte nun Sorgen deswegen. Resl aber war gerade beim Vogelfüttern (daheim); da entfiel das Futter ihren Händen und sie sah nun auf einmal Herrn Pfarrer am Altar, neben ihm der Heiland, wie Er ihn anlächelte und wohl sagen wollte: *Warum bist du so ängstlich besorgt. Geh, das macht doch nichts!* Sie sah auch Herrn Pfarrer noch am Ärmel herummachen. Resel meinte im gewöhnlichen Zustand, sie spinne.

6. Oktober 1930: letzter Tag in Konnersreuth.

Ich konnte an diesem Tag mit zur Kommunionsekstase. Nach dem Herrn Pfarrer durfte ich gleich hin und dort bleiben, bis sie wieder wach war. Herr P. Berard war zwar anwesend, hatte ihr sogar die heilige Kommion gereicht; es hieß aber: *Bleib da, er versteht es doch nicht!* Bei dieser Gelegenheit konnte ich auch die mystische Kommunion so recht erkennen. Sie hatte gerade die heilige Hostie zu sich in den Mund genommen, lehnte sich etwas zurück und mußte nun husten (sie hatte gerade eine schwere Erkältung!); dabei tut sie unwillkürlich die Zunge heraus, die heilige Hostie war weg, ohne daß sie vorher irgend eine Schluckbewegung gemacht hatte.

Bruno, jetzt machst Du Dich halt fertig; morgen mit dem ersten Zug fährst Du dann. Du mußt aber schon heute in Abreisestimmung sein. In Eichstätt wird alles recht. Sag nur ruhig Deine Meinung. Den Brief (des früheren) Herrn Bischof von Regensburg[26] *bringe nur vor. Einer, der so alles sieht, kann es doch besser beurteilen. Der Heiland ist ganz besonders mit Dir!*

Erhebend war ihr Wachwerden, wo sie mit dem Heiland sprach und so ganz besonders mich ihm anbefahl!

7. Oktober 1930

Resl hatte in der Nacht ein Leiden; aber schon am Abend sagte sie, ich soll zum Abschiednehmen morgen ruhig zu ihr hinaufkommen. Am Morgen nach der heiligen Messe ging ich nun hinüber, und da noch Vögel mitgenommen werden sollten, ging ich mit Zenzl auch hinauf zu ihr. Sie lag im Bett auf die Seite gelehnt, hatte anscheinend Schmerzen in der Brust und sprach nur gebrochen. Später aber sprach sie wie sonst. Wir sprachen noch von Verschiedenem .

Dann ließ sie mich niederknien und gab mir mit Weihwasser den Segen; denselben erbittet sie auch für sich: Sie habe ja auch noch so viel zu leiden, sie brauche es auch.

Konnersreuth, den 25. Nov. 1930

Lb. Bruno.

Da die zwei Geister mir keine Ruh lassen, so will ich nachgeben u. Dir ein paar Zeilen schreiben. Wie es immer geht brauche ich nicht zu schreiben. Der lb. Heiland ist mir gleich gut. Gelt weñ er uns auch hie u. da zappeln läßt, so vertrauen wir um so mehr auf ihn. Weißt scheu werden wir nicht. Du wirst, weñ Du auch jetzt zuwarten mußt, doch geweiht wañ u. wo der lb. Heiland will.

Sei nur mutig. Hast ja doch ein gutes Gewissen u. dies ist ja die Hauptsache.

Gelt weñ wir nur dem lb. Heiland iṁer Feude machen, alles andere ist uns gleich. In einigen, weñ auch schweren Wochen »auf Wieder-seh'n« grüßt Dich Resl.

Zurzeit ist's hier recht ruhig. Dafür lese ich die alten Briefe. Wir freuen uns schon recht auf Weihnachten.

Mein herzlich lieber Bruno!

Ich feiere Geburtstag. Da sollt ich eigentlich nur empfangen. Aber Geben ist seliger als Nehmen. Was wünschest Du von mir? Ich meine Dich antworten zu hören: »Nichts anderes als Dich selbst, liebstes Kindlein.«

Sollst mich haben. Bist Du zufrieden. Einige Seelen, die Dich auf-richtig gern haben, haben einiges beigelegt für Seele u. Leib.

Schenk mir u. diesen Seelen kindliche Liebe u. wir sind auch zu-frieden.

Das Christkindlein[27].

Konnersreuth, den 9. Dezember 30

Lieber Bruno!

Gelt wie fleißig! Weißt H. H. Pfarrer fuhr heute nach Berlin zu einer wichtigen Sache. Er bleibt 8 Tage fort. Denk nur u. Mutter auch. Ich arbeite halt fleißig an meinen Briefen. Die 2 Mädchen arbeiten in der Küche an etwas. Ich soll Dir's aber nicht schreiben. Siehst es schon selbst bald. Und nun lb. Bruno zum Brevier. Ich schicke dir 100 M. Gib's doch der Mutter, die zurzeit bei Euch ist, mit. Weißt schon wie's am Hl. Abend ist. Und wir haben sonst gar nichts gerichtet. Was ist's deñ mit dem Dompfaff von dem Du schriebst. Kaufe ihn halt und bring ihn mit. Ich freue mich, wenn er wirklich Kyrie und Gloria singt. Die zwei lachen mich wohl aus und glaubens nicht. Gelt, bring ihn mit. Noch etwas, Bruno. Nicht 100 M(ark) schicke ich für H. H. Pfarrer, sein's allein, sondern 150 gleich für Deines auch mit. Wir bringen einstweilen nicht mehr zusaṁen. So lege ich ein paar Dollar mit bei. Besorge also gleich 2 Brevier. Du hast dañ gleich was nützliches. Kannst es schon noch brauchen.

Harre nur aus in der Prüfung.

Ich zapple zur Zeit auch mehr als sonst. Mit besten Grüßen Deine Taufpatin Theres Neumann.

Viele Grüße von Allen.

Pater Heider ist hier u. hält Exerzitien. Ist im Herrn Pfarrer sein Zimmer. Zur Zeit ist ein junger Mann bei uns, der katholisch werden will.

26.12.1930, Weihnachtsferien.

Zweiten Weihnachtstag, kamen wir (Söllner) in Konnersreuth an und brachten den Dompfaff mit, der nun vorgeführt wurde auf dem Zimmer von Resl.

Da es gerade zusammengeläutet hatte, ging ich mit Resl in die Kirche, wo sie mich gleich auf den Blumenschmuck des Tages hinwies.

Nach der Andacht wurde der Dompfaff auch Herrn Pfarrer und Benefiziat vorgeführt. Am Abend war Theater[28], wo Agnes eine recht geldgierige Bäuerin machen mußte.

Herr Pfarrer war vom 9. bis 13. Dezember in Berlin. Währenddessen sah ihn Theres zweimal celebrieren. Das erste mal sah sie, wie er so am Tabernakel herummachte und ihn nicht aufbrachte. Dieser hatte nämlich zwei Türen, und Herr Pfarrer hatte nicht bemerkt, daß in dem Säckchen, das er mitbekam, zwei Schlüssel waren. Nun wollte er mit dem ersten Schlüssel auch das zweite Türchen öffnen. Erst der Ministrant machte ihn darauf aufmerksam.

Das zweite mal sah sie, daß ein geistlicher Herr (der Pfarrer des Kirchleins) ihm ministrierte. Das Kirchlein war sehr einfach, ja fast arm. Dieses Kirchlein war ein Notkirchlein und hieß St. Ansgar[29].

Sonntag, 28. Dezember 1930

Predigte Fahsel[30] über das Thema: *Warum Gott Mensch wurde.* An diesem Tage war auch jene Frau aus Köln[31] da, die ihre Zeitung Herrn

Dr. Gerlich übertragen sollte. Schwierige Verhandlungen, an denen P. Ingbert, Steiner, Gerlich, Wutz, Fahsel teilnahmen. Nachmittags fuhren sie alle wieder weg …

Freitag, 2. Januar 1931

Ekstase: Ich fragte an, weil ich meine Mutter brieflich nach Nürnberg bestellt hatte. *Ja, es wird schon recht. Dein Vater und Deine Mutter sind Dir schon gut gesinnt, auch Deine Schwester. Aber dein Bruder nicht …*

Eichstätt: *Wart nur ab, es wird schon alles recht. Notiere Dir aber alles auf. Sie trauen Dir halt nicht, weil Dein Beruf so von Konnersreuth ausgeht, und dann haben sie auch keinen Priestermangel.*

Dienstag, 6. Januar 1931 – Dreikönig

Seit den letzten Tagen war ich etwas traurig, bzw. es war mir innerlich immer etwas hart; einerseits wenn ich wieder an das beginnende Semester und die Verhandlungen mit Regierung und Bischof dachte, andererseits, weil mit Theres so wenig zu sprechen war. An diesem Tag war ich ganz besonders müd, schon wegen der kurzen Nacht (erst gegen 1 Uhr zu Bett, morgens $^1/_2$ 6 Uhr wieder heraus!). Ich hatte daher vor, schon morgens während des Amtes mich wieder noch zu legen. Nun hatte aber Maria der Einladungen wegen viel zu tun. Resl meinte, ich soll bloß in die Predigt gehen und dann etwas mithelfen; sie käme auch.

Sie blieb aber länger und kam ungefähr nach der Opferung herüber. Ich schälte und schnitt gerade Kartoffeln, als es zur Wandlung läutete. Ich trocknete mir die Hände und kniete nieder. Da hörte ich ein kurzes Seufzen und – von Marie aufmerksam gemacht – sah ich, daß Theres den Heiland schaute. Ich ging hin, hielt sie, da schon der Stuhl mitging, an Hand und Rücken. Nach einigen Minuten (etwa fünf) war die Erscheinung vorbei und Theres kam plötzlich in den erhobenen Ruhezustand. Momentan wußte ich nicht, was ich sagen wollte und schaute zu Marie. Da fing sie schon an zu reden, daß man das Leiden gern und aus Liebe zum Heiland tragen soll; denn der Heiland läßt es ja zu. Man kommt dadurch ihm näher. Wenn ich das immer tue, dann werde ich nicht nur langsam Fortschritte machen, sondern gleich im Großen. Schau, der Heiland hat es ja auch gut gemeint, und wie ist es ihm ergangen. – Wenn der Heiland so leiden mußte, dann müssen auch wir gern mit ihm leiden. Sei froh, daß die Schwierigkeiten auf dem Gebiet liegen und nicht wo anders. Der Heiland richtet alles zum Besten. Später wirst Du einmal sehen, wie gut es so war …

Am Nachmittag 1 Uhr, $^1/_2$ 4 und $^1/_2$ 8 Uhr schaute Theres dann die drei heiligen Könige, die Taufe am Jordan und die Hochzeit zu Kana.

Um ¹/₂ 8 Uhr war es noch recht nett. Ich hatte der Resl, als sie noch im Pfarrhof war, in ihre Tasche ein Gedichtchen mit einem Bildchen gepackt: *Die heiligen drei Könige sind gar brave Leute, darum machen sie Dir gern hiermit auch eine Freude.* Diesen Zettel hatte sie in der Tasche. Als sie im eingenommenen Zustand war, nahm sie ihr Taschentuch mit dem Zettel heraus und sagte: *Was ist denn das? Ach, das ist ein G'spaß. Der meint es schon gut. Den Heiland hat er auch schon gern. – Dem war es ein bißchen hart, und da ist der Heiland heut gekommen und hat ihm was gesagt!*

An Familie Uhl schreibt Bruno aus Eichstätt:
4. April 1931
*Gnadenreiche Ostertage und herzliche Grüße sendet Ihnen allen
Ihr Br. P. Rothschild.*

Seit Beginn der Fastenzeit habe (ich) nunmehr Tonsur und vier niedere Weihen erhalten. Nach Ostern findet das Synodale (Schlußprüfung vor Erteilung der höheren Weihen) statt. Noch in diesem Jahr werde (ich) also Diakon. Morgen fahre (ich) erst in Ferien, da wir in der Karwoche und Ostern Domdienste machen müssen.

Konnersreuth, 17. April 1931

Werte Familie Uhl!

Seit Ostermontag bin ich hier und suche Ruhe und Erholung. Theres Neumann hat wieder viel gelitten in der Fastenzeit. Eine Kopfgrippe, die sie für einen jungen Studenten der Theologie übernommen hat, damit er seine Studien fortsetzen könne, machte und macht ihr noch große Beschwerden. Diesmal war auch die freudenreiche Osterzeit nicht leidensfrei.

Derweilen erheben die hochgelehrten Herren von der Wissenschaft immer wieder ihre hochgewichtige Stimme, um mit ihren Thesen und ihrer Ungläubigkeit das Volk zu betören. Auch das Neue Testament hat halt seine Schriftgelehrten und Pharisäer. Es wird vielleicht manchen Professor und Geistlichen geben, deren Wunsch und Absicht dahin gehen, daß Konnersreuth von der Welt verschwindet oder daß man wenigstens nicht mehr davon rede. Ein trauriges Kapitel! Leider liefert die Kirchen- und Heiligengeschichte eine Unmenge gleicher Beispiele. Das Menschliche tritt halt gar zu oft und zu weit hervor und gibt seinen Opfern damit Gelegenheit, sich viel Verdienste für den Himmel zu sammeln …

Nun für heute nur noch beste Grüße
Ihr Bruno P. Rothschild

106

Die Äußerung Brunos: *Es wird vielleicht manchen Professor und Geist-lichen geben, deren Wunsch und Absicht dahin gehen, daß Konnersreuth von der Welt verschwindet oder daß man wenigstens nicht mehr davon rede ...* hat einen konkreten Anlaß, von dem Bruno aber der Familie Uhl ge-genüber schweigt.

Am 4. Februar 1931 hatte er, dem Wunsche des Bischofs von Eich-stätt entsprechend, erklärt: *... daß ich in der Konnersreuther Angelegen-heit nur mit Genehmigung und Zustimmung meines Diözesanbischofs etwas unternehmen werde, was allenfalls die Öffentlichkeit berühren könnte.*

Daß Bruno sich wegen dieser Sache in *gewißem Widerspruch befand,* geht aus einem Brief Resls hervor, den sie seinetwegen am 23. März 1931 an den Regens des Priesterseminars richtete.

Neben Gegnern aus kirchlichen Kreisen, denen sich Konnersreuth und dessen Anhänger ausgesetzt sahen, erhoben auch politische Geg-ner ihre lügenhafte und freche Stimme. Wieder war es das nationalso-zialistische Parteiblatt *Der Stürmer (Deutsches Wochenblatt zum Kampfe um die Wahrheit),* dessen Herausgeber Julius Streicher am 21. Mai 1932, also noch vor der Machtübernahme Hitlers, auf der Titelseite unter an-derem behauptete: *... Der Jude Rothschild ging später nach Konnersreuth. Er sah sich dort die Stigmatisierte Therese Neumann an. Daraufhin erklärte er, nunmehr zum Christentum bekehrt worden zu sein. Er ließ sich taufen. Dies erfuhr der bekannte Volksparteiler, der Dompropst Dr. Wohlmuth. So-fort nahm er sich des 'Bekehrten' (der natürlich trotz des Taufwassers nach wie vor der jüdischen Rasse angehört und noch dasselbe jüdische Blut in den Adern hat) an und brachte ihn nach Eichstätt. Er brachte ihn unter im Prie-sterseminar, und nun wird der wegen Gotteslästerung vorbestrafte Jude zum katholischen Priester erzogen ...*

Konnersreuth, den 23. März 1931.

Hochw. Herr Regens!

Muß Ihnen doch noch recht herzlich »Vergelt's Gott« sagen für Ihren Bemühungen wegen Bruno. Sie haben sicher auch für ihn gesprochen. Ich meine, wenn Bruno auch keine Zeile geschrieben hätte, es wären gar nicht weniger Schwierigkeiten gewesen. Er schrieb ja nicht als Kle-riker noch u. dann meine ich, ist es ja besser, wenn man was auf dem Herzen hat, man sagt offen seine Meinung. Und Sie wissen ja selbst, daß es für Bruno nicht so leicht war. Auf der einen Seite war er über-zeugt, daß man hier ehrlich handelt u. auf der anderen Seite brachte man ihm bei, daß auf dergleichen wie hier, wenig zu geben ist. Und so war er ja im gewißen Widerspruch. Und hier fand er ja Anregung u. noch mehr zu seinem Beruf. So schrieb er halt ganz ehrlich seine Meinung. Ich sag es Ihnen offen! Wir alle, die wir Bruno kennen, was für ein guter, braver, aufrichtiger u. frommer Charakter er ist, bedauerten stark, daß er unten bei Euch so arg verkannt wurde. War ja so eine große Gnade für ihn, daß ihn der lb. Heiland vom Irrtum zur Wahrheit führte u. gerade in einem Alter, wo viele große Gnaden oft verscherzen. Und er wirkte mit, wenn auch unter großen und schweren Opfern. Er tat's ja nicht um seiner oder anderer willen, sondern einzig u. allein um des lb. Heilands willen, der ihm doch alles reichlich vergilt. Wenn man bedenkt, von Vater u. Mutter fast verstoßen, den gewohnten Beruf aufgegeben u. zu all dem überall im Wege fast Hindernisse. Ich weiß der H. H. Bischof zweifelt immer noch an ihm, obwohl man's ihm von den Augen ablesen kann, wie ehrlich er es meint. Der lb. Heiland läßt halt so etwas auch zu. Weshalb soll es dem Jünger besser ergehen als den Meister? Aber H. H. Regens, solche Fälle wie bei Bruno, daß einer hier zur Wahrheit kommt u. auch den Beruf wechselt, kommt öfters vor. Erst kürzlich war wieder so ähnliches. Ich bin aber seitdem mehr in Sorge. Man getraut sich, fast keinem mehr zureden. Denn wenn so ein Junge, der früher nie für den lb. Heiland arbeitete, er aber nachdem er erkannt, wie notwendig so etwas ist u. der lb. Heiland ihm Kraft u. Gnade gibt für ihn zu arbeiten u. man redet ihm zu, so kommen mir jetzt mehr Bedenken. Statt daß man solch einem unterstützt, der viele Widerspruch. Und an wem soll man sich denn wenden als an die Vorgesetzten? Aber was für Mißtrauen findet man da oft. Wir müssen ihnen ja auch Vertrauen schenken. Und jeder der wahr und gut ist, hat ja Anspruch darauf. Ich denke aber, wenn der lb. Heiland will, daß jemand ihm näher kommt, so geht's trotz der viele Schwierigkeiten. Er siegt schließlich doch! Ja sorgfältige Prüfung ist schon gut, aber alles hat seine Grenzen. Ich will Ihnen H. H. Regens gewiß keinen Vorwurf machen. Aber sie verstehen, daß ich Ihnen doch meine Bedenken sagen darf. Hier hab ich ja viel, sehr viel mit Seelen zu verkehren, die dem lb. Heiland fern u. fremd auch waren und wieder zu ihm finden. Und der Fall Bruno macht mir doch Sorge. Möchte einem fast den Mut nehmen, wenn der lb. Heiland, auf den wir kindlich vertrauen, nicht immer die nötige Kraft gäbe. Haben wir ihn recht gern; ist er ja so gut u. beten wir füreinander.

Bestens grüßt Sie

Theres Neumann.

Lb. Patin Resl!

Nun ist die Entscheidung glücklich vorbei; nun gehören wir dem Heiland. Samstag haben wir im Subdiakonat uns ihn für immer angelobt u. das Brevier übernommen; sonntag empfingen wir dann das hl. Sakrament des Diakonates, das nächstes Jahr seine Vollendung finden soll. Der hl. Stephanus, Lauentius, Philippus ect. haben nun neue Kameraden ihres Standes bekommen. An ihnen haben wir gute, tapfere Vorbilder, die uns dem Heiland näherbringen könnten, weñ ... jenes Kind von Sigmaringen, das Dir einmal zu Deinem Namenstag schrieb: »Uns geht es wie dem Laubfrosch; meistens liegt er unten«, hat schon recht gehabt; auch uns geht es nicht anders.

Könnte jetzt gut 14 Tage Erholung brauchen, damit man sich wieder derfängt. Wir müssen statt dessen aber im Gegenteil umso fester zupacken. Vom Brevier verstehen wir noch nicht viel, die neuen Dienste müssen einstudiert werden, das Versäumte vom Kolleg muß nachgeholt werden und dazu soll man noch eine Predigt machen u. halten. Von letzterer muß ich mich ungedingt drücken können. Sonst ist es jetzt etwas ruhiger geworden u. wir freuen uns schon, weñ wir dem Seminar wieder ein bißchen für die Ferien den Rücken kehren können.

Für Deine Gebetshilfe zu den hl. Weihen sage Dir herzlich Vergelts Gott; aber vergiß auch ferner nicht unser beim Heiland zu gedenken, was wir auch Dir versprechen.

Dein Patenkd.

Bruno.

H. H. Pfarrer einstweilen beste Grüße; schreibe ihm heute vielleicht auch noch.

Nach seiner Weihe zum Diakon schreibt Bruno an seine Freunde in Germersheim:

Eichstätt, 26. Juli 1931

Werte Familie Uhl!

Für Ihren großen Brief vom 5. Juli recht herzlichen Dank ... Nun aber will ich auch Ihnen eine Freudenbotschaft von mir übermitteln: Seit dem Dreifaltigkeitssonntag dieses Jahres bin ich nunmehr Diakon der heiligen katholischen Kirche, und ist damit der entscheidende Schritt getan. Nun gibt es kein Rückwärts mehr.

Inzwischen habe ich auch schon mein neues heiliges Amt ausgeübt in Levitendiensten am Altare, Kommunionspendung und vor acht Tagen durch die erste Predigt coram publico ...

Ich hatte während der Exerzitien vor den Weihen öfters daran gedacht, Ihnen eine Einladung zur Weihe zu übermitteln, dachte mir aber dann: In diesen schweren Zeiten ist es für Sie ein zu großes Opfer, eine solch weite Reise zu unternehmen. So unterließ ich es, ebenso wie ich Bekannte aus meiner Heimat dann auch nicht einlud.

So war ich während der heiligen Weihen (Subdiakonat und Diakonat) ohne jeglichen Besuch und stand allein auf weiter Flur, während die anderen im Kreise ihrer Eltern, Verwandten und Bekannten diesen Tag feierten. Am Samstag wurde das Subdiakonat gespendet und Sonntag das Diakonat. Es waren recht eindrucksvolle Feiern.

Seit heute hat bei uns das Kolleg nun auch geendigt, müssen aber noch bis Dienstag da bleiben, dann geht es erst in Ferien …

Ihr Br. P. Rothschild

Aus Eichstätt schreibt Bruno mit Datum vom 2. Dezember 1931 an die Familie unter anderem, daß er von seiner Kusine Erna Herrmann inzwischen gehört habe von ihrem Besuch bei Uhls. Dann fährt er fort: *Wir gehen jetzt schweren Zeiten entgegen, in denen auch das Schicksal der katholischen Kirche Deutschlands schweren Gefahren ausgesetzt ist. Männer wie Windhorst und Görres wären jetzt dringend vonnöten! Leider mangelt es hierin bei uns so sehr an glaubensstarken Männern, die die Wahrheit ihres Glaubens auch im öffentlichen Leben einzusetzen sich trauen. Alles ist nur noch Wirtschaft!*

Weitere Briefe aus der Korrespondenz:

Konnersreuth, April 1932

Werte Familie Uhl!

Hier in Konnersreuth geht alles seinen von Gott gewollten Gang weiter, ungeachtet der zahlreichen Angriffe, Verdächtigungen und Kritiken von seiten katholischer *Schriftgelehrter* und ungeachtet des Rufes nach der *neutralen Klinik.* Der Heiland geht eben seine eigenen Wege, und diese sind nicht anders wie vor zweitausend Jahren, trotz wissenschaftlichen Fortschritts und wissenschaftlicher Überheblichkeit. Wer die Wahrheit liebt und will, wird sie auch in diesem Falle finden ohne Ärzte, gewisse Theologen und wissenschaftliche *Mystiker.* Man sieht doch immer wieder, daß der gesunde Sinn des gewöhnlichen Volkes auch hierin die rechte Auffassung und das richtige Verständnis findet, während die falsche Wissenschaft Augen hat, um nicht zu sehen, und Ohren, um nicht zu hören. Es ist traurig, daß in unseren Zeiten, wo das gemeinsame Vaterhaus schon zu brennen droht, man noch den Mut

110

und die Zeit hat zu so unnützen, inneren Streitereien. Es ist halt die Wiederholung des uralten Kampfes zwischen Christus und Pharisäern ...

Ihr Br. P. Rothschild

Eichstätt, 14.5.32.

Lieber Alvin!

Zu Deinem Geburtstag auch meinerseits die herzlichsten Glückwünsche. Wie geht es Dir, gefällt es Dir in Deiner Umgebung und in Deiner Tätigkeit? Was treibst Du sonst? Bist Du noch immer aktiver Fußballspieler? Oder hast Du Dich unter die Zuschauer gestellt? Die schlechten Zeiten wirst Du auch in Eurer Gegend genügend kennen lernen und spüren. Kannst Du Dich von Deinem Einkommen überhaupt halten und ernähren?

Ende Juni geht meine Berufsausbildung und das Studium zu Ende. An Peter und Paul wird die heilige *Priesterweihe* stattfinden, wobei 28 neue Priester geweiht werden, darunter auch diesmal ich bin. Dann geht es hinaus in die Seelsorge. Für die Eltern ist es schon ein Opfer, das sie an diesem Tage Gott darbringen. Auch unser harren keine rosigen und leichten Aufgaben, vielmehr wird der Kampf der Geister uns gleich von Anfang an auf dem Posten finden müssen.

Nun noch herzliche Grüße und frohe Geburtstagsfeier wünscht Dir Dein Bruder Bruno.

Eichstätt, 5. Juni 1932

Werte Familie Uhl!

Meinen Brief aus den Osterferien werden Sie erhalten haben. Da ich gerade Zeit habe und mitten in der Korrespondenz überhaupt bin, will ich gleich auch an Sie denken, und zwar möchte ich Herrn Apotheker als meinen ehemaligen Chef und das Oberhaupt der Familie Uhl zu der am 10. Juli 1932 stattfindenden schlichten Feier meines ersten heiligen Meßopfers einladen, das ich, falls nichts Besonderes dazwischen kommt, in Konnersreuth feiern will. Es wird der Schwere und der Not der Zeit entsprechend und gemäß der Gepflogenheit Konnersreuth's, keinerlei äußeres Aufsehen zu machen, von jeglicher weltlicher, sonst üblicher Feier abgesehen. Nur im engsten Kreise wird nach der kirchlichen Feier im Pfarrhaus ein kleiner Kreis der nächsten Bekannten sich versammeln zu einem kleinen Mahle, wozu ich Herrn Apotheker als Vertreter der Familie gerne einlade. Es tut mir leid, daß ich die übrigen Familienmitglieder damit zurücksetzen muß, aber es läßt sich in Anbetracht der Umstände und wegen des kleinen Rahmens meiner Pri-

111

miz nicht anders machen. Selbst meine Mutter wird, soweit ich bis jetzt weiß, nicht anwesend sein.

Sie zur Priesterweihe einzuladen getraue ich mich nicht; denn Sie werden evtl. garnicht mich treffen oder sprechen können. Die kirchliche Feier dauert nämlich bis 12 Uhr, die weitere weltliche Feier bei Bischof und Seminar bis 2 oder 3 Uhr; dann folgen Abschiedsbesuche von den einzelnen Professoren, dem Domkapitel, den einzelnen Klöstern und dann wird es allmählich Zeit, mit dem Auto aus Eichstätts Mauern zu entschwinden. Ich halte es daher für das Beste, wenn Herr Apotheker lieber zur Primiz kommt, wo man auch Zeit hat, ein bißchen zu plaudern und wobei ich dann Herrn Apotheker getreulich Bericht erstatten kann über Erlebtes und Besprochenes.

Sie können sich denken, daß es zur Zeit viel Arbeit gibt und noch mancherlei vorbereitet, durchgearbeitet und aufgenommen werden muß, was für die praktische Seelsorge notwendig ist. Nach Priesterweihe und Primiz hoffe ich, daß (ich) noch etwas Zeit habe, mich erholen zu können und die Kräfte aufzufrischen. Wir kommen in einer schweren, gefahrdrohenden Zeit hinaus in die Seelsorge; möge Gott unser Vaterland vor neuen Erschütterungen und unsere Kirche vor dem drohenden, neuen Kulturkampf bewahren!

Nun grüße ich Sie aufs Beste und verbleibe in Erwartung der Rückantwort von Herrn Apotheker Ihr Br. Rothschild.

---

[1] Bei Orgelbauer Niklaus, Ostenstr. 33 II.

[2] Die heilige Firmung empfing Bruno Rothschild durch Bischof Leo von Mergel OSB am Fest Allerheiligen, 1. November 1928, in der Schutzengelkirche, Eichstätt. Über einen Firmpaten ist im Bischöflichen Seminar-Archiv (Akt Bruno Paul Rothschild) nichts vermerkt worden. Glaubhaft ist die Mitteilung von Herrn Willi Emslander, Eichstätt, vom 26.8.1983: Mein Vater Dr. Richard Emslander war mit Bruno Rothschild bekannt, war er doch sein Firmpate … Wahrscheinlich ist die beabsichtigte Patenschaft durch Herrn Pfarrer Joseph Naber, Konnersreuth, aus zeitlichen Gründen nicht möglich gewesen.

[3] Neugetaufter.

[4] Geboren am 15. Februar 1883.

[5] Vgl. Aretin, Dr. Erwein Freiherr von, Fritz Michael Gerlich – ein Märtyrer unsrer Tage, Verlag Schnell & Steiner, München 1949, 2. ergänzte Auflage 1983.

[6] In München-Obermenzing.

[7] Vgl. Münchner Stadtanzeiger Nr. 26, vom 31. März 1983.

[8] Kaplan Helmut Fahsel, Berlin N.W. 87, Flotowstr. 1.

[9] des Gartenzaunes.

[10] St. Willibaldsburg. Seit 1976 Sitz des Jura-Museums.

[11] Bruno wurde von Resl Pfarrhofbou genannt, weil er während seiner Ferien im Konnersreuther Pfarrhof wohnte und dort auch half.

[12] Resl's Bruder, der bei Pfarrer Johannes Kraus wohnte und studierte.

[13] Gemeint ist, im Hause von Professor Wutz.

[14] Drei Schwestern Resl's.

[15] Die Haushälterin von Pfarrer Naber, Schwester Resl's.

[16] Übersetzung: Kostbar ist in den Augen des Herrn das Sterben seiner Heiligen.

[17] Das Vieh auf der Weide.

[18] Vermutlich Franz Lisowski, Weihbischof, Lemberg/Polen und Dr. Joseph Teodorowicz, Erzbischof von Lemberg.

[19] Ein gebürtiger Oberpfälzer.

[20] schwach.

[21] besessen.

[22] neckt.

[23] *Das Moidl* oder das *liebe Moidl* ist bei Resl die kleine h. Theresia vom Kinde Jesu.

[24] stritten.

[25] Ein immergrüner Lebensbaum, zur Familie der Zypressengewächse gehörig.

[26] Henle, Antonius.

[27] Das Christkindlein bedeutet Pfarrer Naber, der am 4. Dezember Geburtstag hat (Resls Brief vom 25. Nov. 1930).

[28] Im Gasthaus zum »Weißen Roß«.

[29] Vgl. Konversionsbericht Hermann Becker, S. 244.

[30] Kaplan Fahsel, Helmut. Vgl. *»Konnersreuther Tatsachen und Gedanken.«* Thomas verlag Roland v. Gizycki, Berlin W. 9 (1931).

[31] Frau Hammann.

Priester in Ewigkeit

Einschreiben – Eilboten
Herrn
Diakon Bruno Rothschild,
Priesterseminar
Eichstätt.
Mittelfr.

Konnersreuth, den 21. Juni 1932

Lieber Bruno!

Kurz noch eine kleine Störung vor der hl. Weihe und den Exerzitien. Im Geiste sind wir ja dabei. Schau lb. Bruno, es ist doch so etwas Schönes, heilig Ernstes, was Euch bevorsteht. Der lb. Heiland will Euch was recht Kostbares anvertrauen. Seine Macht u. Gewalt selbst will er Euch in die Hände legen. Ein heiliges, göttliches Amt will er Euch anvertrauen u. Euch zu seinen besonderen Freunden machen. Sagt er ja selbst: »Ich nenne Euch nicht meine Knechte, sondern meine Freunde.« Und ein Freund unseres guten Heilandes sein! Schau lb. Bruno! Mit einem guten Freund teilt man doch Leid u. Freud. Ja alles Freuden wollen wir mit ihm teilen, aber auch an seinem Leiden gerne mit Anteil nehmen. Euer harren gewiß viele, edle Priesterfreuden. Denk nur, dem guten Heiland Seelen näher bringen, wird Euere Aufgabe sein. Sind dies nicht reine, edle Freuden. Weñ kañ ein Priester in der Schule vor so vielen unschuldigen Kindern vom lb. Heiland reden kañ oder im Beichtstuhl von seiner Barmherzigkeit Gebrauch machen kañ oder am Sterbebett tröstend vom lb. Heiland reden u. ihn den Sterbenden u. Kranken reichen kann u. zuletzt noch das vom Höchsten, was es auf Erden gibt; den lb. Heiland selbst vom Himmel auf die Erde in seine Hände rufen darf! Was will man noch mehr? Weñ wir die ewige Weisheit u. Allmacht u. Liebe u. Güte selbst bei uns haben; ja Ihr sie sogar in Händen halten dürft. Daß solche Gnaden von Arbeit und Leiden genährt sein wollen, ist begreiflich. Schau lb. Bruno, weñ Dich unser Heiland gerade durch Leiden für ihn vorbereitet, so sei ruhig u. getrost. Ist ein besonderer Beweis seiner Liebe! Ich hilf gerne mit, so viel der gute Heiland mir erlaubt. Und noch etwas koīt mir in die Feder: Jetzt schon wollen wir von seiner gütigen Hand mit all den Gnadenerweisen, auch die Schwierigkeiten, die koīen werden in Euerem

114

Priesterarbeiten, willig von vorne herein annehmen, deñ was man freudig und gefaßt anniṁt, erträgt man leichter. Und ein erfolgreiches, segenvolles Priesterleben ist doch ein echtes Nachfolgen des lb. Heilandes, der uns mit dem Kreuze, mit viel Verkeñung u. sogar Spott und Verachtung voranging, Wo er doch der Vollkoṁendste war, der nur Liebe u. Güte den Menschen erwies. Und wie erging es den lb. Heiligen?

Also lb. Bruno, nun wünsche ich Dir von ganzem Herzen des lb. Heilands Gnade und Segen zu Deinem bevorstehendem Beruf. Unser guter Heiland möge Dich besonders segnen u. Dich selbst bei der Hand nehmen und Dich führen. In diesem Siñe betet u. leidet besonders in diesen Tagen für Dich

Deine

Taufpatin Resl.

Einschreiben
Herrn Bruno Rothschild,
Priesterseminar Eichstätt. Mittelfr.

Lb. Bruno!

Noch etwas Notwendiges! H. H. Pfarrer, Vater u. ich wir fahren am Montag oder Dienstag hier mit dem H. H. Professor weg. Ebenso Agnes und Marie. Sonst fährt von uns Niemand. Unten sind wir dañ doch wie Viele. Am Dienstag sind wir dañ im Dom bei den hl. Weihen. H. H. Pfarrer meint, weñ H. H. Weihbisch. Senger Euch weiht, dañ bleibt er hinten im Dom. Aber weißt, ich sag er soll halt bei H. H. Professor Wutz bleiben. Nachmittag treffen wir uns dañ schon gelt! Am Samstag hältst Du dañ doch Dein erstes hlg. Messopfer. H. H. Pfarrer hält eine Ansprache u. assistiert Dir. Weñ es geht ist's doch am besten bei der guten Frau Äbtissin, im Chor wo ich schon drin war. Da denke ich dürfen wir schon hinein. Hernach dañ gleich ein bescheidenes Mahl bei Frau Äbtissin. Die tut es mit Freuden. Wir sind dañ so schön unter uns u. wirst sehen, es strengt Dich nicht an u. Du hast an Deinem schönsten Tag im Leben keinen so Tumult wie es gewöhnlich ist. Dr. Gerlich u. P. Ingbert sollten doch dabei sein. Wird Deine Mutter zur hl. Weihe koṁen? Die köñte dann auch dabei sein. Hat Josef die Kelche schon? Die müßt Ihr fei auch gleich weihen lassen. Du niṁst ihn doch gleich. Josef muß halt auch noch dort bleiben, weißt schon. Chorrock bringen wir mit u. eine Albe. Mit Germersheim, was wird's da.

Die Frau können wir nicht brauchen. Sonst meine ich wär nichts besonderes mehr. Sei nur ruhig, wird schon alles geordnet. Bloß vergiß mir das Chörlein oben nicht. Sorg für den Schlüssel. Frau Äbtissin ist auch im Bild.

Über die unmittelbar bevorstehende Priesterweihe schreibt Bruno den Freunden:

Eichstätt, 30. Juni 1932

Werter Herr Apotheker.

In Eile die Beantwortung Ihrer Frage. Kelch und Patene sind mir als Primizgeschenk schon von anderer Seite bestellt; machen Sie sich daher keine solchen Unkosten. Ihren Brief bekam ich erst heute am Vorabend der Priesterweihe, da während der Exerzitien keine Post ausgeteilt wurde. Daher die Verspätung meiner Antwort. Also Kelch und Patene wären da. Ich bitte Sie daher, sich bei unserer allgemeinen Not nicht in andere größere Unkosten zu stürzen.

Bis Sie die Karte erhalten, gilt schon der Satz: *Tu es sacerdos in aeternum.*

Ihr Br. Rothschild.

Eine Einladung zur Mitfeier erhält auch Dr. Fritz Michael Gerlich:

Eichstätt, Juni 1932.

Lieber Herr Dr.!

Falls Sie Lust und Liebe haben eine Priesterweihe mitzuerleben, so lade ich Sie hiermit gerne zu meiner am 29. Juni im Dome (zu Eichstätt) stattfindenden Weihe ein und bitte Sie wegen Platzbesorgung mir noch Nachricht bis möglichst 21. Juni zukommn lassen zu wollen.

Im besonderen aber sind Sie eingeladen zur Feier meines 1. hl. Meßopfers in Konnersreuth am 10. Juli und freue ich mich Sie als Gast begrüßen zu dürfen. Selbstverständlich ist, falls Sie mit eigenem Auto komen, auch Ihr w. H. *Neffe* [1] eingeladen.

Herzlichst grüßt Sie
Ihr Bruno.

Eichstätt, 2. Juli 1932

Werter Herr Uhl!

Leider muß ich Sie heute mit einer Hiobsbotschaft überraschen. Mein Gesundheitszustand hat sich nämlich leider infolge der anstrengenden Exerzitien und der langen Dauer der heiligen Weihe ziemlich verschlechtert, sodaß nunmehr die Darbringung des ersten heiligen Meßopfers im engsten Kreis stattfindet und ich sodann der Ruhe und Erholung irgendwo pflegen kann.

116

Ich möchte Sie also bitten, die beabsichtigte Reise dahingehend zu ändern oder gar davon abzusehen, da eine Primizfeier am 10. Juli nicht in Frage kommt und auch nicht feststeht, daß wir bis dorthin überhaupt in Konnersreuth sind. Entschuldigen Sie also gütigst dieses ungünstige Ergebnis, und bitte ich Sie, im Gebete meiner zwecks baldiger, vollständiger Genesung gedenken zu wollen.

Mit freundlichen Grüßen

Ihr Bruno R.

Über die Feier einer Primiz für den Neupriester Bruno Rothschild berichtet die *Hauschronik*[2] *der Benediktinerinnen-Abtei St. Walburg, Eichstätt:*

2. Juli, Maria Heimsuchung:

Unser Chor wird geziert und hergerichtet zur Feier einer Primiz. Der Neupriester ist ein Glied der Familie Rothschild, Konvertit, Israelit. Er hat den Weg zum Glauben und Priestertum über Konnersreuth gefunden. Resl ist ihm Taufpatin, die mütterlich sorgt für sein zeitliches und ewiges Wohl. Niemand, außer den Familiengliedern, kann sich rühmen, so eine hochbegnadigte Patin zu haben wie das getaufte Judenkind. Die Girlanden und der Schmuck hatten auch Silbereinlagen, da Professor Wutz auch sein fünfundzwanzigjähriges Priesterjubiläum feierte.

Um 9 Uhr kam hochwürdige Mutter mit Resl breit und festlich vom weltlichen Gang in den Chor. Resl trug ein schwarzes Kleid und schwarzes Kopftuch. Sie hatte ihren Platz neben dem Stuhl der Hochw. Mutter. Dann kam noch Pfarrer Naber, zwei Kapuziner, Pater Ingbert und Kosmas, Professor Wutz und Geschwister Neumann. War eine gesungene Messe. Unsere schönsten Lieder kamen zum Vortrag und *Seele, laß den Heiland ein* mußte wiederholt werden.

Die Predigt hielt Pfarrer Naber, und von was anderem konnte er reden als von der Liebe des Heilandes, die er täglich in so wundervollen Kundgebungen schauen und erleben durfte.

Nach der Feier war im Sprechzimmer Frühstück und mittags das Mahl. Während desselben sangen wir *Haec dies*. Der ganze Konnersreuther Freundeskreis war anwesend ... Resl ist so dankbar, und mit dem Kleinsten kann man ihr eine Freude machen. Ein um das anderemal sagte sie: *I wer narrisch vor Freud!,* da sie ihre Freunde so beglückt und geehrt sah. Die Freude ist aber nicht weniger auf unserer Seite. Wenn es heißt *Was ihr den Geringsten meiner Brüder getan, das habt ihr mir getan,* dann erst, was ihr meinen Allernächsten und Freunden in den Priestern getan.

117

Nachmittags hielt der hochw. Herr Primiziant eine Segensandacht.

Aus einer weiteren Aufzeichnung im Archiv der Abtei St. Walburg
erfahren wir:
Dienstag, 5. Juli 1932, um 8 Uhr im Chor hl. Messe des hochw. H.
Primizianten Bruno Rothschild. Anwesend: Resl, Pfarrer Naber, Professor Wutz, Marie Neumann, Haushälterin des Pfarrers …

Lb. Hochw. Mutter empfing wieder neben Resl die hl. Kommunion.
Nach der Besuchung in der Gruft[3] die üblichen Gebete und Lieder.
Gestern war Resl mit ihren beiden Schwestern Ottilie und Marie
und Herrn Pfarrer Naber im Klostergarten bis abends. Nach dem
Abendessen durften wir ein halbes Stündchen zu ihr kommen und
unerhielten uns so gut. Resl war mit Herrn Pfarrer bis zur Herz-Jesu-
Statue ganz oben im Garten hinaufgeklettert. Im Schnitzerhöfle beka-
men wir von hochw. Herrn Pfarrer Naber noch den hl. Segen. Wir
durften im Garten die Wundmale der lieben Resl ganz nahe sehen; hat
sie seit 1926. Resl ist jetzt 30 Jahre[4] alt, trägt schwarzes, geschlossenes
Kleid mit schöner Lüsterschürze, im Garten ein weißes, im Chor ein
schwarzes Kopftuch. Die Totengruft ist heute mit den Festgirlanden
vom Chor wunderschön geschmückt …

Ergänzend erfahren wir aus der gleichen Chronik:

Am Mittwoch, 6. Juli 1932, las der hochw. Herr Pfarrer noch die heilige Messe im Chor, und damit haben sich unsere lieben Gäste verabschiedet. Schön und gnadenvoll war diese Heimsuchung und wird
uns stets in gutem Andenken bleiben.

Ganz im Stillen feierte Bruno Rothschild am 10. Juli 1932 seine *Nach-
primiz* in Konnersreuth. Zu diesem Festtag waren aus Germersheim
der Apotheker Julius Uhl mit Frau und Tochter Irene gekommen. Sie
wohnten vom 8. bis 11. Juli im Gasthof zum Deutschen Haus.

»Liebe Eltern!
Einen Brief habe erhalten und möchte nur mitteilen, daß Eure Sorgen ganz unbegründet sind. Auch wenn ich jetzt auch Priester bin, so
gedenke doch Eurer, ja noch viel mehr als vorher; allerdings auf meine
Weise. Unmöglich ist natürlich, daß ich alle 8–14 Tage schreibe. Man
kann einander gedenken auch ohne zu schreiben. Zu großen, langen
Briefen fehlt mir vor allem die Zeit. Gestern hat mich Ortlauf nebst

Frau besucht und habe dabei von Lohr wieder gehört. Heute ist noch ein H. Klock hier, Verwandter des H. Geistl. Rat Klock v. Steinbach, der in Lohr studiert hat. Anfang der Woche traf ich meinen Schulkameraden Hauck, der bei Schnorr einst gewohnt hat.

Betreff des Bettes möchte ich Euch bitten, dasselbe doch hierher zu schicken, da ich einen großen Reisekorb bestellt habe, in den ich dann alles, was ich hier hab, mitsammt dem Bett verstauen will. Sonst müßte für meine Sachen auch wieder eine Kiste packen und müßte doch auch dorthin gesandt werden. Vor lauter Kisten kenne mich dann nicht mehr aus, da schon 2 Kisten und 1 Korb dorthin unterwegs sind von Eichstätt aus. Also seid so gut und schickt es hierher, damit alles zusammen packen kann! Es geht dann in einem; auch habe ich zerbrechliche Sachen, die ich in das Bett hineinpacken will. Also schickt es bald ab an meine hiesige Adresse (Pfarrhof Konnersreuth/Obpf.).

Euer Bruno.«

KAPLAN IN ARBERG UND TOD DES VATERS

Aus einem weiteren Notizbuch von Bruno Rothschild, in das er sich in Kurzform (Gabelsberger Stenographie) Vorträge zur geistlichen Ausbildung für das Priestertum in Eichstätt niederschrieb, befindet sich auch folgende Abschrift an den Pfarrer Georg Götz in Arberg – jedoch ohne Anrede, Datum und Unterschrift:

Entschuldigen Sie gütigst, daß sich erst heute der Ihnen von Kap. Vikar zugedachte Kaplan meldet und vorstellt. Es war mir vorher noch nicht recht möglich, da ich mich in ärztliche Behandlung begeben mußte. Nun da ich soeben von München zurückgekehrt bin, will ich mich Ihnen als meinem zukünftigen Pfarrherrn und Chef hiermit vorstellen und freue ich mich, daß ich Ihnen für meine erste Seelsorgstätigkeit zugewiesen wurde. Leider aber mischt sich in die Freude der ersten Anstellung ein kleiner Tropfen Wermut. Ich habe mir nämlich infolge Überbelastung im letzten Wintersemester, in dem ich wegen meiner kurzen Studiendauer etwas konzentriert arbeiten mußte, eine starke Herzneurose zugezogen, die, wie der Arzt feststellte, auch einen kleinen Herzklappenfehler im Gefolge hatte. Der Arzt riet mir dringend einige Wochen auszusetzen und erst im August meine Tätigkeit aufzunehmen, da das Herz noch zu geschwächt sei. Ich hatte ihm den Vorschlag gemacht am 1. August zu beginnen und vielleicht im Herbst noch einen Erholungsurlaub anzutreten. Er bestand jedoch auf seinem 1. Vorschlag. Und so wandte ich mich dann an Sie gleich mit diesem großen Anliegen und möchte Sie bitten mir freundlichst mitteilen zu wollen, ob Sie mich noch für die erste Hälfte des Monats August bezw. bis 20. unterbringen können. Oder wollten Sie eventuell in Urlaub gehen? Um gefällige Antwort und freundlichen Ratschlag wäre ich Ihnen dankbar und verbleibe bis dorthin Ihr sehr ergebener …

Ärztliches Attest folgt!

Am 13. August 1932 übernimmt Bruno Rothschild seine erste Kaplanstelle. Er sendet von dort mit einer Ansichtskarte seiner neuen Wirkungsstätte seinen ersten Gruß an den Apotheker Julius Uhl und dessen Familie:

Arberg, 17. September 1932

Aus meinem ersten seelsorglichen Wirkungsort Ihnen allen beste Grüße. Habe mich nun schon fest hineingearbeitet in meine neue Lebenstätigkeit. Es ist landschaftlich hier sehr schön. Kirche und Pfarrhof liegen ziemlich hoch, wie Sie sehen. Wir sind nur zwölf bis fünfzehn Kilometer von Ansbach weg; falls Sie da einmal durchfahren, so besuchen Sie ruhig einmal Arberg. Ist bis Nürnberg nur ein kleiner Umweg. Vielleicht komme ich in den nächsten Wochen zum Herzarzt nach Nürnberg.

Nun noch beste Grüße,
Ihr Bruno R.

Arberg, 18.VIII.32

Liebe Patin Resl!

Nun bekoṁst Du die erste Nachricht aus meinem 1. seelsorgerlichen Wirkungsort. Ich bin, wie Du vielleicht schon weißt, gut hier abgeliefert worden. Hans kam eine $^1/_2$ Stunde später mit Motorrad hier an u. fuhr mit H. Prof. dann wieder weiter. Soñtag u. Montag bin dann gleich hübsch mitten hinein gekoṁen ins Seelsorgsleben. Herr Pfarrer ist aber recht entgegenkoṁend, ein eifriger Priester u. hat den Heiland sicher gern. Schon koṁende Woche will er in Urlaub fahren und dañ wahrscheinlich auch auf Koñers. einmal koṁen. Er ist sehr gut eingestellt, köñt ihn schon zulassen. Die Haushälterin ist auch brav, kocht sehr gut, als wäre sie auf einer Haushaltungsschule gewesen. Nur koṁt sie vor Arbeit auch nicht recht aus. Dem Garten sieht man das an. Es wäre viel Gartenland da, aber man läßt es einfach als Grasfläche. 3 Soṁerhäusel haben wir dabei.

Herrn Pfarrer habe Altartuch, 2 Kelchgedecke und das Ziboriummäntelchen vermacht, wofür er vielmals danken läßt. Er läßt aber

fragen, ob dies schon in Koñersr. geweiht worden ist? Und ebenso
möchte ich fragen, ob die verschiedenen Kelchgedecke, die Du mir
mitgabest, vom H. H. Pfarrer schon geweiht wurden.

Auf beiliegender Karte siehst Du Arberg ohne die Filialen. Kirche u.
Pfarrhof liegen am Berge, sehr hoch oben, deswegen gehe nur in Notfällen hinunter in den Markt, da nur schwer u. in Stationen wieder hin-
aufkoñe. Es ist leider noch gar nicht besser mit dem Gehen geworden
u. die derzeitige Hitze setzt dem Herzen sehr zu.

Habe nächsten Sonntag Amt u. Predigt; da muß der Heiland schon
sehr helfen, wenn durchhalten soll. Denn bin von nächster Woche an
schon Pfarrprovisor; das wird allerlei. Auf die Welt koñen, dürfen da
schließlich schon ein paar; aber nur nicht sterben. Sollen mit dem Sterben nur warten, bis der Herr Pfarrer wieder da ist. Die langjährige
Kranke ist im Filialdorf, will sie bald einmal besuchen.

Nun mache ich Schluß, da noch allerlei Arbeit habe. Ich wollte, Du
würdest Gleiches mit Gleichem vergelten und mir auch ein paar Zeilen schenken bei Gelegenheit!

Dein Patenkind Bruno.

NB! Viele Grüße an Eltern und Geschwister! Ist meinetwegen von
der Wahl her etwas Gerichtliches inzwischen gekoñen??

Ich sage Dir noch vielmals Vergelts Gott für alles seit der Priesterweihe u. besonders auch nochmals für den Kelch, den ich benütze.

Ich lege Dir 10 Mark bei; verwende es für Dich und Anna.

Lb. Resl!

Wirst vielleicht schon gemerkt haben, daß in der letzten Zeit öfters
zu Dir meine Zuflucht nahm. Will mit dem Herzen jetzt gleich gar
nicht mehr gehen. Soeben koñe von einer verunglückten Beerdigung
zurück, die ich hätte halten sollen. Auf dem Wege zum Friedhof ging
es halt nicht mehr, der ganze Zug mußte halten u. zum Schlusse mußten sie ohne mich hinausziehen. Mußte in einem Hause Zuflucht nehmen u. H. Pfarrer holen lassen zur Beerdigung. Du kañst Dir denken,
wie peinlich das mir u. H. Pfarrer ist. Man ist jetzt Priester u. dabei so
behindert als Priester wirken zu köñen. Und dabei soll ich jetzt auch
Mörsach mit versehen. Ich denke, daß der Heiland damit sicherlich
auch seine Absichten hat um zu zeigen, daß wir ohne ihn gar nichts
vermögen. Aber trotzdem müßte ich doch wieder hochkoñen; oder
sollte ich direkt für ein halbes Jahr mich beurlauben lassen u. einmal

gründlich auskurieren. Oder könte nicht die kleine Lina beim Heiland mir meine Gesundheit erbetteln?

Lb. Resl, besprich' Dich einmal mit Herrn Pfarrer. H. Pfarrer wird beim Heiland vielleicht etwas erfahren. Schreibt mir bald einmal darüber, weñ es euch möglich wäre. Du kañst Dir denken, daß auch mein H. Pfarrer sich jetzt Sorgen macht, weil er schließlich alles allein machen muß. Diese Woche will noch zum Arzte nach Nürnberg. Ich wäre Euch um Nachricht dankbar!

Bruno.

Gelt Resl, der Heiland läßt jetzt viel zusañenkoñen; die vielen Schwierigkeiten auch bei Dir u. den Deinigen!

Mit einem ganz besonderen Gruß erfreut Dr. Fritz Gerlich den Erkrankten:

Einschreiben mit Rückschein!
19. Oktober 32.
Hochwürden
Herrn Kaplan Bruno Rothschild,
Bad-Wörishofen.
Landhaus Rosa.

Lieber Freund!

Anbei findest Du einen 50 Mark-Schein. Ich bitte Dich herzlich, ihn als einen kleinen Zuschuß zu Deinen Kurkosten anzunehmen. Mache Dir keinen Gewissensskrupel. Ich kann die 50 Mark z. Zt. entbehren und möchte doch gerne Dir ein wenig behilflich sein.

Für Deine Kur wünsche ich Dir von Herzen alles Gute.
Mit besten Grüßen
Dein treuer Freund Ge

Bad Wörishofen, 21.X.32.

Lb. guter Herr Dr.!

Du hast mich mit Deiner eingeschriebenen Sendung etwas in Verlegenheit gebracht. So ein Kaplänchen kommt nämlich in jeder Lage durch; er muß ja nicht im Tage gerade 5–6 Mark verbrauchen. Deswegen sollst Du Deine finanziellen Verhältnisse nicht noch mit solchen Ausgaben belasten. Auf alle Fälle aber wollte ich nicht Dich darin hindern, Dein gutgemeintes Werk durchzuführen und dabei beim Heiland einen geistigen Vorteil zu gewinnen. Daher nehme ich es dankbarst an, werde es aber anderweitig Dir zu entgelden suchen, indem ich in den kommenden Wochen Deiner besonders im hl. Meßopfer gedenken will. Gesundheitlich geht es langsam vorwärts; der Herzfehler und die Herzerweiterung waren merkwürdigerweise bei der 1. Untersuchung dahier schon nicht mehr zu konstatieren. Ich vermute die Resl dahinter. H. Sanitätsrat ist z. Zt. kollossal aufgebracht über die Notiz in den Zeitungen. Da muß jetzt Rom oder der Heiland selbst helfen u. durchgreifen. Die Resl ist nicht zur Befriedigung wissensch. Neugier da. Als allererste Frage hätte die Konferenz sich diese vorlegen müssen, ob der Heiland bereit ist mit in die Klinik zu gehen; denn nicht Resl, sondern der Heiland ist die handelnde Person in Konnersr.

Also nochmals herzl. Dank u.

Gruß von Deinem Bruno.

Konnersreuth, den 15.11.32

Hochw. Herr Kooperator!
Lb. Bruno!

Endlich! wirst sagen. Hast recht! Verzeih halt! Ich will nicht lange entschuldigen. Du weißt ja, wie es bei uns geht. Erst hatte ich hübsch die Grippe, dann Kirchweih, dann Allerseelenzeit, welche mir fest zusetzt u. so kommt so viel dazwischen. H. H. Professor lag über 8 Tage bei uns krank u. die Mutter allein, wo ich mit den kl. Reserl auch viel helfe. Und viel stehe ich erst mittag auf, so ist der Tag immer schnell um. Jetzt war ich im Pfarrhof auch hübsch tätig, da Marie krank war. Hatte arge Kieferschmerzen. Wir fürchteten Rotlauf. Heute ist sie den 1. Tag wieder in die Luft gegangen. So ist immer jede Minute ausgefüllt. Morgen geht es über das Brieflesen. Eine schreckliche Arbeit! Hoffe bis Weihnachten einen großen Teil weg zu haben. Wie es Dir geht, lb. Bruno, weiß ich. Sei nur getrost u. vertrau auf den guten Heiland, der allein helfen kann. Weißt mir ist es eine furchtbare Sorge. Wenn nur Du wieder wie vor 2 Jahren wärest! Aber gelt, es wird schon wieder recht. Nur nicht mutlos werden. Tu nur schön folgen, lauf nicht zuviel u. vor Allem, reg Dich über nichts auf. Nimm alles etwa leichter. Schau, lb. Bruno, sind wir jetzt sogar ruhig, wo alle Welt schreit, fort, mit ihr. Sogar unser Bürgermeister hielt letzthin H. H. Pfarrer, Benefiziat, Vater u. mir einen langen Vortrag um der <u>Kirche willen.</u> Denk nur! Bei ihm dreht es sich doch bloß ums Geschäft. Vater hat nach Regensburg geschrieben; viele Fragen u. Bedingungen; er sagte nicht ja u. auch nicht nein. Bis jetzt noch keine Antwort. Vergeßt uns nur nicht, daß alles recht wird. Und nun sei bestens gegrüßt, der Heiland mit Dir! Deine Patin Resl.

Viele Grüße vom H. H. Pfarrer, Benefiziat, m. lb. Eltern, Marie Aug. Stübl Hans ist mit seinen Wagen bei Vierzehnheiligen zum Schotter fahren, damit er zahlen kann. Ist doch auch ein hartes Los.

Konnersreuth, 15.XI.32.

Lieber Herr Dr. Sch! ›Schalle, Sanitätsrat‹

Recht herzlich »vergelts Gott«, da sie sich meinem großen Sorgenkind Bruno und auch meiner Schwester Agnes so liebevoll angenommen. Mit Agnes sind wir zufrieden, wenn sie einen Teil besser wird; denn ganz gesund, denke ich geht so schnell nicht bei ihr. Wenn sie oft daheim fest arbeitet, so ist sie im Gesicht so bläulich und immer furchtbar müd. Die Arbeit allein sollte so ein junges Mädchen nicht so müd machen. Und dann ist sie mit im Gemüt auch recht gedrückt dabei. Zeitweise war's wieder etwas besser. Wie geht es jetzt? Wenn sie lieber Herr Dr. merken, das es leichter geht, dann schicken Sie's halt wieder heim. Vielleicht kann sie später wieder einen Kurs machen. Unsere Mutter ist halt jetzt im Haushalt ganz allein und sie ist auch nicht mehr so fest. So hoffen wir fest auf Agnes. Und Bruno halt! Der wird schon noch mehr Schwierigkeiten Ihnen mit seinem Herzen machen! Er tat halt zu lange in seinem elenden Zustand fort. Auch bin ich der Ansicht, daß sein Posten nicht gut für ihn paßt. Er ist in einer furchtbar bergigen Gegend und die Kirche und der Pfarrhof höchst auf dem Berge. Ich erschrak arg als ich diese Gegend sah und wußte, welche Schwierigkeiten für ihn das Laufen ist. Und langsam gehen kann er ja nicht. Ich halte eine Novene um die andere, damit der liebe Heiland ihre Mühe mit Bruno segnet. Er liegt mir arg am Herzen, ist er ja viel schwerer wie Agnes daran. Und dann trägt er so schwer, da er, nachdem er erst geweiht wurde, gar nicht wirken kann. Und es ist doch so ein junger, braver Priester. Überhaupt sind sie lieber Herr Dr,. mit ihrer lieben Familie jeden Tag in meinem Gebet und Leiden eingeschlossen. Vergessen Sie uns auch nicht. Sie können ja der Menschheit in ihrem edlen Beruf viel Gutes tun. Und da brauchen sie wohl den Segen Gottes auch notwendig. Vertrauen wir immer kindlich auf den lieben Heiland und haben wir ihn recht lieb.

Nun grüßt sie bestens Th. N.

Wörishofen, 18. November 1932

Werte Familie Uhl!

Durch Erna Herrmann erhielt ich eine Beilage Ihrerseits und ersah daraus, daß Sie von meinem Aufenthalt dahier wissen.

124

Zu allererst nun meinen herzlichsten Dank für Ihre Freundlichkeit und den liebevollen Beitrag zur Wörishofener Kur.

Ende September war ich Ihrem Rate folgend zu Herrn Dr. Haggemiller nach Nürnberg gefahren, der mich sehr gründlich untersuchte und aufgrund dessen einen Herzklappenfehler mit Herzerweiterung feststellte, daneben noch einen Herzmuskel-Rheumatismus. So war es dringend notwendig geworden, etwas Positives dagegen zu tun. Und so fuhr ich am 2. Oktober gleich hierher und begab mich bei Herrn Sanitätsrat Dr. Schalle in Behandlung. Herzfehler und Herzerweiterung sind Gott sei Dank wieder weg. Waren sicherlich auch erst seit Juli da. Aber das Herz ist noch ziemlich geschwächt, sodaß schon vorsichtig sein muß.

Nun geht die Kur langsam zu Ende; zum 1. Dezember werde ich wahrscheinlich wieder in Tätigkeit sein. Die Kur hier in Wörishofen ist sehr einfach und natürlich. Die Natur ist hauptsächlich in den Dienst der Behandlung gestellt; vor allem die verschiedensten Wasseranwendungen mit und ohne Zusätze. Daneben Gymnastik, Atmung, Diätkuren, Wassertreten etc. Man ist den ganzen Tag über, ausgenommen die Ruhezeiten, beschäftigt, sodaß man kaum zur Korrespondenz kommt, wenn man nicht die Tagesordnung dahingehend umändert.

Nun bin ich schon über sechs Wochen hier, wo es mir zwar gut gefällt und ich mich auch gut erhole, aber meine Gedanken gehen halt doch zurück zur Pfarrgemeinde und der Seelsorge. Die ersten Wochen hat ein befreundeter Kaplan mich vertreten; nun ist mein Herr Pfarrer allein und muß allein sehen durchzukommen.

In Eichstätt haben wir inzwischen einen neuen Bischof bekommen, und der Kapitelsvikar wurde Generalvikar[5]

Nun grüße ich Sie allesamt noch bestens und nochmals herzlichen Dank!

Ihr

Kaplan Bruno R.

Bad Wörishofen (Schwaben)

Landhaus Rosa

Konnersreuth, 30. Nov. 1932

Lb. Bruno!

Hochw. Herr Pfarrer, der schon 14 Tage krank im Bett liegt, frug heute nach der hl. Kommunion, was Du machen sollst. Es hieß: »Der Plan, den er hat wegen München wäre an sich günstig; deñ bei seinem Zustand ist Ruhe das Beste. Wañ er von Wörishofen weggehen will, bleibt ihm überlassen. Zu weiterem Kurieren mit Wasser, ist die Zeit jetzt nicht mehr sonderlich günstig.«

Wegen Agnes hieß es: »Wañ sie weggehen will, bleibt an sich auch ihr überlassen, obwohl sie, weñ sie noch länger bleibt, auch nicht mit wesentlicher Besserung rechnen kann. Was zum Besserwerden war, ist schon ziemlich gut. Also lb. Bruno u. Agnes. Komt halt bald so als möglich zu uns. Einige Tage fallen ja hier, für Dich lb. Bruno nicht auf. Zu Maria Empfängnis ist es ja schön bei uns. H. H. Pfarrer meint, bei uns kañst Du Dich ja auch erholen, da es ja bei uns recht ruhig jetzt ist. Also komt, wir freuen uns. Und nun noch herzl. Grüße von Euerer dankb. Resl.

Viele Grüße v. H. H. Pfarrer, Marie u. den Anderen.

Find eben, daß noch eine Seite leer ist. Bin auch etwas kränklich, hab mich erkältet. Der Fr. Oberin möchte ich auch schreiben, aber dies tun wir, weñ Du hier bist. Also nochmals herzl. Grüße

Euere Resl

Die Woche vor Weihnachten verbrachte Bruno in Konnersreuth, wo er für den erkrankten Pfarrer Naber aushalf. Von dort schrieb er an die Apothekersfamilie seinen letzten Gruß:

Konnersreuth, 21. Dezember 1932

Werte Familie Uhl!

Ihnen allen zum heiligen Weihnachtsfeste die besten Segens- und Glückwünsche. Möge das Christkindlein in der Brotsgestalt Sie in der Heiligen Nacht alle segnen und Ihnen viel Gnade bringen, auf daß wir auch die Mühseligkeiten und Leiden dieser Welt aus Liebe zu Ihm gerne wieder weiterhin tragen und aufopfern.

Das wünscht Ihnen allen

Ihr

Bruno R.,

z.Zt. Pfarrhof, Konnersreuth

Seit acht Tagen bin wieder hier und muß noch weiter ausruhen; darnach werde einen anderen, leichteren Posten bekommen! D.O.

Am Donnerstag, dem 22. Dezember 1932, traf die Nachricht in Konnersreuth ein, daß Hermann Rothschild am 21. Dezember in Lohr verstorben sei. Sofort fuhr Bruno dorthin, um an der Trauerfeier am Freitag, 23. Dezember, teilzunehmen.

Die Lohrer Zeitung berichtet am 27. Dezember 1932:

Herr Hermann Rothschild wurde unerwartet rasch vom Tode ereilt; seine Lieben waren um sein Sterbebett geschart, nur einer fehlte, einer, an den der Verstorbene viel denken mußte, um den er viel litt, nach dem er sterbend verlangte, sein Sohn Bruno.

Er hätte ihn gar zu gerne noch gesehen, um ein Wort mit ihm zu reden von Verstehen und Verzeihen, was ja im inneren Herzen schon geschehen war, um ihn dann zu segnen und so zu sterben. Aber es hat nicht sollen sein.

Der Sohn erschien im Vaterhause, das er längere Zeit gemieden hatte, nicht als ob er mit ihm zerfallen gewesen wäre, sondern aus einem besonderen Zartgefühl heraus, um nicht unnötig Schmerz zu bereiten. Er hatte einer inneren Stimme, einer neuen Erkenntnis, einer sicheren Überzeugung folgen müssen, die zunächst nicht die Billigung der Eltern fand, weil auch sie eine Überzeugung hatten. Doch die Zeit heilt und läßt klarer sehen und verstehen.

Also der Sohn kommt, aber er kann dem Vater nurmehr ins gebrochene Auge schauen. *Und muß ich dich so wiederfinden!* Namenloser Schmerz befällt den jungen Priester. Doch der Glaube an die göttliche Vorsehung hält ihn aufrecht und tröstet ihn. Und der priesterliche Sohn spricht mit seiner Mutter und vermag auch sie zu trösten.

Am Freitagmorgen, 23. Dezember, um 9 Uhr, versammelte sich vor dem Rothschildhaus eine große Anzahl von Bekannten und Geschäftsfreunden, zu denen der Rabbiner Dr. Hanover, Würzburg, sprach.

Er bezeichnete den zu früh Verstorbenen als einen Mann von seltener Art, mit lauterem Charakter, zuvorkommendem Wesen und Berufstreue- und Freude.

Nach den Worten des Rabbiners ehrten noch andere Sprecher den geschätzten Mitbürger und Kultusgenossen.

Bruno, dem Milieu seiner Angehörigen entwachsen und nun Zeuge der Verehrung, die seinem Vater erwiesen wurde, mußte abseits stehen, als man das Totengebet am Grabe des Vaters sprach.

Hier begraben
Ein redlicher und frommer Mann.
Er wandelte alle seine Tage in Tadellosigkeit.
Er war unter den ersten,
die in die Synagoge gingen.
Er verehrte sie.

Er hielt dem Leidenden seine Hand hin,
und er ließ keinen Bedürftigen leer weggehen
vor seinem Angesicht und vor seinem Herzen.
Er hatte Ehrfurcht vor Gott.[6]

---

[1] Dr. Ludwig Weitmann, Neffe u. Vertrauter Mitarbeiter von Dr. Gerlich.

[2] Vgl. Erwein Frhr. von Aretin „Fritz Michael Gerlich", Verlag Schnell & Steiner München–Zürich.

[3] Die Grabstätte der hl. Walburga.

[4] Hier *irrt* die Chronik; Resl ist 1898 geboren.

[5] Bischof Dr. Konrad Graf von Preysing (Weihe 28. Okt. 1932); Dr. Karl Kiefer, Generalvikar.

[6] Grabstein übersetzt von Dr. Phil. Günther Schwarz, Pastor i. R. * 1928.

Vollendung

Am Heiligen Abend, frühmorgens um 5 Uhr, versammelte sich in der Kapuzinerkirche von Lohr eine kleine Anzahl von Bekannten und Freunden, die Bruno verständigt hatte, um mit ihnen in seiner Vaterstadt die erste – zugleich auch seine letzte – heilige Messe zu feiern und des Verstorbenen zu gedenken, an dessen Grab zu beten es dem *andersgläubigen, abtrünnigen Sohn* aus rituellen Gründen verwehrt war.

Zuletzt gaben sich Bruno und Alvin zum Abschied Worte des Trostes:

WIR BLEIBEN BRÜDER FÜR IMMER! –
DIES HAUS BLEIBT DEIN ELTERNHAUS –
AUCH FÜR IMMER! –

Wenig später trat Bruno seine Rückreise nach Konnersreuth an, wo er noch am Heiligen Abend priesterliche Dienste beim Gottesdienst übernehmen sollte. Telefonisch meldete er schon seine Ankunft. In seinem Zimmer im Pfarrhof hatte man ihm bereits seinen Gabentisch mit Kelch und Meßgewand hergerichtet und erwartete ihn sehnsüchtig und mitleidsvoll.

In Nürnberg angekommen, wollte Bruno in den Zug nach Waldsassen umsteigen. Dabei erlitt er einen so schweren Herzanfall, daß er nur noch sterbend *Heiland!* flüstern konnte, dann brach er tot zusammen. Es war nachmittags um halb drei Uhr. Als Todesursache wurde Herzlähmung festgestellt.

Da der Verstorbene priesterliche Kleidung trug, aber keine weiteren Erkennungszeichen als sein Primizbildchen bei sich hatte, verständigte die Polizei reihum alle Pfarreien. Niemand kannte ihn. Eine der zuletzt·angerufenen Vorortpfarreien von Nürnberg war Eibach. Dort wirkte ein Kurskollege von Bruno, mit dem zusammen er die Philosophisch-Theologische Hochschule in Eichstätt vom 12. Oktober 1928 bis Ende Juni 1932 besucht hatte: Kaplan Andreas Bauch.

Dieser ehemalige Kurskollege berichtete später:
Am Heiligen Abend, den 24. Dezember 1932, wurde ich – ich war damals Kaplan in dem Nürnberger Vorort Eibach – von der Polizei angerufen, ob ich einen Priester namens Bruno Rothschild kenne. Es sei ein Geistlicher an Herzschlag auf dem Hauptbahnhof Nürnberg tot zusammengesunken. Er trage ein Primizbildchen bei sich. Man wisse aber nicht, ob er es selber sei,

oder ob er es nur geschenkt erhielt (Bildchen ohne Foto). Ich fuhr sofort mit der Straßenbahn zum Hauptbahnhof und fand meinen Mitbruder in einem oberen Raum des Bahnhofes aufgebahrt. Sofort konnte ich ihn identifizieren. Ich verständigte telefonisch Konnersreuth, das Bischöfliche Generalvikariat Eichstätt und die Angehörigen Rothschilds.

Nun entspann sich ein dramatischer Kampf um die Leiche des Verstorbenen. Die jüdischen Angehörigen – Bruno kam eben von der Beerdigung seines Vaters, wo es anscheinend eine dramatische Begegnung gegeben hatte, weil er zum ersten Mal als katholischer Priester dort eintraf – wollten um jeden Preis eine Beerdigung in Konnersreuth verhindern, weil Bruno dort katholisch geworden war. Ich verhandelte im Auftrag des Generalvikars Dr. Karl Kiefer und in ständiger Fühlungsnahme mit Therese Neumann mit einem jüdischen Verwandten namens Dr. Herrmann aus Berlin (dies war der Sprecher der Familie). Man einigte sich auf eine Zwischenlösung. Schon war ein Grab auf dem katholischen Friedhof Nürnberg-Reichelsdorf (zur Pfarrei Eibach gehörig) bestellt, wohin man Bruno dann gebracht hatte. Da entschied der diensttuende zweite Staatsanwalt am zweiten Weihnachtsfeiertag, dem 26. Dezember, abends, daß die kirchliche Oberbehörde den Begräbnisort bestimmen könne. Daraufhin wurde die Leiche am 27. Dezember nach Konnersreuth gebracht, wo sie abends sechs Uhr eintraf. Die Beerdigung konnte deshalb erst am 28. Dezember 1932 stattfinden.

Als Bruno im Pfarrhof aufgebahrt war, – ich war persönlich Zeuge – trat Therese Neumann zum ersten Mal vor den Toten und geriet dann in Ekstase. Ihr Gesicht strahlte auf. Sie erzählte darnach, daß sie Bruno in der Herrlichkeit des Himmels gesehen habe, daß dieser ihr sagte, er sei unendlich glücklich und wäre nur kurze Zeit im Fegefeuer gewesen. Aber diese kurze Zeit sei ihm wie eine Ewigkeit erschienen.

Dr. Herrmann[1] war von der persönlichen Liebenswürdigkeit und Natürlichkeit, mit der Therese Neumann ihn empfing, so beeindruckt, daß er mir auf der Rückfahrt erklärte, er habe Therese für eine Hysterikerin gehalten. Er werde aber nunmehr niemals mehr ein Wort gegen Konnersreuth sprechen.

Ich persönlich habe es als eine Fügung der göttlichen Vorsehung empfunden, daß der schon seit Jahren an einem schweren Herzleiden erkrankte Mitbruder kurz vor der Machtergreifung durch die Nationalsozialisten in die Ewigkeit geholt wurde. Er hätte zweifelsohne Bitteres erfahren müssen, nachdem sich »Der Stürmer« in gehässigster Weise bereits mit ihm befaßt hatte. Die Behauptungen sind schwerste Verleumdungen bzw. Verdächtigungen ...

Als der Kampf um Brunos Leiche endlich zugunsten von Konnersreuth entschieden war, setzte sich Resl mit der ihr eigenen Energie dafür ein, den toten Priester mit dem Totenwagen aus Eibach abzuholen. Vater Neumann, Resl, Ferdinand und Hans fuhren nach Eibach und kehrten mit dem toten Priesterfreund zurück. Bruno wurde im Konnersreuther Pfarrhaus aufgebahrt in dem Zimmer rechts vom Eingang, welches das *Brunozimmer* war, weil er es während seines Aufenthaltes in Konnersreuth bewohnt hatte. Unmittelbar danach ging ein Telegramm an Apotheker Uhl: *Beerdigung des Bruno am Mittwoch in Konnersreuth. Neumann.*

Die Nachricht vom Tode des Priesterkonvertiten wirkte niederschmetternd in ganz Konnersreuth. Die Teilnahme an den Beerdigungsfeierlichkeiten war überwältigend. Wohl selten bewegte sich ein solch langer Trauerzug vom Pfarrhof, wo der Verstorbene in violettem Meßgewand aufgebahrt lag, zum Friedhof. Voran zogen die Musikkapelle und die Schulkinder, anschließend sämtliche Vereine der Pfarrei mit ihren Fahnen, die Geistlichen aus nah und fern. Hinter dem Sarge folgten als Angehörige des Verstorbenen sein Onkel und Bruder, die Angehörigen der Familie Neumann und eine große Volksmenge.

Nach den Grabgesängen und Gebeten der Kirche hielt Pfarrer Naber die Grabrede:

In christlicher Trauer Versammelte!
Wir stehen am Grabe des hochwürdigen Herrn Kaplans Bruno Rothschild. Lohr am Main ist die Stadt, in der er vor dreiunddreißig Jahren das Licht der Welt erblickte, Konnersreuth der Ort, an dem ihm vor viereinhalb Jahren das Licht des heiligen katholischen Glaubens aufging; Seelenarzt wollte er von da an werden, nachdem er vorher Leibesarzneikunde studiert und geübt hatte; die altehrwürdige Bischofsstadt Eichstätt vermittelte ihm das zu seelsorglichem Wirken notwendige Wissen, die Pfarrei Arberg sah ihn kurze Zeit als Kaplan in ihrer Mitte, heute hat er die letzte Station seines Lebens erreicht, das Grab.
Tieferschüttert blicken wir in dasselbe mit der Frage auf den Lippen: *Herr, warum so früh?* Er, der Verstorbene, freute sich und wir alle freuten uns auf eine lange gesegnete Wirksamkeit, die er im Weinberge des Herrn werde entfalten können. Und nun, kaum begonnen, wird sie mit einem Schlage beendet. Geliebte! Gottes Gedanken sind nicht unsere Gedanken, seine Wege nicht unsere Wege. Was sind vor dem Ewigen tausend Jahre, was vor dem unendlich Großen die größten Taten, die ein Mensch vollbringen kann! Eines ist es, was uns groß und unser Wirken wertvoll macht vor Gott, und das ist nicht an die Zeit gebunden und braucht nicht den Glanz der großen Taten, das ist die Hei-

landsliebe, die Opfer bringt. Und solche Liebe hat unser verstorbener Mitbruder besessen.

Da lag er einmal schwerkrank im Pfarrhof in Fieberphantasien. Ich saß unbemerkt an seinem Bette und horchte. Jetzt, dachte ich mir, wird das Innerste seines Herzens zum Vorschein kommen, will sehen. Zum Vorschein kam ein Herz, so voll kindlicher, zutraulicher Liebe zum Heiland, daß ich nachher sagte: *Ich hab den Bruno bisher schon lieb gehabt, weil ich überzeugt war, daß er den Heiland liebe; nun aber habe ich ihn noch viel lieber, da ich ein solches Maß von ungeheuchelter Heilandsliebe aus seinem Mund hab' reden hören.*

Ein ander Mal hat er etwas ängstlich und still vertraulich gefragt: Ob das etwas mache, daß ihm eine Träne auf die heilige Hostie gefallen sei?

Damit wissen wir, Geliebte, was es ihm möglich machte, die großen Opfer zu bringen, die er gebracht.

Herausgehen aus dem Kreise der Familie und der Verwandten in dem klaren Bewußtsein, daß er deren schärfsten Widerspruch herausfordern werde, wenn er der gewonnenen religiösen Überzeugung folge; die bisherige Berufsstellung aufgeben und jahrelang dann auf einen Beruf sich vorbereiten, mit dem sein bisheriges Leben keinen Zusammenhang gehabt; weder durch innere Kämpfe noch durch äußere Schwierigkeiten sich entmutigen lassen; dann sich am ersehnten Ziele sehen, aber krank und unfähig, so zu wirken, wie es heiliger Eifer wünschte; schließlich in kindlichem Pflichtbewußtsein – er hat von seinem Vater immer mit Hochachtung und von seiner Mutter immer mit Liebe gesprochen – schließlich also nach fünf Jahren wieder zurückkehren in's Elternhaus, um dem toten Vater die letzte Ehre zu erweisen, gefaßt auch auf die vorwurfsvollste Aufnahme: und bei dem allen immer sagen: *Heiland, gern!;* sterbend endlich hinsinken nicht in die Arme der Mutter oder eines guten Freundes, sondern auf den kalten Boden unter fremden Leuten, aber mit dem Worte *Heiland!* auf den Lippen. Geliebte, sind das nicht Opfer, die nur eine starke Liebe zu bringen imstande ist? Und darum glauben wir, der Verstorbene werde im Heiland einen gnädigen Richter und überreichen Vergelter gefunden haben; denn der Heiland richtet nach der Liebe; die Liebe tut ihm förmlich Gewalt an, er kann nicht unbarmherzig sein gegen den, der ihn liebt, und er kann sich nicht genugtun in Beweisen des Wohlwollens gegen einen solchen. Noch manches Lobende könnte ich von dir sagen, lieber Bruno; die Liebe ist ja die Quelle der Tugend. Das Vorausgehende habe ich gesagt, weil ich dir damit die größte Freude an deinem Grabe bereiten zu können glaubte. Ich bin überzeugt, du freust dich über diese Worte, nicht aus Eitelkeit, sondern weil du die Hoff-

132

nung hegst, die Liebe zum Heiland, und zwar die gerne Opfer bringende, möchte dadurch in den Herzen wenigstens einiger Zuhörer entzündet oder vermehrt werden. Der Liebende freut sich ja so sehr, wenn der Geliebte immer mehr geliebt wird.

Das ist auch das Erste, worum ich meine Zuhörer hier bitte: Liebet; ihr dürft dann tun, was ihr wollt, ihr werdet immer das Rechte treffen.

Das Zweite, worum ich am Grabe dessen bitte, der als einer der Ersten hier in Konnersreuth große Barmherzigkeit vom Heiland erfahren, ist dies: Bruno Rothschild hat von dem Außerordentlichen, was sich hier zuträgt, gehört und gelesen, er ist hierher gekommen, hat mit gesunden Sinnen und klarem Verstand beobachtet, aber auch mit gutem Willen, mit der Absicht, etwas zu finden, was ihn Gott, was ihn dem Heiland näher bringen könnte, dabei sicherlich auch bei seiner ausgeprägten Rechtlichkeit entschlossen, wenn er etwas sehen müßte, das nicht in Ordnung wäre, sich sofort auf das entschiedendste abzuwenden.

So müssen sich zu dem, was hier Außerordentliches vor sich geht, all diejenigen einstellen, die Segen von Konnersreuth haben wollen. Wer nach Pharisäerart lediglich darauf aus ist, zu beobachten, ob er nicht etwas zu Beanstandendes finden könne, der wird keinen Segen von hier mitnehmen. *Er wollte den Segen nicht*, heißt es in den Psalmen, *darum sei er ferne von ihm!* Und wer mit den Zeichen, die der Heiland nach seinem Gutdünken hier wirkt, nicht zufrieden ist und eigens für sich, damit er gläubig werden könne, ein Zeichen gewirkt sehen möchte, dem wird der Heiland erwidern: *Diesem Geschlecht wird kein Zeichen gegeben als das Zeichen Jonas', des Propheten*, des Vorbildes des nach dreitägiger Ruhe im Grabe wieder auferstandenen Heilands: also nur ein Zeichen, das zwar die von Gott vorher bestimmten Zeugen sehen dürfen, die Übrigen aber von diesen gläubig hinnehmen müssen.

Darum von diesem Grabe aus die ernste Mahnung an alle, zu denen die Botschaft von Kommersreuth kommt: *Seid verständig und guten Willens wie der Verstorbene und ihr werdet wie er und so viele andere über Konnersreuth zum Heiland kommen oder euch Ihm noch mehr nähern.*

Im Schoße der Erde und unter dem Schatten des Kreuzes schlummert jetzt dein Leib, lieber Bruno; ihn können und wollen wir recht oft besuchen und dabei aufschauen zum Himmel, wo deine Seele in verklärter opferloser Liebe am Herzen des Heilands wird ruhen dürfen; so oft wir herkommen an dein Grab, erbitte uns Vermehrung der Liebe zum Heiland; viereinhalb Jahre warst du uns Sohn und Bruder und Freund – was wir zum Dank dafür jetzt von dir verlangen, ist: *Sei uns nunmehr Fürsprecher bei Gott!*

Aus den Berichten der Lokalpresse, des Konnersreuther Sonntagsblatts und anderer Zeitungen über die Begräbnisfeier erfahren wir, daß der Pfarrer von Arberg[2] von dem Feuereifer und der Liebe sprach, mit der sich sein verstorbener Kaplan in so kurzer Zeit als vorbildlicher Seelsorger eingesetzt habe; mit Verehrung und Hochschätzung sei ihm die Gemeinde entgegengekommen. Es habe Bruno wehegetan, daß er wegen seines Herzleidens in Urlaub habe gehen müssen, doch mit dem neuen Jahre habe er wieder hoffnungsfroh beginnen wollen. *Lebe im ewigen Weihnachtsfrieden deines Heilandes!* rief ihm der ehemalige Pfarrherr ins Grab nach.

Zuletzt sprach Bürgermeister Weiß von Konnersreuth herzliche Abschiedsworte im Namen der Marktgemeinde Konnersreuth. Der Verstorbene sei als Theologiestudent und als Priester jedem Freund und Bruder gewesen. Er habe durch ungeheuchelte Frömmigkeit und Schlichtheit überzeugt. Alle hätten ihm ein langes und erfolgreiches Leben gewünscht. Doch die göttliche Vorsehung habe es anders beschlossen. Konnersreuth werde ihm ein dauerndes Andenken bewahren.

Überaus herzlich war auch der Abschied von Resl am Grabe Brunos, der einmal ihr gegenüber am Grabe der Karolina Weiß, der Opferseele aus Höflas, geäußert hatte, er wolle auch einmal hier begraben sein. Noch einmal gab Resl ihm das Weihwasser, noch einmal rief sie wie sonst seinen Namen. Mit Tränen in den Augen wandte sie sich dann vom Grabe, um in der Kirche dem Traueramt beizuwohnen.

> *Jetzt beginne ich einzusehen,*
> *diese Wendung kommt von der*
> *Rechten des Allerhöchsten. -*
> *O Gott, heilig ist Dein Weg!*
> (Ps 76)

Die Totenklage der Mutter von Bruno Rothschild klingt noch aus ihrem Brief vom 29. Januar 1933:

Liebes, wertes Fräulein!

Recht sehr habe mich mit Ihrer liebevollen Teilnahme zu meinem schweren Doppelverlust gefreut. – Es ist furchtbar, zwei so geliebte, edle, gute Menschen auf einmal zu verlieren. Ich habe immer zu Gott gebetet, gebe mir Kraft, daß ich es tragen kann, damit wenigstens meinen zwei Kindern und Enkelkindern die Mutter erhalten bleibt …

Mein Sohn war ein Ausnahmekind, schon von ganz klein an; nicht nur, daß er äußerst begabt war, er war auch von seltener, großer Herzensgüte. Ich habe so viel an diesem Kind verloren, daß ich es nicht in Worte fassen kann. Seine letzten Worte beim Abschied waren: »Mutter, bleib gesund und bleib stark!« Wie oft wiederhole ich seine Worte und bitte Gott, laß mich stark bleiben, daß ich diesen großen Schmerz um zwei geliebte Menschen tragen kann. – … Ich wußte nicht mal, daß mein Sohn so herzleidend war; das macht mir viel Kummer. Ich hätte ihn doch hegen und pflegen können. Haben Sie unbekannterweise noch vielen Dank für Ihr treues Gedenken des lieben Toten …

Ihre

Helene Rothschild.

In einem Brief an die Mutter des Priesterfreundes Josef Söllner, der mit Bruno zusammen in Eichstätt geweiht worden war, gibt Resl ihrer Klage um Bruno Ausdruck. Zugleich deutet sie vorsichtig am Ende ihres Briefes an, vor welchem Schicksal sie Bruno bewahrt sieht:

Konnersreuth, den 12.3.1933

Lb. Mutter unseres Josef!

Muß Euch doch von dem guten Bruno selig einige Andenken schicken …

Zum Jahrestag der Beerdigung ihres Sohnes Bruno, am 29.12.1933, schreibt Mutter Rothschild aus Lohr an eine treue Bekannte:

Gestern vor einem Jahr hat man mein gutes, unvergeßliches Kind, eingesargt zum ewigen Frieden. –

Manchesmal ist es mir unbegreiflich, daß ich ihn nie mehr sehen soll. Nur noch die Hoffnung auf ein Wiedersehen hält mich aufrecht. Gottes Prüfungen sind doch oft recht schwer.

Von ihrem ersten Besuch am Grabe des Sohnes berichtet sie am 14.6.1934:

Ja, der alte Gott lebt immer noch, das ist mein täglicher Ausspruch. Wenn Er auch tiefe Wunden schlägt. Er weiß warum. Meine geliebten Toten ruhen so friedlich. Vor drei Wochen habe ich die Grabstätte meines geliebten, unvergeßlichen Sohnes besucht; da finde ich Trost und Frieden! Konnersreuth ist wirklich eine Friedensstätte, ihre Bewohner goldtreue, gute Menschen. Mein sel. Sohn wird dort noch tief betrauert, was mir sehr zum Trost gereicht. Sein Grab ist mit soviel Liebe von Resl gepflegt, sie ist eine gute Seele.

Am Neujahrstag 1937 teilt sie mit:

Ja, es sind für mich schwere, schmerzliche Tage wieder gewesen! Ich habe immer ein solch großes Heimweh nach ihnen. Meine beiden lieben Toten haben mich mit ihrer Liebe verwöhnt, und deshalb komme ich so schwer darüber hinweg. – Aber trotz allem ist ihnen so wohl, daß sie ausruhen können von allem Leid, das auf sie gewartet hätte. –

Am Tage des Abschieds von Lohr – am 25.8.1938 – gab Helene Rothschild ihrem Sohn Alvin Rothschild einen kleinen Zettel mit, den er bis an sein Lebensende bei sich tragen wird.

(Ich erhielt davon eine Fotokopie, die er mir bei meinem Besuch in New York am 2. Sept. 1991 schenkte.)

Rede wenig – aber sinnig,
Bete wenig – aber innig.
Bleib Dir selber treu
Wie auch das Leben sei

Kommt das Leid – dann sei bereit
Es würdig zu tragen –
Ohne zu klagen.
In Eile verfaßt
zum Abschied.

Von Amerika aus, dem Land ihrer Rettung, nimmt Mutter Rothschild wieder Kontakt auf und berichtet rückblickend am 4. Februar 1947:

»Meine liebe Miß Börner!

Auf vielen Umwegen erhielt ich heute Ihren lieben Brief vom 19. 12., der mich herzlich erfreute. – Sie sind erstaunt, daß ich selbst und nicht meine Tochter schreibe. Ja, ich hatte noch das Glück, wie durch ein Wunder, über Rußland, Japan 1940 das gesegnete Amerika zu erreichen. Ja, ich bin sogar schon eineinviertel Jahr amerik. Staatsbürgerin, was mich sehr glücklich macht, da ich lange Zeit schuldlos, ein staatenloser Mensch war. Was ich alles noch durchlebt und durchkämpft habe, kann ich nicht schildern – bettelarm kam ans rettende Ufer, nachdem Haus, Geschäft, etc. alles fluchtartig verließ ...

Meine beiden lieben Geschwister, die ebenfalls mit mir im Elternhaus waren, sind von den Nazimördern verschleppt und getötet worde, wie noch sechzig Verwandte von mir ...

Sie kennen ja mein schweres Schicksal, Sie haben meinen herzens-
guten, edlen Bruno gekannt; es vergeht kein Tag, wo ich ihn nicht be-
klage und beweine! Ja, Sie haben recht, liebes Fräulein, daß der Tod für
ihn und Vater ein *Erlöser war*.«[3]

EIN WEGWEISER

Seit meinem Erstkommuniontag, dem 4. August 1930, habe ich
Bruno Rothschild nicht wiedergesehen. Aber er hatte mir damals ein
Gebet in mein Poesiealbum geschrieben. Ich hütete diese Worte wie einen Schatz. Sie begleiteten mich durchs Leben, besonders in den
furchtbaren Kriegs- und Nachkriegsjahren, die ich in Berlin durchlitt.

Nun sollen diese Worte als Denkmal stehen bleiben, so, als hätte
Bruno es selbst gesetzt und uns allen damit einen Wegweiser aufgerichtet:

JESUS DIR LEB' ICH,
JESUS DIR STERB' ICH,
JESUS DEIN BIN ICH,
IM LEBEN UND IM TOD.

[1] Dr. Herrmann, der später im Konzentrationslager verstarb.
[2] Georg Götz.
[3] Helene Rothschild starb in Chicago/Amerika, am 6. Mai 1951.

Erna Herrmann-Haven

VORBEMERKUNG

Den Konversionsbericht von Erna Herrmann-Haven verdanken wir einer Anregung von Bischof Dr. Rudolf Graber, Regensburg, der am 3. März 1965 an sie schreibt:

Ich selber bin schon längere Zeit nicht mehr in K. (Konnersreuth) gewesen, will aber im April wieder dorthin. Wegen des Seligsprechungsprozesses sind schon viele Bitten eingegangen. Können Sie nicht aus Ihrer persönlichen Erfahrung mit der Resl Ihre Eindrücke zu Papier bringen? Es wäre dies sehr wertvoll. Sie müßten weniger auf die charismatischen Dinge zu sprechen kommen, sondern auf das, was sich auf das Tugendleben der Resl bezieht und auf ihr Innenleben, soweit Sie davon Kenntnis haben. Damit will ich schließen und Sie herzlich grüßen
+ Rudolf Graber.

Aber erst ein Jahr vor ihrem plötzlichen Tod berichtet Erna Herrmann-Haven über ihre Konversion. Sie benutzt dazu auch Aufzeichnungen, die sie sich bereits 1967 gemacht hatte und begann damit, auf Tonband zu sprechen. Zur Fertigstellung ihres Konversionsberichtes kam es jedoch nicht mehr. Deshalb werden ihrem eigenen Konversionsbericht Briefe von ihrem Vetter Bruno Rothschild, Dr. Edith Stein und anderen Personen aus ihrem Freundeskreis hinzugefügt.

Obwohl Bruno Rothschild seine Kusine mehrfach aufforderte, seine Briefe zu verbrennen, tat sie es nicht. Sie bewahrte alle Briefe – trotz Gefährdung in der Nazizeit – auf und betrachtete sie als große seelische Stütze. Über ihre ehemalige Lehrerin am Pädagogischen Seminar der Dominikanerinnen zur hl. Maria Magdalena in Speyer, Dr. Edith Stein, schrieb Erna Herrmann-Haven an den Herrn Promotor Fidei Dr. H. Molitor, Erzbischöfliches Offizialat Köln, am 16. Januar 1963:

H. Herr Dr. Molitor.
Ende des Jahres 1962 erhielt ich von den Ehrwürdigen Karmeliterinnen in Köln ein Büchlein, das in kurzen Abrissen die Biographie von Fr. Dr. E. Stein wiedergibt.
Man bat mich, den mir übersandten Fragebogen auszufüllen und zu übersenden.

138

Was die Biographie betrifft, habe ich einstweilen die Hälfte derselben gele-sen. Ich bin bei den Darlegungen ihrer Haft, dem Aufenthalt im Lager Holland, und deren Folgen, stehengeblieben, sodaß mir das Weiterlesen see-lisch unmöglich geworden ist.

Ich hatte während des Krieges meine Mutter, meine Schwester, meinen gei-steskranken im Alter von 21 Jahren verunglückten Bruder, der seit 1912 in Deutschland, zum Teil zu Hause und in Irrenanstalten sein Leben verbrachte, durch göttliche Hilfe und Therese Neumann nach hier bringen können. Diese drei Personen in dieser so furchtbar schweren Zeit hier in Belgien bei mir und dazu noch ohne Lebensmittelkarten zu verstecken, war die furchtbarste Tragö-die meines Lebens.

Beim Lesen der Biographie von Dr. E. Stein wurden alle diese Wunden wie-der in mir aufgerissen. Da ich im letzten Jahr besonders durch körperliche Lei-den heimgesucht wurde, können Sie verstehen, daß ich dieses Büchlein nicht in einem schwungvollen Tempo gelesen habe, wie ich so gerne getan hätte, um sofort Ihren Fragebogen zu beantworten. Bitte, entschuldigen Sie dies viel-mals. Es wird in den nächsten Tagen geschehen, da mir an Weihnachten eine besonders große Gnade zuteil wurde: meine körperlichen Leiden sind zum Großteil verschwunden. Ich erkläre mir es dadurch, daß meine Taufpatin, die verstorbene Therese Neumann, Vermittlerin war und Gebete Anderer und Meiner erhört wurden.

Halte ich einige Jahrzehnte zurück Rückschau, erinnere ich mich, daß Dr. E. Stein meine Firmpatin werden wollte. Sie hatte sich im Jahr 1930 dazu be-reit erklärt, doch kam dann meine Operation und der Wegzug von Frl. Dok-tor nach Münster dazwischen. Meine Taufpatin wählte dann mit mir eine an-dere Person.

Noch ungetauft war mir Dr. E. St. mit meinem verst. Vetter, dem Priester – Konvertiten Bruno Rothschild, eine große, seelische Stütze. ... Frl. Dr. Stein war schon damals eine seltene, große Frau. Ihre Persönlichkeit wirkte überall dort, wo sie sich zeigte. Schlicht, einfach und selbstlos, fromm, ohne es nach außen zu zeigen, ging sie ihren Weg. Ich möchte sie sogar als eine der größ-ten Frauen Deutschlands bezeichnen. Um so schrecklicher und unfaßbar ist der Weg, den sie im Dritten Reich ging.

Jahrzehnte sind inzwischen verflossen, aber Dr. E. Stein lebt in meinem Herzen, als ob sie mir erst gestern Lebewohl sagte ...

Seligsprechung durch Papst Johannes Paul II.

Am 1. Mai 1987 – während der Eucharistiefeier im Sportstadion von Köln-Müngersdorf – richtet Kardinal Joseph Höffner im Namen der Gläubigen im Erzbistum Köln und in allen deutschen Diözesen an den Heiligen Vater die Bitte, Schwester Teresia Benedicta vom Kreuz –

Edith Stein – in das Verzeichnis der Seligen aufzunehmen und zu gestatten, sie öffentlich in der Kirche zu verehren.

Der Heilige Vater erklärt daraufhin:

Nach Beratung mit der Heiligen Kongregation für die Selig- und Heiligsprechungsprozesse erfülle ich die Bitte meines Bruders Joseph Kardinal Höffner, des Erzbischofs von Köln, vieler anderer Brüder im Bischofsamt sowie zahlreicher Christgläubiger und gestatte kraft meiner Apostolischen Autorität, daß die Ehrwürdige Dienerin Gottes Teresia Benedicta a Cruce – Edith Stein – künftig Selige genannt wird und ihr Fest alljährlich am 9. August, ihrem Todestag, nach Maßgabe des Gesetzes an den hierfür vorgesehenen Orten und in entsprechender Weise gefeiert werden kann.

Erna Haven ist die Tochter von Ludwig Herrmann und Ernestine, geborene Fleischer. Beide waren jüdischen Glaubens. Der Vater erwarb 1908 das Bürgerrecht der Stadt Bamberg und starb 1917. Nach seinem Tode führte die Mutter das Geschäft allein weiter.

Erna wurde am 28. September 1902 in Scheßlitz bei Bamberg geboren und wuchs unter neun Geschwistern auf. Ihre Mutter erzog die Kinder streng nach ihrem Glauben. Da jedoch der liberale Vater gestattete, daß Erna eine katholische Schule besuchen durfte, kam eine Annäherung an die katholische Bevölkerung zustande. Erna berichtet darüber:

Sonntags hatte ich immer die Freude – ich war vielleicht vier bis fünf Jahre alt – mehrere Klosterfrauen zu sehen, besonders eine, deren lieblicher, freundlicher Blick, den sie mir stets nach dem Fenster im ersten Stock, wo ich meine Ausschau hielt, schickte, mir so gefiel. Diesen Blick suchte ich mir jeden Sonntag zu erhaschen. Auf die Straße durfte ich nicht. Doch mehrmals entwischte ich und rannte auf die Straße, um dieser unbekannten Klosterfrau eine Hand zu geben und meinen Knicks zu machen. Damals ahnte ich nicht, daß diese Klosterfrau später meine Handarbeitslehrerin werden und 1925 die Person sein sollte, die mir Anstoß zur Konversion gab, ohne daß sie es wußte. Während der Schulzeit war sie meine Vertraute. Immer wieder zog es mich in diese Klosterschule, und sobald ein freier Moment war, brachte ich – mit Erlaubnis des lieben Mütterleins – meine Freizeit im Kloster zu.

Ob man da schon für mich betete, daß ich sehend werden möge, daß die Binde falle, um erkennen zu lassen, daß die katholische Religion die einzig wahre sei? Ich stand noch sehr ferne. Andererseits fühlte ich mich nur zu Katholiken hingezogen, und noch heute denke ich dankbar an den lieben Vater, der der Urheber war, daß ich in eine klösterliche Hohe Schule kam.[1]

Während der ganzen Schulzeit bedauerte ich, aus der Religionsstunde meiner katholischen Mitschülerinnen ausgeschlossen zu sein.

Ich spürte eine Atmosphäre, die ich nirgends empfand, und der Umgang mit den Mitschülerinnen gab mir oft ein Empfinden der Sehnsucht, ihrer Kirche anzugehören. Ich fühlte mich arm und ausgeschlossen, aber zu niemand sprach ich von dieser Sehnsucht, auch nicht zu Gott, den ich ja nicht kannte, an den ich etwas glaubte, aber die Leere des Inneren blieb.

Dagegen verehrte ich Mütterlein wie einen Gott. Sie war mir mein Alles, mein Reichtum und der Inhalt meines Lebens. Sie wußte, daß sie auf mich bauen konnte. Selbst das Vorbild für Wahrheit, Treue und Güte, ausgesprochene Nächstenliebe und mit so vornehmem Wesen, einer so adeligen Seele – ich hätte nirgends auf der Welt ein besseres Vorbild entdecken können! Ich habe ihr nie und nicht einmal widersprochen, nie einen Befehl verweigert. Ich

141

sprang vor Freude, wenn ich ihr durch Liebe und blinden Gehorsam etwas sein konnte.

So verging rasch die sorgenloseste Zeit meines Lebens. Bis ich in der Oberklasse – fünfzehnjährig – den lieben, sorgenden Vater verlor.[2] Mein Bewußtsein begann sich zu entfalten: wie kann ich den Lebensweg weitergehen, um Mütterlein zu entlasten. Doch die damals vermögende Mutter brachte mich rasch von diesem Gedenken ab. Älter werdend, beharrte ich in dem Gedanken, Geld zu verdienen, um wenigstens meine persönlichen Wünsche selbst erfüllen zu können. Bücher, immer wieder Bücher erstand ich mir, wenn ich mir etwas Taschengeld durch Nachhilfestunden im Englischen und in Stenographiestunden erwarb. Dann kam plötzlich eine Wendung: Ich bekam eine Einladung zur Tante in Nürnberg, die ihren lieben Gatten, unseren guten Onkel A., verloren hatte. Ich folgte dieser gütigen Einladung mit Erlaubnis von meinem lieben Mütterlein, besuchte ein Jahr zwecks Weiterbildung die Volkshochschule, gab jeden Nachmittag Nachhilfestunden und betreute zwei liebe Kinder.

Da kam eine weitere Einladung aus C. in den Vereinigten Staaten von einem Onkel mütterlicherseits. Am 15. Oktober 1925 schiffte ich mich auf dem herrlichen Luxusdampfer Columbus ein. Trotz schöner Reise, trotz viel Neuem und Interessantem, das mich umgab, trieb es mich bald wieder weg. Dieses Land mit seinem ausgeprägten Materialismus, wo jede Konversation sich um den Dollar drehte, konnte mir keine Sympathie abringen. Es war ein Leben ohne Begeisterung. Der Onkel, Arzt in C., wollte mich als Halbwaise absolut in Amerika festhalten. Es gelang ihm nicht. Ständig dachte ich an daheim und besonders an meine liebe Mutter. Ich konnte die Tränen, die täglich flossen, nicht mehr aufhalten, Heimweh nagte an mir. Da erinnerte ich mich plötzlich, daß es vielleicht doch einen Gott gibt; ich dachte an meine früheren Schulfreundinnen, die beteten und dabei knieten. Das erste Mal in meinem Leben begann ich nun jeden Abend vor dem Schlafengehen auch vor dem Bett zu knien und betete wie meine katholischen Freundinnen zu Hause; ich bat, nach der Heimat zurückzukommen. Gott, den ich erst in Amerika in meinem Stübchen entdeckt hatte, gab mir Hilfe, erhörte mein Flehen. So gab ich wieder Unterricht bei drei sehr verwöhnten Kindern eines Industriellen, und in einigen Wochen hatte ich die Dollars für die Überfahrt. Ich wollte am Geburtstag meines Mütterleins zu Hause sein. Schon am Vorabend war ich unangemeldet wieder dort, wo ich meinen größten Reichtum auf Erden besaß, bei meinem über alles geliebten Mütterlein.

Gott entdeckt zu haben, aber war noch keine feste Überzeugung. So begann ich, Gott zu suchen. Die Vorsehung wollte es, daß ich sehr vertrauten Umgang mit Klosterfrauen bekam. Eine – es war dieselbe, die ich als Vierjährige jeden Sonntag gesehen hatte – erzählte mir damals von einer neuen Heiligen,

*der heiligen Theresia vom Kinde Jesu. Was verstand ich schon davon? – Ich
hörte zu, was mir Mater Petra erzählte: ›Ich habe eine größere Figur in meinem Zimmer und alles, was ich frage und um was ich bitte, wurde mir bis
jetzt erfüllt. Ich besitze auch ein schönes Buch von ihr. Das kann ich Dir,
wenn Du es lesen darfst, leihen.‹ Ich sagte: ›Ich frage meine Mutter.‹ Ich kam
nach Hause und erzählte: ›Jetzt haben die Katholiken eine neue Heilige, die
heilige Theresia vom Kinde Jesu, und Mutter Petra hat sogar eine Figur in
ihrem Schlafzimmer, und wenn sie in Nöten ist oder Wünsche hat, erfüllt ihr
die kleine heilige Theresia all ihre Wünsche!‹ – ›Armes Kind!‹ sagte die Mutter, ›das willst Du glauben? Das gibt es nicht! Hole einen Stein, stelle ihn in
Dein Zimmer, trage Deine Anliegen vor, dann wirst Du sehen, daß es keine
Erfüllung gibt!‹ Meine Mutter hatte mir aber die Lektüre des Buches der kleinen Heiligen gestattet. So las ich mit Begeisterung und erbaute mich an dem
Opfersinn einer so jugendlichen Seele. Je mehr ich mich vertiefte, desto mehr
liebte ich die kleine heilige Theresia. Aber das Wort ›Gnade‹ brachte mir keine
Klarheit. Auch ›Opfer‹, ›Heiliges Sakrament‹, ›Heilige Wandlung‹ – da blieb
ich wie vor einem Berg, über den man nicht kann.*

*Ich kam wieder zurück zu Mater Petra, sprach ihr von der heiligen Wand-
lung und fragte sie, was das sei, Opfer bringen. Sie erklärte mir alles so mütterlich und so schön. Ich glaubte ein wenig.*

*Inzwischen kam auch ein Heiratsantrag. Die Mutter und ihre Kusine er-
munterten mich, und ein Jahr lang währte der Briefwechsel zwischen Deutschland und Südafrika. Mich quälte dieser Briefwechsel. Eines Tages weihte ich
die Klosterfrau Mater Petra ein. Sie erzählte mir vom Novenebeten zur kleinen heiligen Theresia. Ich kaufte mir ein Novenebüchlein, verbarg es vor der
frommen Mutter und begann – zusammen mit Mater Petra – eine Novene, auf
elterlichem Holzboden kniend, vertrauensvoll auf göttliche Antwort wartend.
Und diese Antwort entstieg meinem Innern am neunten Tag. Ich schrieb dem
Freier ab und habe dies nie bereut. Da war Mater Petra so erbaut und sagte:
›Das ist die heilige Theresia, die Dir diesen Gedanken eingegeben hat!‹ Zur Erinnerung an dieses Gespräch schenkte sie mir an diesem Nachmittag fünf-
undzwanzig rote Rosen. Ich war erschüttert über den großen, herrlichen Blu-
menstrauß, trug ihn begeistert nach Hause, erzählte aber nicht alles der Mutter, um sie nicht zu betrüben, sondern sagte: ›Mater Petra hat mir diesen Blu-
menstrauß verehrt.‹ Und da freute sich Mutter mit mir.*

Diese Stelle des Konversionsberichtes von Erna, der hier kurz unterbrochen sei, mag an das Versprechen der heiligen Theresia vom
Kinde Jesu erinnern: *Ich werde nach meinem Tode Rosen auf die Erde regnen lassen!* An die heilige Theresia vom Kinde Jesu hatte sich auch
Bruno Rothschild gewandt, als er sich – ebenfalls vor einer wichtigen

Lebensentscheidung – wartend vor dem Theresienaltar in der Konnersreuther Pfarrkirche niedergelassen hatte.[3] Auch Edith Stein finden wir bei einer Lebensentscheidung – vor ihrem Eintritt in den Kölner Karmel 1933 – wartend und kniend *in der Kapelle dicht neben dem Altar der kleinen hl. Theresia. Es kam über mich die Ruhe des Menschen, der an seinem Ziel angelangt ist.*[4]

Im Konversionsbericht heißt es weiter:

›Erna, was willst Du jetzt künftig tun?‹ fragte mich eines Tages Mater Petra. ›O ja, ich möchte gerne eine Beschäftigung haben oder eine Fortbildung genießen, denn ich habe ja so viel Zeit!‹ Da machte mich Mater Petra auf die Möglichkeit aufmerksam, im neueröffneten Kloster Zum Heiligen Grab, Bamberg, die Handarbeitsschule zu besuchen, was meine Mutter auch gestattete. Die Bamberger Dominikanerinnen waren nach etwa hundertjähriger Unterbrechung wieder in ihr Kloster zurückgekehrt; ihre Arbeiten im Sakral- und Profanbereich waren hochgeschätzt.

Um diese Zeit – 1927/28 – schrieben die deutschen Zeitungen viel über Therese Neumann aus Konnersreuth, eine begnadete Seele, die ohne Nahrung und Trank lebe. Dies fand ich lächerlich und unglaubwürdig. Auch mit meinem lieben Mütterlein sprach ich über die Berichte von der Nahrungslosigkeit der Therese Neumann. Die Antwort: ›Ungefüllt steht kein leerer Sack!‹

Mutter Bonifatia, damals Priorin der Bamberger Dominikanerinnen, sagte eines Tages im Zusammenhang mit Konnersreuth: ›Ach Fräulein Erna, haben Sie ein großes Glück in Ihrer Familie!‹ ›Ja‹, sagte ich, ›leider kam dieses Unglück in die Zeitung. In ganz Deutschland, in allen städtischen Zeitungen spricht man von der Konversion meines Vetters Bruno Rothschild. Er war Apotheker, er will Priester werden; der ist doch nicht normal, der hat doch seine Sinne verloren! Eine große Schande für unsere Familie! Ich schäme mich, einen solchen Vetter zu haben!‹ Mutter Priorin antwortete: ›Arme, blinde Erna, das ist ein Segen in Ihrer Familie, eine große Gnade, daß Gott Ihren Vetter Bruno Rothschild gerufen hat!‹ Ich ließ die Schwester sprechen, doch es schien mir unglaubwürdig, was sie mir da alles sagte.

Ich verfolgte die Ereignisse weiter, und Mutter Bonifatia ermutigte mich, doch dem Vetter zu schreiben, der so wunderbar von Gnaden geführt, die Wahrheit des Glaubens erkennen durfte. Ich überlegte und sagte: ›Vielleicht!‹ – Aber innerlich war ich ablehnend. So vergingen Wochen und Monate, und Mutter Priorin kam immer wieder darauf zurück: ›Schreiben Sie ihm halt einen netten Brief, er muß ja nicht lang sein, nur einige Worte, sie bringen Freude!‹ Ich schrieb ihm. Aber dieser Brief lag ein Jahr in meinem Zimmer unter der Matratze im Bett, und ich hatte immer Sorge, er könnte entdeckt werden. Aber nachdem Mutter Priorin immer wieder erinnerte, ich könne

Freude bereiten, hatte ich eines Tages doch die Absicht, ihn der Post zu über-
geben. Ich trug ihn natürlich persönlich zum Briefkasten; als Ungläubige
machte ich doch ein Kreuzeichen über das Couvert. Innerlich war ich bange,
denn wenn es zur Mutter kommen sollte, daß ich mit Bruno korrespondiere,
da fürchtete ich einen großen Krach und auch, ihr Kummer zu bereiten.

Postwendend kam ins Kloster ein Antwortbrief; Mutter Priorin hatte mich
gerufen, ihn mir zu übergeben. Das äußere Couvert war an Mutter Priorin,
das innere Couvert adressiert an mich. Bruno war so erfreut, er schrieb:

Eichstätt, 21. 10. 1929

Liebwerte Cousine Erna.

Deinem Wunsche entsprechend antworte ich Dir sogleich. Ich war natür-
lich äußerst überrascht, von Dir aus dem Dominikanerinnenkloster zu hören.
Du kannst natürlich vollständig sicher sein, daß weder zu meinen Eltern
noch sonstigen Verwandten irgend etwas Dich betreffend durchkäme. Du
weißt vielleicht, daß gerade für mich als künftigen Priester Verschwiegenheit
zu den notwendigsten und wichtigsten Eigenschaften zählen muß. Du kannst
sicher sein, daß selbst in meinem Bekannten- und Freundeskreis hiervon nicht
gesprochen wird; mit der einzigen Ausnahme, daß ich vielleicht, wenn es not-
wendig sein sollte, gegenüber zweien meiner Vertrauten und Berater, aber
schließlich auch nur, wenn Du es zuläßt, in strengster Diskretion mich be-
sprechen würde. Also diesbetreffend brauchst Du nicht die geringsten Sorgen
haben. Tragen wir ja in uns der Geheimnisse genügend und übergenug!

Also sprich Dich offen und rücksichtslos aus. Ich habe Verständnis für al-
les und werde Dir, falls Du es wünschest, meinen Rat gerne leihen. Meine
neuen Verhältnisse kennst Du ja anscheinend schon und brauche Dir wahr-
scheinlich auch nicht zergliedern, daß ich mich sehr glücklich und froh in mei-
nem neuen Leben in Christo fühle.

Zur Berichtigung diene Dir nur, daß ich den Doktortitel nicht besitze und
vorläufig auch nicht im geringsten vorhabe, ihn mir zu erwerben.

Ich erwarte nunmehr Deinen ausführlichen Brief, der die geheimnisvollen
Andeutungen des letzten mir erklärlich machen soll. In diesem Sinne begrüße
ich Dich als Dein

Bruno P. Rothschild,
Priesterseminar Eichstätt.

N.B. Ich wohne außerhalb des Seminars, so daß Dir auch meine andere
Adresse: Eichstätt, Ostenstraße, zur Verfügung steht.

Ich ließ ihn nicht lange auf Antwort warten und gab ihm die Erlaubnis, mit zwei seiner Vertrauten von unserer Korrespondenz zu

sprechen. Ich ahnte nicht, daß diese Vertrauten Resl und Pfarrer Naber waren. Wir schrieben uns viel und fleißig.

Eichstätt, 28. 10. 1929

Liebwerte Cousine Erna!

Dein Brief hat mir nun das bestätigt, was ich vermutete, und ich war recht freudig davon berührt. Ist es doch für jeden Gläubigen, noch mehr natürlich für zukünftige Seelsorger und Apostel Christi, eine innere Freude zu wissen, daß wieder eine neue Seele ihrem Gott und Heiland näher kommen will und Innerlichkeit wie Gottesliebe zur Richtschnur ihres irdischen Daseins nehmen will.

Es freut mich doppelt, daß ich weiß, es ist nicht bloß eine Seele jenes verirrten, unglücklichen Volkes, das einst das auserwählte Gottes war, sondern noch ein Mitglied meiner engeren Familie. Welche Gnade und Hilfe kann ja eine Gott verbundene Seele der Familie und ihren Angehörigen verdienen und zuwenden! Wie kann sie die barmherzige Liebe Gottes direkt herabziehen für ihr Bitten und Flehen!

Daher möchte ich Dich ernstlich ermahnen, tapfer auszuharren mit der Dir gegebenen göttlichen Gnade und vor allem weiter darnach zu streben, ganz dem göttlichen Willen ergeben und gleichförmig zu werden. Gott weiß ja um jede auch unserer geringsten Sorgen. Worum Du Gott mit Ausdauer und Ergebenheit inständig bittest, das wird er Dir sicher mit Freude geben. Habe darum weiter keine übermäßige Sorge, sondern vertraue ganz einfach und kindlich darauf, daß, wenn Gott Dich zum wahren Glauben an unseren Erlöser und Messias berufen hat, er alles zum Besten lenken wird. Danke nur Gott, daß er Dich all das erkennen läßt, an dem Israel, sein eigenes Volk, in Verblendung einst vorbeiging und noch immer vorbeigeht.

Es ist und bleibt die größte Tragödie der Weltgeschichte, daß gerade jenes Volk, das Jahrhunderte lang den Gottesglauben fest- und hochhielt, das ebenso lange auf seinen Messias voll Sehnsucht und Erwartung harrte, in der Stunde seines Kommens mit verbunden Augen dastand, an seinen Wundern, seinem übernatürlichen Wirken blind und achtlos vorbeiging und ihn schließlich, da er ihnen zum Ärgernis wurde, einfach dem Tode überantwortete ... Der Tempel des Alten Bundes liegt in Trümmern und wird nie mehr auferstehen, bis, wie der hl. Apostel Paulus schon verkündete, die Vollzahl der Tage da ist und das Evangelium in der ganzen Welt verkündigt ist; alsdann wird dem Volke Israel die Binde von den Augen fallen und sie werden ihren Heiland nun endlich erkennen und lieben; und es wird dann ein Volk und ein Herr da sein.

Seien wir darob dankbar, daß wir zu dem Rest gehören, den sich die Gnade auserwählt hat, wie der heilige Paulus sagt.

Zum Schluß möchte ich Dir noch den Rat geben, recht im Gebete auszuharren; Du kannst ja sicherlich unbemerkt zuweilen in irgend eine Kirche zu irgend einem Tabernakel kommen und bitte da nur einfach um die notwendige Erleuchtung und Kraft. Laß Dich durch nichts in der Welt draußen irre machen; Du weißt es sicher auch: Wir kämpfen nicht bloß gegen Fleisch und Blut, sondern auch gegen die Geister der Finsternis. Eröffne Dich daher auch sonst niemandem, am wenigsten Andersgläubigen.

Sieh zu, daß Du Dich gut unterrichtest. Lies doch die Propheten des Alten Bundes und deren Messiasstellen, lies Makkabäer, die Psalmen Davids, dann vor allem aber das Neue Testament, so oft Du kannst und langsam. Besonders wird der Römerbrief Dich interessieren, wo der hl. Paulus mit seinem eigenen Volk sich auseinandersetzt und wo Du viele schöne und gute Gedanken über das Verhältnis des Neuen Testaments und Alten Testaments finden wirst. Ich bete für Dich, daß Du, sobald der Heiland es will, zum christlichen Glauben übertrittst. Nun Gottbefohlen!

Dein Bruno.

Wenn Du in irgendwelchen Nöten bist, wird Dir Herr Dompfarrer a. D. Geiger ein verschwiegener und guter Berater sein. Ich kenne ihn persönlich; wenn nötig, kannst Du Dich auf mich berufen. Vorläufig kann ich natürlich nicht kommen. Späterhin!

Eichstätt, am Feste Immaculata 1929.

Meine liebe Mitschwester!

Mit obiger Anrede will ich gleich zum Ausdruck bringen, daß ich nach den Ausführungen Deines letzten Briefes Dich schon jetzt mit in die Streiterschar Christi rechne und voll Vertrauen auf Gottes Gnade, die dem Suchenden und Bittenden nie vorenthalten wird, Dich schon jetzt miteinrechne in das neue Israel, in jenes auserwählte Volk, das der göttliche Heiland gemäß dem Willen und den Absichten der göttlichen Dreieinigkeit durch den Tod am Kreuze und sein vergossenes Blut sich erkauft hat.

Als Moses im Auftrage Gottes den Bund des Alten Testaments mit dem alten Volk Israel verkündete und schloß, nahm er Blut von Opfertieren und besprengte damit das ganze Volk. Als Christus den Neuen Bund mit dem neuen Israel schloß, nahm er kein Tierblut mehr, sondern sein eigenes, das noch heute zu unserer Reinigung tagtäglich auf den Altären bei der hl. Wandlung uns geschenkt wird. Um wieviel heiliger und vollkommener muß dann dieser Bund erst sein, wenn Gott selbst das Opfertier ist.

Meine liebe Erna, ich wollte, Du würdest immer mehr erkennen, wie aus dem alten Israel das neue Israel herauswuchs. Wieviel Freude würdest Du erleben! Je fester und vollkommener ja unser Glaube, je fester unser Wissen darin ist, wie Christus, der seit Uranfang der Menschheitsgeschichte verkündete und geschilderte Messias ist, desto inniger und liebevoller wird dann auch unser Verhältnis zu Gott und seinem Gesandten und Sohn Jesus Christus.

In den letzten Wochen habe ich ein Werk der christlichen Väter gelesen, das mir als früherem Juden sehr, sehr viel gab und das auch Dir von Nutzen sein kann; es ist dies: Justin, Gespräche mit dem Juden Typhon. Es führt uns in die früheste Zeit des Christentums, wo das junge Christentum sich gerade von der Synagoge losgelöst hatte und darob in heftigem Kampfe mit den christusgläubigen Juden stand. Die Messianität Christi wird in diesem Buche klassisch-breit herausgearbeitet. In der deutschen Übersetzung ist es zu finden in der Bibliothek der Kirchenväter, herausgegeben von Bardenhewer, Schermann, Weyman; Verlag Kösel. Das meinige habe ich entliehen; sonst hätte ich es Dir zugesandt. Aber Herr Prälat Geiger wird es Dir leicht besorgen können aus irgend einer Bibliothek. Es ist nicht so leicht zu lesen und verlangt etwas biblisches und dogmatisches Verständnis. Aber das hast Du ja als Israelitin. Daneben mache dich nur recht bekannt mit dem Neuen Testament und dem hl. Paulus. Über all dies aber vergiß nicht das Gebet und verliere nicht Mut und guten Willen zur Wahrheit zu gelangen. Dann wird alles in rechter Ordnung und zu seiner Zeit vor sich gehen.

Als ich einst so weit wie Du und in Deiner Lage war, da schrieb mir eine jüdische Konvertitin[5] jene Heilandsworte: Suchet zuerst das Reich Gottes und alles übrige wird euch hinzugeben werden. Diese betreffende Konvertitin ist auch Lehrerin in einem Dominikanerinnenkloster und besitzt wie Du auch noch ein altes Mütterlein, das anfänglich vor Gram über die Tat der Tochter lange nichts mehr von ihr wissen wollte, nunmehr aber sich voll mit ihr ausgesöhnt hat, so daß dieselbe sogar ihre Ferien daheim verbringt. Von zahlreichen anderen jüdischen Konverviten habe ich schon Zuschriften erhalten oder von ihnen gehört. Sehr schön hat mir ein ehemaliger Berufsgenosse (Apotheker) jüdischer Herkunft, aus seinem katholischen Glauben heraus geschrieben. Wir stehen also nicht allein, wie Du siehst! Aber wir dürfen nie vergessen, daß es eine große Gnade Gottes ist, wenn er uns schon jetzt aus der Masse des Volkes heraus zu sich ruft, während der Großteil des jüdischen Volkes noch seiner Erlösung harren muß. Das Blut, das sie vor 2000 Jahren auf sich und ihre Kinder leichtsinnigerweise herabriefen, ist ihnen teuer und schwer zu stehen gekommen! Wann wird die Zeit kommen, wo Christus sich dieses Volkes wieder erbarmt und sie aufnimmt in seine Gemeinschaft, in die Gemeinschaft der Heiligen!

Nun aber zum Schlußteil. Du fragtest an, wo Du mich in den Weihnachtsferien erreichen kannst. Bis 21. Dezember bin ich hier, darnach reicht die Adresse: Br. P. R., Konnersreuth, Oberpfalz. Ich möchte Dich aber drin-

פ״נ

איש תם וישר הלך כל ימיו
בתמימות היה ממקדימין
לבא לבית הכנסת : כפו
היתה פרושה לעני ואין אבין
יצא מלפניו ריקם : ומקרב
לבו היה ירא שמים :
ר׳ נפתלי בן יששכר ראטהשילד
מילידי גרונספעלד ומושבו
בעיר לאהר הלך לעולמו
כב כסלו תרצג לפק
ת נ צ ב ה

Hermann Rothſchild
8. Mai 1868,
21. Dez. 1932.

Grabstein und Foto
Vater Hermann Rothschild

ier begraben
n redlicher und frommer Mann.
r wandelte alle seine Tage in Tadellosigkeit.
war unter den ersten,
e in die Synagoge gingen.
r verehrte sie.
r hielt dem Leidenden seine Hand hin,
nd er ließ keinen Bedürftigen leer ausgehen
or seinem Angesicht und vor seinem Herzen.
r hatte Ehrfurcht vor Gott.
abbiner Naftali, Sohn des Issachar Rothschild
eboren in Grünsfeld und sein Wohnsitz
achher in der Stadt Lohr.
r ging in die Ewigkeit
n 22. Kislew (November/Dezember) 5693/1932
N. Z. B. H. (Seine Seele möge am ewigen
eben teilhaben.)

Fort- laufen- der Nr.	Tauf- und Familien- Name.	Stand, Religion.	Bezirksamt, Landgericht, Aufenthaltsort, Nummer des Hauses.	ledig oder verheirathet.	Krankheit, Arzt, bei Gebärmüttern die Hebamme.	Tag, Monat, Jahr und Stunde des Hinscheidens.	Tag der Beerdigung, Ort derselben.	Alter.	Pfarrer oder dessen Stellver- treter.	1932 Bemerkung
9	Anna Haxelmeyer	Arberg katholisch	Arberg 70	ledig Kind	Rachitis	2. Feb ½ 20 h	5. Feb	7 W.	Götz	
10	Josef Leitner	Arberg katholisch	Arberg 115	Kind	Kinder Krankheit	16. Sept 10 Uhr	18. Sept 14 h	15 J.	Flotschel	

Sterberegister Arberg (zu Bruno-Brief an Resl, ohne Datum, nach 18. September 1932)

Kath. Pfarrkirche St. Blasius Arberg (Mfr.)

Georg Götz
1925–1933 Pfarrer in Arberg

"Siehe, Heiland, ich komme zu dir, den ich geliebt, den ich gesucht habe."

Zur frommen Erinnerung
an den
hochwürdigen Priesterkonvertiten

Bruno Rothschild

gestorben am hl. Abend 1932
im 33. Lebensjahre.

Stiftland-Druckerei Waldsassen

Eintragung von Bruno Rothschild ins Poesie-Album für
Erika Becker (1930)

Sterbebildchen von Bruno Rothschild

Primiz des Neupriesters Bruno Rothschild am 5. Juli 1932 in Eichstätt. Von links: Hans Neumann, Pfarrer Naber, Father Kaicher (Nordamerika), Dr. Fritz Gerlich, Bruno Rothschild, Pater Cosmas, Professor Wutz, Maria Neumann,

rab von Bruno Rothschild, heute Grabstätte von Erna Herrmann-Haven

Priestergräber auf dem Friedhof Konnersreuth

Therese Neumann mit Pfarrer Naber (links), Dompfarrer Geiger, Bamberg,
und Professor Wutz, Eichstätt, im Dompfarrhof Bamberg (1929)

Ludwig Herrmann mit seiner Frau Ernestine, geb Fleischer

Erna Herrmann (rechts) mit ihren Schwestern

Erna Hermann

Edith Stein in Breslau (um 1926)

„Komm, meine Braut!"

Hier ruht in Gott

Jungfrau Karolina Weiß
von Höflas

geb. 29. Januar 1914
gest. 28. Juli 1930

Ein Muster von Unschuld, Bescheidenheit
Eltern- und Geschwisterliebe

„Ihr dürft ihr nur ins Gesicht schauen,
wenn ihr einen Engel in Menschengestalt
sehen wollet."
(Worte aus der Totenansprache
von Pfarrer Nauber)

Pfarrer Nauber am Grab von Karolina We

	Name	Stand und Religion	Landgericht, Aufenthaltsort, No. des Hauses	Ledig oder verheirathet	Krankheit, Arzt bei Geburt, mitterwirk. Hebamme	Tag, Monat, Jahr und Stunde des Großjährigen	Tag der Beerdigung oder des Entfallens	Alter	Pfarrer oder dessen Vollendatator	Bemerkungen
20	Weiß Karoline	Klosterzögling	Höflas 2	Jgfr.	Lungentuberkulose	23. Juli 10 Uhr nachm.	26. Juli	16 J. 6 M.	Nauber, Pfr.	Preciosa in conspectu Domini mors sanctorum Eius.
21	Bauer Johann	uneheliches bairisch. Kind	Konnersreuth 96		Fraisen u. Krämpfen	26. Juli 2 Uhr nachm.	29. "	8 M. 17 g.	Härtl, Lernfez.	
22	Fröhlich Jos. Zimm.	Dienstbrwgler	Höflas 3	verh.	Magenkatarrh	17. Sept. 1 Uhr nachm.	20. Sept.	72 J. 10 M.	Nauber, Pfr.	
23	Riedl Emma	Steinbruch arbeiters Kind	Konnersreuth 74		Fraisen	25. Sept. 15 Uhr nachm.	27. "	3 M.	Härtl, Lernaf.	
24	Graßold Georg	Geschäftsreisender	Lodermühle	lg.	tuberkulöse Knochengelenksentzündung	18. Sept. 1930	21. "	35 J.	"	

Sterberegister-Auszug Konnersreuth

Ihr dürft ihr nur ins Gesicht schauen, wenn ihr einen Engel in Menschengestalt sehen wolltet.

In der Kapsel, die ich um den Hals habe, sind:
Kreuzpartikel, Teilchen von Kleider Mariens,
Geburtsreliquie der hl. Therese v. K. J.,
Agnus Dei, ein Teilchen von Gewand des
hl. Papstes Pius X., ein Teilchen von Habit
des hl. Bruders Konrad, ein Teilchen Blutflecks
von der Herzwunde der Thres Neumañ,
Haar von Karolina Weiß. Eingegeben von Ihrem
Geschrieben von Pfarrer Josef Naber.   Neumañ.

Handschrift von Dr. Edith Stein (19. Dezember 1930)

Mutter Herrmann, Erna Herrmann, Firmin Haven

Uta Freiin von Bodmann, geb. 16. 11. 1896, gest. 14. 8. 1988
(stellvertretende Firmpatin von Erna Herrmann)

gend bitten, Dich in keine allzugroßen Unkosten stürzen zu wollen. Eine Kleinigkeit nehme ich von Dir gerne an; eine solche übersende ich Dir hiermit auch schon im voraus. Mögen Dir die Bücher gute Dienste leisten. Das eine: Licht und Leben hatte ich mir als angehender Konvertit angeschafft und es als Konversionsunterricht benutzt. Schaue Dir gleich mal die erste Tafel an mit den Bildern Kirche und Synagoge. Sie besagen in stummer Sprache, was man schwer beschreiben kann.

Nun wünsche ich Dir Gottes reichsten Segen auf Deinem weiteren Wege; möge der Tag der irdischen Ankunft des Herrn auch Dir recht viele Gnaden bescheren und Du recht viele Freude am lieben, kleinen, freundlichen und guten Christkindlein finden, das wünscht Dir

Dein Bruno.

Eichstätt, 4. 1. 1930.

Liebe Cousine!

Dein Brief des vorigen Monats kam in meinen Besitz und ich will Dir heute in kurzen Zügen zwecks Beantwortung die hauptsächlichsten Fragen noch klären.

Nach Konnersreuth kannst Du jederzeit fahren. Am zweckdienlichsten ist natürlich die Fastenzeit, das heißt vom 5. März ab, da von diesem Zeitpunkt an auch wieder die Freitagsleiden mit der ganzen Schauung des Leidensweges Christi einsetzen und Du so viel tiefer in den Geist des Katholizismus Einblick gewinnst und den Kernpunkt jeglichen geistlichen Lebens vollkommener und in seinen letzten Wurzeln erfassen wirst. Das Leiden als der unmittelbarste und sicherste Weg zu Gott und Gottes Liebe wird Dir da mit eindringlicher Klarheit zu Bewußtsein kommen. Wann der erste Leidensfreitag ist, weiß ich noch nicht; vielleicht schon der Freitag nach Aschermittwoch.

Bis zu Deiner Fahrt dorthin wirst Du ja sicher noch schreiben (den genauen Termin mußt Du mir noch genügend bald mitteilen – acht Tage vorher!), dann werde ich mich erkundigen betreffs des Freitagsleidens und gleichzeitig, ob Du da kommen sollst. Ich teile Dir dann auch den genauen Fahrplan mit; bemühe Dich also weiter hierin nicht.

Ob ich nach Konnersreuth fahre, weiß ich selbst noch nicht, es dürfte bis jetzt noch ziemlich unwahrscheinlich sein. Falls Du es aber für besser bzw. notwendig und Dich beruhigender hieltest, müßte ich es mir halt überlegen und sehen, ob alle Umstände, Studium, Zeit und der Wille der Theres es zulassen.

Dir persönlich kann ich heute noch eine freudige Mitteilung machen. Ich erhielt heute Nachricht von einem jüdischen Konvertiten, namens Hugo Herrmann, geboren 1891 zu Wien, der vor sechseinhalb Wochen dort durch

149

einen mir bekannten Pfarrer getauft wurde und unter außergewöhnlichen Umständen zur katholischen Kirche kam. Seine Konversionsabsichten dürften nur gut ein dreiviertel Jahr zurückzuführen sein. Derselbe schreibt mir von seinem Glück und seiner Zufriedenheit, die ihm gegenüber seinem früheren Leiden zuteil wurde. Durch Konnersreuth kam er zum Glauben und durch den Gebetseinschluß der Theres erhielt er plötzlich seine seit Jahren in schweren Leiden verlorengegangene Gesundheit wieder zurück. Er dürfte vielleicht sogar entfernt mit uns verwandt sein.[6]

Mache daher auch Du Dir keine übermäßigen Sorgen. Gott lenkt alles. Das Materielle braucht Dich nicht irre machen. Für die paar Jahre findet sich auch in katholischen Kreisen eine mildtätige Quelle. Mache nur Dein Examen möglichst gut, das Weitere ergibt sich.

Falls ich mit nach Konnersreuth fahre, wird sich dort oben auch über diese Fragen reden lassen, da dieselben große Beziehungen überallhin haben. Auch ist es für eine Konvertitin nicht unmöglich, einmal eine Freistelle zu bekommen. Bei klösterlichen Anstalten kommt es oft nicht darauf an; nur muß man natürlich durch Vermittlung und Empfehlung maßgebender Kreise geholfen bekommen. Und das wird sich mit Gottes Hilfe und Fügung schon machen lassen.

Also mit paulinischem Optimismus vorwärts und im Geiste Christi gestärkt

Dein Vetter Bruno.

N.B. Du sorgst doch dafür, daß niemand anderes, gleichviel wer, die Briefe lesen kann (verbrennen oder sicherster Verschluß!). Man weiß nämlich manchmal nie, was alles geschehen kann.

Eichstätt, 12. 1. 1930

Liebwerte Cousine!

Nachdem ich seit einigen Tagen wieder von der Ferienreise zurückgekehrt bin und den Studien obliege, möchte ich schnell den Sonntagabend benützen, Dir einiges wenige, was gerade von Belang ist, mitzuteilen.

Also zuerst möchte ich Dir die Mitteilung machen, daß es sich ermöglichen läßt, daß Du bei Gelegenheit auch ohne förmliche Erlaubnis vonseiten Regensburg mal nach Konnersreuth kommen kannst. Näheres kann ich zwar momentan noch nicht angeben, aber es wird sich ermöglichen lassen. Vielleicht Fastnacht oder in den Osterferien oder an einem Freitag der Fastenzeit. Es richtet sich halt auch darnach, ob und wann Du Zeit hast. Wenn es sich machen läßt, komme ich dann auch hin. Das Nähere teile ich Dir, wenn es so weit sein sollte, mit. Vorbedingung, um überhaupt ins Neumannhaus zu gelangen, ist allerdings Kleidung nach den Vorschriften der Bischofskonferenz, das heißt für Frauen: Rock mindestens zwei bis drei Handbreit über das Knie und keine fleischfarbenen Strümpfe. Ohne dies läßt Vater Neumann niemanden vor, und Theres nimmt niemanden an. Dies nur, damit Du im Bilde bist. Konnersreuth liegt in heftigem Kampf mit der modernen Mode, die es als nicht christlich betrachtet und dies zumeist mit Recht. Es hat hierin besonders auch schon gegenüber hochstehenden Persönlichkeiten unangenehme und peinliche Auftritte gegeben.

Beiliegendes Bildchen läßt Dir Theres übermitteln und wünscht Dir, daß Du den göttlichen Heiland immer mehr kennen und lieben lernst, damit Du recht bald einsiehst, wie köstlich und süß der Friede Christi im Reiche Christi ist. Jetzt zur Weihnachtszeit soll uns das Heilandskindlein lehren, recht einfach, kindlich und klein zu werden; denn je kleiner und demütiger wir vor uns selbst und der Welt werden, desto tiefer läßt uns Gott in seine Geheimnisse und sein Walten und Wirken blicken. Vater, ich preise dich, daß du vor Weisen und Klugen dies verborgen, Kleinen aber geoffenbart hast, bekennt uns ja selbst der Heiland. Je kleiner wir im Innern werden, desto größer werden wir bei Gott, und je mehr wir uns in dieser Hinsicht versagen, desto reichlicher gibt uns hierfür Gott. Dies ist ja das Geheimnis der Heiligkeit der hl. Theresia a Jesu infante. Je einfacher, natürlicher und kindlicher unser Gebetsleben und unser Verhältnis zu Gott wird, desto lieblicher, freudenreicher und tiefer wird dann auch unser inneres Leben und unser Verhältnis zu den Mitmenschen und desto gefestigter und sicherer stehen wir dann auch in den Widerwärtigkeiten des Lebens; denn wir kämpfen ja auch nicht bloß gegen Fleisch und Blut, sondern auch gegen die Mächte der Finsternis. Diese dämonischen Kräfte sind heute mächtiger und stärker denn je und wir müssen von ihrer Existenz wissen. Trotz alledem aber wird unser kindlicher Glaube Sieger bleiben; denn Gott hilft uns ja, da er uns liebt und an sich zieht. Darum, liebe Erna, gib Dich nur ganz unbekümmert und rückhaltlos der göttlichen Führung hin und vertraue ganz auf Gott, der ja überall mit uns ist und uns nie verläßt. Er lenkt alles zum Besten und Schönsten und weiß um einen jeden. Bete nur öfters um Erleuchtung und Stärke, dann wird Dir die göttliche Hilfe nie mangeln. In kritischen oder schwierigen Augenblicken reicht ja schon bloß ein Gedanke an den Heiland und Gott, und es wird geholfen sein. Bete auch manchmal für die noch so weit Fernstehenden, daß auch sie die Gnade Gottes erreichen möge. Ich denke manchmal, ob nicht Alex und Anny schon eine gewisse Bestimmung göttlicher Vorsehung in sich tragen. Sie sind mir innerlich sehr verbunden. Vielleicht ruft sie in späteren Jahren der Heiland auch einmal zu sich.

Nun will ich aber schließen und verbleibe im Geiste des Herrn
Dein Vetter Bruno.
Anbei ein Bild der hl. Theresia kurze Zeit vor ihrem Tode!

Eichstätt, 4. 3. 1930

Liebe Cousine!

Deine beiden Briefe habe ich erhalten; der letzte hat natürlich auch bei mir lebhaftes Bedauern ausgelöst; aber mit derlei Schwierigkeiten muß man jederzeit rechnen. Ich habe mir seinerzeit beruflich auch die größte Mühe gemacht, eine passende Stellung zu finden, die es mir ermöglichte, in Ruhe und Zurückgezogenheit meinen Übertritt vollziehen zu können. Ein halbes Jahr lang gingen alle Versuche fehl oder blieben ohne jeglichen Erfolg. Da löste sich zum Schluß, als die Sache reif war, alles spielend leicht, wie wenn es von langer Hand her schon vorbereitet wäre ...

Habe aber nur keine übermäßige Sorge; es geht alles nach dem Plan und der Vorsehung Gottes. Nicht ein Haar fällt von unserem Haupte ohne Gottes Vorsehung. Kein Vogel fällt zur Erde und kein Blümlein verdorrt ohne im göttlichen Plane vermerkt zu sein. Um wieviel mehr sorgt Gott für uns Menschen und jeden einzelnen von uns.

In Deiner Angelegenheit habe ich postwendend nach Speyer an Fräulein Dr. Stein (Edith Stein) geschrieben. Ich glaube, daß dieselbe, die über einen ansehnlichen und vermöglichen Bekanntenkreis verfügt, sicherlich die Sache aufs beste und zuverlässigste in Angriff nimmt und sicher auch in irgend einer Weise sorgen wird. Speyer wäre für Dich sogar noch viel günstiger als Würzburg oder sonst eine Stadt in Bayern. Außerdem wärest Du wieder bei Deinen Dominikanerinnen, deren Leben Du ja aufs beste kennst. Und außerdem hättest Du dort eine erfahrene und herzlich gute Freundin und Schicksalsgenossin in Fräulein Dr. Stein, die ja aus denselben Verhältnissen und ähnlichem Entwicklungs- und Berufsleben herauskam. Speyer wäre somit ideal. Außerdem kenne ich den dortigen Caritasdirektor, der evtl. auch in manchem helfen könnte und viele andere ...

Nun Schluß! Habe Mut und Gottvertrauen, es wird bestimmt alles gut.
Dein Vetter Bruno.

---

[1] Zu den Englischen Fräulein in Bamberg.
[2] Gestorben am 17. 12. 1917.
[3] Vgl. I. Teil, Seite 25.
[4] Edith Stein, Glock u. Lutz, Nürnberg, 1954, Seite 134.
[5] Dr. Edith Stein, Speyer.
[6] In dem Wiener Neuigkeits-Weltblatt vom 5. 1. 1930 (Seite 25) steht seine Bekehrungsgeschichte.

Studienjahre in Speyer

An die
Ehrwürdigen Dominikanerinnen
Bamberg, Heiliggrabkloster.

Speyer, St. Magdalena, 7. 3. 1930

Sehr geehrtes Fräulein H.,

*hiermit die offizielle Mitteilung, daß die Regierung der Pfalz Sie zur Auf-
nahmeprüfung zuläßt, die am Do. 13. 3. früh 7 1/2 in Speyer, Karmelitenstr.
3, in der Frauenarbeitsschule eröffnet wird. Sie möchten sobald wie möglich
Ihr Gesuch mit Angaben der genauen Adresse an die Regierung der Pfalz,
Kammer des Innern richten ...*
Mit bestem Gruß
Dr. E. Stein.

Kloster St. Magdalena
Speyer a./Rh. 29. 3. 1930

Liebes Fräulein Herrmann,

*über Ihren guten Erfolg war ich schon durch Sr. Augusta unterrichtet und
habe mich sehr darüber gefreut. Ob es mir noch möglich sein wird, ins Marthaheim zu gehen, weiß ich nicht, da ich nach Schulschluß sofort abreise und
bis dahin noch sehr viel zu tun habe. Ich glaube, groß wird die Preisdifferenz
nicht sein.*

*Ihre Bildchen haben große Freude hervorgerufen. Aber damit lassen Sie's
nun genug sein, liebes Fräulein Herrmann! Mir wenigstens ist es immer ein
wenig schmerzlich, wenn ein Liebesdienst mit einer materiellen Gabe vergol-
ten wird. Der Christ sagt: Gott vergelt's! Und wenn er es von Herzen sagt,
so ist es mehr wert als jeder andere Dank. – Grüßen Sie Herrn Rothschild und
die Resl.*

Gnadenreiche Tage in Konnersreuth wünscht Ihnen
Ihre E. Stein.

Eichstätt, 29. 3. 1930

Liebe Cousine!

*Seit längerem habe ich auf etwas Näheres Deinerseits gewartet, besonders
betreffend der Zukunft. Dein Brief hat mir nun gezeigt, daß noch lange nicht
alle Schwierigkeiten und Hindernisse für Deinen Übertritt behoben sind. Die*

153

Möglichkeit für Deine persönliche Selbständigkeit wäre zwar grundgelegt, aber das nähere Wie wäre noch zu finden.

Meine Ansicht ist nun die, daß es das Beste wäre, wenn Du in materiell-finanziellen Fragen unabhängig wärest sowohl von daheim wie auch von Verwandten in Bayreuth. Und das wird sich letzten Endes auch machen lassen.

Hast Du nicht mal mit Fräulein Dr. Stein über diese Fragen gesprochen? Schreib' ihr mal hierüber! Ich kenne mich zwar mit diesen Lehrerinnenfragen nicht aus; aber ich meine, es müßte sich doch machen lassen, daß Deine finanziellen Bedürfnisse sich wesentlich herabschrauben ließen.

Vorausgesetzt, daß Du schon Konvertitin, also Katholikin bist, wäre es da nicht möglich, daß Du da frei in Wohnung und Kost vom Kloster oder sonst einem katholischen Heim aufgenommen würdest? Ich habe hier im Seminar ja auch einen Freiplatz. Im Kloster käme es auf eine Person mehr ja nicht an. Ferner wäre es nicht möglich, daß Du Dich nebenbei noch durch Stundengeben oder sonstwie betätigen und ein kleines Taschengeld verdienen könntest?

Weiterhin stellt vielmals der Caritasverband, und hierin gerade Speyer, Mittel in solchen Fällen wie bei Dir zur Verfügung. Darin könnte natürlich Fräulein Dr. Stein viel ausrichten; besonders wenn Du Dich sogar noch zur Rückzahlung entschlossen hast, erst recht. Außerdem besteht in Paderborn ein besonderer Verein zur Unterstützung der Konvertiten. Sein Name fällt mir leider nicht mehr recht ein. Also eine Lösung dieser Frage ließe sich im katholischen Sinne schon finden. In den Osterferien werde ich, falls es noch in der Schwebe ist, über diese und andere Fragen, die noch hindernd im Wege stehen, ja mit Theres sprechen können …

Mache Dich also dann mit Gottes Segen auf die Reise; am besten fährst du Mittwoch. In Konnersreuth miete Dich am besten ein bei Schmiedemeister Männer. Du bekommst dort auch Verpflegung. Doch sprich den Bewohnern des Ortes gegenüber möglichst wenig von Deinem Vorhaben und Deinen Verhältnissen. Es führt zu der wildesten Gerüchtebildung. Schreib' Deinen Namen ein, das reicht. Fremden gegenüber sprich auch nicht, daß Du mit mir bekannt und verwandt bist. Man lauert zu sehr auf Neues!

Mit diesen Aufklärungen versehen fahre nun los und sei bestens gegrüßt von Deinem Vetter
Bruno.

Eichstätt, 3. 4. 1930

Liebwerte Cousine!
Brief erhalten; besten Dank.

Zur Orientierung und Beruhigung diene dir Folgendes: Freilich ist es nicht notwendig, den Übertritt zu forcieren oder vorzeitig und ohne Drang zu vollziehen. Aber andererseits darfst Du nie vergessen, daß die Taufe die

Rechtfertigung, Reinigung und Heiligung des Menschen ist, insofern in ihr die jedem Menschen von Natur anhaftende Erbsünde an die Wand gedrückt und getilgt wird, und daß ohne die Taufe niemand weitere Gnaden empfangen kann. Sie ist die Pforte und die Grundlage jeglichen übernatürlichen Lebens. Infolge dieser ihrer überragenden Bedeutung ist ein Hinausschieben derselben immer mit viel Gefahren, Belästigungen und Behinderungen verbunden. Die Taufgnade ist eine gewaltige Gnade; ich möchte sie bald über alle anderen setzen, da ja der alte Mensch durch sie zerstört und der neue Mensch gebildet wird. Daher möchte ich Dich ermahnen, Deine Konversion doch nicht auf die lange Bank zu schieben. Ich weiß zu gut, was gerade für mich die hl. Taufe war. Nun das Haupthindernis: Meiner Ansicht nach ist es durchaus möglich, einen Glaubenswechsel vollständig geheim zu halten. In Deinem Falle ist jeder Priester bereit, in größter Stille Dich zu taufen, ohne daß vorläufig dies auch durch das Standesamt läuft. Hierüber kannst Du ja genauer mit Herrn Pfarrer von Konnersreuth sprechen. Und wenn Du in den Ferien zeitweise daheim bist, muß sich Dein kirchliches Leben doch auch geheim halten lassen, indem Du eben nur im Kloster, wo alle es geheim halten sollen, verkehrst. Es ist dies keine Glaubensverleugnung, sondern die Rücksicht auf die Mutter und die Sorge um ihr Leben, das man nicht aufs Spiel setzen darf, selbst nicht dieser religiösen Fragen willen. Über all dies kann Dir auch Fräulein Dr. Stein gute Ratschläge geben, da ja auch sie eine alte, um sie besorgte Mutter besitzt.

Mache Dir aber hierüber vorläufig keine großen Sorgen, sondern trage gerade auch diese Frage Herrn Pfarrer Naber, Konnersreuth, vor; er wird sichere und bestimmte Auskunft übermitteln, evtl. durch Theres. Dann hast Du Klarheit. Reise also zuerst dorthin und besprich alle Deine Sorgen und Pläne mit Herrn Pfarrer und Theres; Du wirst wesentlich erleichterter und klarer sehend zurückkehren.

Da ich jetzt sehr viel Arbeit habe und die ganze nächste Woche jeden Tag Examina machen muß, kann ich Dir vorläufig kaum mehr schreiben. Daher auch nun Schluß!

Ziehe mit Gottes Segen und sei bestens gegrüßt von
Deinem Vetter Bruno.

N.B. Am Freitag kannst Du ruhig längere Zeit im Zimmer der Theres verbleiben, wenn auch die übrigen Besucher gehen müssen! Herr Pfarrer wird es Dir schon sagen!

Aufbruch nach Konnersreuth

Nach diesen Briefdokumenten setzt Erna Haven ihren Bericht fort:

Eines Tages vermittelte mir Bruno auch einen ersten Besuch in Konners-reuth. Wohl froh über diese bevorstehende Reise, machte es mir doch Kopf-zerbrechen, wie ich es anstellen sollte, ohne daß dieses Ziel von den Meinen entdeckt würde. – Da half eine Einladung, die ich nach F. bekam, von wo aus ich heimlich nach Konnersreuth fuhr.

Dort angekommen, wurde ich verwiesen an Resls Schwester Zenzl, die ver-heiratet war. Bei ihr sollte ich schlafen. Die Einfachheit bei Zenzl, ihre Zu-traulichkeit, mich gleich Erna zu nennen und wie sie so gut über Bruno sprach, das alles gab mir eine gewisse Leichtigkeit, mich der Umgebung an-zupassen. Ich vernahm auch, daß Herr Pfarrer Naber meine Bekanntschaft machen möchte. So begab ich mich dann ins Pfarrhaus.

Herr Pfarrer Naber: ein älterer Herr, mit weißen Haaren, äußerst gemüt-lich, langsam sprechend, erzählte mir mit Begeisterung von Bruno, wie glück-lich er heute sei. Ich konnte dann die Nachrichten aus engerer Familie mit-teilen, daß man Bruno verurteile. Ich bat auch um große Diskretion über mein Kommen hierher. Herr Pfarrer sagte, daß Resl sich auf meine Bekanntschaft freue und mich am Mittwoch gegen 3 Uhr erwarte. Zur verabredeten Zeit ging ich zu Resl und wurde in die einfache Wohnstube geführt. Holzboden, sehr einfache, alte Möbel. In der Ecke stand ein Bett, an der anderen Wand war eine Ofenbank und ein kleiner Ofen sichtbar, der, wie ich annehmen konnte, den Nebenraum und dieses Wohnzimmer erwärmen sollte. Resl bot mir einen Stuhl an, sie selbst setzte sich auf die Ofenbank und wir diskutier-ten. Wir sprachen über alle möglichen Bereiche. Sie erzählte auch, sie wisse, daß ich einen kranken Bruder habe. Sie hatte Tränen in den Augen, als ich ihr erzählte, wie der Junge zu dieser schrecklichen Krankheit gekommen ist: daß er vom Pferd stürzte, seinen Kopf verletzte.

Dann stellte Resl die Frage, ob ich überhaupt die katholische Religion etwas kenne. ›Oh ja!‹ sagte ich, ›ich bin fast zehn Jahre bei meinen Englischen Fräu-lein gewesen und da wurde immer vor und nach dem Unterricht gebetet. Ich kenne das Gegrüßet seist du, Maria, ich kenne das Vaterunser.‹ Resl fragte: ›Und was noch?‹ ›Oh, eigentlich sehr wenig!‹ sagte ich. Resl fragte: ›Kennen Sie den Kreuzweg?‹ ›Ach ja, das sind die Steine da, die man in Bamberg auf den Weg zum Michelsberg den Kreuzweg nennt!‹ (Das wußte ich, das heißt der Kreuzweg) ›Aber den Kreuzweg selbst, den kann ich nicht verstehen, er ist mir ganz unverständlich. Es war mir auch immer unverständlich, wenn man mir sagte, ich habe noch den Kreuzweg zu beten!‹ ›So‹, sagte die Resl,

›Sie haben doch schon eine Ahnung vom Katholischsein.‹ – ›Ja‹, erklärte ich
ihr, ›das mag vielleicht auch daher kommen, daß unsere treue Anna, die
Dienstbote in unserer Familie war, so wundervolle Legenden und anderes zu
erzählen wußte, als wir klein waren.‹ Da erinnere ich mich noch, daß sie von
der heiligen Zita, der heiligen Genofeva und anderen sprach. Sie hatte auch
immer zu Weihnachten einen Weihnachtsbaum. Meine Schwester und ich
fragten unsere Mutter. Sie sagte: ›Nein, das ist katholischer Brauch, aber
nicht Brauch in unserer Religion, das müßt Ihr Euch aus dem Kopf schlagen!‹

Resl kam nochmals auf den Kreuzweg zu sprechen. Sie meinte, es fehle
nicht mehr viel, um katholisch zu werden. ›Katholisch?‹ sagte ich, ›werde ich
nie! So wie man geboren ist, so muß man leben und sterben!‹ Als ich der Resl
so gegenüber saß, war ein ziemlicher Abstand zwischen uns. Sie sagte, warum
ich denn so schüchtern sei und so weit von ihr sitze, ich möge doch näher her-
ankommen. Ich bin dann näher gerückt, aber verzagt. Ich fühlte eben, daß ich
in einer anderen Umgebung war und mit einem anderen Menschenkind zusammen. Sie sagte: ›Mit dem Bruno bin ich per Du und mit Ihnen, seiner
Cousine, soll ich per Sie sein? – Jetzt sagen wir Du! Also, Erna, komm, setz
Dich auf die Ofenbank neben mich, dann können wir weiterschwätzen.‹

Wir hatten ziemlich lange miteinander diskutiert, denn der ganze Nachmittag war fast entschwunden. Ich ging dann wieder in das Haus ihrer
Schwester. Am anderen Tag setzten wir unsere Gespräche fort. Ihre großen,
herrlichen Augen schauten mich so liebevoll und freundlich an; nichts Auf-
dringliches, selbstlose Güte strahlte aus ihnen.

Am Donnerstagabend vor Mitternacht wurde ich von Herrn Pfarrer Naber in ihr Stübchen eingeladen. Ein peinlich sauberer Raum. Aus einem
Wandkäfig kamen Laute zwitschernder Vögel; es herrschte eine unerklärliche,
heilige Atmosphäre. Es waren, als ich ins Stübchen eintrat, auch noch einige
Priester anwesend. Der Herr Pfarrer erkärte mir dann die Leiden des Heilands, seine Qualen auf dem Ölberg. Um 12 Uhr begann bei Resl die Passion.
Ich sah die ersten Blutstropfen über die Wangen rollen, erst ganz weiß, rosa
und dann rot.

Wie lange ich in diesem Raum war, wußte ich nicht. Ich war erschüttert,
aber immer noch fest in meiner Meinung: Ich lasse mich nicht katholisch machen, ich lasse mich nicht von Katholiken beeindrucken. Ich sterbe jüdisch und
ich lebe im Glauben meiner Ahnen, meiner Eltern! Und in diesem Gedanken
verließ ich dann das Stübchen von Resl und ging schlafen. Bevor ich wegging,
sagte Herr Pfarrer Naber: ›Morgen früh um 9 Uhr möchte gerne die Resl mit
Ihnen sprechen; wollen Sie dann wiederkommen?‹

Aber wie erstaunte ich, als ich am nächsten Morgen eine ganze lange
Schlange von Menschen sah, die vor Resls Haustür standen. Als ich ans Haus
kam, wurde ich sofort empfangen. Man wollte nicht haben, daß ich mich an-

stelle. Ich kam mir etwas beschämt vor, denn als ich ins Zimmer kam, muß-
ten alle die Besucher aus dem Zimmer gehen und ich hatte ein komisches Ge-
fühl, als wenn es das Jüngste Gericht wäre. Als der Pfarrer sagte: ›So, nun
sind wir allein!‹, da konnte ich mir gar nicht denken, was vor sich gehen
sollte. Ich stellte mich ziemlich weit entfernt vom Bett, mehr gegen die Tür,
damit, wenn irgend etwas nicht geheuer ist, ich schnell entspringen kann.
Pfarrer Naber schien das zu spüren. Er sagte: ›Fräulein Erna, kommen Sie
näher, kommen Sie zum Fußende.‹ – Resls Gesicht war schon übervoll mit
Blut bedeckt, die Bluttränen bildeten darauf Krusten, so daß Resl überhaupt
die Augen nicht öffnen konnte und furchtbar litt. Ihre Handbewegungen
führten immer wieder zum Kopf, als wolle sie Dornen aus dem Haupte zie-
hen. Ich sprach kein Wort. Herr Pfarrer erklärte mir nun, welche Station des
Kreuzweges die Resl mitleide. Und als ich näher zum Bett kam, richtete sich
Resl, die mich nicht sehen konnte, auf und sagte: ›Du willst zwar nicht ka-
tholisch werden, aber der liebe Heiland hat dich so lieb, er läßt dich nicht
locker, du wirst katholisch werden, der Heiland wird dir unendlich viel Freu-
den bereiten. Du liebst sehr Kinder und wirst in Zukunft nur unter Kindern
tätig sein. Sei für die Zukunft nicht bange, so furchtbar lieb hat dich der Hei-
land!‹ Das beeindruckte mich. Und wie sie dann noch so einige Worte der Zu-
kunft sprach, durchzuckte es meinen Körper wie ein Blitz vom Himmel, der
mein ganzes Inneres erfaßte, und ich war nicht mehr blind. Ich hatte ein herr-
liches Gefühl der Wonne. Diesen Strahl der Erleuchtung könnte ich nie schil-
dern. Alle Zweifel, die ich bis zu dieser Stunde hatte, fielen und damit auch
der Schleier der Blindheit. Ich wollte in die Welt hinausrufen: ›Ich bin ja nun
katholisch geworden – ich bin so glücklich – ich gehöre einer anderen Welt!‹
Ich bat Herrn Pfarrer Naber inständig, mich zu taufen, weil ich nicht wegge-
hen möge ohne Taufe. Und er beruhigte mich und sagte: ›Nein, Fräulein Erna,
das geht nicht so rasch. Da müssen Sie zuwarten, dann müssen Sie Unter-
richt bekommen, der kann ein bis zwei Jahre dauern!‹ Ich sagte ihm, es sei
dann unmöglich, katholisch zu werden. In Gedanken sei ich's schon, in der
Seele jetzt auch, aber ich sei ja noch nicht aufgenommen und es fehle die
Gnade der Taufe. Er sagte: ›Nur Geduld!‹ Dann wiederholte er öfter: ›Der
Heiland liebt Sie!‹

Es war bestimmt eine Stunde vergangen, seit die letzten Besucher das Zim-
mer verlassen hatten, und weitere Personen eintreten durften. Am Nachmit-
tag war Totenstille. Resl war wie gestorben. Ihre Mutter kam dann, um die
Waschungen der Wunden vorzunehmen, natürlich ohne Gegenwart von
Fremden.

Am nächsten Samstag, wo ich wieder aufbrechen mußte, damit meiner
Mutter nicht der Verdacht komme, ich sei woanders hingefahren als nach F.,
sprach ich auch noch mit Herrn Pfarrer Naber und besonders mit Resl, die

wieder im natürlichen Zustand war, von meiner Zukunft. Resl sagte zu mir, daß ich einen Beruf haben muß, um in dem Moment, wo die Familie von einer Konversion erfährt und ich bestimmt verstoßen würde, mein Brot verdienen könne. Resl sagte: ›Ich werde mit Bruno darüber sprechen. Du wirst Weiteres von uns hören, liebe Erna. Aber sei gefaßt und mutig und Du weißt, daß der Heiland Dich so liebt und er läßt Dich nicht locker. Gehe also in Ruhe nach Hause, und ich wünsche Dir eine gute Fahrt!‹ Sie gab mir auch noch einige unterzeichnete Bildchen und einen Rosenkranz mit kleinen, rubinartigen Perlen – ob sie echt sind, weiß ich nicht. Aber sie sagte mir, sie habe Besuch von Pater Gemelli[1] aus Italien gehabt, der ihr diesen Rosenkranz schenkte, und sie glaube ihn mir geben zu dürfen. Auch Bücher gab sie mir, u.a. ›Paul Liebermann, der Negerapostel‹ (er stammte aus jüdischen Kreisen). Ich nahm alles sehr respektvoll entgegen, und dann ging ich in die Kirche. Ich kniete da nieder und bat um weitere Gnaden und Segen, damit ich erreiche, getauft zu werden. Aber so wonnevoll, so glückselig, wie ich fühlte in diesen Tagen in Konnersreuth, das habe ich nicht noch einmal wiedererlebt.

Nach dem Abschied von Pfarrer Naber, Resl und Zenzl trat ich die Rückreise an. Meine Mutter fragte mich, was ich erlebt habe, und dann erzählte ich ihr natürlich, was ich bei der Familie in F. erlebte, daß die Leute so gastfreundlich und so nett waren. Das andere verschwieg ich. Es war hart für mich, so hart. Denn ich habe meiner Mutter nie etwas verheimlicht und nie und nimmer sie angelogen. Selbst wenn ich als Schulkind Strafe bekam, alles mußte die Mutter wissen, wahrheitsgemäß.

Am Morgen nach meiner Heimkehr habe ich meine Dominikanerinnen besucht und gebeten, mit Mutter Priorin sprechen zu dürfen. Sie war hocherfreut, daß alles so gut verlaufen ist …

Hier endet der auf Tonband gesprochene Konversionsbericht der Erna, der nach ihrem Tode durch ihren Ehemann, Firmin Haven, ergänzt werden sollte. Aber dessen Krankheit und Tod verhinderten die Fertigstellung des Berichtes. Briefe und andere Dokumente ermöglichen es jedoch, auch weiterhin über die Zeit von Ernas Übersiedlung nach Speyer (1930) bis zu ihrer Auswanderung nach Belgien (1933) Auskunft zu geben.

Um bei einem etwaigen Kampf mit der Familie – nach Bekanntwerden der Konversion – sich behaupten zu können, ging Erna durch Vermittlung von Bischof Dr. Ludwig Sebastian, Speyer, und von Edith Stein, die in Speyer in St. Magdalena im Lyzeum und Lehrerinnenseminar tätig war, als Spätberufene an das *Pfälzische Handarbeitslehrerinnen-Seminar*.

Das Fernsein von zu Hause fiel Erna sehr schwer, jedoch erleichterte regelmäßige Korrespondenz mit ihrem Vetter und anderen guten

Freunden, vor allem aber mit der geliebten Mutter, den Trennungs-schmerz. Auch die Bamberger Dominikanerinnen hielten Verbindung zu der Mutter und berichteten nach Speyer: ... *Morgen nachmittag wird sie ins Klösterlein kommen, und wir werden nach Kräften mit ihr plaudern, damit sie leichter die Abwesenheit ihres ›Sonnenscheins‹ erträgt. Jedenfalls freut sie sich riesig, daß es Ihnen gut ergeht! ...*

Während der Ausbildungs- und Praktikumszeit litt die aus vermö-gendem Hause stammende Erna besonders unter Geldmangel. Sie war zeitweise gezwungen, sich durch Nachhilfestunden am Knabensemi-nar das Notwendigste hinzuzuverdienen. Neben dieser anstrengen-den Tätigkeit und ihrer Berufsausbildung nahm sie regelmäßig Kon-vertitenunterricht. Allein der Wunsch, die heilige Taufe und Euchari-stie zu empfangen, gab ihr die Kraft, alle Widerwärtigkeiten auf sich zu nehmen. Sie wünschte sich, während der Sommerferien in der Klo-sterkirche der Dominikanerinnen in Bamberg ihr *Hochfest* zu feiern und durch Geistlichen Rat Bosch getauft zu werden. In ihren materiel-len und seelischen Nöten erfährt Erna auch in Speyer weiterhin den Beistand ihres Vetters Bruno:

Konnersreuth, 26. 4. 1930

Liebe Erna!

Erst heute kann ich Dir Antwort geben auf Deine verschiedenen Mitteilungen. Ich mußte erst verschiedenes noch abwarten. Ich hatte Deinetwegen einem mir bekannten Industriellen geschrieben, erhielt aber bis heute noch keine Antwort ... Von Konnersreuth selbst kannst Du Schriftliches nie erwarten, auch würde ich Dir raten, die ohnehin genugsam mit Briefen und Korrespondenz Geplagten soviel wie mög-lich zu schonen und nur in besonderen Ausnahmefällen zu schreiben. Antwort erhält man von hier ja nie oder nur ganz selten und schwer-lich. Theres habe ich von Deinem Schreiben natürlich kurz berichtet. Dieselbe hat für Dein materielles Wohl Fürsprache eingelegt bei einem guten Bekannten von ihr, der gerade hier war und vermögend ist. Der-selbe wird Dir monatlich 50–60 M überweisen ohne Namensnennung. Theres will ja demnächst auch Herrn Bischof von Speyer schreiben; da-bei wird sie auch Deiner erwähnen und vielleicht anfragen, ob es nicht möglich ist, Dich billiger irgendwo unterzubringen oder zu versorgen; denn mehr wie 70–75 M monatlich wird sich nur schwerlich erreichen lassen. Doch wollen wir also mal abwarten. Auf alle Fälle wirst Du schauen müssen, Dir irgendwie eine Verdienstquelle zu eröffnen oder die Ausgaben herabzuschrauben. Vielleicht wird dies geschehen, wenn Resl Hochw. Herrn Bischof geschrieben hat; aber wann wird dies geschehen? Resl hat absolut keine Zeit zum Schreiben, ja nicht einmal zum Briefelesen. Daher konnte ich ihr auch Deinen Brief weder vorlesen noch auch zur Kenntnis bringen, außer, daß ich ihr das Notwendigste sagte.

Wende Dich also fürderhin, wenn Du etwas brauchst, an mich. Soweit es geht, helfe ich Dir.

In erster Linie möchte ich Dir aber wiederum Fräulein Dr. Stein empfehlen, die Dir am meisten nützen und helfen kann und von der Du sehr vieles lernen kannst. Sieh zu, daß Du Dich mit ihr befreunden kannst ...

Teile Deine Speyerer Adresse uns mit und falls Du ohne Mittel bist, wollen wir Dir dann dorthin 50,– M überweisen.

Resl läßt dich grüßen und auch von mir sei gegrüßt.

Dein Vetter Bruno.

Eichstätt, 12. 5. 1930

Liebe Erna!

Für Deine verschiedenen Briefe besten Dank. Ich muß leider immer einige zusammenkommen lassen aus Zeitmangel und so alles zusammen beantworten.

Vor allem freut es mich, daß Du Dich so gut in Speyer eingewöhnt und keine besonderen Schwierigkeiten hast. Die materiellen Sorgen werden sich schon beheben lassen; und zwar sehr bald ... Wenn irgend etwas ist, so wende Dich nur an mich. Auch schweige betreffs des 28. August; sonst wird Resl kaum kommen können ...

Die von mir ab Konnersreuth aufgegebenen 25,– M wirst Du im rechten Augenblick gerade noch erhalten haben.

Mit den besten Grüßen

Dein Vetter Bruno.

Eichstätt, 4. 6. 1930

Liebe Erna!

In Erwiderung Deines Briefes möchte ich Dir gleich mitteilen, daß es natürlich für mich unmöglich ist, die weite Reise nach Speyer zu unternehmen, zumal ich es auch gar nicht im Sinn hatte ... Im übrigen möchte ich Dir raten, Einladungen oder sonstige Gelegenheiten zu meiden. Herr XY möchte immer gerne von Konnersreuth erzählt bekommen oder erfahren und ist sehr geschwätzig. Zieh Dich vielmehr gerade jetzt in Speyer soviel wie möglich zurück. Wenn man in der Konversion steht, ist Ruhe und Zurückgezogenheit sehr wichtig, um sich selbst genügend beobachten und verbessern zu können. Sich selbst täglich scharf unter die Lupe zu nehmen, um jegliche Regungen von Selbstgefälligkeiten oder Eitelkeit hintanzuhalten, ist gerade in dieser Zeit sehr notwendig, wo man infolge einer gewissen Hochstimmung gerne geneigt ist, sich selbst für etwas Besonderes zu halten. Ich möchte Dir gerade bei dieser Gelegenheit besonders anraten, diese Zeit soviel wie möglich der Verinnerlichung und Erziehung zu einem einfachen, demütigen und anspruchslosen Menschenkind zu verwenden. Untersuche immer wieder, was an jüdischen Überresten noch da ist und räume damit gründlich auf; nicht bloß mit inneren Resten, sondern auch mit äußeren Anhängseln und Gewohnheiten. Beobachte soviel wie möglich Deine christliche Umgebung und suche möglichst viel Gutes daraus zu schöpfen. Strebe immer mehr darnach, dem göttlichen Heiland in Denken, Tun und Wollen immer gleichförmiger zu werden und Dir selbst innerlich abzusterben. Suche in allem Gottes heiligen Willen zu erkennen und darnach zu handeln. Stelle lieber Deine weltlichen Arbeiten zurück und zieh Dich dafür mehr zu Betrachtung und Gebet zurück. Eine halbstündige Betrachtung Deiner selbst, der Tagesvorsätze und inneren Verbesserung solltest Du unbedingt halten.

Auf Äußerlichkeiten lege so wenig wie nur möglich Wert, vielmehr befleißige Dich, nur das Innere zu pflegen.

Schone Deine physischen Kräfte und arbeite nicht zu angestrengt geistig. Auf die Note I kommt es nicht an. Bewahre Dir lieber Deine Gesundheit, Gott hilft schon weiter.

Dein Vetter Bruno.

Eichstätt, 27. 6. 1930

Liebe Erna!

Auf Deine verschiedenen Schreiben hin, für die ich bestens danke, teile ich Dir heute als Wesentliches mit, daß Du demnächst von dem Münchener Herrn schon etwas hören wirst, so daß Du Deine Schulden und Verpflichtungen dann schon begleichen kannst. Und vom Stundengeben wirst Du inzwischen wohl auch Deine Kasse etwas aufgefüllt haben. Nur überanstrenge Dich nicht. Körper und Seele sind aufs innigste miteinander verbunden, und worunter das eine leidet, darunter leidet auch das andere schon etwas mit. Vernachlässige nur nicht vor lauter körperlich-geistiger Arbeit die religiöse Durchbildung. Betrachte womöglich jeden Tag, abends durch eine kleine Gewissenserforschung und Vorsätze für den nächsten Tag; morgens halte womöglich eine kleine Betrachtung über irgendwelche Wahrheiten, über Verbesserung des eigenen Lebens, eigener Gewohnheiten und Vernichtung jeglicher Selbstgefälligkeit. Stirb Dir selbst innerlich immer mehr ab und wachse mehr und mehr in Christus hinein, der immer bei Dir ist. Überhaupt gewöhne Dich frühzeitig an einen Wandel in der Gegenwart Gottes. Denke bei allem, was Du tust, immer daran, daß Gott dabei ist und zuschaut, aber auch bereit ist, jederzeit zu helfen.

Wann bekommst Du frei? Willst Du vor der Konversion noch einmal nach Konnersreuth kommen? Teile mir dies dann noch vorher mit und wann. Wegen des Taufkleides, sagt Resl, solltest Du Dir keinerlei Gedanken machen. Ein eigenes weißes Kleid bräuchtest Du nicht, da sich dies später ja doch nur selten verwenden ließe. Du könntest ruhig ein andersfarbiges Kleid aus Deiner jetzigen Garderobe verwenden, nur lang genug muß es sein. Ich würde Dir überhaupt raten, inzwischen alle Deine Kleider auszulassen und länger zu machen. Resl ist darin sehr empfindlich. Wenn Du dringend einen Stoff für ein eigenes Kleid bräuchtest, so glaube ich, würde Dir auch gerne Herr C. etwas schicken, da er Seidenstoffe herstellt. Aber nur nicht zu fein. Andererseits bin auch ich gerne bereit, dir das Geld für einen Stoff zu senden, den Du Dir in Speyer dann selbst aussuchen könntest. Schreibe mir, wieviel er kostet und ich überweise Dir dann sofort den Betrag.

Nun nur noch beste Grüße!

Dein Vetter Bruno.

Ernas Heimatpfarrer, Geistlicher Rat Bosch, schrieb ihr im Auftrage Resls über die bevorstehende Taufe:

Bamberg, 1. 7. 1930.

Liebes Fräulein Erna!

Ich kann Ihnen heute eine große Freude mitteilen: ich bin mehrere Tage in Konnersreuth gewesen. Gestern bin ich zurückgekehrt. Ich hatte großes Glück: Ich durfte mit Resl viel zusammen sein. Resl ist wirklich ein liebes, frommes und hochbegnadetes Mädchen. Ich war wiederholt bei Ekstase und Visionen zugegen. Es ist tief ergreifend. Auch sonst habe ich sie gesprochen, natürlich auch über unsere bewußte Angelegenheit.

Resl läßt Sie herzlich grüßen; sie hat ca. 2000 Briefe zu Hause liegen, die sie noch durchsehen muß.

Resl läßt Ihnen nun sagen, daß bewußte Sache am festgesetzten Tag, 28. August, nicht gut sein kann, weil dieser Tag ein Donnerstag ist und Freitag, Leidenstag, darauf folgt; es würde sie das zu sehr anstrengen. Sie läßt Sie bitten, sich zu fügen und einen anderen Tag zu wählen. Da es ja auf den Tag nicht ankommt – die Hauptsache ist die Taufe selber -, bitte auch ich, dem Wunsche Resls zu entsprechen.

Dann läßt Resl ferner bitten, ihren Namen, falls etwas bekannt würde, mit der Taufe nicht in Verbindung zu bringen, also höchstens zu sagen: sie war zu Besuch bei den Klosterfrauen etc. – Endlich kann Resl nicht über Nacht bleiben, weil sie hierzu bischöfliche Erlaubnis braucht, und die will sie nicht so oft erholen. Will mit Auto früh kommen und abends wieder wegfahren. Und endlich bittet Resl natürlich um tiefes Stillschweigen. Nun, es wird sich hoffentlich alles gut regeln; beten wir in dieser Hinsicht zur kleinen Theresia; die wird's schon machen …

Aus Bamberg erhielt Erna einen Antwort-Brief, den ihr Heimatpfarrer Bosch am 7. Juli 1930 schrieb:

Liebes Fräulein Erna!

Vielen Dank für Ihre freundlichen Zeilen! Der neueste Termin ist also 18. August. Ist Resl davon verständigt und damit einverstanden? Es gibt noch vieles zu besprechen und zu ordnen und Vorsichtsregeln zu treffen. Je länger ich die Sache überlege, desto gefährlicher und unsicherer erscheint mir alles sowohl bezüglich Ihrer Mutter als auch bezüglich Resls. Wenn doch die Mutter erst gewonnen werden könnte! Es erscheint mir fast unmöglich, daß sie - bei der großen Nähe – nichts erfahren sollte! Nur die alleräußerste Vorsicht würde es ermöglichen.

Ich habe gestern das Ganze mit Herrn Prälat Geiger besprochen. Er ist derselben Ansicht, ja, er meinte sogar, die Taufe sei noch verfrüht. Allerdings werden Sie kaum länger zuwarten wollen. Er meint, im Oktober/November. Was sagen Sie dazu? Nun, er meint es gut und ebenfalls äußerst vorsichtig. Was sagt auch Herr Bruno dazu? Wir müßten eben alles bis in die kleinste Einzelheit genau vorausordnen. Ankunft, Abreise usw. Resl will auch ins Pfarrhaus kommen. Bekannt darf nicht das Geringste werden. –

Ich habe mit Resl auch davon gesprochen, ob nicht in Konnersreuth die Sache am sichersten gemacht würde. Auch Herr Bruno wurde dort aufgenommen, hinter verschlossenen Türen. Freilich besteht dann Gefahr, daß es erst recht vielleicht in die Zeitung kommt. Kurz: Guter Rat ist teuer! Ich glaube, daß Sie bald zu Ferien (Mitte Juli) hierher kommen. Wollen wir dann alles nochmals reiflich und betend besprechen. Meine Hausangehörigen wissen nichts. Ich werde alles geheim halten.

Herr Prälat G. sagte, daß die bischöfliche Genehmigung wohl erteilt wird, auch wenn die Abmeldung beim Standesamt vorläufig nicht er-

164

folgt. Ist mehr nebensächlich! Und Sie werden nicht gleich sterben und im schlimmsten Fall würden Sie vom Rabbiner begraben. Und das wäre auch nicht das größte Unglück…

Ich fürchte, daß vorstehender Brief Sie vielleicht etwas aufregt. Tun Sie es nicht: wir werden alles noch in größter Ruhe bereden.

Es grüßt Sie herzlichst
Ihr Ergebenster B.

Nun schien es, als habe Bischof Ludwig von Speyer mit seinem Brief an Pfarrer Naber die Tore weit geöffnet, um in seinem Hause die Gäste zu empfangen, die sich zur bevorstehenden Konversion der Fräulein Herrmann einfinden würden:

Speyer, den 29. August 1930.

Euer Hochwürden!

Von Bamberg ward mir die freundliche Mitteilung, daß die von mir so hochverehrte Therese Neumann zur bevorstehenden Konversion der Fr. Herrmann hierherkommen wird, um Patin bei der Taufe der Frl. Herrmann zu werden. Von Euer Hochwürden hänge die Entscheidung ab. Ich möchte daher Euer Hochwürden ergebenst bitten, den Vorschlag des H. Prälaten Geiger anzunehmen und mir baldgefälligst Zusage mitzuteilen. Herzlich lade ich Sie und Frl. Therese Neumann u. sonstige Begleitung ein, in meinem bescheidenen Hause einzukehren. Sehr gerne wollte ich schon lange wieder einmal nach K. kommen, fand aber keine Zeit. Nun wird diese Feier mir Ihren lieben Besuch bringen.

Bitte Frl. Therese meinen Gruß und Segen zu übermitteln.

Auf frohes Wiedersehen hofft unter freundlichen Grüßen
Ergebenst
+ Ludwig.
Bischof v. Speyer.

Alles kam ganz anders als geplant: Ernas Taufe, die bereits für den 28. August 1930 vorgesehen war und auf den 18. August verschoben werden sollte, konnte wegen einer ernsthaften Erkrankung und Operation nicht erfolgen. Als Firmpatin hatte sich Edith Stein schon am 26. Juni 1930 angeboten:

Ihre Firmpatin zu sein würde mich sehr freuen. Auf die Teilnahme an den Tauffeierlichkeiten werde ich wohl leider verzichten müssen, weil indessen an meinem Ferienschluß andere dringliche Ansprüche gestellt worden sind.

Viel Freude für die Anbetungsstunde heute Nacht.
Ihre E. St.

Erschrocken über Ernas Krankheit und Zusammenbruch schreibt ihr Pfarrer Bosch am 13. 7. aus Bamberg:

... Ich habe eigentlich alles schon längst vorausgesehen: Sie haben Ihren Kräften zuviel zugetraut und zu sehr sich angestrengt. Es war zuviel! Gott Dank, daß wenigstens jetzt längere Ferien kommen. Ich hoffe, daß die Operation gut vorüber ist und Sie wieder auf dem Weg der Besserung sich befinden. Der liebe Gott wird helfen! Tragen Sie mutig und ergeben das auferlegte Kreuz im Andenken an den kreuztragenden Heiland und im Andenken auch an Resl. Ich habe Ihre Krankheit ihr kurz mitgeteilt. Näheres wußte ich selber nicht ... Haben Sie das Kranksein der Mutter mitgeteilt? ...

Auch Bruno ist von Ernas Krankheit und Operation überrascht. Er schreibt aus Eichstätt am 16. Juli, daß er Resl sofort davon in Kenntnis gesetzt habe:

... Antwort bekommt man zwar nicht, aber ich bin überzeugt, daß man Deiner gedenkt, auch Deiner materiellen Notlage. Hast Du von dem Münchener Herrn immer noch nichts gehört? Mach Dir darob keine Sorgen; im äußersten Fall springe ich dafür ein ... Wenn Du ausgeheilt bist, wirst Du wohl nach Hause fahren? Das Beste wird es auch sein. Du kannst Dich dort dann gründlich ausruhen und erholen.
Fräulein Dr. Stein hat sich Deiner wohl recht liebevoll angenommen. Sage ihr einstweilen beste Grüße. Sobald ich in den Ferien Zeit finde, werde ich ihr auch mal schreiben.
Ich wünsche Dir eine baldige vollständige Genesung und grüße Dich aufs beste.
Dein Vetter Bruno.

Eichstätt, 19. 7. 1930

Liebe Erna!

Deinen Brief erhalten. Möchte Dir nur in Kürze mitteilen, daß am Montag an Dich 100, - M abgehen. Ins Marthaheim wirst Du dich am besten mit dem Sanitätsauto bringen lassen. Aber nach Bamberg vorläufig noch nicht, solange der Arzt nicht ausdrücklich es erlaubt. Du kannst Dir sonst auf Lebenszeit etwas holen. Auf vierzehn Tage kommt es ja jetzt nicht mehr an. Im Marthaheim hast Du Ruhe und Erholung. Beschleunige es nur nicht übermäßig. In acht Tagen komme ich nach Konnersreuth, dann kann ich mich mit Resl besprechen.
Also halte Dich und kuriere Dich gut aus. In Christo!
Dein Vetter Bruno.

Zur weiteren Erholung nach Hause zurückgekehrt, erhält Erna ein Brieflein ihres Pfarrers:

Liebe Erna! Ich begrüße Sie in der Heimat, bedaure, daß Sie unter etwas traurigen Umständen zurückkehren, und freue mich zugleich, daß Sie sich so rasch und so gut erholt haben ... Alles andere besprechen wir mündlich ...

Ich freue mich, Sie bald wiederzusehen – heute wird es kaum möglich sein; darum einstweilen diese schriftliche Begrüßung!

Ihr Ergebenster B.

Dann schreibt wieder Bruno:

Konnersreuth, 2. 8. 1930

Liebe Erna!

Auf Deine verschiedenen Nachrichten hin will ich mir Zeit für einige Zeilen noch nehmen. Ich nehme an, daß Du in Deiner Rekonvaleszenz gute Fortschritte machst und bis Schulbeginn wieder ganz gut beisammen bist. Ich möchte Dir besonders aus letzterem Grund anraten, langsam zu tun und nicht vorzeitig sich zuviel zuzumuten. Erhole Dich jetzt vor allem und lese die Bibel und bilde Dich gründlich in den Glaubenswahrheiten des Katechismus aus. Im Kloster kannst Du ja stundenlang Dich damit beschäftigen. Gehe nicht zuviel spazieren, es ist zu anstrengend. Sonst kannst Du Dir noch einen Rückfall oder Verschlimmerung zuziehen.

Aus diesem Grunde möchte ich Dir auch dringend abraten von einem Besuche von Konnersreuth. Auch Resl wünscht dies, zumal ja auch die Taufe verschoben ist. Geduldige Dich auf das kommende Jahr und bleibe in diesen Sommerferien ganz daheim.

Je mehr Zeit Du dem Studium der Glaubenswahrheiten jetzt schenken kannst, umso besser ist es. Nimm doch auch jetzt Religionsunterricht weiter. Im Kloster fällt es weiterhin ja gar nicht auf.

Hier ist noch alles beim alten, morgen konvertiert hier eine ganze Familie aus Berlin.[2]

Resl läßt Dich grüßen und auch von mir beste Grüße

Dein Vetter Bruno.

Einen Feriengruß und Genesungswünsche erhält Erna auch von Edith Stein:

Breslau X, Michaelisstr. 38, 20. 8. 1930

Liebe Erna,

nun rüsten Sie gewiß schon zur Abreise. Hoffentlich haben Sie sich indessen ganz erholt, so daß Sie mit frischer Kraft an die Arbeit gehen können. Wenn Sie nicht schon von den verschiedenen Seiten mit Ermahnungen versorgt würden, hätte ich Sie noch etwas damit unterhalten, daß vernünftiges Maß besser ist als blinder Eifer und Gehorsam besser als Opfer. Aber so will ich Ihnen nur die herzlichsten Wünsche für's neue Trimester mitgeben. Ich werde erst am 2. 9. in Speyer eintreffen, da ich ja noch nach Salzburg muß. Für den 1. 9. bitte ich Sie um ein besonderes Memento.

Auf frohes Wiedersehen
Ihre E. St.

Der nachfolgende Brief Edith Steins scheint eine Antwort auf eine Einladung Ernas anläßlich ihres Geburtstages am 28. September zu sein:

St. Magdalena, 25. 9. 1930

Liebe Erna,

für die Einladung besten Dank, bitte auch an Sr. Alexandra. Ich werde sie an die Kinder weitergeben. Ob sie kommen können, weiß ich noch nicht. Mich entschuldigen Sie, bitte, auf alle Fälle, denn ich muß mit meiner Zeit sehr haushalten und kann mir solche Unternehmungen nicht gestatten. Darum kann ich auch Ihnen, liebe Erna, keine Besuche machen – ich habe alle die Jahre in Speyer keinen Verkehr mit wechselseitigen Besuchen gepflegt. Wer meine Verpflichtungen kennt, nimmt mir das nicht übel. Es kommen viele Leute zu mir, und jeder, der glaubt, daß er bei mir Hilfe finden kann, ist mir herzlich willkommen. Das gilt natürlich auch für Sie, und ich sollte nicht mehr nötig haben, es Ihnen zu versichern.

Immer mit den herzlichsten Wünschen und Grüßen
Ihre E. St.

Im September erkundigt sich Bruno von Konnersreuth aus nach Ernas materieller Sicherstellung und ihrer Gesundheit. Auch mahnt er:

… Vor allen Dingen strebe weiter danach, Dich möglichst weiter und eingehender in die katholischen Wahrheiten einzuführen und das katholische Leben selbst genau kennen und führen zu lernen am eigenen Leben. Werde im-

mer mehr selbst Christin und streife jegliche Reminiszenzen und Anhängsel aus dem Judentum in Tun, Reden und Denken gründlich ab. Werde immer mehr nüchtern und ruhig denkend. Kümmere Dich vorläufig nicht um Tauftermine, sondern überlaß alles Weitere ruhig und getrost Gott, der alles zu seiner Zeit ordnen wird, und widme dich dafür ganz der innerlichen Um- und Durchbildung. Wenn es Zeit ist, wirst Du schon Nachricht und nähere Anweisung erhalten. Vorläufig warte ab und harre geduldig Deiner Zeit.

Anderen gegenüber sei äußerst zurückhaltend, besonders auch betr. Konnersreuth. Dieses lasse gänzlich aus dem Spiele, bis es einmal soweit ist, daß ich Dir Näheres mitteilen kann.

Auf Deinen Wunsch lege ich Dir einige Rosenblätter bei.[3]

Erhalte Dir Deine Gesundheit durch Mäßigkeit im Arbeiten und erhole Dich von Deiner Erkrankung weiter gänzlich.

Dein Vetter Bruno.

Einen Monat später erhält Erna wieder eine Nachricht ihres inzwischen nach Eichstätt zurückgekehrten Vetters:

… Ich bin jetzt ins eigentliche Seminar eingerückt, und mit der Freiheit ist es zu Ende. Ich bin natürlich da denselben Vorschriften und derselben Hausordnung unterworfen wie alle anderen. Betr. der Korrespondenz hat es da auch bedeutende Folgen und Regeln. Wir dürfen nur in bescheidenem Maße mit der Außenwelt brieflich verkehren und das nur bei triftigem Grunde. Die ganze Korrespondenz geht durch die Hände des Herrn Regens bzw. der Präfekten. Was die einlaufende Post betrifft, so wird diese natürlich durchgeschaut. Du siehst, das betrifft auch natürlich unsere Korrespondenz, und ich würde Dir daher vorschlagen, möglichst mit den Briefen zu sparen …

Dieser Brief geht wahrscheinlich noch nicht den Instanzenweg. Was Deine Angelegenheit betrifft, so wundert es mich, daß Herr Sp. aus München noch nichts von sich hören ließ. Wenn Du in Not bist, so schreibe ganz kurz und einfach der Theres nach Konnersreuth. Kleine Briefe liest sie schon gleich, längere läßt sie allerdings liegen. Nur mußt Du dann Deinen Absender auf die Vorderseite schreiben …

Die vergangene Woche erlebte ich meine ersten Exerzitien. Es ist etwas Schönes, so tagelang nichts anderes als geistliche Vorträge, Betrachten, Beten und an Gott denken. Mit einer gewissen Hochstimmung kommt man da heraus.

Nun aber habe ich Dir alles Wissenswerte geschrieben; sei mit dem Beantworten vorläufig noch etwas vorsichtig und abwartend, falls nicht etwas besonders Wichtiges vorläge, und sei bestens gegrüßt von

Deinem Vetter Bruno

Ein anderer Ratgeber und Fürsprecher, Prälat Geiger, meldet sich, um Erna aus ihrer *Allerseelenstimmung* aufzurichten:

Bamberg, 30. November 1930

Liebwertes Fräulein!

Freute mich, von Ihnen ein Lebenszeichen zu erhalten, um so mehr, als mir das Bedauern über die Verzögerung Ihrer Taufe immer auf der Seele lastet.

Sie sind mit Arbeit überlastet, wie ich höre auch mit Privatstunden, Unterhalt zu verdienen. Das ist zu viel und dabei kommt auch die Seele zu kurz, leidet Not und Hunger. Die Hauptsache der Allerseelenstimmung ist aber, daß Sie Christen vor sich sehen, die, kurz gesagt, eben keine Christen sind, obwohl getauft. Leider muß man bekennen, daß diese Sorten Christen, wobei auch Scharen von *Katholiken* zählen, die Mehrzahl heute in der Welt bildet. Es ist mit den Christen wie mit den Israeliten im Alten Bund: sie entsprachen nur zum kleinsten Teil dem Gnadenruf ihrer Auserwählung, mußten stets von Moses schon und von den Propheten Strafpredigten erhalten, von Gott mit Verwerfung bedroht und mit vielen schwersten Plagen gestraft werden und haben zuletzt ihren heißersehnten Retter verkannt und gekreuzigt. Es scheint das durchaus das aus der Erbsünde erwachsende Verhängnis zu sein. Judase, die ihrem Gott Schande machen und ihren Heiland kreuzigen. Dadurch, liebes Fräulein, lassen Sie sich nicht bedrücken und nicht irre machen! Es sei allzeit wie Sie schreiben: Eine tapfere Jüngerin Jesu sein und bleiben! Nicht wanken im Vertrauen, feststehen in der Heilandsliebe und im Gebet. Und wenn wir allein stünden und mit Jesus wie die hl. Frauen und Johannes unterm Kreuz, wir wenigstens wollen Jesus nicht lassen!

Ich war am 5./6. Nov. in Konnersreuth, habe zweimal die Resl gesprochen, natürlich haben wir auch von Ihnen geredet. Mir wäre es halt am meisten sympathisch, wenn Sie in aller Stille, dort in Speyer Ihren Übertritt vollziehen würden. Möge es der Herr lenken nach seinem hl. Willen.

Gott segne Sie, liebes Fräulein. Ich bete oft ausdrücklich für Sie und alle Juden, das Volk des Herrn und seiner heiligen Mutter.

Ihr ergebener Geiger.

Aus Speyer, St. Magdalena, schreibt Edith Stein am 19. Dezember 1930:

Pax!
Liebe Erna,

mit Ihrer schönen Handarbeit kann ich freilich nicht konkurrieren, aber einen kleinen Zimmerschmuck möchte ich Ihnen auch als Weih-

170

nachtsgruß schicken. Freilich, etwas anderes, viel Schöneres möchte ich Ihnen noch viel lieber geben, wenn es in meiner Macht stünde, den wahren Kindersinn, der dem kommenden Heiland die Tür öffnet, der – nicht in der Theorie, sondern praktisch, in jedem einzelnen Fall, wo es gilt – von Herzen sprechen kann: Herr, nicht mein, sondern Dein Wille geschehe. Ich sage es Ihnen, weil ich gern zu dem Einen Notwendigen helfen möchte. Ich habe mir in den letzten Monaten oft Sorge darum gemacht, weil ich immer wieder den Eindruck hatte, daß es an diesem wichtigsten Punkt nocht fehlt: daß ein starker Eigenwille da ist, ein gewaltsames Festhalten an einmal gefaßten Wünschen. Und wenn ich Ihnen vielleicht hart und unerbittlich erschienen bin, weil ich nicht auf Ihre Wünsche einging, so glauben Sie mir, es geschah nicht aus Kälte und Lieblosigkeit, sondern in der festen Überzeugung, daß ich Ihnen schaden würde, wenn ich anders handelte. Ich bin nur ein Werkzeug des Herrn. Wer zu mir kommt, den möchte ich zu Ihm führen.[4] Und wo ich merke, daß es nicht darum geht, sondern daß das Interesse meiner Person gilt, da kann ich als Werkzeug nicht dienen und muß den Herrn bitten, daß Er auf anderen Wegen helfen möchte. Er ist ja niemals auf den einen nur angewiesen. Wollen Sie die letzten Adventstage noch zu einer aufrichtigen Selbstprüfung benützen, damit Sie ein recht gnadenreiches Weihnachtsfest geschenkt bekommen? Ich denke, die Resl wird auch gern mithelfen. Wenn Sie nach Konnersreuth kommen, dann sagen Sie ihr, ich ließe sie auch recht herzlich darum bitten.

Nun wünsche ich Ihnen, daß Sie sich vor allem daheim recht erholen und dann gekräftigt und mit dem vollen Weihnachtsfrieden im Herzen wiederkommen möchten.

Ich werde in Beuron Ihrer gedenken.

Herzlichst Ihre Edith Stein.

Adresse vom 20. 12./3. 1.

Beuron (Hohenzollern) bei Mayer an der alten Holzbrücke.

Bruno schreibt:

Konnersreuth, 5. Januar 1931

Liebwerte Cousine!

Deine beiden letzten Nachrichten habe ich erhalten. Dein jetziger oder damaliger Zustand ist durchaus nichts Besonderes. Das kommt über einen jeden von uns. Wir sind ja nicht auf der Welt, um Freude oder Liebe zu genießen, sondern um unsere Pflicht zu tun und gerne zu leiden. Ohne solche Stimmungen wirst Du auch später nicht durchkommen.

Ich halte es für wichtig, daß Du Dich für das kommende Trimester wieder zum Religionsunterricht begibst und Dich an einen nüchternen, geistlichen Führer anschließt. Und zwar ist es am besten, wenn Du bei den Vätern vom Hl. Geist Führung und Unterricht suchst. Ist ja deren Stifter selbst jüdischer Abstammung gewesen. Im übrigen möchte ich Dir dringend raten, nicht so übermäßig zu studieren, keine Stunden zu geben, sondern der religiösen Durchbildung nachzugehen und mehr zu beten. Wenn Du ganz besonders in Geldnot sein solltest, so schreibe mir. Dann aber bemühe Dich, alles Überschwengliche im Wesen, Reden und Schreiben abzulegen. Es liegt dies zwar in der weiblichen Natur, ist aber sicher leicht abzulegen. Nüchternheit, Ruhe und eine gewisse Gleichförmigkeit sind das Beste. Das gilt auch ganz besonders für Deine Briefe. Ich würde überhaupt nicht soviel schreiben, braucht's ja nicht. Es ist schade für die Zeit. Am besten ist es, man schreibt nur, wenn etwas Wichtiges zu erledigen ist oder man sonst eine dringende Sache hat. Zur Unterhaltung und Anregung ist es nicht notwendig.

Dasselbe möchte ich Dir auch raten, wenn Dir Resl demnächst schreibt. Schreibe ihr nicht unnötigerweise. Du weißt ja, wie geplagt sie von allen Seiten ist. Es sind immer wieder welche da, die übertreten oder sich bekehren wollen; und die vielen anderen.

Nach Nürnberg zu kommen, hat sich meinerseits nicht machen lassen, hätte zu wenig Aufenthalt dort gehabt.

Betr. Anschlusses an Fräulein Dr. Stein möchte ich Dir weder zunoch abraten. Du kannst sie ja schon manchmal besuchen und ihre Hilfe, ihren Rat und Unterhaltung in Anspruch nehmen. Aber Führung und Unterweisung muß unbedingt ein geistlicher Herr übernehmen, am besten, wie ich schon sagte, ein Pater aus der Niederlassung der Väter vom Hl. Geist. Nun nur noch beste Grüße verbunden mit dem Wunsche, daß Du das kommende Trimester mehr in Ruhe, innerer Ordnung und mit vernünftigem, mäßigem Arbeiten verbringen mögest verbleibe ich Dein Vetter Bruno.

Auch ihrem Heimatpfarrer Bosch hatte Erna noch vor Weihnachten ihr Herz ausgeschüttet. Er antwortet auf ihren Brief:

Liebe Erna! – Das war aber ein arger Jammerbrief, der letzte. Ich konnte nicht eher antworten; ich bin schon seit einigen Tagen nicht recht wohl. Ich bitte Dich: Nimm doch nicht alles so tragisch und tief! Erstens spielen Deine überanstrengten Nerven mit (bin froh für Dich, wenn bald Weihnachtsferien kommen!) und dann ist das Leben so, wie es sich zeigt. Du warst im Elternhaus von Liebe umsorgt. Das findest

Du in der Welt nicht mehr. Da gibt es wenig Liebe, aber viel bittere Erfahrungen, Enttäuschung ohne Zahl, Undank und Lieblosigkeit in Hülle und Fülle! Trotzdem den Kopf oben behalten! Und sich nicht verbittern lassen! Trotzdem ein tapferes Mädchen bleiben und in Gottes Namen Kreuz tragen! Liebe spenden, aber nicht auf Dank oder Gegenliebe rechnen! Man muß häufig zufrieden sein, wenn man nur keinen Undank erntet. Wieviel könnte ich da erzählen aus meinem eigenen Leben! Also Kopf wieder hoch! Hintansetzung, Verachtung usw. war auch des Heilands Anteil. Was Fräulein Edith Stein betrifft, so hast Du offenbar zu viel Verkehr und Umgang mit ihr gesucht, und das ist ihr lästig geworden. Vielleicht hat sie auch dazu nicht soviel Zeit! Also, sei lieb zu ihr, aber zurückhaltend, selten sich sehen lassen! Merke als Lebensgrundsatz: Mit jedermann, wer es sei, freundlichst, lieb; zutraulich und vertrauend nur mit Wenigen! Die sind an den Fingern zu zählen! ...

Die Vermutungen von Pfarrer Bosch bestätigen sich in einem Brief Edith Steins:

St. Magdalena, 21. 1. 1931.

L. E.,

Es tut mir sehr leid, daß auf den guten Anlauf im neuen Jahr so schnell wieder ein Rückfall gefolgt ist. Wenn ich dächte, Ihnen damit etwas Gutes zu tun, hätte ich wohl heute oder schon Sonntag alles andere bei Seite geschoben, um nach Ihrem Befinden zu sehen. Aber ich bin nach wie vor davon überzeugt, daß ich Ihnen damit nur schaden würde. Wenn es Ihnen wirklich um Förderung im inneren Leben zu tun ist, werden Sie es lernen – wie alle anderen Menschen, die zu diesem Zweck zu mir kommen –, auf meine Lebensverhältnisse Rücksicht zu nehmen. Nächsten Samstag-Sonntag muß ich leider verreisen.
Gute Besserung!
Ihre E. Stein.

In seinem am 8. Februar aus Eichstätt an Erna gerichteten Brief geht Bruno noch einmal auf den Konvertitenunterricht ein, über den er bereits im Januar Vorschläge gemacht hatte (Ernas und Brunos Briefe kreuzten sich):

Du schriebst, Du wollest den Konvertitenunterricht selbst betreiben und Fräulein Dr. Stein hierbei hinzuziehen. Das geht natürlich nicht. Du mußt Dir einen geordneten, regelrechten Unterricht bei einem Priester geben las-

sen; am besten wäre es, wenn Du bei den Vätern vom Hl. Geist, die ich Dir ja schon früher immer empfahl, Dich vorbereiten ließest.

Von Fräulein Dr. Stein meinte ich nur, daß Du bei ihr gelegentlich Dich über manches aussprechen oder unterhalten könntest, nicht in dem Sinne einer Unterrichtung. Also nimm die Sache fest und energisch in die Hand und ordne Dich einem guten verständnisvollen Seelenführer unter. Sonst wird es kaum vorwärts gehen. Teile mir vielleicht gelegentlich mit, wie Du Dich entschlossen und wem Du Dich angeschlossen hast.

Sonst, wenn Du in Not bist, teile es mir mit. Auf der Herfahrt von den Ferien (8. 1.) traf ich in Nürnberg meine Mutter, und wir konnten uns so für einige Stunden unterreden. Es sind nun doch $2^1/_2$ Jahre gewesen, seit wir uns nicht mehr sahen.

Sonst gibt es weiter nichts von Bedeutung, und ich grüße Dich daher für heute bestens

Dein Vetter Bruno.

Eichstätt, 7. 3. 1931

Liebwerte Cousine Erna!

Es freut mich, daß Du nunmehr einen geordneten, regelrechten Konvertitenunterricht hast, halte darin aus bis zum Ende. Betr. Fräulein Dr. Stein behalte nur ruhiges Blut, man erlebt gar viel im Leben und manchmal täuscht man sich doch auch über die Gesinnung des Nächsten. Deinem Plane, bei ihr eine Art Konvertitenunterricht bzw. Aussprache über gewisse, im Selbstunterricht zurückbleibende Fragen zu suchen, habe ich ja sogleich widersprochen. Aber gehe ihr nur deswegen nicht aus dem Weg, und bleibt einander gut gesinnt.

Das Stundengeben ist nichts bei Deiner Schulbelastung. Wenn es nottut, so wende Dich noch einmal an den Münchener Herrn, der doch sicher bereit ist, Dir allenfalls einige Mark mehr zu senden. Du schreibst ihm doch ab und zu?

Schickt Dir Herr C. noch seine Beihilfe? Ich lege Dir anbei 10,– M noch bei, falls Du kein Taschengeld mehr hast. Betreffend Ostern kann ich Dir etwas Bestimmtes nicht zusichern. Ich bin die Karwoche bis zum zweiten Ostertag hier. In Konnersreuth herrscht in dieser Zeit absolute Ruhe, da keine Besuche da angenommen werden. Ob ich am zweiten Ostertag hinfahre, weiß ich jetzt auch noch nicht genau. Falls es möglich ist, teile ich es Dir noch mit (direkt nach Bamberg). Deinen Besuch in Konnersreuth schiebe halt noch auf bis zu den großen Ferien. Da ist es auch eher möglich, mit Theres sprechen zu können. In der Karwoche ist dies ausgeschlossen wegen der großen Leiden und darnach wird es auch schwer gehen. Also gedulde Dich noch ein Weilchen.

Ich lege Dir anbei einige Rosenblätter bei und grüße Dich bestens
Dein Vetter Bruno.

Nun folgen vier Briefe von Edith Stein

St. Magdalena, 12. 3. 1931

L. E.,

dieses Buch habe ich vor einiger Zeit mit großer Freude gelesen (ich
hatte es nur geliehen). Es ist aber vielleicht anders als Sie erwarten:
nicht die Konversionsgeschichte, sondern Darstellung des Lebens im
Karmel.

Herzlichen Gruß und gute Wünsche für den Schluß des 1. Schuljahres. Ihre E. St.

Beuron, 1. 4. 1931.

Liebe Erna,

Ihre beiden Briefe habe ich hierher bekommen. Wenn Sie nicht nach
Speyer zurückgingen, würde es mir als ein halber Verzicht auf die
Konversion erscheinen. Sie würden sich nur an die Familie binden und
wohl schwer zum zweitenmal loslösen…

Mit allen guten Wünschen Ihre
E. St.

Breslau, 17. IV. 31
Michaelisstr. 38

Viel Glück zum neuen Schuljahr!

Es freut mich, daß Sie gute Tage in Konnersreuth hatten. Ich glaube,
die Tatsache, daß ich Ihnen aus Beuron schrieb, sei genügend auf die
Frage, ob die Verbindung aufrecht erhalten werden solle. Ich habe
noch niemanden ohne Antwort gelassen, der einen Rat von mir
wünschte. Nur geht es nicht immer sofort und nicht immer ausführlich. Alles Gute und viele Grüße. Auch an alle Bekanten in Speyer.

Ihre
E. St.

Breslau X, Michaelisstr. 38
11. 5. 1931

Liebes Fräulein Herrmann,

meine Antwort hat wieder länger, als ich wollte, auf sich warten lassen. Indessen ist der 8. Mai vorübergegangen, damit auch Ihre 1. Lehrprobe, hoffentlich recht gut. Sie haben mir den Tag Ihrer hl. Taufe nicht verraten. Ich freue mich natürlich herzlich, daß er nun so nahegerückt ist. Ich wünsche Ihnen von Herzen, daß es der Tag einer wirklichen neuen Geburt wird. Dann wird Ihnen die Taufgnade und die immer neue Stärkung durch die hl. Sakramente die Kraft geben, alle Schwierigkeiten zu tragen, die Auseinandersetzung mit Ihren Angehörigen und das Abschlußjahr im Seminar mit seinen kleinen und kleinlichen alltäglichen Plagen.

Ich bleibe vorläufig in Breslau, nur manchmal werde ich vorübergehend zu Vorträgen verreisen müssen, z. B. nächstens nach Wien. Wer die Freundin ist, die eine Tante in Bamberg hat, weiß ich nicht.

Im Kloster hat sich schon manches ereignet, seit ich fort bin. Ich habe treue Berichterstatter. Von Sr. Raymunda hörte ich noch nichts. Grüßen Sie sie, bitte, herzlich, falls Sie sie sprechen.

Mit den besten Wünschen und herzlichen Grüßen
Ihre Edith Stein.

Auch Bischof Ludwig von Speyer gibt seiner herzlichen Freude über die bevorstehende Taufe der Fräulein Herrmann Ausdruck mit einem Schreiben an Pfarrer Naber:

Speyer, den 26. Mai 1931.

Euer Hochwürden!

Fräulein Herrmann, die Konvertitin aus Bamberg, die in der hiesigen Frauenarbeitschule sich z. Zt. ausbildet, besuchte während der Osterferien die liebe Therese Neumann und brachte mir die hocherfreuliche Nachricht mit, daß Therese doch zu ihrer Taufe hierherkommen wird. Ich möchte meine herzlichste Freude und meinen Dank über dieses Glück Ihnen und der verehrten Therese aussprechen. Mit aller Herzlichkeit lade ich Sie und H. Prof. Wutz und Therese ein. Frl. Herrmann sagte, es könne bis zu ihrer Taufe September werden. Da möchte ich bitten, erst nach dem 14. September hierherzukommen, weil vorher die Bischofskonferenz in Freiburg trifft. Ich bitte nochmals innig, doch ja hierherzukommen; ich würde das als ein großes Glück begrüßen. Alles wird streng geheim gehalten, wie ich ja auch noch niemand etwas davon gesagt habe.

Ich bitte der lieben Therese Neumann meinen Segen, meine Grüße zu bestellen. Gerne hätte ich sie wieder einmal besucht, aber die Zeit mangelte mir. Um so mehr freut es mich, daß ich sie hier begrüßen darf.

Gruß und Segen sendet
Ihr
ergebenster
+ Ludwig
Bischof v. Speyer.

JETZT FOLGEN BRIEFE VON EDITH STEIN UND BRUNO DICHT AUFEINANDER:

Breslau X, Michaelisstr. 38
1. 7. 1931

Liebes Fräulein Herrmann,

diesmal hat die Antwort nicht so schnell kommen können. Trotzdem die Schule jetzt fortfällt, ist meine Zeit nicht weniger ausgefüllt als in Speyer, und keine Uhr kann die Tage verlängern. Es freute mich sehr, aus Ihrem Himmelfahrtsbrief zu sehen, wie sich alles für Sie aufgehellt hat. Die schönen Feste der letzten Zeit und die nahe Aussicht auf Erfüllung Ihrer Wünsche hat hoffentlich Ihre Stimmung indessen noch erhöht. Ob Sie auf mich als Firmpatin rechnen können, scheint mir sehr zweifelhaft. Ich habe allerdings die Absicht, bei Gelegenheit einer großen Vortragsreise auch nach Speyer zu kommen. Aber vor Anfang November wird das kaum sein. Und so lange werden Sie nicht warten wollen. Fräulein von Bodman würde da Ihnen gewiß recht gern diesen Liebesdienst tun. Ich denke, daß der Verkehr mit ihr Ihnen viel Freude und Gewinn bringt. Grüßen Sie sie, bitte, herzlich von mir und ebenso alle anderen Bekannten, die Sie im Kloster zu sehen bekommen. Sollte Ihr Herr Vetter indessen ausgeweiht sein, dann darf ich Sie wohl bitten, ihm meine Glückwünsche zu bestellen.

Mit den besten Wünschen für Sie und in treuem Gedenken
Ihre Edith Stein.

Breslau X, Michaelisstr. 38
6. 7. 1931

Liebes Fräulein Herrmann,

Sie bekommen als Drucksache – aber nur leihweise, weil es mein letztes Exemplar ist – den Vortrag, den ich im letzten Jahr in Speyer hielt. Falls Sie etwas daraus verwenden, werden Sie gut tun, es als Zitat zu geben (Herr F. hat meinen Vortrag damals gehört). Wenn Sie Literaturangaben wünschen, könnten Sie sich von Ehrw. Sr. Bonaventura oder von einer Junglehrerin das Fortbildungsprogramm des vergangenen Jahres verschaffen; darin sind die vom Ministerium empfohlenen Bücher zusammengestellt.

Gute Ferien und viele Grüße
Ihre E. St.

Eichstätt, 10. 7. 1931

Liebwerte Cousine Erna!

Für Deinen Brief besten Dank. Es freut mich, daß Du die Nachhilfestunden aufgegeben und nun eine etwas ruhigere Lebensweise dadurch bekommen hast. Benütze diese Zeit nur gut, um Dich innerlich möglichst durchzubilden mit Hilfe der Gnade Gottes, Gebet und der Lektüre guter Bücher, damit Du, wenn der Tauftag gekommen ist, als ganzer Christ und Katholik eintreten kannst in die große, alle umfassende Kirche Christi. Du hast also mit dem hochwürdigsten Herrn Bischof schon gesprochen; auch über einen Tauftermin? Dieses letzte wird schon Herr Pfarrer Naber erfahren, so daß Du darob Dich nicht bemühen oder sorgen brauchest. Wenn die Zeit da ist, kommt es von selbst. Was sollte aber Dein Satz bedeuten: Nun habe ich auch die Erlaubnis erhalten, daß die betr. Seele die Taufe spenden darf. Ich bin mir nicht im Klaren, was Du damit gemeint hast. Bitte gib mir darüber gelegentlich Aufschluß.

Fräulein Dr. Stein ist Dir also doch noch gewogen. Sie ist aber nicht mehr in Speyer? Hast Du sonst irgendwelchen Anschluß und Gesellschaft gefunden? Den Unterricht nimmst Du doch noch weiter? Oder ist er schon abgeschlossen worden?

Bei uns gibt es wenig Neues. Viel Arbeit und zu wenig Zeit gilt auch bei uns.

Anfang Juli soll ich meine erste Predigt halten und habe noch keinerlei Stoff, noch nicht einmal ein Thema. Seit Dreifaltigkeitssonntag sind wir nunmehr Diakone, nachdem wir am Tage vorher in der heiligen Subdiakonatsweihe uns für immer Gott und seinem Dienste geweiht haben. Seit dieser Zeit beten wir daher auch schon das Brevier und müssen bei den feierlichen Ämtern levitieren.

Somit wäre die erste Stufe zum Priestertum überschritten, die Vollendung wird dann das nächste Jahr bringen.

Nun empfange noch herzliche Grüße von Deinem Vetter
Bruno.

Liebwerte Cousine!

Deinen Brief habe ich erhalten, und was ich vermutete, hat sich also bestätigt. Ich meine die Sache mit der heiligen Taufe. Ich glaube, Du hast damals beim Abschied in Konnersreuth meine Worte zu ernst aufgefaßt. Für einen Diakon ist nämlich die Spendung der heiligen Taufe noch nicht ohne weiteres erlaubt, sondern nur in Notfällen mit Erlaubnis des eigenen Bischofs. Und gar noch die Taufe einer erwachsenen Person! Diese sollte nach dem katholischen Recht sogar nur vom Bischof vorgenommen werden, der wiederum erst einen Priester damit delegieren kann. In Anbetracht all dessen möchte ich Dich daher bitten, diesen Plan der Vornahme der heiligen Taufe durch mich aus dem Kopfe zu schlagen. Es wäre schön, wenn ich schon Priester wäre.

Von Hochw. Herrn Bischof habe noch nichts erhalten; hoffentlich schreibt er nicht an meinen Bischof; denn das wäre mir gar nicht angenehm. Die Sache wird der gute Heiland schon recht machen und so regeln, wie es am besten ist. Überlassen wir es daher einstweilen noch Ihm, Er sorgt zur rechten Zeit.

Dein Vetter Bruno.

Breslau X, Michaelisstr. 38
15. 8. 1931

Liebes Fräulein Herrmann,

nun werden Sie wohl wieder in Speyer sein und vielleicht etwas einsam bis zum Trimesterbeginn. Da sollen Sie endlich den Dank für alle Ferien- und Vorferiengrüße, und für die hübsche Handarbeit erhalten. Weil es wohl keine so große Arbeit war und Ihre Zeit auch nicht so arg überfüllt wie im letzten Jahr, hat sie mich nicht so arg bedrückt. Aber während der Schulzeit machen Sie nichts wieder, bitte.

Nun ist ja der ersehnte Tag der Taufe nicht mehr fern. Ich werde mit Ihnen herzlich froh sein, wenn Sie das Ziel endlich erreicht haben. Es ist doch schwer, wenn man so lange vor den Toren stehen muß. Darf ich Sie bitten, an diesem Gedenktage meiner Schwester zu gedenken, die sich schon seit Jahren in die Kirche hineinsehnt und durch die Ungunst der Lebensverhältnisse immer noch zurückgehalten wird?

Wenn es für mich nicht möglich sein sollte, zur Firmung zu kommen, dürfen Sie Fräulein von Bodman ohne Scheu bitten. Ich bin überzeugt, daß sie es sehr gern täte. Im übrigen könnte ich, wenn Ihnen das lieber wäre, auch die Patenschaft übernehmen und Fräulein von Bodman mich bei dem Akt vertreten. Das ist zulässig. So wie meine Pläne aussehen, ginge es am ehesten zwischen 1. und 10. November. Für diese Zeit habe ich bisher keine Verpflichtung. Sollte ich noch genötigt sein, dort etwas einzuschicken, so würde ich es Sie wissen lassen. Nun noch die herzlichsten Wünsche für die nächsten Wochen und viele Grüße.

Ihre Edith Stein.

Konnersreuth, 31. 8. 1931

Liebe Cousine!

Aller Wahrscheinlichkeit nach wird Resl mit Herrn Pfarrer etc. doch nach Speyer kommen, um den hochw. Herrn Bischof zu besuchen und dann auch bei Deiner Taufe dabei zu sein. Ich bitte Dich für diesen Fall aber dringend, niemandem (ohne Ausnahme) hiervon Kenntnis zu tun. An hochw. Herrn Bischof will Resl selbst schreiben und soll weiter niemand etwas erfahren (auch aus Bamberg niemand!). Gelt, halte es daher geheim!

Wie steht es mit Deiner Zimmer- und Möbelfrage? Schreibe vorher noch darüber, damit ich, falls die Sache sich nicht lösen will, helfen kann. Mit bestem Gruß!

Bruno.

Inzwischen habe ich Deinen Brief erhalten. Resl hat inzwischen auch dem hochw. Herrn Bischof geschrieben. Wahrscheinlich werden wir bis 12. 9. kommen. Ein Zimmerkreuz bringe ich Dir mit. Bis dorthin einstweilen nur noch beste Grüße. Alles weitere mündlich!

Bruno wohnte damals im Pfarrhaus bei Pfarrer Naber und kannte daher sicher den Inhalt des Bischofsbriefes an Pfarrer Naber:

Speyer, den 27. August 1931.

Euer Hochwürden!

Heute besuchte mich Frl. Herrmann, um mit mir ihre Abmachungen mit Therese Neumann betreffs Taufe zu besprechen. Ich schrieb nun heute an Therese Neumann, daß wir, ihre Zustimmung vorausgesetzt, die Taufe auf 13. September früh 7 Uhr in der bischöflichen Hauskapelle angesetzt haben. Dann könnten Euer Hochwürden eine hl. Messe lesen und Frl. Therese und Frl. Herrmann könnten kommunizieren. Um 10 Uhr habe ich Pontifikalamt wegen dedicatio eccl. Cathed.

Euer Hochwürden erlaube ich mir herzlichst einzuladen bei mir Wohnung zu nehmen. Es würde mir das eine hohe Ehre und Freude sein.

Also auf gesundes Wiedersehen
Gruß und Segen.
In vollkommenster Verehrung
ergebenst
+ Ludwig.
Bischof v. Speyer.

THERESE NEUMANN KÜNDIGT IHREN BESUCH ZUR TAUFE VON ERNA DEM
BISCHOF VON SPEYER, DR. LUDWIG SEBASTIAN, AN.

Konnersreuth, den 31. Aug. 1931.

Hochwürdigster Herr Bischof!

Ihre lieben Zeilen mit der freundlichen Einladung freuten uns recht.
Ist wohl etwas weit. Aber da es dem lb. Heiland recht ist, so hilft er
auch, daß es geht. Ist ja ein so schöner und edler Zweck, weshalb wir
fahren. Ich getraute mich sonst ja nicht fort, da unser hochwürdigster
Herr Bischof es nicht haben will, daß ich fortfahre. Ich war heuer zwei
Mal fort. Einmal brachten wir meine kleine Schwester in die Klinik
und dann brachten wir sie in die Berge, (Höhenlage) wo wir auch, da
wir ziemlich nahe waren, den alten lb. H. H. Bischof von Chur[5], mit
dem wir gut befreundet sind, besuchten.

8 Wochen darauf holten wir die Schwester wieder. Unser H. H. Bischof war aber darüber erzürnt. Ich glaubte aber, nicht unrecht getan
zu haben. Ja warum soll ich mich denn nicht all der Schönheiten, die
der lb. Gott uns zur Freude erschaffen, nicht auch mitfreuen? Ich leide
dann ja auch wieder gern. Und ich meine, der lb. Heiland freut sich
auch, wenn man sich freut an den schönen Blumen, Bäumen, Bergen,
halt an allem, was er für uns gemacht und ihn deshalb lobt und preist.
Und wie schön kann man das, wenn man durch die Natur, durch
Gottes Garten fährt und den Gärtner lieb und gern hat, der so auf uns
schaut. Ich denke, wenn wir zu Ihnen, hochwürdigster Herr Bischof
fahren, können wir auch viel Wasser sehen, worauf ich mich besonders
freue. Zudem bin ich auch hübsch angegriffen und da tun einige Tage
Ruhe gut. Und dann freue ich mich, auch mit Ihnen wieder etwas sich
ausreden zu können.

Erinnere mich noch gut an Ihren lieben Besuch seinerzeit. Und die
Erna! Sie meint es ja wirklich gut und aufrichtig. Mir war es schon
lange eine Sorge. Wußte ich ja, wie sie sich nach der Wahrheit sehnt.
Und ich bin überzeugt, daß wenn sie einmal getauft ist, ebenso tapfer

ist, wie Bruno, der wirklich ein eifriger, braver, edler Katholik ist, an dem der gute Heiland wirklich seine Freude haben muß. In ein paar Wochen ist dann Dr. Gerlich auch so weit und dann ist ein älterer Mann letzthin hier gewesen, der Jude ist und auch die Wahrheit annehmen will, für den wir noch beten und leiden müssen. Aber so kommen doch dem lb. Heiland immer wieder Seelen näher.

Hochwürdigster Herr Bischof! Wir kommen am 11. oder 12. September zu Ihnen. Kann mit meiner Schwester in einem Zimmer sein. Wir wollen keine Arbeit machen. Wer noch alles mitkommt, ist noch nicht fest. Wir werden bei Ihnen schon versteckt sein können.

Und nun seien Sie einstweilen recht herzlich gegrüßt und der Heiland mit Ihnen dankb. ergebenst

Theres Neumann.

Noch eine Bitte: Es möge niemand außer Hause etwas erfahren.

Unmittelbar vor der Taufe schreiben noch einmal Edith Stein und Bruno:

Breslau X, Michaelisstr. 38
8. 9. 1931

Liebes Fräulein Herrmann,

heute schrieb mir Fräulein von Bodman, daß Sie in einiger Unruhe sind und gern noch manches von mir über die Taufzeremonien hören möchten. Natürlich habe ich das Wasser über den Kopf gegossen bekommen (das ist doch nicht schlimm und wird gleich wieder mit einem Tuch getrocknet), habe auch nie gehört, daß es anders gemacht worden wäre. Sicherlich haben Sie nicht zu fürchten, daß etwas nicht korrekt gemacht werden könnte. Es ist doch im Rituale alles ganz genau vorgeschrieben. Ich habe damals den Pfarrer, der mich taufte, vorher um das Buch gebeten und mir den Ritus ganz genau angesehen. Ich trug ein schwarzes Kleid und ließ mir dann einen weißen Mantel umlegen. Bei der Taufe, der ich Weihnachten in Beuron beiwohnte, wurde ein weißer Schleier verwendet. – Es tut mir leid, daß Sie gerade in diesen Tagen soviel mit anderen Dingen überlastet sind. Man sollte sich da doch ruhig sammeln können. Darin hatte ich es damals gut. Daß sich vor dem entscheidenden Schritt noch einmal alles vor einen hinstellt, was man preisgibt und wagt, liegt nun in der Natur der Sache. Es muß ja so sein, daß man sich ohne jede menschliche Sicherung ganz in Gottes Hände legt, um so tiefer und schöner ist dann die Geborgenheit. Daß Sie den vollen Gottesfrieden finden möchten, das ist mein Wunsch für Ihren Tauftag und für Ihr ganzes künftiges Leben.

182

Ich wollte Ihnen gern eine kleine Freude machen zu diesem Tage. Da Sie mit allem, was zum Leben eines katholischen Christen gehört, schon so reichlich versehen sind, ist mir nichts Besseres eingefallen als ein kleines Büchlein. Ich bin ja überzeugt, daß Sie es längst kennen und besitzen, aber vielleicht ist es Ihnen doch lieb, es noch einmal von meiner Hand zu bekommen. – Wenn Sie Resl um ihr Gebet für meine Schwester bitten wollen, werden wir Ihnen natürlich sehr dankbar sein. Bitte grüßen Sie Resl und Ihren Vetter herzlich von mir. – Ihr Vortrag wird wohl indessen gut vorbeigegangen sein. Nach Ihrem vorletzten Brief schien es mir, daß die Zeit nicht mehr langen würde ihn hin- und herzuschicken. Darum habe ich mich nicht mehr erboten ihn zu lesen.

Mit den herzlichsten Wünschen in treuem Gedenken
Ihre Edith Stein.

Konnersreuth, 10. 9. 1931

Liebe Cousine!

In aller Kürze und Eile will ich Dir nur mitteilen, daß ich kommenden Samstagnachmittag per Bahn nach Speyer kommen werde, und zwar denke ich, bis 15.54 Uhr nachmittags dorthin zu kommen. Falls Du nicht zu dieser Zeit am Bahnhof sein könntest, so hinterlasse bitte im Marthaheim, wo Du bist.

Die Übrigen kommen per Auto; weiß aber nicht, bis wann sie dort sind. Sicherlich wird es spät. Mit bestem Gruß!
Bruno.

---

[1] P. Dr. med. Agostino Gemelli OFM, 1878-1959 (Konvertit), 1936 durch Pius XI. zum Präsidenten der Päpstlichen Akademie der Wissenschaften berufen.

[2] Vgl. Seite 94.

[3] Aus Lisieux, angerührt an den Gebeinen der kleinen hl. Theresia.

[4] In der Papstansprache bei der Seligsprechung von Edith Stein (Schwester Teresia Benedicta a Cruce) in Köln am 1. Mai 1987 enthalten: »*Wer zu mir kommt, den möchte ich zu Ihm führen*«.

[5] Dr. Schmid, Bischof von Chur.

Taufe und Erstkommunion

Am Sonntag, dem 13. September 1931, empfing Erna in der bischöflichen Hauskapelle durch Bischof Dr. Ludwig Sebastian die heilige Taufe. Sie wählte zu ihrem Vornamen Erna als Namenspatroninen Maria und Theresia vom Kinde Jesu hinzu. Resl stand Erna als Taufpatin zur Seite. Erna empfing am selben Tag auch die erste heilige Kommunion.

Am nächsten Tag, dem 14. September, dem Fest Kreuzerhöhung, wurde sie von Bischof Dr. Ludwig Sebastian gefirmt. Freiin Uta von Bodman übernahm die Patenschaft.[1]

Hierüber hat am 20. September 1931 *Der christliche Pilger*, das Sonntagsblatt für das Bistum Speyer, berichtet. Weil die Taufe von Erna geheim bleiben sollte, erwähnte das Bistumsblatt als Anlaß der Reise von Resl nach Speyer nur *eine interne religiöse Feierlichkeit*. Doch verdient dieser Bericht, der mit Zustimmung des Bischofs von Speyer veröffentlicht wurde, hier ausführlich zitiert zu werden. Denn er vermittelt einen anschaulichen Eindruck davon, wie tief und überzeugend Therese Neumann damals auf unvoreingenommene gläubige Katholiken wirkte.

In dem Bericht des Bistumsblatts heißt es:

Besuch aus Konnersreuth in Speyer
Am Samstag, dem 12. September, um halb 6 Uhr nachmittags, traf in Speyer Besuch aus Konnersreuth ein. In Begleitung von Herrn Professor Wutz – Eichstätt, Herrn Pfarrer Naber, ihrer Schwester und einem weiteren Begleiter, kam Therese Neumann, die Stigmatisierte von Konnersreuth, anläßlich einer internen religiösen Feierlichkeit im Wagen des Herrn Professors hier an und bezog in der bischöflichen Wohnung ein Zimmer. Als sich der hochwürdigste Herr Bischof mit seinem Besuche und Angehörigen am Samstag abend zur üblichen Stunde zu dem täglichen Rosenkranz in die bischöfliche Hauskapelle begab, überkam Therese Neumann plötzlich eine Ekstase, in welcher sie eine 20 Minuten lang andauernde Vision des Tagesfestes, Mariä Namen hatte.

Sie schaute zunächst in dieser Vision, wie die Eltern der Gottesmutter, Joachim und Anna, in ihrem großen stattlichen Haus zu Nazareth das Kind Maria drei Priestern darreichten, von denen einer besser und prächtiger gekleidet war als die zwei anderen. Resl sprach auch den Namen nach und zwar in hebräisch-aramäischer Aussprache, der dem Kinde gegeben wurde. Joachim sprach den Namen etwas im Dialekt aus: *Marjiam*, während der Priester beim Wiederholen *Mirjiam* betonte. Aus Rollen, wie Leinwand aussehend, wurde gebetet und gesungen. Dann schaute Therese, während schmerzliches Bedauern auf ihrem Gesichte deutlich sich ausprägte, wie der Hohepriester an drei Stellen des Kopfes der kleinen Mirjiam die kurzen Haare abschnitt und sie auf dem Altare in einem dreifüßigen Tiegel verbrannte. Auch sah sie, daß eine Art Salbung an dem Kinde vorgenommen wurde und zwar an den Sinnen. (Diese Zeremonie ist von der Kirche auch im Taufritus der Erwachsenen angeordnet.) Danach hielt der Priester mit beiden Händen das Kind in die Höhe und sang heilige Lieder. Deutlich gab Therese in der Ekstase den Wunsch zu erkennen, daß das heilige Kind auch ihr in die Arme gelegt würde.

Am Sonntag morgen wohnte Therese Neumann in Begleitung zweier Paulusschwestern dem Pontifikalamt im hohen Dome bei, das wegen der auf 9. September zu feiernden Domweihe gehalten wurde. Da sie wegen der Fußwunden nicht längere Zeit knien oder stehen kann, hatte man einen Sessel an einen Vierungspfeiler der Kuppel für sie bereit gestellt. In ihrem einfachen schwarzen Kleid im Schnitt einer fränkischen Tracht und mit ihrem großen, schwarzen Kopftuch machte sie den Eindruck einer schlichten älteren Frau vom Lande. Trotzdem wurde Therese Neumann von einigen Besuchern des Hochamtes erkannt. Vor der Vesper sammelten sich eine größere Anzahl von Personen auf dem Domplatz an, die Therese zu sehen wünschten. Diese besichtigte vor der Vesper in Begleitung von Herrn Prälat Molz den Dom. Da sie jedes öffentliche Aufsehen fast ängstlich zu vermeiden sucht, zog sie sich, nur von wenigen gesehen, bald zurück.

Am Sonntag abend geriet sie, wiederum plötzlich, mitten in einer Unterhaltung mit dem hochwürdigsten Herrn und dessen Schwester, zum zweitenmal in Ekstase. Sie erlebte die Vision des an diesem Sonntag in der hl. Messe gelesenen Evangeliums von der Heilung des Wassersüchtigen.

Sie sah diesen Wassersüchtigen, den sie einen *dickgeschwollenen, kranken Mann* nannte, und freute sich kindlich, als Jesus in gütiger Milde ihn heilte. Danach schaute sie auch das Gastmahl des Pharisäers, zählte die Reihen der Gäste und bemerkte, daß sie nicht alle Jesus wohlgesinnt waren. Auch vernahm sie die Lehre, die Jesus den Tischgenossen gab, den untersten Platz bei einem Gastmahl zu nehmen, damit der Gastgeber zu ihnen sagen könne: *Freund, rücke weiter hinauf.*

Am Montag, dem Fest Kreuzerhöhung, wohnte sie früh der hl. Messe in der Hauskapelle bei. Im Verlaufe der hl. Handlung begannen schon die Leidenszustände, die nach Empfang der hl. Kommunion mit einer erschütternden Gewalt einsetzten. Sie konnte nicht mehr in ihr Zimmer zurückgehen, sondern mußte dorthin getragen werden. Das Leiden dauerte drei Stunden, von 7 bis 10 Uhr. Während dieser Zeit blutete die Seitenwunde, jedoch nicht die übrigen Stigmata. Die Seitenwunde schmerzte während des ganzen Tages.

Der Anblick der Dulderin war herzergreifend. Der hochwürdigste Herr befand sich während der ganzen Dauer an ihrem Schmerzenslager. Eine Anzahl Priester, Ordensleute und Laien konnten Zeugen der Passion werden. Furchtbare Schmerzen durchzuckten den schmächtigen Körper. Immer wieder griffen ihre zarten, fast durchsichtigen Hände nach dem Kopfe, als wollten sie schmerzende Dornen herausziehen. Heftige Schmerzen litt sie an den durchbohrten Füßen und an den mit den Wundmalen gezeichneten Händen. Am meisten schmerzte die Seitenwunde, aus der es nach ihren Worten *heiß, heiß herausfloß*.

Stöhnen, Wimmern und schmerzliches Klagen drang von ihren Lippen; doch auch immer wieder, ergreifend anzuhören, schmerzlich und bruchstückweise hervorgestoßen:

O Heiland, gern!

Es war, als ob sie sich manchmal gegen das Leiden wehren, aber immer wieder mit diesem Stoßgebet ihre Ergebung ausdrücken wollte.

Nach dreistündigem, überaus hartem Leiden an allen Gliedern trat gegen 10 Uhr der Zustand der Eingenommenheit und dann der sogenannten gehobenen Ruhe ein. In diesem Zustand erkannte sie, immer noch in Ekstase, die anwesenden Geistlichen sofort als Priester, sobald sie deren Zeigefinger und Daumen berührte, *weil sie mit diesen Fingern den Heiland gehalten hatten.*

In diesem gehobenen Zustande erklärte sie auch, daß die in größerer Zahl Anwesenden zu ihr gelassen worden seien, um ihre Schmerzen zu sehen, weil in ihnen ein recht strebsames Wollen zu bemerken sei, das größer sei als in anderen Städten und es zu ihrem inneren Fortschritte diene. Befragt, woher sie wisse, daß so viele Besucher da gewesen seien, obwohl sie doch immer nicht wußte, wo sie war und immer gemeint hatte, es sei Nacht, erklärte sie, es sei in ihren Leiden jetzt vom Heiland gesagt worden.

Als Therese wieder in den normalen Zustand zurückgekehrt war, erklärte sie, sie sei todmüde, die Füße, die Hände seien zerrissen und durchstochen, sie sei bereit zum Sterben, die Kleider seien ganz durchnäßt von Schweiß. Nachdem ihr der allgütige Gott einige Augenblicke zur Erholung geschenkt hatte, begnadete er sie plötzlich mit einer neuen Vision. Sie schaute das Geheimnis des Festes Kreuz-Erhöhung.

Sie sah, wie in Jerusalem, das viel anders war als zur Zeit Jesu, eine ungeheure Menschenmenge, bewaffnete Soldaten, Frauen und Männer auf dem Marktplatz sich bewegten. Ein sehr vornehm gekleideter Herr mit Gold auf dem Haupte, bemühte sich, drei Stück zusammengebundenes Holz weiter zu tragen, vermochte aber nicht mehr voranzuschreiten. (Es war, wie die Legende berichtet, der Kaiser Heraklius, der nach seinen Siegen über die Perser das ihnen abgenommene Kreuz des Herrn wieder auf den Kalvarienberg zurücktragen wollte.) Therese schaute, wie ein anderer Herr, der eine Stola trug, herzukam, der mit dem hohen Herrn sprach. (Es war, wie wir ebenfalls aus der Legende wissen, der Bischof Zacharias von Jerusalem, der zu dem Kaiser sprach: *Sieh zu, o Kaiser, ob Du in Deinem Prunkgewande unserem Herrn gleichest, der in einem Spottgewande dieses Kreuz getragen hat.*) Therese sah dann, wie dieser vornehme Herr zur Erde sich neigte, sein Gold niederlegte und von einem Bettler ein ärmliches Kleid und Schultertuch erhielt. Sie hörte, wie alles Volk, Soldaten, Männer und Frauen laut aufweinten und unter begeisterten Lobliedern auf Christus zum Kalvarienberg hinaufzogen, um das Kreuz wieder auf jenem Platz zu erhöhen, auf dem es vor dem Raube durch die Perser Jahrhunderte lang verehrt wurde.

An allen diesen Tagen aß und trank Therese Neumann nicht das Geringste. *Ich spüre keinen Hunger und keinen Durst,* versicherte sie. Ihre einzige Nahrung war die hl. Kommunion, die sie jeden Morgen empfing.

Auch das Schlafbedürfnis der Resl ist entgegen aller menschlichen Gewohnheiten denkbar gering. Ihr genügen wenige Stunden Schlaf während einer ganzen Woche. Nur bedarf sie nach den schweren Leidensstunden kurze Zeit der Ruhe.

Der Gedanke an das Leiden Jesu überwältigt sie jedesmal so stark, daß sie den Kreuzweg und schmerzhaften Rosenkranz in der gewohnten Weise nicht beten kann. Die Wundmale Christi sind klar und deutlich an ihr ausgeprägt. Um alles Auffallen zu vermeiden, sind die Handflächen mit Halb-Handschuhen bedeckt. Die Wundmale erscheinen auf den Händen in eigentümlicher Form: mitten auf den Handrücken prägt sich scharf und hartlinig eine fast viereckige Wunde ab, ungefähr ein Zentimeter nach jeder Richtung messend, mit dunklem Wundschorf bedeckt. In der Innenfläche erscheint eine runde, etwas ausgebuchtete Wunde, viel kleiner als das Mal auf dem Handrücken.

187

Es ist, als ob ein spitzer Langnagel mit einem viereckigen Kopf von dem Handrücken aus durch die Hände getrieben worden wäre. Demnach wären die Kreuzbilder, wie wir sie gewöhnlich sehen, ungenau, da auf ihnen für gewöhnlich der Nagel auf der Innenfläche der Hand angesetzt erscheint. Während Christus uns auf den meisten Kreuzbildern die Innenflächen seiner Hände zeigt, müßte er vielmehr den Rücken seiner Hände uns zeigen. Ohne Zweifel war eine Annagelung an das Kreuz in dieser Form viel schmerzlicher und grausamer. Die Eindrücke einer Unterredung mit Resl sind die denkbar besten. Alle, die mit ihr näher zusammenkamen und ihre kindlich-herzliche Heiterkeit, die kein Falsch kennt, beobachten konnten, halten sie für eine begnadete Zeugin der Großtaten Gottes.

Ihre ganze Art erscheint ungekünstelt und natürlich, jeder ungesunden Frömmelei abhold. In ihren Ausdrücken ist sie sehr anschaulich und manchmal recht urwüchsig, ihre Unterhaltung ist lebhaft und anregend. Nur hatte man manchmal Mühe, ihren Dialekt sogleich zu verstehen. Beim ersten Sehen hält man sie, namentlich in dem schwarzen Kopftuch, leicht für älter als sie ist, bei einer persönlichen Unterhaltung erscheint sie im Gegensatz dazu frisch und verhältnismäßig jung. Es ist schwer, ihr Aussehen zu bechreiben, zumal dieses sich schnell verändert.

In Ihrem Gesicht fallen die blauen Augen auf, die einen kindlich reinen, verklärten Ausdruck zeigen. Es ist, als läge der friedliche Glanz einer höheren Welt in ihnen – wenigstens erschien es dem Verfasser während einer Unterredung so. – Es ist, als horche und lausche Resl innerlich immer auf einen unsichtbaren Dritten, auf den ihr ganzes Innere eingestellt ist. Ihr Mienenspiel und ihre Haltung drückt die Bereitwilligkeit aus, jeden Anruf des gegenwärtigen Gottes sogleich Folge zu leisten und in die Welt der Visionen und Ekstasen, aber auch der Leiden hinüberzugehen.

Therese Neumann sucht die Menschen nicht. Aber wenn sie helfen kann, hilft sie. *Ich ruf' niemand,* erklärte sie, *aber ich denk', daß die Menschen, die zu mir kommen, schon einen Grund haben.* Daß sie viel büßen muß für die Fehler der anderen, ist bekannt.

Am Montag nachmittag besuchten die Gäste im Kraftwagen die Pfalz, ohne irgendwo Einkehr zu halten. Resl liebt die Natur herzlich. Es machte ihr große Freude, bei einer kurzen Rast auf Johanniskreuz die Hirsche dort zu füttern. – Am Dienstag begaben sich die Besucher zu den kranken Kindern in der dem Diözesancaritas-Verband gehörenden Kinderheilstätte auf dem Donnersberg. Von dort besuchten die Gäste aus Konnersreuth die Hildegardisschwestern im Hause

Nazareth zu Boßweiler, wo Resl übernachtete. Von hier aus wurde der Rückweg nach Konnersreuth angetreten.

Über die Konvertitentaufe im Bischöflichen Palais in Speyer, am 13. September 1931, ist auch ein Bericht der bei den Feierlichkeiten anwesenden Bezirksfürsorgerin Speyer-Land, Schwester Ernestine Sattler, erhalten geblieben, der im Originaltext lautet:

KONVERTITENTAUFE im Bischöflichen Palais in Speyer, am 13. September 1931.

Religiöse Erlebnisse sind eine Gnade und hinterlassen unverwischbare, mit Worten schwer zu schildernde Eindrücke.

Dessen wurde sich Schreiberin dieser Zeilen bewußt, als sie darum angegangen wurde, von ihren Beobachtungen, anläßlich der am 13. 9. 31 abgehaltenen Konvertitentaufe im Bischöflichen Palais in Speyer, zu berichten.

Als Taufpatin war Therese von Konnersreuth anwesend.

Während des Taufaktes und drei hl. Messen war Gelegenheit gegeben, die Stigmatisierte aus nächster Nähe ehrfurchtsvoll zu betrachten. Ihre Schlichtheit in Kleidung u. Wesen, ihre ungekünstelte, rührend besorgte Art um das große Taufkind, ihr eigenartiges Gesammeltsein beim Gebet, machen dieselbe sofort sympatisch. Bestimmte Stellungen während der hl. Messen lassen, in Erinnerung ihres schweren Leidens, eine Schonungshaltung vermuten, die aber in Wirklichkeit, wie nachträglich berichtet wurde, der Zustand der gehobenen Ruhe bedeutete.

Erschütternd war der Anblick dieser wundervollen, leuchtenden Augen, u. der Wundmale an den schönen, fast männlichen Händen. –

Was mag wohl in der Seele des zelebrierenden H. H. Pf. Naber vorgegangen sein, als er mit vergeistigten Zügen öfter Therese anschaute?

Möchte es vielen Menschen vergönnt sein, bei einer persönlichen Begegnung mit der Gottbegnadeten, die empfangenen inneren Anregungen auszuwerten in einem Leben im Sinne der Kirche.

Speyer, den 24. 10. 31.

Schwester Ernestine Sattler.

Bezirksfürsorgerin Speyer-Land

Von den Erlebnissen der beiden Tage hat Erna nichts aufgeschrieben. Es ist ihr Geheimnis geblieben. Nur die selbstgewählten Taufnamen Maria und Theresia vom Kinde Jesu lassen die Richtung erkennen, in der sie ihren Lebensweg von nun an weitergehen will: In der

Nachfolge Jesu Christi, von gleichgesinnten Freunden begleitet und gestützt. Daß diese Nachfolge eine dornenvolle, aber für sich und andere heilbringende sein wird, steht ihr klar vor Augen. Sie ist Zeuge des erschütternden Leidens ihrer Taufpatin Resl.

Die junge Konvertitin erhält nach Bekanntwerden ihres Übertritts viele Zeichen innerer Verbundenheit von all denen, die sie bis zu diesem Tage betend, opfernd und mit brieflichen Ratschlägen umsorgt hatten: von den Schwestern des Konvents der Englischen Fräulein in Bamberg und den Dominikanerinnen aus Bamberg und Speyer. Ihr geistlicher Ratgeber, Prälat Geiger, wünscht ihr von Herzen Glück und freut sich mit ihr, daß sie nun Frieden und Kraft gefunden hat, er versichert sie seines ferneren Beistandes. Brieflich fragt er an, ob der Besuch und die Teilnahme der Resl für sie vorteilhaft und tröstlich sich gestaltete. Ob ihre Mutter davon weiß? –

Ernas Heimatpfarrer, Geistlicher Rat Bosch, der sie *sein geistiges Kind* und sich selbst ihren armseligen und schlichten *Vater* nannte, macht sie darauf aufmerksam, *daß Du als echte Nachfolgerin und Dienerin Jesu auf manche Bitterkeiten, Verdemütigungen, Schmerzen gefaßt sein mußt. Das darf Dich nicht irre machen, es ist das die Schule des lieben Heilands! Denk' an Resl in Konnersreuth ... Weihnachten nicht nach Bamberg! Ist gewiß ein Opfer, aber doch besser so.*

GLAUBENSPRÜFUNGEN

Die weltliche deutsche Presse berichtete eines Tages auch über die Konversion Ernas, die ihre Angehörigen vorher nicht über ihre Absicht unterrichtet hatte. Damit begann ihr Kreuzweg. *Heute erfuhr ich, daß großes Leid über Dich gekommen,* schreibt Ernas Heimatpfarrer an sie (18. 12. 1931). *Mutter und Schwester wissen alles. Liebe Erna! Ich habe aufrichtig Mitleid mit Dir und Deiner Lage; ich glaube, Du wirst schrecklich darunter leiden; aber habe Mut und sei stark! Einmal mußte dieser schwere Schlag kommen, einmal mußt Du das durchkosten. Aber es wird vorüberziehen und wird sich wieder zum Besten wenden. Denke an Bruno, da war es ähnlich! Deine Frau Schwester war bei den Klosterfrauen im Hl. Grab ... sie werden Dir selbst Näheres schreiben. Auch beim Rabbiner ist die Schwester gewesen – ich denke Dr. Eckstein -, und man hat an das Rabbinat in Speyer telefoniert, wo der Übertritt bestätigt wurde. Nun, Du bist großjährig und besitzt persönliche Freiheit. Gesetzlich darf man schon mit 14 Jahren die Religion sich selber wählen. Mögest Du trotz der äußeren Wirrnisse und Leiden innerlich recht viel Freude und Frieden im Herzen haben ...*

190

Aus dem Kloster zum Hl. Grab in Bamberg trifft der von Pfarrer Bosch erwähnte Bericht ein:

Am 13. Dezember (Fatimatag) erhielt ich nach dem Vormittagsgottesdienst den überraschenden Besuch Ihrer Schwester Hilda. Sie habe am Samstag, also am 12. Dezember, die Gewißheit erhalten, daß Erna getauft sei. Diese Schande! Diese Schmach! Nun ergoß sich eine Stunde lang ein Platzregen von Zank, Groll und Wut, den ich jedoch nicht wiederholen will und kann. All mein Beschwichtigen und Zureden und Verteidigen schlug sie in den Wind. Da fragte ich, ob sie denn verbürgte Sicherheit hätten, denn auf das Leutegerede kann man nicht immer geben. Ich erhielt folgendes als Antwort: Ein Jugendfreund aus Speyer, der sie im Palais aus- und eingehen sah, sei wiederholt angegangen worden, ihren Schritt zu verhindern. Dieser aber sagte, er mische sich nicht in fremde Angelegenheiten ... Nun wurde der hiesige Rabbiner verständigt, die jüdische Kultusgemeinde in Speyer befragt, welche die Sache bestätigte und so die Lawine endgültig ins Rollen brachte ...

Jetzt ist, liebe Erna, der schreckliche Sturm, der vorauszusehen war, entfesselt ... Möge das liebe Christkindlein Sie in seine ganz besondere Obhut nehmen und Ihnen alles sein und alles ersetzen, da Sie nach menschlichem Begreifen nun Heimat und Vaterhaus verloren haben! ...

Immer Ihre treue M Angelika O.P.

Auch Bruno sucht die Getaufte zu stärken:

Eichstätt, 17. 12. 1931

Liebe Erna!

Deinen Brief habe ich erhalten und sehe die Sache nicht so tragisch an. Du darfst bei jeder Sache doch nicht immer gleich zusammenbrechen. Außerdem weißt Du ja, daß es nicht möglich ist, nach Hause zu fahren. Damit muß man sich doch auch einigermaßen abfinden können. Du bist doch kein Kind mehr, das am Mutterrock hängt. Die Elternliebe ist schon recht, aber sie darf über ein bestimmtes Maß nicht hinausgehen. Du weißt doch auch, was das Christentum lehrt, daß man Gott mehr lieben müsse als die Welt, und kennst doch sicher auch die Worte des Heilands: *Wer Vater oder Mutter mehr liebt als mich, ist meiner nicht wert.* Also sei vernünftig und finde Dich damit ab. Es ist eine solche Heimsuchung in seelischer Beziehung immer ein Gewinn, da man seine eigene Armseligkeit dabei gründlich erkennen soll. Man lernt sich kennen und sieht, daß man kein Held ist und vor den anderen nichts voraus hat. Bescheidenheit und Demut sind die Blüten einer solchen Heimsuchung, wenn man sie für sich innerlichst auswertet. Ich glaube, um ganz offen zu reden, daß auch für Dich gerade in dieser Beziehung manch seelischer Gewinn dabei zu machen wäre, die eigene Meinung über sich selbst und seine Leistungen in Schule und Welt etwas abzudämmen und mit seinem eigenen Ich hinter der Gesamtheit zurückzutreten. Am schönsten ist es doch, wenn man von sich selbst, seinen Leistungen, Arbeiten, Mühen und Leiden nicht sprechen braucht. Das ist nur das Wesen der Welt, nicht der für Gott allein lebenden Seele …

Von Konnersreuth hörte ich heute, daß Du vorhättest, dorthin zu fahren. Davon möchte ich dringend abraten. Erstens einmal deswegen: Resl leidet zur Zeit sehr stark in der Adventszeit und will Weihnachten gerne für sich sein. Besuche werden ja überhaupt keine zugelassen. Wahrscheinlich wirst Du von Konnersreuth inzwischen dasselbe erfahren haben. Verbringe die Feiertage in möglichster Ruhe.

Wenn Deine Geldmittel nicht mehr ausreichen, so teile mir bitte umgehend Näheres mit. Ich wünsche Dir frohe und gnadenreiche Weihnachten, nimm mir meine Offenheit nicht übel, aber man muß klar sehen und sei bestens gegrüßt von Deinem Vetter

Bruno

Prälat Geiger in Bamberg, der sich bereits im November 1930 mit Resl wegen Ernas Taufe in Speyer besprochen hatte, aber verhindert war, die von Bischof Dr. Ludwig Sebastian persönlich ausgesprochene Einladung für den 13. September 1931 anzunehmen, schreibt am 24. Januar 1932 an Erna:

Liebes Fräulein! Bedauere überaus Ihre Lage und große Bedrängnis innen und außen. Habe hier schon gehört von der Ächtung. Das ist schlimmer geworden, als Sie ahnten.

Jetzt heißt es, den Kopf nicht verlieren, auf Gott und unseren Heiland vertrauen, der uns wohl manchmal sinken läßt, wie Petrus, aber nicht ertrinken. Sie teilen mit ungezählten Konvertiten das gleiche Geschick. Klammern Sie sich nur an den Heiland an und verehren Sie seine hl. Mutter, die Trösterin der Betrübten und Helferin der Christen. Bemühen Sie sich, mit äußerster Standhaftigkeit und Treue ein heiliges Leben zu führen. Es scheint mir besonders, daß Sie noch viel zu wenig demütig, selbstlos, bescheiden sind. Das ist ja kein Wunder, es kostet lange Arbeit und Kampf. Sie sind sehr leicht empfindlich verletzt und gestoßen und ziehen sich dann von den Menschen zurück, isolieren sich, geraten in Weltschmerz und Menschenverachtung. Daran ist in letzter Linie der tiefwurzelnde Stolz schuld. Wir müssen denken, daß es keine Majestätsbeleidigung ist, wenn uns jemand kränkt, wir müssen nicht gekränkt uns zurückziehen und stumm werden, vielmehr reden, in Bescheidenheit klagen, sich aussprechen, trotz allem in Liebe uns zu allen Mitmenschen neigen. Und nicht wegen der wahrgenommenen Fehler anderer irre werden. Es ist so menschlich, und wir haben auch oft große Fehler, die wir gar nicht bemerken, weil sie eben unsere sind.

Mir scheint, Sie haben gar keinen Anschluß? Niemand, dem Sie Ihr Herz ausschütten möchten? Das ist unerträglich. Suchen Sie Stützen, Helfer. Auch in Ihrer äußeren Not müssen Sie jetzt Bittgänge zu machen sich nicht scheuen, dahin und dorthin. Das heißt: sich demütigen, die Verdemütigungen ertragen. Es geht nicht anders und ist keine Schande vor Gott, (sondern) Ehre: der Heiland lebte von Almosen. Ich hoffe, Ihnen die Mildtätigkeit eines geistlichen Mitbruders zuwenden zu können, der mich gerade um Rat über Verwendung von einigen Hundertern zu guten Zwecken frug. Zufall? Nein, Gottes Güte! Das kann über's Examen hinaushelfen. Ich selbst wäre nämlich außerstande, habe drei Familien seit Jahren mit $^1/_2$ meines Monatsgehaltes unterhalten. Erspartes habe ich rein nichts, – ich müßte diese jetzt in der größten Not hängen lassen.

Wir wollen mal sehen! Gehen Sie auch zu andern, mündlich und schriftlich, um Hilfe.

Über Ihre Taufe, das Verhältnis zur Resl, Ihre Eindrücke und Erfahrungen bei der Feier im Bischofshaus haben Sie mir noch garnichts verraten? Freundlichen Gruß!

Geiger.

Immer wieder wird Erna, die Heimatlose, wegen des Verhältnisses zu ihrer Mutter von inneren Kämpfen aufgewühlt. Da kommt ihr geistlicher Trost durch einen weiteren Brief:

Bamberg, 5. 2. 1932

Liebes Fräulein!

Seien Sie stark und standhaft. Wie es Ihnen ergeht, so erging es Hunderten von Konvertiten, gerade aus dem Judentum, in unseren Tagen. Man tritt in die katholische Kirche nicht aus äußeren Gründen, nicht aus Liebhaberei und Gefühlsgründen, sondern nur gezwungen von der praktischen Schlußfolgerung, die sich aus der Erkenntnis der Wahrheit ergibt. Die Überzeugung von der Wahrheit zwingt einfach, alles zu ertragen, um nicht zum Verräter an der Wahrheit werden zu müssen. Hier gilt also auch das Wort: *Wer Vater oder Mutter mehr liebt als mich, ist meiner nicht wert.* Ihre Liebe zur Mutter hat keine Einbuße erlitten, im Gegenteil. Sie selbst freilich grämt sich, das ist uns herzlich leid, weil sie irrtümlich meint, ihr Kind habe ein schweres Unrecht getan. Man kann ihr den Irrtum nicht nehmen. Es bleibt also nur, den Schmerz zu ertragen, sie doppelt zu lieben mit heiliger geistiger Liebe, für sie zu beten, dann wird alles Herzeleid sich für uns alle sehr bald in ewige Freude verwandeln. Denn alles Irdische und Zeitliche ist so rasch vorüber.

Sie sind Ihrem Volk und Ihrem Glauben nicht untreu geworden, das Christentum ist, recht verstanden, nur das vollendete Judentum, Jesus der Sohn Gottes und seine heiligste Mutter die edelsten und heiligsten Glieder des auserwählten Volkes, ja dieser Jesus eben der Messias, auf den das ganze Volk hingerichtet war, nach dem es verlangte – den es leider verkannte, weil die damaligen Führer des Volkes sich den Messias anders vorgestellt und gewünscht hatten – nur ihren ausschließlich irdischen Sehnsüchten entsprechend.

Liebes Fräulein, ich wiederhole, Sie brauchen Anschluß, Sie müssen jedenfalls bei Ihrem Religionslehrer, der Sie vorbereitete, beim Beichtvater auch a u ß e r der Beichte sich ganz offen und vertrauensvoll aussprechen können.

Das Wichtigste vorerst ist allerdings die Prüfung. Schreiben Sie, was Sie an Geld brauchen, es steht Ihnen zur Verfügung, was Sie nötig haben.

Seien Sie mutig, opferwillig, dabei heiter, bescheiden und liebenswürdig gegenüber jedermann, damit Sie auch geliebt werden.

In der Liebe Christi Ihr Geiger.

Kurz vor der Prüfung stehend, erfährt Erna auch den Zuspruch ihrer ehemaligen Lehrerin, Dr. Edith Stein, die Speyer im März 1931 verlassen hatte und nun für ihre zur Konversion drängende Schwester Rosa eine Bleibe suchte:

Zürich, 27. 1. 1932, Dreikönigstr. 34.

Pax!

Liebes Fräulein Herrmann,

es ist so lieb von Ihnen, daß Sie etwas für meine Schwester tun wollen, ich danke Ihnen herzlich dafür. Die Bittstellerin ist wohl zweifellos Sr. Raymunda gewesen. Nun werden Sie wohl gerade nach dem, was Sie in den letzten Wochen erleben mußten, verstehen, daß ich meiner Mutter und Schwester Ähnliches ersparen möchte. Meine Mutter weiß von den Absichten meiner Schwester vorläufig nichts. Darum bitte ich Sie sehr, die Angelegenheit streng vertraulich zu behandeln. Ich werde meiner Schwester Ihre Adresse geben, damit sie sich selbst mit Ihnen in Verbindung setzen kann. Wenn Sie schon vordem etwas tun wollen, dann vorerst, bitte, ohne den Namen zu nennen. Ich dächte auch zunächst an eine Anfrage in Nürnberg. Es kommt für Rosa nichts anderes in Frage als eine häusliche Stellung. Sie ist schon 48 Jahre alt und leitet seit Jahrzehnten den Haushalt meiner Mutter. Auch auf Pflege und Erziehung jüngerer Kinder versteht sie sich gut …

Ihnen alles Gute für die Prüfungszeit und alle anderen Anliegen. Herzliche Grüße, bitte auch an Fräulein von Bodman.

Ihre Edith Stein.

Eichstätt, April 1932

Liebe Cousine!

Es freut mich, daß Du Dein Studium nun abgeschlossen hast und einer Anstellung entgegensiehst …

Mit den Deinigen wirst Du, wie ich hörte, noch in Briefwechsel stehen. Das pflege nur auch in gewissen Grenzen weiter und zeige ihnen, daß Du nichts gegen sie hast. Aber über der Mutter steht Gott, dem wir ganz gehören und anhangen sollen. Du kennst das Wort des Heilands: *Wer den Pflug in der Hand hat und rückwärts schaut, ist meiner nicht wert.*

Ein Besuchen und Verhandeln zu Hause ist absolut abzuraten und würde für Dich unter den jetzigen Umständen die größte Gefahr bedeuten. Ich glaube kaum, daß Du hierfür genügend gefestigt und reif bist. Dies ist auch Resls Meinung.

Bei mir sind es ja schon vier Jahre, daß ich nicht mehr in der Heimat war. Freilich denkt man manchmal nach Hause, aber diesen Stimmungen darf man nicht nachgeben. Dies sind Opfer, die der Heiland von uns verlangt und die er auch einmal im Jenseits belohnt.

Zu meiner Mutter sagte ich immer: Ja, wenn ich verheiratet wäre, wäre ja auch die Trennung da und jeder wäre für sich. Auch ist man jetzt hinausgewachsen in eine Zeit des Selbständigseins.

Nun nur noch beste Grüße

Dein Vetter Bruno.

Collegium Marianum
(Münster), 19. 6. 1932

Pax!

Für viele freundliche Grüße endlich mal einen Gegengruß. Sie müssen es mit den Anforderungen des neuen Wirkungskreises entschuldigen, daß es bisher nie dazu kam, daß ich nicht einmal meine Glückwünsche zum Examen ausgesprochen habe.
Immer mit den besten Wünschen Ihre
Edith Stein

Arberg, 23. 8. 1932

Liebe Erna!

Obwohl ich annehme, daß Du meinen Brief von voriger Woche inzwischen erhalten hast, will ich dessen Inhalt doch noch kurz skizzieren.
Du kannst auf der Rückreise am 30. 8. Konnersreuth schon aufsuchen und Dich kurz mit Theres besprechen. Von einem Besuche Bambergs möchte ich Dir jedoch abraten, da die Zeit hierzu noch nicht reif. Deine Mutter ist nicht so verständig wie die meinige.
Mir geht es gesundheitlich besser und grüße Dich in Eile bestens.
Bruno.
Anbei einige Rosenblätter!

Zum letzten Mal steht Bruno seiner Kusine in ihren Lebensnöten bei und bestärkt sie auf ihrem Lebensweg, den sie im neuen Jahr ohne seinen Beistand weitergehen muß:

Wörishofen, 25. 11. 1932.

Liebe Cousine!

Möchte hiermit Dir davon Kenntnis geben, daß Frau Priorin vom Magdalenenkloster mir mitteilte, daß Du künftig dort freie Verpflegung bekommen würdest. Bitte mache davon nun Gebrauch, sei derselben dafür dankbar und sprich einmal mit ihr oder anderen Personen über die Möglichkeit, Dir evtl. nebenbei noch etwas verdienen zu können, damit Du unabhängig von fremder Hilfe werden kannst.
Betreffend der Aufforderung von zuhause weißt Du ja, was Du zu tun hast. Dasselbe hat ja auch mein Vater mir geschrieben seinerzeit. Brauchst Dir keine grauen Haare deswegen wachsen lassen. Mit der Zeit gewöhnt man sich an alles. Bei den Meinigen fällt es keinem mehr ein, mich zur Rückkehr aufzufordern …

196

Weiterhin alles Gute, wachse in der Erkenntnis unseres Heilandes und schaue ihm immer gleichförmiger zu werden.

Mit herzlichem Gruß!

Dein Vetter Bruno.

N.B. Wie lange ich noch hier bin, weiß ich nicht. Kann jederzeit abberufen werden.

Das letzte Lebenszeichen sendet Bruno am 21. Dezember 1932 aus Konnersreuth an seine Kusine Erna nach Speyer, drei Tage vor seinem Tod:

Zum Weihnachtsfeste auch Dir beste Segenswünsche. Möge das gute Christkind, wenn es bei der Wandlung in der hl. Nacht wieder Fleisch und Blut annimmt und zu uns vom Himmel herniedersteigt, auch Dir Gnaden und Segen spenden, auf daß wir es immer aufrichtiger lieben und um seinetwillen bereit sind, die Opfer und Mühseligkeiten des neuen Jahres gern und geduldig tragen und ihm aufopfern.

Dies wünscht Dir zum Weihnachtsfeste

Dein Vetter Bruno.

Erna bleibt in ihrem Schmerz um Bruno, der am Heiligen Abend starb, nicht allein. Sie ist in die *Gemeinschaft der Heiligen* aufgenommen, die Lebende und Tote umfaßt und miteinander noch inniger verbindet. So darf sie nun die Tröstungen erfahren, die ihr zahlreich erwiesen werden.

Edith Stein schreibt mitfühlend an Erna (10. 1. 1933): *... Es ist wohl fast der härteste Verlust, der Sie jetzt treffen konnte. Ich denke herzlich an Sie und an den Toten.*

Ernas Heimatpfarrer Bosch schreibt (23. Januar 1933):

Der tragische Verlust des Herrn Bruno ist auch mir sehr nahe gegangen ... Es freut mich, daß es gut geht. Der Aufenthalt bei Deinen Lieben in Bamberg wird, mag er auch durch manches verbittert worden sein, doch das seelische Gleichgewicht befördert haben ... Im übrigen wollen wir im neuen Jahr ein besonders frommes und heiligmäßiges Leben führen! Magst Du mittun? Und dem lieben Heiland recht viele Opfer bringen: Mühe, Arbeit, Schmerz, Kälte, Hitze, Fasten, Zurücksetzung, Verdemütigung, Selbstverdemütigung usw. Wieviele Opfer kann man bringen!

Später mahnt er (22. März 1933):

»Nach Bamberg würde ich an Ostern nicht gehen, wenn die Sehnsucht auch hinzieht! Lieber später wieder! Eher nach Konnersreuth. Der Brief von Resl würde mich natürlich außerordentlich interessieren und freuen! Aber wie? Zuschicken? Wenn er verloren ginge! Wie wäre es schade!

Die Zeiten sind jetzt schlimm. Vielleicht, daß wir noch so manche Überraschung erleben. Wir können nichts tun als beten! Und das wollen wir fleißig tun und Gott wird helfen, beten um Freiheit, Frieden, Ordnung für unsere Kirche und Vaterland!

Fritz Gerlich ist immer noch in Haft! Er wurde bei seiner Verhaftung, wie ich aus Privatquelle weiß, sehr mißhandelt, so daß man für sein Auge fürchtete oder noch fürchtet.

Und nun Gott befohlen! Mut und Vertrauen! Es segnet Dich und grüßt dich herzlichst, wie immer,
Dein B.«

Resl, die Erna wohl am besten verstehen kann und wie eine Schwester mit ihr um Bruno weint, richtet sie in ihrem Schmerz auf:

Konnersreuth, den 12. 3. 1933.

Lb. Erna!

Wohl ist jetzt Fastenzeit, wo ich kaum den Arm gebrauchen kann, wegen der Schulterwunde. Aber ich kann Dich doch nicht immer zappeln lassen. Nur ein paar Worte wollen wir plaudern. Gelt lb. Erna, der gute Bruno! Mir war es furchtbar! Der gute Heiland nimmt doch immer das Liebste. Und Bruno war doch ein so lieber, edler Priester, an dem man seine Freude haben mußte. Aber der gute Heiland hatte ihn noch lieber. Und so holte er ihn heim. Und wir sagen halt, wenn oft auch mit schwerem Herzen: *Heiland gern.* Lb. Erna, ich weinte oft stundenlang, obwohl ich ihm die Ruhe gönne. Hab oft schrecklich zeitlang[2] nach ihm. Wenn was besonderes vorkommt, denke ich: wenn Bruno kommt, dies muß ich ihm aber doch erzählen. Doppelt groß dann der Schmerz, wenn ich mir sage, er ist ja nimmer unter uns, er ist ja schon daheim. Ja ich gönne ihm aus ganzem Herzen die Ruhe. Er hätte in diesen Tagen voll Hetze nichts Gutes. Du weißt ja! Und dann sein offenes Temperament! Wenn er die vielen Ungerechtigkeiten sehen müßte, würde er nicht schweigen. Ich denke halt, der lb. Heiland holte ihn zur rechten Zeit heim. Und er kann uns ja auch jetzt mehr helfen, als wenn

198

er bei uns wäre. Der lb. Heiland, den er so innig und selbstlos liebte, schlägt ihm sicher keine Bitte ab. Will und muß morgen seiner Mutter wieder schreiben. Ach Erna, ich verstehe jetzt erst, wieviel Bruno gelitten. Wie mußten wir um seine Leiche streiten. Aber der Heiland half uns.

Lb. Erna! Heute schrieb ich auch der Frau Priorin und bat um Deine Aufnahme. Bin doch froh, daß Du dort bleiben kannst. Schreibe mir nur ruhig, wenn Du etwas hast. Wenn ich auch wenig schreibe, deshalb darfst nicht meinen, ich will nichts wissen. Dem ist nicht so, bin immer um Dich besorgt! Vergesse Dich nie! Sei nur recht verständig, anspruchslos und bescheiden. Hab den guten Heiland recht lieb und bringe gerne jedes Opfer für ihn. Bruno ist jetzt froh um jedes Opfer, das er gebracht. Und komm an Ostern zu uns. Kannst bei meiner Schwester Zenzl schlafen, die verheiratet ist. Vielleicht nach den Feiertagen, wenn es ruhiger bei uns ist.

Und nun der Heiland mit Dir.

Deine Patin Resl.

---

[1] Edith Stein war ebenfalls in der bischöflichen Hauskapelle von Dr. Ludwig Sebastian gefirmt worden, und zwar am Lichtmeßtage 1922.

[2] »Zeitlang« bedeutet im Dialekt soviel wie Heimweh haben.

Auswanderung nach Belgien

Nach Abschluß ihrer Ausbildung im Frühjahr 1933 fand Erna wegen ihrer jüdischen Abstammung in Deutschland keine Anstellung im Schuldienst. Alle Bemühungen waren fehlgeschlagen. Endlich gelang es mit Hilfe von Bischof Dr. Ludwig Sebastian und Bischof van Reckem, eine Tätigkeit als Handarbeitslehrerin an der St.-Theresia-Schule, einem Mädchengymnasium in Eeclo-Belgien, für Erna zu finden. Vor ihrem Dienstantritt – am 1. November 1933 – nahm sie sich Zeit für den Abschied von zu Hause, der von Mutter und Tochter viel Starkmut und einfühlsame Liebe erforderte.

Auch für Edith Stein war das Jahr 1933 ein Schicksalsjahr – die Kirche feierte das *Heilige Jahr*. Sie mußte ebenfalls wegen ihrer jüdischen Abstammung ihre Tätigkeit als Dozentin in Münster am *Deutschen Institut für wissenschaftliche Pädagogik* einstellen. Sie hielt ihre letzte Vorlesung am 25. Februar 1933. Bis kurz vor ihrem Eintritt in den Kölner Karmel schenkte sie ihre freie Zeit vor allem ihrer Mutter und Schwester in Breslau.

Von dort grüßt Edith Stein ihre Schicksalsgefährtin:

27. 9. 1933

Pax Xi!
Liebes Fräulein Herrmann,

besonders Dank für das schöne Bildchen. Ich war am 10. /11. August in Trier und habe lange vor dem wunderschönen Gnadenbild knien dürfen.

Da ich höre, daß Sie vielleicht schon bald fortgehen werden, möchte ich Ihnen noch herzliche Wünsche mit auf den Weg geben.

Mit den besten Grüßen
Ihre Edith Stein.

Erna wirkt zunächst in Eeclo mit Freude in ihrem neuen Kreis und überwindet das Heimweh, dann erkrankt sie schwer. Allein die Aussicht auf ein Wiedersehen mit der Mutter in den Sommerferien des nächsten Jahres und die Korrespondenz mit der Heimat bringt ihr seelische Erleichterung.

Gestärkt wird sie durch einen Brief von Bischof Ludwig aus Speyer:

Speyer, den 29. Januar 1934.

Sehr verehrtes Fräulein Herrmann!

Heute morgen wurde ich recht erschreckt durch den Brief der wohl-ehrwürdigen Schw. Mechtilde, die mir mitteilte, daß Sie von einer ern-sten Erkrankung heimgesucht worden sind. Ich nehme den innigsten Anteil an dieser neuen Heimsuchung, unter der Sie gewiß um so här-ter leiden werden, als Sie in Ihrem schönen Brief von Neujahr so be-glückt und begeistert von Ihrem Beruf in der großen und schönen Schule schreiben konnten.

Wir wollen zu Gott beten, daß er auch hier Ihnen wieder seine Hilfe sende, Ihnen rechte Geduld und Ergebung in seinen heiligen Willen schenke und Sie und uns alle erfreue mit Ihrer baldigen Genesung. Einstweilen können wir leider etwas anderes nicht für Sie tun.

Gruß und Segen
+ Ludwig
Bischof von Speyer.

Aus Speyer traf noch ein anderer Brief mit Genesungswünschen ein, der erkennen läßt, daß Erna Msgr. Nikolaus Lauer ihre Gedanken über einen Klostereintritt anvertraut hatte, die ihr während der einschnei-denden Erlebnisse der letzten Zeit gekommen waren. Msgr. Lauer hatte Erna am Lehrerinnen-Seminar in Speyer kennengelernt, wo er auch 1931 Religionsunterricht erteilte. Er war über ihren Lebensweg bestens unterrichtet und hatte im Bistumsblatt Speyer, dessen Chefre-dakteur er war, über die Feier ihrer Konversion im bischöflichen Palais einen Artikel veröffentlicht.

Speyer, 12. Februar 1934.

Sehr geehrtes, liebes Fräulein Herrmann!

Zu meinem lebhaften Bedauern höre ich, daß Sie sich einer schwe-ren Operation unterziehen mußten und im Krankenhaus weilen. Hof-fentlich ist jede Gefahr jetzt vorüber! Von Herzen wünsche ich Ihnen volle Genesung und will in dieser Meinung Ihrer besonders geden-ken ...

Was soll ich zu Ihrem Entschluß sagen, ins Kloster zu gehen? Das überlege ich schon lange. Auf alle Fälle: keine Übereilung, gewöhnen Sie sich erst einmal in die neuen Verhältnisse ein und schauen Sie zu, wie Sie mit Ihrer Gesundheit durchhalten können. Wenn keine stärke-ren Zeichen kommen, glaube ich, sollten Sie noch längere Zeit mit sich zu Rate gehen. Auch diese Sache wollen wir der göttlichen Vorsehung anvertrauen, die alles, aber auch alles, selbst die Sünde, zum Guten zu lenken weiß …

Sie sind nicht vergessen und sollen es auch niemals sein. Einmal wird es auch ein Wiedersehen in der Heimat geben.

Leid tut es mir sehr, daß Sie nun, nach den mancherlei Schwierig-keiten der letzten Zeit, auch noch einer Operation sich unterziehen mußten. Ich weiß, in solcher Lage verlieren religiöse Worte leicht an Wert und dennoch wissen Sie, daß Gott seine Auswählten gar manch-mal Wege führt, die uns unbegreiflich sind. Sie als Konvertitin sind eben gewissermaßen kein Alltagschrist, kein Durchschnitts-Jünger, kein gewöhnlicher Kreuzträger. Sie haben eine a u ß e r g e w ö h n l i c h e Gnade, deshalb auch einen außergewöhnlichen Lebensweg, ja auch einen außergewöhnlichen Kreuzweg. Bei uns *Katholiken durch Geburt* verläuft gewissermaßen alles mehr im Durchschnitt – bei Ihnen alles mehr im Außergewöhnlichen, ähnlich wie ja auch bei Fräulein Dr. Stein. Vergessen Sie nicht, daß Ihr Ungemach nur eine Seite Ihres Lebens ist, der auf der Gegenseite besondere, über Durchschnitt er-teilte Gnaden innerer Art entgegenstehen. Gott wollen wir freilich bit-ten, Ihnen in seiner Vaterhuld bald Ihr Kreuz zu erleichtern und Ihrer Seele und Ihrem ganzen Leben jenen Frieden zu geben, nach welchem Sie sich gläubig sehnen.

Und nun wünsche ich Ihnen nochmals gute Besserung und baldige volle Genesung!

In der Liebe Christi!
mit Gruß und Segen
ergebenster
N. Lauer.[1]

Einer Einladung aus dem Kölner Karmel zur Einkleidung von Schwester Teresia Benedicta a cruce (Edith Stein) kann Erna leider nicht folgen. Es ist anzunehmen, daß sie ihre *Klostergedanken* auch ihrem großen Vorbild mitteilte.

Köln-Lindenthal
2. 5. 1934

J.M.+J.T.
Pax Xi.
Liebes Fräulein Herrmann,

herzlichen Dank für Ihre lieben Glückwünsche. Ich hatte Sie eigent-lich erwartet, da keine Absage kam. Fräulein von Bodman wird Ihnen indessen geschrieben haben, daß sie hier war und wie schön die Feier

war. Von den Bildchen erfreute mich besonders das der lieben Berna-
dette. Wir lesen eben bei Tisch ein großes Buch über die Wunder von
Lourdes, und diese Gesichtszüge passen so ganz zu dem Bilde, das
man dort bekommt.

Meine Mutter weiß noch nichts von meiner Einkleidung. Rosa wäre
von Herzen gern gekommen, konnte es aber aus Rücksicht auf die
Mutter nicht.

Mit den besten Wünschen und in treuem Gedenken
Ihre Schwester Teresia Benedicta a Cruce O.C.D.

SCHMERZEN DER GLAUBENSPRÜFUNG

Den drei Konvertiten Bruno Rothschild, Erna Herrmann und Edith
Stein gemeinsam war eine starke Mutterliebe. Die Sorge um ihre Mütter ließ sie nicht los. Sie wußten sich indes auch miteinander verbunden durch den Anruf Gottes, der sie zur Nachfolge auf den Kreuzweg
Jesu rief. Auf den Weg in die katholische Kirche konnten Ihnen die
früh verwitweten, frommen, in der jüdischen Tradition fest veranker-
ten Mütter nicht folgen. So litten denn die drei Konvertiten ebenso wie
ihre Mütter unter der schmerzlichen Glaubenstrennung. Doch blieben
sie im Gebet miteinander verbunden. Die innere Stimme der sie ge-
horchten, führte schließlich zum Verständnis füreinander und zur
Hingabe des eigenen Willens an Gott.

Brunos Mutter – Helene Rothschild:
*... Eine Mutter kann einem Kinde, das stets brav und wohlgeraten war,
wohl vergeben...* (Brief an Apotheker Uhl vom 28. August 1928).
Zehn Jahre später – im August 1938 – schreibt sie an Erna auf einer
Postkarte von Konnersreuth mit der Ansicht von Resls Haus: *Liebe
Erna, ich danke Dir noch vielmals für Deine Besorgung. Ich bin hier bei Resl
und gedenke Deiner ... Bei Deiner lieben Mutter bin ich gewesen. Bald wird
sie bei Euch sein. Lasse bald etwas von Dir hören. Herzlichst Deine Helene.*
Mit eigener Hand schreibt Resl hinzu: *Herzliche Grüße Resl.*

Ernas Mutter – Ernestine Herrmann:
*Meine liebe Erna ... Heute soll es mein Erstes sein, Dir zu Deinem Wie-
genfeste meine herzlichsten und innigsten Glückwünsche zu senden; bleibe
nur recht gesund, denn eine Mutter wünscht ihren Kindern nur alles Gute.
Weiter habe ich nichts auf der Welt, als das Wohlergehen meiner Kinder, welches einem sehr am Herzen liegt. Also nochmals alles Glück für Dich ... Am*

Jom Kippur[2] *war von morgens einhalb acht Uhr bis abends sieben Uhr in der Synagoge ...* (26. September 1934).

Edith Stein über ihre Mutter
Frau Hedwig Stein (gestorben am 14. September 1936):
... Der letzte Tag, den ich zu Hause verbrachte, war der 12. Oktober[3]*, mein Geburtstag. Es war zugleich ein jüdischer Festtag, der Abschluß des Laubhüttenfestes. Meine Mutter besuchte den Gottesdienst in der Synagoge des Rabbinerseminars. Ich begleitete sie, weil wir diesen Festtag möglichst gemeinsam verbringen wollten ... Jetzt verlangte meine Mutter, zu Fuß heimzugehen. Etwa dreiviertel Stunde mit ihren 84 Jahren! Aber ich mußte es zulassen, denn ich merkte wohl, daß sie noch gern ungestört mit mir reden wollte ... ›War die Predigt nicht schön?‹ ›Ja.‹ ›Man kann also auch jüdisch fromm sein?‹ ›Gewiß – wenn man nichts anderes kennengelernt hat.‹ Nun kam es verzweifelt zurück: ›Warum hast Du es kennengelernt? Ich will nichts gegen ihn sagen. Er mag ein sehr guter Mensch gewesen sein. Aber warum hat er sich zu Gott gemacht, ...‹*

Als am Abend alle Gäste Abschied genommen hatten und gegangen waren, so berichtet Edith Stein in ihren Lebenserinnerungen[4], blieb sie mit ihrer Mutter allein im Zimmer ... *Da legte sie das Gesicht in die Hände und fing an zu weinen. Ich stellte mich hinter ihren Stuhl und nahm den silberweißen Kopf an meine Brust. So blieben wir lange, bis sie sich zureden ließ, zu Bett zu gehen. Ich führte sie hinauf und half ihr beim Auskleiden – zum erstenmal im Leben. Dann saß ich noch auf ihrem Bett, bis sie selbst mich schlafen schickte. Wir haben wohl beide in dieser Nacht keine Ruhe gefunden.*

Am darauffolgenden Tag – vor dem Eintritt in den Kölner Karmel – kam der Abschied:
...Meine Mutter umarmte und küßte mich sehr herzlich ... Als ich Erna[5] *umarmte, weinte meine Mutter laut auf. Ich ging schnell hinaus. Rosa und Else folgten mir. Als die Straßenbahn an unserm Haus vorbeifuhr, war niemand am Fenster, um – wie sonst – noch zum Lebewohl zu winken ...*

An dem Bahnhof mußten wir etwas warten, bis der Zug einfuhr ... Die beiden winkten noch, solange irgend etwas zu sehen war ... Ich konnte mich auf mein Plätzchen im Abteil zurückziehen. So war es nun doch wirklich, was ich kaum noch zu hoffen gewagt hatte. Es konnte keine stürmische Freude aufkommen. Dazu war das zu schrecklich, was hinter mir lag. Aber ich war tief beruhigt – im Hafen des göttlichen Willens.

Erna Herrmann sollte noch vier Jahre lang von vielen äußeren und inneren Stürmen gerüttelt und geprüft werden, bis sie endlich einen anderen, ihr vom göttlichen Willen zugewiesenen Weg erkannte.

Dank Resls Gebetshilfe und Vermittlung einer Ordensfrau lernte Erna den Witwer Firmin Haven aus Brüssel kennen, der eine gute Mutter für seine drei unmündigen Kinder suchte. Seine erste Frau war bei der Geburt eines Kindes gestorben.

Ich bin so ergriffen und bewegt, ich kann es Dir nicht schildern, daß Du so einen lieben, gebildeten Mann gefunden hast. Der liebe Gott soll seinen Segen geben … Sage es niemand, bis Du verlobt bist …, schreibt Ernas Mutter im April 1938 aus Bamberg.

Prälat Geiger schreibt am 15. April 1938:
Das ist nun wahrhaft ein frohes Ostern für Sie und Ihre so lange und so schwer bedrängte Familie. Nun kann sich auch der Lebensabend der guten Mutter noch etwas sorgenfreier gestalten.

Ich beglückwünsche Sie herzlich und bete, daß Gottes Güte reichen Segen für alle Beteiligten spende.

Leider kann ich Ihrer verlockenden Einladung, die Trauung zu halten, nicht folgen. Peinliche Altersbeschwerden machen mir unmöglich, mich lange von Haus zu entfernen … Ihr alter Prälat Geiger.

An Ernas Freude nimmt auch der Bischof von Speyer, Dr. Ludwig Sebastian, teil:

13. Mai 1938
Von Firmungsreise sende ich verbindlichen Dank für Freudennachricht und innige Glück- und Segenswünsche. Grüße und bitte mich Herrn Firmin Haven empfehlen zu wollen – Gott befohlen und gegrüßt!
+L.B.v.Sp.

Am Hochzeitstag, dem 16. Juli 1938, kommen auch Glückwünsche von Msgr. Lauer:

Die Wege der göttlichen Vorsehung sind manchmal für unseren menschlichen Verstand dunkel und verworren, aber sie führen uns alle zum richtigen Ziele … So hat Gott, der Prüfung schickte, auch Freude und Tröstung verliehen. Ich werde am 16. Juli Ihrer beim hl. Meßopfer gedenken, damit Gott Ihren Ehebund begnade und segne.

Die Ehe blieb kinderlos. Aber für Erna, eine tatkräftige Persönlichkeit mit viel Temperament, blieb die Konversion nicht ein leeres Wort. Sie gewann ihren Ehemann für die Mitarbeit bei einer dauernden und vielseitigen karitativen Aufgabe.

Nach bangen Jahren der Trennung war es endlich zu Beginn des Zweiten Weltkrieges möglich, die geliebte Mutter, die Schwester und den kranken Bruder nach Belgien zu holen, um die sich seit Ernas Weggang auch die Ordensschwestern und Prälat Geiger liebevoll gekümmert hatten. Er schätzte Ernas Mutter als *äußerst würdige, hochachtbare Matrone. Sie ist gottesfürchtig und gewissenhaft, hat allezeit nur der treuen Sorge für ihre zahlreiche Familie und ihren Hausstand gelebt und sich dafür aufgeopfert. Darum hängen auch alle ihre Kinder mit Liebe und Verehrung an der Mutter*, sagte Prälat Geiger von ihr.

Als ihm ihre glückliche Ankunft bei der Tochter Erna in Belgien gemeldet wurde, sandte er aus Bamberg am 26. November 1939 eine Karte:

Große Freude hat mir Ihr Brief gebracht, die ersehnte Nachricht, daß die gute Mutter, die ich so sehr liebgewonnen habe, glücklich ans Ziel gekommen ist … Ich gedenke täglich, wie bisher, der Ihrigen, aber auch Ihrer eigenen Familie, Ihres Gemahls, den ich sehr hochschätze und der Kinder … Gott befohlen!

Geiger.

Auch die Verbindung zu Edith Stein blieb nach Ernas Auswanderung erhalten. Edith Stein hatte versucht, über Erna für die Schwestern Rosa Stein in Belgien eine Zufluchtsstätte zu finden. Leider wurde das Vorhaben durch die scharfe Briefkontrolle vereitelt. Die Schwester Edith und Rosa erlitten später gemeinsam den Tod im Konzentrationslager Auschwitz.

Die bei Erna in Belgien untergetauchte Schwester Hilda konvertierte noch vor ihrem Tode. Erna wurde die große Gnade zuteil, ihrer geliebten Mutter beim Sterben beizustehen und ihren mütterlichen Segen zu empfangen.

Der Heilige Vater Pius XII. verlieh dem Ehepaar Haven am 23. Januar 1953 für die besonders nach dem Krieg erwiesenen Werke der Caritas die Auszeichnung Pro Ecclesia et Pontifice.

Damit war auch gewürdigt die Mitwirkung des Ehepaares Haven bei der Gründung des *Lettischen Seminariums* durch Msgr. Boleslas Sloskans, Bischof von Minsk und Mohilev (Lettland)[6], der im Kloster der Benediktiner-Abtei Mont Cesar in Löwen – bei Brüssel – im Exil lebte. Das Ehepaar Haven sammelte nicht nur Geld für Studenten, sondern bemühte sich auch um Aufenthaltsorte für diese – in Zusammenarbeit mit Msgr. Belpaire (Leiter der Kath. Arbeiterjugend) und mit Msgr. Cammaert (Geistlicher Leiter der Belgischen Armee). Diese fünf Personen – unter Leitung von Bischof Sloskans – haben es soweit gebracht, daß etwa zwölf lettische Studenten Priester geworden sind.

Bischof Boleslas Sloskans starb im Exil am 18. April 1981 und wurde in der Abtei Mont Cesar in Löwen beigesetzt. Dort durften Herr Haven und ich das feierliche Requiem miterleben und Gäste der Benediktiner beim anschließenden Totenmahl sein.

Erna starb am 18. April 1977 an Herzversagen. Ihrem Wunsche gemäß wurde sie auf dem Friedhof von Konnersreuth – wo sie im Jahre 1962 an der Beerdigung ihrer Patin Theres Neumann teilgenommen hatte – beigesetzt in dem ehemaligen Grab von Bruno Rothschild.

Am 30. Oktober 1981 starb auch Firmin Haven in Belgien. Seine letzte Ruhestätte wollte er bei Erna in Konnersreuth finden. Dorthin begleitete sein Sohn, Dr. Georg Haven aus Belgien den heimgegangenen Vater. Auch Ferdinand Neumann aus Bamberg und ich waren am 5. November 1981 gekommen, um Abschied zu nehmen. Geistl. Rat Pfarrer Schuhmann, ehem. Pfarrer von Konnersreuth, feierte in der Pfarrkirche St. Laurentius das Requiem.

> LASS MICH BEGREIFEN,
> DASS ALLE HERRLICHKEIT DER KIRCHE
> AUS DEINEM KREUZ,
> ALS DEREN QUELLE ENTSPRINGT.[7]

---

[1] Msgr Nikolaus Lauer, Päpstlicher Geheimkämmerer, Chefredakteur des Sonntagsblattes vom Bistum Speyer, *Christlicher Pilger,* ehemals Religionslehrer an St. Magdalena, Speyer.

[2] Versöhnungstag, Höhepunkt des religiösen jüdischen Jahres.

[3] 1933.

[4] Edith Stein, *Authentische Ausgabe des Kölner Karmel,* Glock und Lutz, Nürnberg, 7. Auflage 1954.

[5] Jüngste Schwester von Edith Stein.

[6] Vgl. Boleslas Sloskans – Gefängnistagebuch: *»Zeuge Gottes bei den Gottlosen«.* Verlag Kirche in Not, München, 1988.

[7] so betete Schw. Maria von Jesus dem Grekreuzigten. Auch sie trug Wundmale Jesu, starb mit 33 Jahren in Bethlehem und wurde durch Papst Joh. Paul II. am 13. 11. 1983 seliggesprochen. – Vgl. Amédée Brunot, *»Licht vom Tabor«,* Christina Verlag, Stein am Rhein. 2. Auflage 1992.

Hermann Becker

VORBEMERKUNG

Die Konversion meines Vaters wird in vielen Büchern namhafter Autoren, zum Beispiel von Teodorowicz, Fahsel[1] und Steiner, erwähnt, da Hermann Beckers Weg zur katholischen Kirche über Konnersreuth führte. Nicht wenige haben indes seinen Weg aus Unkenntnis falsch dargestellt oder entstellt. Es schien mir daher geboten, den Sachverhalt wahrheitsgemäß und zusammenhängend aufzuzeigen und Dokumente zu veröffentlichen, die mir, fünfzig Jahre nach seiner Konversion, freundlicherweise von den Diözesanarchiven Eichstätt und Regensburg zur Verfügung gestellt wurden.

Im Rückblick auf diesen langen Zeitraum erkenne ich die innere Notwendigkeit, den Konversionsberichten von Bruno Rothschild und Erna Herrmann-Haven die Aufzeichnungen meines Vaters hinzuzufügen, so daß gewissermaßen ein Dreiklang entsteht.

Über seinen Weg zum katholischen Glauben hat Hermann Becker eine autobiographische Skizze verfaßt, die mit dem Bericht über die Firmung am 28. Dezember 1930 abschließt. Dieser Lebensbericht wird hier – mit geringfügigen Kürzungen – zunächst im Wortlaut veröffentlicht.

Erst nach dem Tod meines Vaters – gestorben am 8. Januar 1970 – erhielt ich die mir bis dahin unbekannte Niederschrift über die Erlebnisse in Konnersreuth, mit einem Beischreiben von Herrn Kaplan Fahsel, der seinen Wohnsitz in die Schweiz verlegt hatte, um der Verfolgung durch die Nazis zu entgehen.

Locarno-Muralto, 28.I.1970.

Mein herzliches Beileid zum Hinscheiden Ihres Herrn Vaters. Ich übersende Ihnen hiermit die Copie der Niederschrift Hermanns über seine ersten Erlebnisse in Konnersreuth, welche das Wesentliche der charismatischen Aufgabe der Resl großartig zum Ausdruck bringen. Daher bitte ich Sie, mir nach Ihrer Abschrift diese Aufzeichnungen wieder zurückzuschicken. Bei meiner ersten Unterredung mit Resl machte sie mich auf den Fall Hermann Becker aufmerksam und bat mich ihn zu besuchen, infolgedessen ich dann in Berlin mit Ihrer Familie bekannt wurde. Ich gedenke im kommenden Sommer nach Berlin zu reisen und freue mich, Sie wiederzusehen. Herzlichen Gruß auch an Ihre liebe Schwester.

Vielen Dank auch für das letzte Foto von Ihrem sel. Vater.

Ihr Ihnen in Xo verbundener

Helmut Fahsel.[2]

Andere kleine Veröffentlichungen über die Konversion in Konnersreuth veranlaßten die befreundeten Priester – Pater Paschalis Schmid,
SVD (Priestersamstag), Pater Dr. Benedikt Stolz OSB und Pater Odo
Staudinger OSB (Benediktusbote). Eine unveröffentlichte Autobiogra-
phie, *Blasius Oboetons Weg zu Gott*, wurde dem Bischöflichen Ordinariat Regensburg übergeben.

MUSIKER – SPIRITIST UND FREIMAURER

Im damals völlig protestantischen Norddeutschland wurde ich – als
ältestes von vier Kindern – am 25. April 1889 in Rostock geboren. Dort
und später in Wismar besuchte ich die höhere Bürgerschule. Meine Eltern – der Postbeamte Hermann Becker und Elfriede, geb. Angerstein
– waren in geistiger Beziehung unkomplizierte Menschen; Mutter war
sehr religiös. Sie ging gelegentlich in den Gottesdienst und empfing
auch an hohen kirchlichen Feiertagen gern das heilige Abendmahl.
Am liebsten war es ihr, wenn die ganze Familie gemeinsam die Kirche
besuchte.

Der Katholizismus galt bei den Eltern – und damals unter Protestanten wohl allgemein – als etwas Rückschrittliches. Kam zufällig einmal die Rede darauf, so war gewöhnlich sofort ein wegwerfendes Urteil zur Stelle. In den Kreisen der Verwandten und Bekannten war man
sich einig in der Ansicht, daß die Katholiken zu bedauern seien, da ihnen durch das Verbot ihrer Kirche, eine Bibel zu besitzen und zu lesen,
Gottes Wort nur zum Teil zugänglich werde. So ist es wohl verständlich, daß die bei den Verwandten und im Elternhaus herrschende Ansicht auch zum Gedankengut des Kindes wurde.

Die Zeit, da ich konfirmiert werden sollte, rückte heran. Wochen
vorher jedoch lag ich schwerkrank zu Bett. Meine treusorgende Mutter machte sich liebevolle Sorgen um mein Wiederaufkommen. Ich
hingegen hegte zwischen argen Fieberträumen Bedenken darüber, ob
ich durch das Versäumen einer ganzen Reihe von Unterrichtsstunden
unter Umständen von der Konfirmation ausgeschlossen werden
könnte. Denn der zukünftige Beruf war bereits gewählt, und in kurzer
Zeit schon sollte ich das Elternhaus verlassen, um fünf Jahre lang die
Musikschule in Wismar zu besuchen. Schneller als ich hoffen durfte,
genas ich und konnte sogar noch die letzten Stunden des Konfirman-
denunterrichtes besuchen. Das von dem Superintendenten entworfene
Bild der katholischen Kirche war nicht gerade schmeichelhaft, wurde
aber von mir aufgrund der im Elternhaus empfangenen Eindrücke

gläubig hingenommen und als richtig angesehen. Die tiefere Bedeutung des mit der Konfirmation verbundenen Empfanges des heiligen Abendmahles war mir damals noch verschlossen. Die Konfirmation selbst hinterließ mir keinerlei nachhaltigen Eindruck. Endlich sollte nun mein Wunsch, ein echter Musikus zu werden, in Erfüllung gehen.

Schon als Schulknabe spielte ich bei öffentlichen Veranstaltungen und bei Schulfeiern Violine. Das Geigenstudium hatte denn auch während meiner Jugend den größten Teil meiner Freizeit eingenommen. In den letzten beiden Jahren meiner Schulzeit durfte ich wiederholt Aufführungen des Stadttheaters besuchen; als erste Oper lernte ich *Margarethe* von Charles Gounod kennen. Ach, was war die ganze Bühne, was waren die Sänger, die Geigen und alle Streich- und Blasinstrumente gegen den zarten naiven Ton eines mir noch unbekannten Instrumentes! Der Klang erschien mir rein wie die Seele eines unschuldigen Kindes und sprach mir wie die Stimme eines Engels zu Herzen. Den ganzen Abend ließ ich den Bläser dieses Instrumentes – es war die Oboe – nicht mehr aus den Augen. Endgültig stand für mich fest: nicht Geiger, sondern Oboebläser wirst du werden!

Der Unterricht in der Musikschule begann. Ich bekam je einen Lehrer für die Oboe, für die Violine und für das Schlagzeug. Von Anfang an wurde ich kleineren Spielkörpern zugeteilt und mußte durch meine Mitwirkung bei Hochzeiten, Tanzveranstaltungen und ähnlichem die bereits gewonnenen Fähigkeiten auf der Violine beweisen und damit dem geschäftlichen Teil der Anstalt meinen Tribut zahlen. Bald jedoch fühlte ich, daß ich in diesem Institut nicht genügend Fortschritte machen könne; so erwirkte ich von meinem Vater nebenher noch ein Spezialstudium bei einem Kammermusiker des damaligen Hoftheaters in Schwerin.

Der fünfjährige Aufenthalt in der Musikschule übte verschiedene Einflüsse auf mich aus. Es lebten im Hause etwa fünfzig junge Menschen als Musikschüler im Alter von 14 bis 20 Jahren. Neben Zimmern mit drei oder vier Betten, die den älteren Schülern reserviert waren, gab es auch Schlafsäle, in denen 15 Betten standen. Die Jungen waren sich fast ausschließlich selbst überlassen. Die Älteren führten die Aufsicht. Es liegt wohl in der Natur der Sache, daß sich verwandte Seelen einander anschließen. So gab es dort sehr lockere Vögel, sexuelle Lüstlinge, Kartenspieler, fanatische Streber und pedantische Duckmäuser. Es gab aber auch – Spiritisten. Ausgerechnet diesen schloß ich mich an. Nachts, wenn alles schon der Ruhe pflegte, erhoben sich die Spiritisten heimlich aus ihren Betten, in die sie sich der Ordnung halber gelegt hatten, und gingen leise in ein für diesen Zweck hergerichtetes Zimmer. Hier nun erhielt ich die ersten Einblicke in das Gebiet des Spiritismus, angefangen vom einfachen Tischrücken bis zum regelrechten Verkehr durch ein Schreibmedium. Ich entwickelte mich unbeabsichtigt zum Magnetiseur, und nach Verlauf von etwa zwei Jahren avancierte ich zum Leiter dieser nächtlichen Sitzungen. Neben dieser praktischen Betätigung beschäftigten wir uns auch theoretisch mit dem Spiritismus und seinen verwandten Gebieten und verschlangen eine große Anzahl Bücher, die über Spiritismus, Somnambulismus, Mediumismus, Mesmerismus und Hypnotismus handelten.

Ich war in meiner Schulzeit ein interessierter Religionsschüler gewesen, vor allem aus allgemein geschichtlichen Gründen und weil meine Mutter religiösen Einfluß auf mich ausübte. Der tiefe Kern des Christentums war mir nicht erschlossen. Durch das Studium des Spiritismus wurde mein ganzes Denken und Fühlen vollkommen umgewandelt. Ich erfuhr, daß das Leben auch eine Innenseite, einen tieferen Kern habe, bewunderte den großen und weisen Schöpfer und fühlte mich dauernd umgeben von geistigen Wesen, die die Materie durchdringen und all unser Tun und Denken beobachten konnten. Welche Revolution tobte in meinem Innern als ich die Tatsache erfuhr, daß der Mensch, wenn er gestorben ist, gar nicht tot sei! Meine Eltern hatten mich gelehrt, daß der verstorbene Mensch bis zum Jüngsten Gericht schlafe, dann aber zu neuem Leben auferweckt würde. Meine neue Erkenntnis war mir so wichtig, daß ich in mein Tagebuch schrieb:

Ja, es lebt ein allweiser Gott. Ich muß so leben, daß ich vor seinem Gericht bestehen kann. Die abgeschiedenen menschlichen Seelen sind nicht tot. Sie leben und sind nach ihren eigenen Angaben im Jenseits je nach ihrer Reinheit graduiert und untergebracht. Die schlechten, bösen Geister sind dunkel und schwarz; die ganz guten aber glänzen heller als die Sonne.

Ich versuchte mit großem Ernst, die Gnadenwunder Gottes und die zwischen den Zeilen der Heiligen Schrift etwa vorhandenen göttlichen Geheimnisse zu ergründen. Ich las sehr viel; meine musikalische Ausbildung erlitt dadurch gottlob keinen Schaden. Für mich war Musik eine himmlische Kunst, die Sprache der Seele. Als ich später im Orchester als Oboer mitmachen durfte, ging mir erst das rechte Licht auf. Ich schrieb ins Tagebuch: *O großer Schöpfer, wie dankbar bin ich Dir, daß Du mir eine heiße Liebe zur Musik und das Verständnis für holde musikalische Kunst geschenkt hast!*

Endlich war die Studienzeit vorüber. Ein Engagement in zwei mittleren Orchestern verschaffte mir die unerläßliche Routine, so daß ich ein berechtigtes künstlerisches Anrecht auf ein erstklassiges Anstellungsverhältnis erwarb. Durch ein erfolgreiches Probespiel am Stadttheater in Lübeck, im Herbst 1908, gelang mir der Wurf. Die gesamte klassische, barocke, romantische und moderne Literatur der Oper und Symphonie wurde mir zum geistigen Besitz. Daneben pflegte ich eifrig Kammermusik, und es war mir stets ein hoher Genuß, wenn ich während des Gottesdienstes in einer evangelischen Kirche Bach-Kantaten spielen durfte. Musikalisch wiedergegebene Bibelstellen in Oratorien, wie zum Beispiel die ergreifende Tenorstelle des Evangelisten in Bachs Matthäus-Passion *Und er ging hinaus und weinte bitterlich,* konnte ich nie ohne tiefempfundene Rührung anhören. Genau so erging es mir in der Oper von Eugen d'Albert *Die toten Augen* mit der Stelle, die die Magdalena singt: *Denn ich habe mein Schäflein wiedergefunden, das einst verloren war!* Niemals habe ich den Vater Rocco im *Fidelio* sein *Glaubst du, ich könnte dir nicht ins Herze sehen?* sprechen hören, ohne bei dem nachfolgenden Streichersatz mit großer innerer Gewalt die aufsteigenden Tränen bezwingen zu müssen. Wenn man gelegentlich ein Symphoniekonzert Beethovens, Brahms oder Bruckners spielte, galt der Frackanzug für mich niemals als Dienstanzug, nein, dieser Anzug gehörte zum Symphoniekonzert, weil ein solcher Tag ein ausgesprochener Festtag war. Für manche musikalische Themen hatte ich mir einen eigenen Text gemacht. Dieser barg in ungezählten Variationen immer den Sinn: *Mein Vater im Himmel, ich liebe Dich!*

Ich hatte also meine vollkommene künstlerische Befriedigung. Andererseits aber sehnte ich mich vergeblich nach einer tieferen Erkenntnis der das All beherrschenden Grundursache, nach der Erkenntnis Gottes. Alle möglichen Philosophen wurden gewälzt; die innere Unruhe wurde nicht behoben.

Fand ich in den Lehren des Orients irgendwelche Anklänge an die Bibel, so schrieb ich diese Stellen heraus. Den Schlüssel zur Erkenntnis Gottes gaben mir die Lehren der großen Eingeweihten Rama, Krischna, Hermes, Buddha, Pythagoras, Plato und Christus: Alle diese Propheten Gottes sind Verkünder der Wahrheit, sie sind vom Urgeiste erfüllt. Es gibt nur einen Gott, eine Wahrheit. Aber es gibt tausendfache Erkenntnismöglichkeiten.

Durch Zufall hörte ich damals von einem Meisterorden, genannt Die *Brüderschaft zum Heiligen Gral.* Diesem Orden trat ich bei. Eine Zeitschrift theosophischen Inhalts erbaute mich stark. Rosenkreuzer, Gnostiker, Buddhisten, Freimaurer, Mystiker interessierten mich ungemein. Mit Heißhunger verschlang ich alles, was ich von ihnen zu lesen bekam. Ich war noch nicht ganz 21 Jahre alt, als ich durch Bürgschaft einflußreicher Freunde am 7. Januar 1910 in Wismar im Tempel der Freimaurer Aufnahme fand.[3]

Nun war ich ganz in meinem Element. Die geistreiche Symbolik und die Literatur der Freimaurer nahmen mich gefangen. Daneben las ich jetzt gern auch Romane okkulten Inhalts. Vorträge oder Experimentier-Abende von Fakiren, Hypnotiseuren und Spiritisten ließ ich nicht vorübergehen, wenn ich dienstfrei war. Ich drang immer tiefer in das Gebiet des Okkultismus ein und entfernte mich damit – allerdings unbewußt – von der christlichen Lehre. Besonders zog mich die *Weiße Loge* an, in der Meister leben sollten (Mahatmas, Adepten), die, ausgerüstet mit dem höchsten Grad von Wissen, Können und Reinheit, fähig waren, die Geschicke der Menschen zu beeinflussen. Nach ihrer Lehre, so meinte ich, kann sich jeder Mensch, allerdings nach wiederholten Reinkarnationen – zu ebenso hoher Stufe entwickeln und selbst erlösen. Ich absolvierte, um meine okkulten Fähigkeiten zu stärken, einen regelrechten Meisterkurs; übte Geduld, indem ich täglich wohl eine Stunde lang vorher zusammengeschüttete Dinge wie Reiskörner, Erbsen, Hafer, Weizen säuberlich sortierte. Ja, ich kaufte mir einen magischen Spiegel und fixierte darin meine Augen. Schließlich brachte ich es fertig, fünf Minuten lang ohne zu zucken, ohne die Augen zu schließen, mich anzustarren. So wollte ich lernen, meine ungeordneten Gedanken zu bezähmen und über mich selbst Herr zu werden. Mein sehnlichster Wunsch war, von den Mahatmas als ernster Gottsucher entdeckt und unterstützt zu werden. *Wenn man sich ganz beherrscht und ein reines Leben führt* – so lautet die Weisheit der Mahatmas – *leuchtet der Astralkörper aus der Dunkelheit der allgemeinen Seelen heraus, und die Meister können auf die gehobenen Seelen aufmerksam werden und ihnen beim Aufstieg behilflich sein!*

Durch das Studium der Theosophie entwickelte sich der Wunsch, die Kabbala, den Talmud, den Koran, das Mahabaratam, die Upanischaden, die Veden, die Schriften von Lao Tse und Konfuzius und die Zend Avesta zu besitzen. Es dauerte nicht lange, und ich besaß diese Werke. Der himmlische Vater möge dem kühnen Jüngling verzeihen, daß er auf der Suche nach Ihm so ferne Wege einschlug. Da haben wir Menschen das Gute so nahe und – laufen erst meilenweit in die Ferne, in die Irre, um später mühsam zurückzukehren voller Reue über die nutzlos vergeudete Zeit.

Im Frühjahr 1910 nahm ich an einer deutschen Operntournee in die Balkanländer teil und lernte dort meine spätere Frau, eine Sängerin aus Berlin, kennen. Diese hatte vor Jahresfrist ihren Vater verloren, an dem sie mit großer Liebe hing. Als gute Katholikin glaubte sie natürlich an die Auferstehung der Toten. Daß man aber auch mit dem toten Vater reden und verkehren könne, war ihr unbekannt. Es reizte mich, ihren kindlichen Glauben durch mein Besserwissen zu erweitern. Ich besaß nun einen Menschen, in den ich mein ganzes Seelenleben ergießen konnte. Die Liebe war ein guter Lehrmeister. Wir kamen des öfteren zusammen und, namentlich in Gottes freier Natur, unterhielten wir uns über die wunderbaren Geheimnisse des Schöpfers. Beide empfanden wir oft eine glückselige Einsamkeit und freuten uns, daß wir uns als seltsame Menschen durch Gottes Fügung gefunden hatten.

Im Frühjahr 1912 verlobten wir beiden Liebenden uns ganz einsam und still – am Grabe des Vaters.

Nun sollte ich die erste Bekanntschaft mit Angehörigen der katholischen Kirche machen. Während meine zukünftige Schwiegermutter die Verbindung billigte, regte sich die streng katholische Verwandtschaft meiner Braut auf. Der alte und höchst ehrwürdige Großvater machte seiner Enkelin Vorhaltungen über ihre Verbindung mit dem Freimaurer. Sie aber antwortete: *Großvater, Sie haben ja recht. Aber bedenken Sie auch umgekehrt die Möglichkeit, daß es mir gelingen könnte, ihn für den katholischen Glauben zu gewinnen!* Und der Großvater hatte erwidert: *Ja, Mädel, wenn du dir das zutraust, will ich nichts dagegen haben, daß du ihn heiratest!* Und er gab ihr seinen Segen.

KRIEG UND KRIEGSEHE

Mitten hinein in die schönsten Pläne platzte der Krieg. *Liebet eure Feinde, tut wohl denen, die euch hassen!* das ist das erhabene Gebot der Christen. Kriegführen ist das Zeugnis dafür, daß die Christen gar keine Christen sind. Und die Führer der Christen? Müßten sie nicht alle Gläubigen aufrufen zur Verweigerung unchristlicher Handlungen? Ich würde auf keinen Fall Blut vergießen und wenn man mir mit Gewalt eine Flinte in die Hand drücken würde! Wohl hundertmal habe ich heiß und inbrünstig den Schöpfer um seinen Beistand in dieser Sache angefleht. Meine Gebete waren nicht umsonst!

Als Landsturmmann brauchte man mich gottlob zu Beginn des Krieges noch nicht. Ich wurde reklamiert und, da alle Welt einen Weihnachtsfrieden 1914 erhoffte, begannen meine Braut und ich in aller

Stille den Bau unserer Oase. Am 8. Dezember 1914, dem Tag der Un-
befleckten Empfängnis Mariens, war die Kriegshochzeit. Meine Braut
hatte versucht, mich zu einer katholischen Trauung zu überreden.
Aber ihre liebevollen Bemühungen scheiterten, mußten scheitern, weil
man mich als Freimaurer nicht getraut hätte und weil ich auch überhaupt mit der katholischen Kirche nichts zu tun haben wollte. Das
Äußerste, was ich zugestand, war die Trauung durch einen protestantischen Geistlichen.

Der Trauungsansprache legte der Pastor das Bibelwort: *Siehe, ich
stehe vor der Türe und klopfe an!* zugrunde. Es war eine schöne, erhebende Feier. Sie wurde für mich zu einem inneren Erlebnis, als ich
durch den Händedruck des Geistlichen[4] die Entdeckung machte, daß
auch er ein Freimaurer war. Für meine junge Frau blieb sie eine liebe
Erinnerung, weil der Dirigent des Kirchenchores der katholischen St.-
Michaels-Kirche, Dr. J. Kromolicky, dem sie früher einmal als bewährte
Sängerin angehört hatte, überraschenderweise von der Orgelempore
der evangelischen Luisenkirche in Berlin-Charlottenburg einen Trau-
ungsgesang erklingen ließ, und weil der Geistliche dem jungen Paar
zum Andenken eine Bibel schenkte, in der sie von nun an täglich las.

Bereits am Abend nach dem Hochzeitstage hatte ich in einem Symphoniekonzert[5] in Lübeck mitzuwirken. Wir mußten darum bereits am
Mittag des 9. Dezember von Berlin abreisen und kamen wohlbehalten
in der *Oase* an. Unerwarteterweise brannte in der Wohnung Licht, die
Öfen waren geheizt und heißer Kaffee stand in der Ofenröhre. Eine
liebe Freundin hatte dem jungen Paar diesen heimlichen Liebesdienst
erwiesen. Im Briefkasten aber steckte der *rote Zettel*, die Aufforderung
zur militärischen Musterung.

Nun waren wir allein im eigenen Heim. Alle Schwierigkeiten waren
überwunden. Der himmlische Vater hatte uns bis hierher geführt. Seinem Schutze wollten wir uns auch fürderhin gläubig empfehlen. In tiefer Innigkeit knieten wir in unserem Heim nieder, und ich betete laut
das Vaterunser.

Am 10. Dezember mußte ich zur Musterung. Der Stabsarzt nannte
mich einen äußerst strammen Kerl, ich erhielt das Prädikat *kv – Infan-
terie*. Wenn ich trotzdem mit Erfolg reklamiert wurde, so sehe ich auch
heute noch darin eine Fügung Gottes. Die besagte Reklamation lief am
30. April 1915 ab. Wenige Tage vor Ablauf dieser Galgenfrist schickte
der liebe Gott mir einen als Feldwebel dienenden Kapellmeister ins
Haus, der mich bat, ihm bei der Zusammenstellung einer Landsturm-
kapelle zu helfen. Ich sagte meine Hilfe für den Fall zu, daß ich mit in
die Kapelle aufgenommen würde. Die Antwort lautete, das sei selbst-

verständlich. Es stellte sich alsbald zur allgemeinen Freude heraus, daß die neue Kapelle aus lauter erstklassigen Künstlern zusammengesetzt war.

Zum Johannisfest, dem 24. Juni, besuchte mich meine Frau in Rendsburg. Nachmittags ging ich als besuchender Bruder in die *freimaurerische Arbeit* und saß anschließend bei der Festtafel als Gemeiner (Soldat) neben einem General. Nachts um 12 Uhr begann der Geburtstag meiner Frau. Ich überreichte ihr ein schönes Bukett dunkelroter Rosen und las ihr ein Geburtstagsgedicht, das ich ihr geschrieben hatte, vor. An diesem Abend beglückte sie mich mit dem Geständnis, daß sie sich Mutter fühlte. Am 10. September durfte ich acht Tage lang auf Urlaub gehen und auf diese Weise der Geburt meiner ältesten Tochter beiwohnen. *Großer Gott, wie wunderbar richtest Du alles ein!*

Verschiedene Musterungen ergaben die Feststellung eines Herzfehlers, die Musterungsprädikate wechselten zwischen garnisondienstfähig und arbeitsdienstfähig. Ab 1. Oktober durfte ich wieder Zivilkleidung tragen und behielt diese durch Gottes Fügung bis zum Frühjahr 1917. Im Frühjahr 1917 wurde ich wieder eingezogen und merkwürdigerweise einer Genesenden-Kompanie zugeteilt. Ich mußte mich einer weiteren militärischen Ausbildung unterziehen. Der Umstand, daß ich neben dem Militärdienst auch meinen Zivilberuf ausüben mußte, rieb meine durch Unterernährung und Überanstrengung arg zermürbten Körperkräfte auf. Ich bemerkte es kaum, denn zum zweiten Mal durchlebte ich das Glück der Hoffnung. Eines Morgens – man exerzierte gerade mit dem Gewehr – packte mich eine große innere Unruhe. Diese brachte ich in unmittelbaren Zusammenhang mit meiner hochschwangeren Frau. Schnell entschlossen bat ich den Kompanie-Feldwebel, der übrigens auch Freimaurer war, um Dienstbefreiung. Ich kam gerade noch zur rechten Zeit nach Hause, um schleunigst die Hebamme zu holen. Der ersehnte Junge war – wieder ein Mädchen.

Der Krieg fand endlich sein Ende, neues Hoffen und innere Ruhe siegten über die zerstörenden Gedanken und Stimmungen des Krieges und der allgemeinen Not. Im Jahre 1919 kam endlich der langersehnte Junge an – an meinem 30. Geburtstag. Nun zählte die Familie schon fünf Köpfe. War das ein Leben, eine Freude!

Die Staatsumwälzung, die Umschichtung aller Werte und die Inflationszeit zwangen die Berufsverbände zu emsiger Tätigkeit. Die Anstellungsverhältnisse der früher von Fürstenhöfen, Städten oder Musikvereinen unterhaltenen Theater und Orchester waren neu zu regeln, viele Verhältnisse grundlegend zu ändern. Inbesondere aber galt es – neben der an sich berechtigten materiellen Fürsorge -, die ideellen und kulturellen Belange der musikalischen Kunst zu retten und weiter aufwärts zu entwickeln. Das war zweifellos ein Aufgabenfeld für mich. Ich wurde 1924 auf einer Reichsorchesterkonferenz des Deutschen Musiker-Verbandes zum Orchestersekretär gewählt und zum Jahresbeginn 1925 auf diesen leitenden Posten in die Reichshauptstadt Berlin berufen. Wie groß war jetzt *meine Familie* geworden, für die ich in uneigennütziger Weise arbeiten konnte! Wie groß war die eigene Freude, wenn meine Arbeiten von Erfolg gekrönt wurden! Gott sei mein Zeuge: Meine Sehnsucht war nicht die Anerkennung meiner Leistungen oder Dank dafür – ich wollte der großen ideellen Sache, wollte allen meinen lieben Kollegen aus den deutschen Kultur-Orchestern helfen!

Hatte sich in Lübeck ein großer Teil meiner ehrenamtlichen Tätigkeit zu Hause abgespielt, so war ich in meiner neuen Stellung oft tagelang unterwegs. Mein Dienst war unregelmäßig. So ist es wohl verständlich, daß meiner Frau der Wechsel gar nicht gefiel. Sie machte mir nicht selten Vorwürfe, daß ich die Familie hintansetze, daß ich einen schlechten Tausch gemacht habe, daß die neue Wohnung schlechter sei als die alte und daß ich ein ganz anderer Mensch und eitel geworden sei. Das verletzte mich innerlich zutiefst.

Eines Tages überraschte sie mich mit der Nachricht, daß der Theosoph und Schriftsteller Hans Arnold sich zum Besuch angemeldet habe. Hierüber war ich recht glücklich. Aber wir hatten uns wohl in der Beurteilung seiner Person geirrt: Herr Arnold war ein ausgesprochener Feind der katholischen Kirche, dafür aber ein um so eifrigerer Verehrer Jesu Christi. Er war ein Mann in der Mitte der sechziger Jahre. Seine Logik war von schneidender Schärfe und sein Charakter bis zur letzten Konsequenz ausgeglichen und gestählt. Ein tiefgläubiger, echter Christ!

Wie ein frischer Luftzug wehte es durch das Haus, wenn er als Gast erschien, und gottlob, er kam recht oft. Er las dann aus seinen verschiedenen Werken vor. Die Unterhaltungen bewegten sich ausschließlich um religiöse Fragen. Zuweilen wurden sie von einem musikalischen Stündlein unterbrochen. Dann spielte Arnold die Geige, und meine Frau, die eine gute Pianistin war, begleitete ihn am Klavier. War ich früher in allen religiösen Fragen der Spiritus rector gewesen, so wurde ich jetzt ziemlich in die Ecke gedrückt. Ich war zufrieden damit, konnte ich doch wieder vieles lernen. Bei Gesprächen über den Katholizismus hatte ich in Arnold einen famosen Sekundanten. Drehte es sich aber um Christus, dann fand ich ihn vollkommen auf der Seite meiner Frau.

Der Spiritismus wurde durch die Erfahrungen des Herrn Arnold, der sich jahrzehntelang praktisch mit diesen Dingen beschäftigt hatte, als wahr bestätigt. Indessen hielt ich nunmehr keine Sitzungen mehr ab. Widerwärtig aber war es mir, wenn man von göttlicher Gnade sprach. Das Erlösungswerk Christi faßte ich nach wie vor rein symbolisch auf. Ich bemühte mich, Jesus insofern nachzuleben, als ich das Niedere mied und dem Höheren entgegenstrebte. Die abendlichen Unterhaltungen wurden - trotz gegensätzlicher Anschauungen – friedlich und oft fortgesetzt. Hatte ich früher auch fleißig in der Bibel gelesen, so mußte ich mir doch eingestehen, daß ich eigentlich in anderen Religionssystemen besser Bescheid wußte als im Christentum.

Wieder einmal kam unser Freund mit einem Manuskript und las dieses an etlichen Abenden vor. Das Werk behandelte alle möglichen Religionssysteme und ließ in Gesprächen der verschiedenen Vertreter derselben die christliche Religion einen großen Sieg davontragen. Die hier vorgetragenen Auseinandersetzungen waren mit einer geradezu verbissenen und haarscharfen Logik ausgeführt, so daß ich mit meinen Ansichten auf der ganzen Linie besiegt wurde und die Waffen strecken mußte.

Monate vergingen. Das Buch und sein Inhalt steckten wie ein Pfeil in meiner Brust. Ich war so deprimiert, daß ich wiederholt meinem Leben ein Ende setzen wollte, und das in einer Zeit, wo meine Frau zum vierten Male mit einem Kind unter dem Herzen einherging. Der leiseste Widerspruch und die zarteste vorgebrachte Äußerung über die katholische Kirche brachte mich zum Rasen.

Ende Januar 1929 wurde nach zehnjähriger Pause der zweite Junge geboren. Monate vorher war ich in großer Sorge um meine Frau. Ihr war nämlich von einem Arzt gesagt worden, daß sie keine Kinder mehr bekommen dürfe und daß eine neue Entbindung ihr Leben ernstlich gefährden würde. Dieses verriet ich Herrn Arnold. Er aber versicherte meiner Frau in einem langen Brief, daß die Entbindung völlig normal, leicht und gut verlaufen würde. Sie möge vollkommen beruhigt sein, denn er hätte für sie zum Heiland gebetet und gnädige Erhörung gefunden. Und wie geschrieben, so geschah es.

Meine Frau lag noch im Wochenbett, als ich ihr zum wiederholten Male Herrn Arnolds Manuskript *Claus Wedde* vorlas. Bei dem Kapitel über das Abendmahl traf mich plötzlich ein Gnadenstrahl des Heilands, der mein ganzes Innere aufwühlte. Mit elementarer Gewalt wurde ich von einer großen Sehnsucht nach dem Abendmahl, nach der Vereinigung mit dem Heiland ergriffen. Wie sehr ich mich in wenigen Tagen gewandelt hatte, beweisen die ersten Sätze der Antwort Herrn Arnolds auf mein Schreiben an ihn: *Ihr demütiges Bekenntnis, aus dem die Luft des Heiligen Geistes mich anweht, und das mich hochbeglückt, beweist, daß Sie einen schönen und großen Sieg über sich selbst errungen haben, zu dem ich Ihnen von Herzen gratuliere als zu einem Beweis Ihrer Seelenreife. Da sie die Schlacht bereits so weit gewonnen haben, daß der Heilige Geist Sie antreibt, zu beten um Gottes Gnadenbeistand, so ist für das Weitere nichts zu fürchten. Gewiß, gekämpft muß noch weiter werden, dafür sorgt schon Satans Tücke, wie Sie ganz richtig erkennen! Aber dem ehrlichen, aufrichtigen Wahrheitssucher kann das Finden nicht entgehen, dafür sorgt schon Christus, der Herr über alle Feinde des Lichts und der Wahrheit. Wie gut, daß Sie bei Ihm im Gebet Kraft suchen für weiteres glückliches Auskämpfen! Das ist der Weg, der Weg: weg von sich selbst, los vom Vertrauen auf die eigene Kraft, und hin zu Ihm, dessen Kraft mächtig ist in den Schwachen, zu helfen den Demütigen, aber auch mächtig in der Kraft, zu vernichten die sich groß und stark dünkenden Ichmenschen der Welt.* So weit war ich nun. Ich ließ nicht nach in meinem Suchen, und im Gebet bat ich um Kraft und Erkenntnis. Immer und immer wieder spukte in meinem Kopf der *Gott in mir*.

Im Frühjahr 1929 hörte und las man vieles von dem Konnersreuther Ereignis. Meine Frau war von Anfang an von der Wahrheit und Übernatur der gemeldeten Phänomene überzeugt. Ich hatte zu viel über die Yogis und Fakire gelesen und war deshalb skeptisch. Dennoch wünschte ich, daß alles über Konnersreuth Berichtete Wahrheit sein möge. Meine Zweifel wurden lediglich bestärkt durch den Umstand, daß die Wunder aus dem Lager des Katholizismus gemeldet wurden. Wären die Berichte aus Indien gekommen, ich wäre ihr wärmster Verfechter gewesen. Letztlich war wohl die Sehnsucht nach dem Heiland und die Suche nach Ihm der Hauptgrund, weshalb ich versuchte, nach Konnersreuth zu gelangen.

In unserem Haus fanden sich in der Regel alle acht oder vierzehn Tage einige Freunde ein. Es war ausgemacht, daß an diesen Abenden einer der Anwesenden einen Vortrag halten mußte. Die Wahl des Themas stand jedem frei. Nach dem Vortrag schloß sich eine Diskussion an. An einem Abend nun war Herr Arnold an der Reihe. Er entschuldigte sich, keinen Vortrag vorbereitet zu haben, wolle aber die Anwesenden mit dem Vorlesen aus einer Broschüre entschädigen, von deren Inhalt er das Empfinden habe, der Odem Gottes wehe durch die Blätter des Buches. Ich fragte nach dem Titel. Herr Arnold nannte ihn: *Die Leidensblume von Konnersreuth*[6]. Als die Lektüre beendet war, waren alle Anwesenden sehr stark beeindruckt. Ich aber sprach von Yogis und ihren ans Wunderbare grenzenden Taten. Zum Schluß versprach ich, nach Konnersreuth zu fahren, mich dort gründlich zu unterrichten und dann Bericht zu erstatten. Ich war ohnehin sehr viel auf Reisen und glaubte die Fahrt nach Konnersreuth mit einer Dienstreise verbinden zu können.

Da erschien in der Presse eine Notiz, aus welcher hervorging, daß jeder Besuch bei Therese Neumann vom Bischöflichen Ordinariat Regensburg untersagt und daß in Ausnahmefällen eine Erlaubnis vom Bischof einzuholen sei. Ende April hatte ich im Reichstag eine Unterredung mit einem Abgeordneten. Bei dieser Gelegenheit wollte ich den Vorsitzenden der damaligen Zentrums-Partei, Prälat Kaas, bitten, mir ein Zertifikat zu verschaffen. Ich füllte einen Zettel aus und ließ den Prälaten durch einen Boten des Reichstags rufen. Dann aber packte mich eine völlig unverständliche Unruhe, die mich gebieterisch zwang, den Reichstag sofort zu verlassen. Ich stand draußen, ohne mit Prälat Kaas gesprochen zu haben und wollte wieder ins Haus zurückkehren. Aber auch dieser Wille wurde durch meine Unentschlossenheit unerklärlicherweise nicht ausgeführt.

In meinem Büro überfiel mich darauf ein moralischer Katzenjammer, der mich zutiefst demütigte[7]. In meiner ohnmächtigen Wut fiel mir plötzlich die Bibelstelle ein: *Was Ihr den Vater in Meinem Namen bittet, wird Er Euch geben!* Das war mein Lichtblick, mein Trost und auch mein Prüfstein. Ist es wahr, daß der himmlische Vater sich um uns Menschen und um unsere persönlichen Anliegen kümmert? Ist es wahr, daß er unsere Gebete erhört? An mir soll es nicht fehlen. Ich wollte schon beten, täglich und inbrünstig. Und in der Tat: ich betete tief innerlich: *Lieber himmlischer Vater, richte es doch so ein, daß ich bald zu Theres Neumann fahren kann!* Um es gleich zu sagen: Mein Gebet wurde erhört!

Es ließ sich dienstlich so einrichten, daß ich gelegentlich einer Reise einen Abstecher nach Konnersreuth machen konnte. Es war Sonntag. Von Arzberg eine schöne Autofahrt. Auf der Höhe ein herrlicher Blick in das weite oberpfälzische Land – und dort liegt es, anspruchslos, verträumt und arm: Konnersreuth! Beim Anblick des kleinen Dorfes kommt einem unwillkürlich der Gedanke: Hier also spielt sich das geheimnisvolle Geschehen ab. Hier lebt die stigmatisierte Jungfrau, die durch rätselhafte geistige Kräfte schon jahrelang ohne physische Nahrung existiert. Mit diesem unscheinbaren Dörfchen beschäftigen sich die gesamten Fakultäten unserer Wissenschaft. Über das Phänomen *Resl* streiten sich die Menschen. Viele Gläubige, viele Zweifler, viele, viele Neugierige zogen wie die Insekten zum Lichte Konnersreuth, vertrugen entweder die Helle der Reinheit oder – sie erblindeten ganz in ihrer Seele.

Unter solchen Betrachtungen traf ich in Konnersreuth ein und nahm Quartier im Gasthof »Zum Deutschen Haus«. Ich mußte zunächst feststellen, wo der Ortspfarrer wohnt. Das war nicht schwer, denn das Pfarrhaus befand sich gleich nebenan. Ich machte einen Rundgang durchs Dorf. Nach einigen Minuten schon hatte ich alles in Augenschein genommen, bis – ja, bis auf das Innere der Kirche.

Mit pochendem Herzen langte ich schließlich vor der Tür des Pfarrhauses an. Ich läutete. Die Haustür wurde geöffnet und die Haushälterin stand vor mir. Sie ist ein ländliches Mädchen und stand damals wohl in einem Lebensalter von etwa 30 Jahren. Ihr Wesen ist freundlich, aber unnahbar. Sie verwies mich sofort auf das an der Haustür angebrachte Zettelchen, nach welchem der Pfarrer nur in dringenden Fällen, und zwar um 2 Uhr mittags zu sprechen sei. Außerdem sagte sie mir, und das glaubte ich ihr aufs Wort, daß der Herr Pfarrer sehr überanstrengt sei, und daß er, wenn sie nicht wäre, so überlaufen würde von sogenannten Interessierten, daß er gar nicht zu sich selbst komme. Ich bat sie, dem Herrn Pfarrer zu sagen, daß ich nicht wegen der Stigmen und Nahrungslosigkeit der Resl gekommen sei, daß ich ihn aber in einer sehr wichtigen Angelegenheit um fünf Minuten Gehör bitten möchte. Letzte Antwort der Haushälterin: *Gut, dann gehn's a bisserl im Dorf spazieren und komm's in a halben Stund z'rück!*

Glockenschlag eine halbe Stunde später läutete ich abermals am Pfarrhaus. Diesmal war der Herr Pfarrer zu Haus, hatte aber Brautunterricht. *Dann kann ich ja warten, allzulange wird der Unterricht wohl nicht dauern! – Na, dann komm's rein und warten's hier so lang!* Ich hatte es geschafft. In einer Sofaecke machte ich es mir bequem. Endlich, vielleicht nach einer Viertelstunde geduldigen Wartens, stand der Herr Pfarrer Naber von Konnersreuth vor mir.

Mein Inneres war aufgewühlt. Alles, was ich sagen wollte, war plötzlich vergessen und ich begann: *Herr Pfarrer, bitte, schenken Sie einem Protestanten aus Berlin einige Augenblicke Gehör!* Just hatte ich diese Worte ausgesprochen, als mir einfiel, daß ich eine Eselei begangen habe mit dem unfreiwilligen Eingeständnis, Protestant zu sein. Verlegen und unsicher fuhr ich fort: *Nur der Inhalt eines einzigen Satzes zieht mich nach Konnersreuth. Ich erkenne in Christus zwar einen großen Eingeweihten, einen Propheten Gottes, aber den Sohn Gottes, den Heiland, den zu erkennen und zu lieben ich so heiß ersehne, ihn kann ich nicht begreifen, nicht finden! Und ich gebe mich der Hoffnung hin, daß ein kindliches, einfältiges Menschenkind wie Therese Neumann, von der ich Wunderbares gehört habe und die doch so nahe mit Christus verbunden ist, mir helfen könnte, den Weg zu Christus zu finden.*

Eine große Pause folgte. Der Herr Pfarrer, dem ich nun mit klarem Blick in die lieben Augen sah, schwieg, als ob er eine passende Antwort in seinem Innern suchte.

Abermals nahm ich das Wort: *Es mag geringfügig erscheinen, was ich sagte, doch mich dünkt, daß ich nicht mehr das Recht habe, mich Christ zu nennen. Ich bemühe mich ernstlich, die richtige Erkenntnis zu gewinnen, aber es gelingt mir nicht. In meinem Innern tobt ein Kampf, den nur derjenige nachzuempfinden vermag, der ähnliche Kämpfe in sich selbst geführt hat.* Wieder eine Pause und langsam, ganz langsam beginnt der Herr Pfarrer zu antworten. Er sagt, daß er diesen inneren Zustand verstehe und daß wohl mancher Mensch einmal eine solche Palastrevolution in seinem Innern niederzuschlagen die Aufgabe habe. Schon mancher habe umlernen und dazulernen müssen, und durch die Resl könne man in der Tat lernen. Und nun erhellt sich sein Blick und, langsam zwar, aber unendlich gütig beginnt er fließender zu sprechen. Er erzählt eine ganze Leidens- und Segensgeschichte der kindlichen und gottbegnadeten Resl. Dann kommt er wieder auf mich und meinen Zustand zurück und läßt mich wieder und wieder erzählen.

Nach Verlauf einer Stunde wagte ich bescheiden, ihn auf die verstrichene Zeit aufmerksam zu machen. Der Herr Pfarrer antwortete mit freundlichem Blick: *Nein, bittschön, bleiben Sie nur!* Nach zwei Stunden ein weiteres Erinnern an die Zeit. Liebenswürdig bat er mich zu bleiben. Fast drei Stunden dauerte die Nachsicht und Güte des Pfarrers. Er war auf all meine Ansichten und Einwände liebevoll eingegangen und hatte sie auf seine Art in richtige Bahnen zu lenken versucht. Ich war von dem alten Herrn geradezu begeistert. Dennoch ging ich wie ein Geschlagener und vollkommen enttäuscht aus dem Hause. Denn Pfarrer Naber hatte mir erklärt, daß er selbst sehr gern sehen würde, wenn ich mit Resl zusammenkäme. Er habe auch vom Bischof die Zustimmung, in dringenden Fällen die Genehmigung zum Besuch der Resl zu erteilen, aber in meinem Falle könne leider ein Treffen nicht stattfinden, da die Resl gar nicht in Konnersreuth sei.

Nun stand ich draußen und mein ganzes Elend kam mir zum Bewußtsein. Ich war durch die vorausgegangenen ruhelosen Reisetage und Versammlungsnächte schon recht abgespannt. Jetzt spürte ich, daß die Unterhaltung mit dem Pfarrer mich auch geistig stark mitgenommen hatte. Am schlimmsten aber litt ich unter der Enttäuschung über das zuletzt Erfahrene. Gott hat mich also nicht erhört, trotz meines so gläubigen und inbrünstigen Gebetes.

Planlos lief ich im Dorf umher, ohne die Umgebung wahrzunehmen. Meine Gedanken beschäftigten sich mit den Ausführungen des Herrn Pfarrers. Schließlich kam ich in ein Gasthaus, vis-à-vis von Resls Geburtshaus, wo ich ein bescheidenes Abendbrot einnahm. Dabei lernte ich eine ältere Dame kennen, die Resls wegen aus Belgien gekommen war. Sie hatte mit bischöflicher Erlaubnis Resl in der Freitags-Leidensekstase gesehen, aber nie mit ihr sprechen können. Von dieser Dame hörte ich, daß Resl drei Wochen verreist gewesen und heute zurückgekommen sei. Heute nachmittag aber wäre sie mit Herrn Professor Wutz im Auto nach Waldsassen gefahren und würde wohl gleich wieder zurückkommen. In großer Müdigkeit ging ich in meinen Gasthof und legte mich, ohne mich bei jemand zu melden, ins Bett.

Ich mochte wohl zwei Stunden fest geschlafen haben, als ich von meinem Wirt, der zugleich Bürgermeister von Konnersreuth war, durch heftiges Poltern an der Stubentür geweckt wurde. Verärgert über die nächtliche Ruhestörung, glaubte ich, daß ich mich noch ins Fremdenbuch eintragen solle, als der Bürgermeister durch die Tür rief: *Ja, wo haben's denn gesteckt? Der Herr Pfarrer war selbst hier und sucht Sie im ganzen Dorf wie a Stecknadel, und da liegen's im Bett und schlafen! Sie sollen sofort zu ihm kommen!* Ich fragte nach der Zeit und als ich hörte, daß es bereits 10 $^{1}/_{2}$ Uhr sei, sagte ich: *Man kann doch nicht zur Nachtzeit zum Herrn Pfarrer gehen!* Die Antwort des Bürgermeisters: *Herr Pfarrer hat gesagt, wenn wir Sie noch bis 11 Uhr ausfindig machen, dann sollten Sie zu ihm kommen.*

Nach dieser dringenden Einladung sprang ich aus dem Bett und stand fünf Minuten später im Pfarrhaus. Der Pfarrer war nicht da. Ein Sterbender hatte nach ihm verlangt. Während seiner allerdings nur kurzen Abwesenheit genoß ich die Gesellschaft eines augesprochen männlich schönen und tiefgeistigen Kapuziners. Er trug eine braune Mönchskutte und hatte einen langen schwarzen Bart.

Nach kurzer anregender Unterhaltung mit ihm trat der Herr Pfarrer im schwarzen Talar ins Zimmer, und sofort zog sich der Mönch zurück. Des Pfarrers Gesicht trug den Ausdruck großer Freude. Mit strahlenden Augen trat er auf mich zu, begrüßte mich und bat mich, wieder Platz zu nehmen. Ohne Umschweife sagte er: *Ich muß Ihnen eine erfreuliche Mitteilung machen, über deren Ursache ich selbst überrascht war und bin. Wie Sie schon gehört haben, ist die Resl cirka drei Wochen verreist gewesen. Resls Bruder studiert nämlich in Eichstätt Theologie und wohnt bei Herrn Professor Wutz. Nun hörten wir, daß die Mutter Wutz einen Schlaganfall erlitten hätte. Resl fragte mich, ob sie wohl einige Zeit dorthin reisen könnte. Ohne Zögern riet ich ihr zu der Reise nach Eichstätt. Sie fuhr also dorthin und ist heute von dort zurückgekommen, und zwar mit Herrn Professor Wutz in seinem Wagen. Ihre Ankunft war mir vorher nicht bekanntgegeben worden und ich war über ihre plötzliche Rückkehr erstaunt. Nun hörte ich von Herrn Professor Wutz die Ursache der plötzlichen Abreise und denken Sie, die Ursache waren Sie selbst.*

Um Ihnen die Sache zu erklären, muß ich etwas weiter ausholen. Die Resl lebt, wie ich Ihnen bereits heute Nachmittag sagte, seit zweidreiviertel Jahren ohne jede physische Nahrung. Jeden Morgen kommuniziert sie und empfängt die konsekrierte heilige Hostie, ›Fleisch und Blut des Heilands‹. Wenn sie wegen ihres Zustandes nicht in die Kirche kommen kann, bringt man ihr das heilige Sakrament des Altars ins Haus. Empfängt die Resl die Hostie ein wenig später als gewöhnlich, so weicht mit großer Geschwindigkeit ihre Lebenskraft. Nach ihren eigenen Worten lebt sie durch Christus. In Eichstätt empfing Theres die heilige Hostie aus der Hand des Herrn Professor Wutz. Es kommt auch vor, daß der Heiland, welcher gewöhnlich bis kurz vor der Kommunion bei der Resl verweilt, die Resl früher verläßt. In solchen Augenblicken fühlt sich Theres sehr unglücklich, und ihr ganzes Wesen sehnt sich unaussprechlich nach dem Heiland.

Es war in der Nacht vom 29. zum 30. April, als Theres mit starken Herz- und Kopfschmerzen zu Bett lag. Der Heiland war frühzeitig von ihr gewichen, und sie betete in ihrer eigenen Art laut und inbrünstig, der Heiland möge doch wieder zu ihr kommen. In Resls Zimmer waren anwesend die Schwester Ottilie und – ich glaube so verstanden zu haben – auch die Schwester Agnes oder Zenzl. Der Leidenszustand der Resl war so groß und die Besorgnis der Schwestern steigerte sich so stark, daß sie Herrn Professor Wutz riefen. Als dieser im Zimmer erschien, befand sich Resl in ekstatischem Zustand. Sie sagte zu Herrn Professor Wutz: in der nächsten Woche komme ein Protestant aus Berlin nach Konnersreuth und sie habe den Auftrag, nach

Konnersreuth zu fahren, um mit ihm zu sprechen. Theres hatte aber nicht etwa geistigerweise kommuniziert, sondern sie hatte die einzige in der Hauskapelle befindliche heilige Hostie und damit ihren Heiland empfangen, ohne daß eine priesterliche Hand sie ihr gereicht hätte. In der Kommunions-Ekstase wurde dem Herrn Professor Wutz dies gesagt, und er wurde aufgefordert, sich sofort von der Wahrheit zu überzeugen.

Heute morgen nun, fuhr der Pfarrer fort, erklärte die Resl in der Kommunions-Ekstase, *daß der bereits avisierte Protestant heute noch in Konnersreuth eintreffen würde und daß sie deshalb heute noch nach Konnersreuth heimfahren müsse. Nun ist also die Resl gekommen.* Eine lange Pause folgte. Dann sagte der Herr Pfarrer: *Und der Protestant sind Sie wohl? Sie haben es mir doch heute Nachmittag selbst gesagt. Deshalb habe ich auch dem Herrn Professor Wutz und der Resl geantwortet, daß sich ›der Protestant‹ bereits bei mir gemeldet habe. Sie sollen also morgen früh um 10 Uhr im Pfarrhaus mit Theres zusammentreffen. Ich habe allerdings eine Bittprozession nach Waldsassen mitzumachen, will aber versuchen, wenn auch verspätet, dabei zu sein, wenn Sie mit Theres sprechen.*

Zunächst war ich sprachlos, überwältigt. Die Freude über das gehörte Wunder schnürte mir die Kehle zu. Dann aber ging ich impulsiv auf den Pfarrer zu, ergriff fest seine Hände und rief freudig: *Da hat also Gott, den ich in Christi Namen gebeten habe, mein Gebet erhört. O, wie wahr ist es doch: ›Bittet, so wird Euch gegeben!‹*

Nachdem mich Herr Pfarrer Naber ersucht hatte, über das Gehörte nicht zu sprechen, wünschte ich eine gute Nacht und verließ den Pfarrhof. All das Gehörte und Empfangene erfüllte meine Seele so sehr, daß ich vermeinte, nicht mehr schlafen zu können. Trotzdem fiel ich nach dem Dank, den ich dem gütigen Herrgott im Gebet abstattete, sofort, ja, wirklich sofort in tiefen Schlaf. Ich erinnere mich, daß ich vor dem Gebet ein wohliges Gefühl darüber empfand, mich in unmittelbarer Nähe von Resl zu befinden.

Am anderen Morgen frühstückte ich im Gastzimmer. Dann war mein erster Gang in die Kirche. Ich blieb zaghaft im Westen unter der Orgelempore stehen und ließ das Gesamtbild des inneren Gotteshauses auf mich wirken. Ich betete zu Gott, daß Er mir Erkenntnis und einen rechten Glauben an Christus schenken möge. Als ich nach vollzogenem Gebet die Augen öffnete, lag die Sonne so hell und glänzend in der Kirche, daß es mich nicht länger in ihren Mauern hielt. Es trieb mich hinaus in die freie Natur. Ein Spaziergang durchs Dorf bis fast zum Kalvarienberg hinauf tat mir wohl. Auf dem Rückweg hatte ich noch einige Augenblicke Zeit, die ich dazu benutzte, mir schon jetzt ein Auto zu bestellen, das mich rechtzeitig zum Zug bringen sollte.

225

Pünktlich zwei Minuten vor zehn Uhr war ich am Pfarrhaus. Der Haushälterin sagte ich mit verschmitztem Ton: *Wollen Sie mich bitte hineinlassen; ich bin hierher bestellt und die Resl wird auch gleich kommen.* Sie lachte und, ohne ein Wort zu sagen, führte sie mich in das schon bekannte Zimmer. Es schlug gerade 10 Uhr, als eine Tür – nicht die, durch welche Herr Pfarrer eingetreten war – sich öffnete und die Resl vor mir stand. Heute weiß ich, daß Resl damals aus der Küche kam und daß die Haushälterin nur darum lachte, weil sie meine *Einladungsgeschichte* genau kannte, denn sie ist ja die Schwester der Resl.

Die Resl – wie soll man sie beschreiben? Ein einfaches, ländliches Mädchen, mit langem, bis zu den Knöcheln reichenden Rock, einer schwarzen Schürze, um den Kopf geschlungen ein weißes Tuch – auf den ersten Blick absolut keine mystische Erscheinung. Resl trat langsam auf mich zu und fragte in heiterem Ton: »*Also, Sie sind doch der Protestant, gelt?*« – Und ehe ich antworten konnte, fuhr sie fort: *Ja, Sie sind's! Na, da kommen S' her und setzen S' sich. Da werd'n wir halt a bisserl plaudern!* Wir setzten uns an den Tisch, und ich erzählte Resl in ein paar Sätzen, daß ich als ehrlicher und eifriger Sucher gern den Weg zu Christus finden möchte, daß ich es aber trotz besten Wollens, ja, trotz einer ausgesprochenen Sehnsucht nach Ihm nicht vermöge, in Christus Gottes Sohn, ja, Gott selbst zu erkennen.

Resl lächelte und mit freundlicher Miene sagte sie: »*Ja, ist denn da überhaupt noch ein Zweifel möglich? Christus ist doch da, ist doch dauernd um uns, bei uns, hilft uns, liebt uns, führt uns. Ja, sagen Sie, wissen Sie denn das gar nicht? Der Heiland ist doch so lieb und ist so gut! Nicht etwa, daß Sie sich Ihn streng vorstellen müssen, hoheitsvoll wohl, gewiß, aber so lieb, so gut!*«

Plötzlich fingen die Glocken der Kirche zu läuten an. Resl stand ruhig auf, holte ihr Kopftuch, welches sie vorher auf einer Kommode abgelegt hatte, und wandte sich mit gewinnendstem Lächeln an mich: »*Sie müssen mich ein wenig entschuldigen, ich muß jetzt in die Kirche gehen.*« Schon hatte sie die Türklinke in der Hand. Aber allsogleich öffnete sie die Tür ein wenig, steckte den Kopf durch den Spalt, und mit ausgesprochen schelmischem Gesichtsausdruck lockte sie mich mit der Einladung: »*Ja, möchten S' denn nicht mitgehn?*« Ich erwiderte, daß ich es schon gern täte, aber ob ich als Protestant die Erlaubnis dazu habe? Ihre Stimme nahm einen entschiedenen Ton an: »*Gehn's, mach'n S' koa G'schichten, schnell, komm'n S' mit! Wir geh'n durch die Sakristei hinter den Altar und da bleiben S' hübsch bei mir!*« Ich ging also mit der Resl in die Kirche!

Gewohnheitsmäßig machte ich lange Schritte, aber Resl blieb plötzlich stehen und bat: »*A bisserl langsamer müssen S' schon geh'n, i kann halt nit so schnell mit!*« Dabei zeigte sie auf ihren linken Fuß, der wie der rechte in einem Filzschuh steckte. Ich beobachtete, daß viele Leute in scheuer Entfernung standen und die Resl neugierig betrachteten. Eine Frau grüßte ehrerbietig und Resl rief ihr freundlich »Grüß Gott!« zu. Die wenigen Schritte vom Pfarrhaus zur Sakristei waren schnell zurückgelegt. Wir schritten durch die Sakristei bis hinter den Altar. Resl kniete nieder und nach stummem Gebet flüsterte sie mir zu: »*Jetzt werden sie gleich kommen. Stellen Sie sich dort auf die Seite, da können Sie alles sehen!*«

Tatsächlich, sie kamen. Es waren die Konnersreuther, die von der Bittprozession nach Waldsassen zurückkehrten. Wirr durcheinander, laut Gebete sprechend, kam die Gemeinde in die Kirche. Mich stieß das laute, scheinbar ungeordnete Beten ab, aber Resl war außer sich vor Freude. Sie flüsterte mir zu: »*Da schaun S' doch hin, wie s'alle kommen, ach, wie schön!*« Sie wollte wohl meine Stimmung korrigieren und mir zu verstehen geben, daß sich der Heiland jedem so offenbare, wie er es fassen kann, und daß es unpassend sei für einen »noch so Fernen«, eine abfällige Kritik zu üben.

Den Herrn Pfarrer sah ich nicht kommen. Eine Weile noch dauerte das Gebetemurmeln an. Dann war es mit einem Male totenstill. Resl hatte in ihrem Stuhl hinter dem Altar Platz genommen. Ich sah zu ihr nieder, hinein in ihre auf mich gerichteten verträumten großen blauben Augen. In diesem Moment wurde die Stille durch schrillen, hohen Glöckchenklang jäh unterbrochen.

Das unvermittelte Erklingen der undefinierbaren Glockentöne verursachte eine unangenehme Nervenerregung in mir. Ich vermutete, daß die Glöckchen die Gegenwart Gottes verkünden sollten. Aus Resl's Augen hatte ich die Nähe Gottes geahnt. Jetzt fühlte ich deutlich den Odem Gottes, ja, ich fühlte ganz impulsiv eine heiße Liebe zu meinem Schöpfer. Verächtlich, niedrig und klein erschien ich mir und meine Seele stammelte unausgesetzt: *Lehre mich erkennen, o Herr, stärke meine Liebe zu Dir und zu Christus. Erbarme Dich meiner!* Was aber war all mein Stammeln gegen das Gebet der Resl. Vom Pfarrer hörte ich das sonore *Vater unser, der Du bist im Himmel!*, da sah ich auf Resl nieder. Sie war ganz verzückt und betete mit. Wort für Wort drang mit unwiderstehlicher Macht in meine Seele. Mit elementarer Gewalt wurde meine Selbstbeherrschung gebrochen und die Tränen stürzten mir nur so aus den Augen.

Es ist mir nicht möglich, mein innerstes Erleben zu schildern. Genug, ich hatte herzzerreißend geweint und wischte mir die letzten

Tränen aus den Augen, als ich Resl wieder bei mir gewahrte. Sie führte mich zurück in die Sakristei, wo ich den Herrn Pfarrer traf. Dieser schloß sich uns beiden an und wir gingen gemeinsam durch eine große Menschenmenge nach dem Pfarrhaus. Dort angekommen, wollte mir Resl den wundersamen Grund ihrer Rückreise nach Konnersreuth schildern und sie fragte: *Hat Ihnen Herr Pfarrer schon erzählt, daß ich von Ihnen gewußt habe?* Ich nickte und Herr Pfarrer sagte: *Ja!* – *Ja*, meinte Resl, *es ist schade, daß der Herr Professor Wutz nit dabei ist, aber gelt, Sie haben's wohl net so eilig? Bleiben S' hier. I hob heut gor nichts vor. Da steh ich Ihnen den ganzen Tag zur Verfügung. Da plaudern wir halt zusammen.* Ich antwortete, daß ich eigentlich heute noch von Arzberg aus heimwärts fahren wollte, daß ich mich aber unter solchen Umständen sehr gern zum Hierbleiben entscheiden würde. Resl war zufrieden.

Resl fragte nach meiner Familie. Als sie hörte, daß ich im Januar 1929 noch einen kleinen Jungen bekommen habe, freute sie sich herzlich. Plötzlich kam sie wieder auf mein Verhältnis zu Christus zurück und da überraschte sie mich mit der Mitteilung, daß sie meinen Gemütszustand und meine inneren Kämpfe sehr wohl kenne, da sie meinetwegen bereits einmal hätte leiden dürfen. Sie hätte mich auch gleich wiedererkannt. Dann variierte sie ihre früheren Ausführungen über den Heiland und riet mir, häufig und aufrichtig zu beten. Auf die Gnade des Heilands oder Gottes käme es an. Allein könnte ich es nie zwingen. *Der Heiland hat Sie bereits an sich gezogen. Er führt Sie an seiner Hand und läßt Sie nimmer aus! Aber geben S' acht! Der Böse wird Sie jetzt auch nit auslassen wollen. Die anderen gehören ihm eh', aber bei Ihnen fürchtet er, daß Sie ihm verloren gehen könnten!* Plötzlich richtete sich Resl auf und sprach mit großer Eindringlichkeit: *Fahren Sie jetzt lieber gleich ab! Hören S'? Sofort! Es ist besser! Sie kommen schon bald mal wieder. Ich werde für Sie und Ihre Familie beten!*

Pfarrer Naber hatte sich ebenfalls erhoben und meinte: *Wenn die Resl die sofortige Abreise empfiehlt, ist es schon das beste, wenn Sie folgen. Sie kommen schon bald mal wieder, gell? Wie heißen Sie noch?* Ich nannte meinen Namen und fügte spaßend die Worte hinzu, mit denen Herr Pfarrer tags zuvor im Dorf gesucht hatte: *der junge Mann mit der gelben Hornbrille.* Ich faßte die Hände des greisen Pfarrers, des lieben guten Pfarrers, ergriff die zarten, weichen Hände der Resl und nahm gerührt Abschied. Resl begleitete mich an die Tür. Dort sagte sie leise: *Der Herr Pfarrer ist wirklich ein heiligmäßiger Mensch.* Nochmals ein *Auf Wiedersehn!* und ich stand auf der Straße, wo selbst mein nicht wieder abbestelltes Auto schon auf mich wartete. Nach rasender Fahrt erreichte ich

ischof Sloskan

Erika Becker am Grab von Ehepaar Firmin und Erna Haven

ste heilige Kommunion der Familie Becker am 4. August 1930. Von links: Bruno Rothschild,
roßmutter Amalie Bögner, Hildegard Becker, Hermann Becker sen., Therese Neumann, Erika
ecker, Emma Becker, geb. Bögner mit Kind Klaus, Hermann Becker jun., Pfarrer Naber

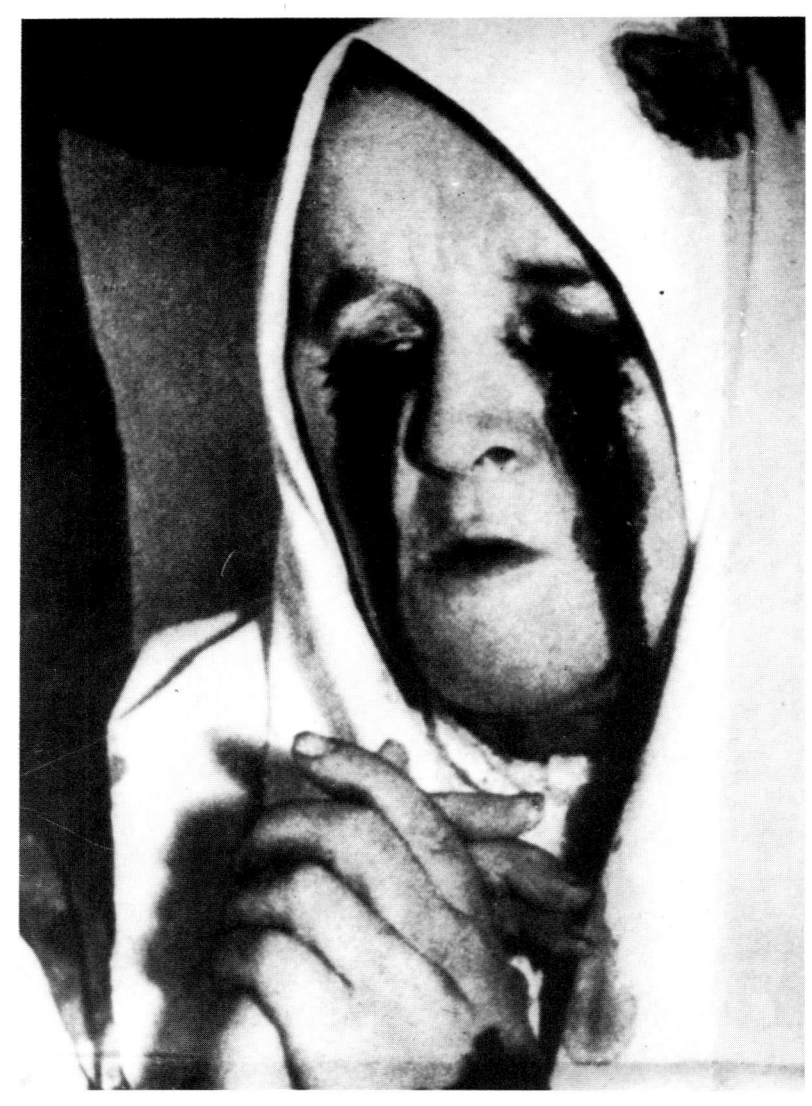

Therese Neumann im Karfreittagsleiden (1937)

Therese Neumann am Krankenbett
der Mutter Wutz im Haus
von Prof. Wutz in Eichstätt (1929)

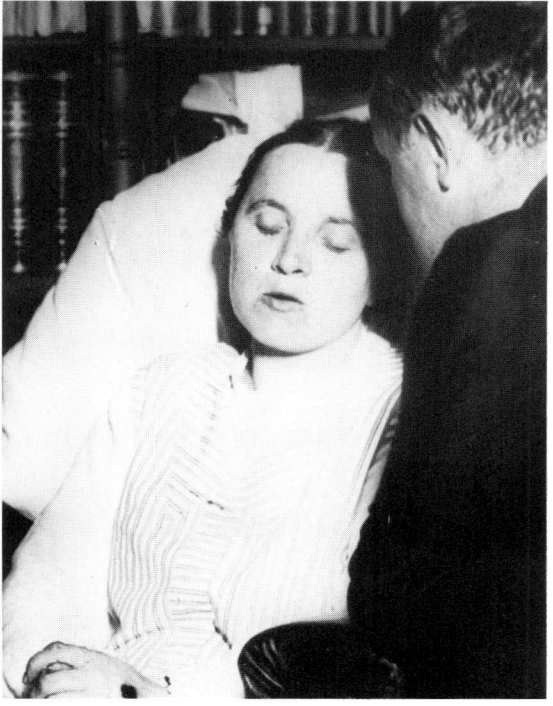

Therese Neumann im Zustand der
Eingenommenheit im Studierzimmer
von Professor Wutz, Eichstätt (1936)

H. Becker vor Resl-Haus (1929)

Zettel für Hermann Becker (1929). Inhaber dieses Zettels kann vor- u. nachmittags zu Theres kommen. Naber, Pfarrer

Hermann Becker und Emma Bögner als Verlobte (1912)

Hermann Becker in seinem Berliner Büro als Orchestersekretär
des Deutschen Musikerverbandes

ermann Becker (vorn rechts) als Kind mit seinen Eltern
nd seinen Schwestern Johanna und Anna (links)

Hermann Becker mit Oboe 8. 12. 1939

Ferdinand Neumann und Tochter Ottilie in Eichstätt bei Professor Wutz im Garten (1940)

St. Ansgar-Kirche, Berlin-Tiergarten, Altonaerstr. 22 (wurde durch Bomben im November 1943 zerstört)

Geistlicher Rat Pfarrer Naber beim Verlassen der Laurentius-Kirche, Konnersreuth

Schreiben von Pfarrer Naber i. R. vom 16. Dez. 1962

Therese Neumann auf dem Totenbett (aufgenommen am 20. Sept. 1962)

glücklich noch den D-Zug in Marktredwitz, und am Abend des 6. Mai 1929 zog ein anderer Mensch in Berlin ein, anders als er ausgezogen war. Am 7. Mai kam ich in meine Dienststelle und schon in der ersten Minute mußte ich die Feststellung machen, daß Resls Rat, sofort abzureisen, das beste war, was ich hätte tun können.

So war das erste Erlebnis in Konnersreuth nach jeder Richtung hin derart eindrucksvoll und frappierend, daß ich künftighin betete: *Lieber himmlischer Vater, stärke meinen Glauben, erleuchte meinen Geist, lasse wachsen meine Liebe zu Dir und lasse mich bald wieder reisen zu Resl, Amen!*

ZWEITE REISE NACH KONNERSREUTH

Der Heiland der Resl – im Gegensatz zum Christus in meiner Brust – ließ mir keine Ruhe mehr. Am Dienstag, den 30. Juli 1929, trat ich eine Dienstreise nach München an. Bis Mittwoch nachts 2 ^{1}/$_2$ Uhr hatte ich ununterbrochen zu tun. Dann begannen meine Ferien. Ich hatte vor, einen Ausflug an den Königssee zu unternehmen und auf der Rückreise Konnersreuth zu berühren. Donnerstag, den 1. August, fuhr ich nach Salzburg und weiter mit der elektrischen Bahn nach Berchtesgaden, von wo aus ich mit dem Auto an den Königssee fuhr. Eine herrliche Motorbootfahrt ließ mich die grandiosen Naturschönheiten bewundern. Von Berchtesgaden fuhr ich dann über Reichenhall nach Freilassing, machte der Stadt Salzburg abermals einen kurzen Besuch und reiste abends gegen 10 Uhr von Salzburg über Freilassing nach Marktredwitz. Eine entsetzlich langweilige Fahrt erreichte gegen 4 Uhr ihr Ende. Nach längerem Aufenthalt in Marktredwitz kam ich gegen 7 Uhr in Arzberg an. Ein Auto war sofort zur Stelle und brachte mich in wenigen Minuten nach Konnersreuth.

Diese Hinweise sollen nur die dem Konnersreuther Erlebnis vorausgegangenen körperlichen Strapazen illustrieren. In Konnersreuth angekommen, schüttelte ich den Reisestaub von den Kleidern und ging sofort in die Kirche, in die Frühmesse. Ich war erstaunt über die große Anzahl der Kirchenbesucher, noch mehr aber über die vielen Kommunikanten. Nach Beendigung der Kommunion ging der Herr Pfarrer hinter den Altar. Diesen Augenblick benutzte ich, schleunigst die Kirche zu verlassen. Ich erwartete den Pfarrer an der Tür der Sakristei.

Tatsächlich kam er sehr bald und sehr schnell aus der Kirche und, mich erkennend, zog er mich in gelindem Eilmarsch in sein Haus, um mir dort einen *Passierschein* zur Resl in die Hand zu drücken und mich aufzufordern, ihm *oben bei der Resl* ein Zeichen zu geben, daß ich da sei. Um 10 Uhr möchte ich mich vor Neumanns Haustür einfinden. Dadurch kam mir erst ins Bewußtsein, daß ich gerade an einem Freitag in Konnersreuth angekommen sei. Vorher hatte ich an den Freitag und an die Leiden der Resl gar nicht gedacht. Als ich nach längerem Spaziergang kurz vor 10 Uhr am Neumann-Haus eintraf, war ich erschrocken ob all der Menschen, die sich dort wegen des Freitagsleidens der Resl eingefunden hatten. Es waren in der Mehrzahl Priester. Zehn Geistliche mögen es gewesen sein, die zunächst Einlaß in das Haus erhielten, von denen aber nach Verlauf von zwei bis drei Minuten wieder einige herauskamen. Die gleiche Anzahl wurde wieder eingelassen.

Der zweite Schub von etwa zehn Menschen bewegte sich zur Tür hinein, und die ersten zehn kamen wieder heraus. Auch beim nächsten Schub rückte ich nicht auf und wollte mich nicht vordrängen. Da trat der Herr Pfarrer aus der Haustür und sagte – suchend umherblickend: *Ja, wo ist er denn, der Herr?* Plötzlich erblickte er mich und sprach in mildem Tonfall, mich am Ärmel festhaltend: *Bitte, kommen Sie!* Und so zog er mich ins Haus. Mit schnellen Schritten war er wieder die Treppe hinaufgeeilt, während unten die *Paßkontrolle* begann. Hinter der Haustür stand der große, schlanke, rüstige Vater der Resl und ließ sich die einzelnen Papiere zeigen. Pedantisch genau studierte er jeden Zettel, wieder mußten zwei Priester das Haus verlassen, weil ihr *Ausweis* Herrn Neumann nicht genügte. Dann ging die Gruppe langsam und leise die Treppe hinauf.

Oben liegt rechterhand die Stube der Therese. In der hinteren linken Ecke des Zimmers steht das Bett. In ihm lag oder, richtiger ausgedrückt, saß Therese Neumann in ihrer Freitags-Ekstase. Das Blut war ihr vom Haupt, aus den Augen und aus der Herzwunde hervorgequollen und die weißen Linnen, sowie ihr Gesicht und ihr Hals waren von Blut gefärbt. Die Wundmale an den Händen waren geschlossen. Dieses Bild machte einen gewaltigen Eindruck auf mich. Es sind Erlebnisse, über die man weder sprechen noch schreiben kann.

Die kleine Gruppe mag wohl fünf Minuten lang bei der Resl verweilt haben, als sie vom Herrn Pfarrer aufgefordert wurde, leise hinaus und hinunter zu gehen. Selbstverständlich schickte ich mich an, dem Folge zu leisten; aber Pfarrer Naber hielt mich wieder am Ärmel: *Nein, nicht Sie, Sie bleiben! Kommen Sie hierher!* und er schob mich mit beiden Armen direkt an das Fußende des Bettes. Der dritte, vierte, fünfte Schub kam. Ich mußte bleiben. Als längst niemand mehr vorgelassen wurde, blieb ich mit dem Herrn Pfarrer ganz allein oben.

230

Während des Zustandes der gehobenen Ruhe ließen auch wir die Resl allein. Hiernach kommt regelmäßig die letzte Leidensphase, während welcher sie den Heiland am Kreuz sterben sieht. Auch diese durfte ich als einziger miterleben. Nach der letzten furchtbaren Schauung fällt die Resl wie tot in ihre Kissen zurück – zu einem tiefen Schlaf.

Um 5 Uhr durfte ich wieder bei ihr sein. Resl war frisch gewaschen, alle Reste ihrer Leiden waren säuberlich entfernt bis auf den Blutfleck, den ihr Hemd in der Herzgegend zeigte. Als ich bei ihr eintrat, schlief sie noch. Ganz still standen *Pater Ingbert Naab*, der Pfarrer und ich selbst bei ihr. Plötzlich begann sie zu gähnen, wiederholte das ein paarmal, rieb sich wie ein kleines Kind die Augen, jäh erwachte sie und sah mir direkt in die Augen. Ruckartig richtete sie sich auf und sagte ganz freudig: *Ja mei, wir kennen uns doch!* Ich erwiderte: *Ja, Resl, kennen Sie mich denn nicht ganz wieder? Denken Sie einmal an den jungen Mann mit der gelben Hornbrille! Ach, ja, jetzt weiß ich's. Wie geht es Ihnen und Ihrer Familie?*

Nachdem ich kurz das Wichtigste berichtet hatte, unterhielt man sich über meine Glaubensskrupel. Man erzählte mir Vieles und Schönes vom Heiland und, als ich meine Überraschung über die zahlreichen Kommunikanten in der Frühmesse zum Ausdruck brachte, schilderte man mir auch das Wunder der Eucharistie. Ich mußte bekennen, daß ich eine große Sehnsucht nach dem Heiland im Herzen trage und gern einmal kommunizieren würde, aber daß mich die evangelischen Kirchen so kalt ließen. Ich erzählte, daß ich gern einmal im vertrauten Freundeskreis das Abendmahl nehmen möchte und daß ich hierzu auch bald Gelegenheit hätte, denn ein Bekannter, der ein wahrhafter Christ sei, wäre sicher gern bereit, mir diesen Liebesdienst zu erweisen. Dieser Freund feiere das Abendmahl im Kreise von Bekannten bei sich zu Hause.

Oh, wie hatte ich damit die Gemüter bewegt! Es kam aus dem Munde der Resl eine Beschreibung des eucharistischen Heilands: Der Heiland wäre zweifellos vollkommen, aber geistigerweise in der konsekrierten Hostie. Christus sagte ja selbst: *Dieses ist mein Leib!* In der nichtkonsekrierten Hostie sei selbstverständlich der Heiland nicht, und deshalb wäre es höchst verwerflich, das Abendmahl so zu profanieren, wie es mein Freund angeblich tue. Pfarrer Naber schilderte dann das Zustandekommen der Weihe und ging hierbei aus von der Einsetzung des Abendmahles durch Jesus selbst. Ich weiß nicht mehr, wie lange ich bei der Resl weilen durfte. Ich weiß nur, daß ich mit hochbeglücktem Herzen das Neumannsche Haus verließ, denn mir war zugesichert worden, Sonnabend früh bei der Kommunionsekstase Resls zugegen sein und mit der ekstatischen Resl sprechen zu dürfen.

Die widerstrebendsten Gedanken und Gefühle bewegten mich. Mir war unerschütterlich klar geworden, daß Christus wirklich gelebt habe, daß er wahrscheinlich doch Gottes eingeborener Sohn sei und daß er unendlich für die Menschen gelitten habe. Ich erkannte auch untrüglich, daß die Leidensekstase der Resl keineswegs durch Hysterie, Suggestion oder Autosuggestion hervorgerufen sei, sondern daß es sich in Konnersreuth um eine von Gott selbst gewollte und herbeigeführte Offenbarung handelt. Ich mußte mir also eingestehen, daß meine bisherige Weltanschauung eine irrige war, mußte naturnotwendig anerkennen, daß ich künftig nicht ehrlich vor mir selbst leben könnte, wenn ich nicht die notwendigen Konsequenzen aus dieser Erkenntnis ziehen würde. Viele Jahre emsigsten Suchens waren nutzlos und vergeblich gewesen. Ich hatte mich nach einer verkehrten Richtung hinbewegt und mußte nun umkehren.

Umkehren? Ja, das wäre nicht so schlimm. Aber wie verhält es sich mit der Eucharistie, mit der Einsetzung des Abendmahls und mit der von den Aposteln übertragenen Kaft der Konsekration seitens der Priester? Sollte ich katholisch werden müssen? Das wäre ja entsetzlich! Mir fiel die Zeit der Inquisition ein, ich dachte an alle Scheußlichkeiten, die ich über die katholische Kirche gehört hatte. Ich war erschüttert, niedergeschlagen und unschlüssig. Und doch kam mir immer wieder ins Bewußtsein, daß eine Entscheidung unter allen Umständen herbeigeführt werden müsse, wenn ich nicht die Achtung vor mir selbst verlieren wollte. Nach einer durchwachten unruhigen Nacht erhob ich mich mit sehr heftigen Kopfschmerzen. Ich ging in die Kirche, stellte mich auf meinen alten Platz unter der Orgel und betete: *»Herrgott, gib Du mir doch einen Rat. Zeige mir doch einen Weg. Schenke Du mir doch die rechte Erkenntnis. Ich finde mich nicht mehr zurecht!«* Nicht eher ließ ich mit Beten nach, bis sich in mir das Gefühl innerer Ruhe einstellte. Dann ging ich hinaus in den warmen Sommermorgen.

Zur festgesetzten Zeit machte ich mich auf den Weg zu Resls Haus. Dort sollte sie kommunizieren. Unten im Flur traf ich Herrn Pfarrer Naber, die Eltern der Resl und einen Arzt aus München, Dr. Mittendorfer. Kaum versammelt, kam auch schon Pater Ingbert Naab im priesterlichen Ornat mit einem Ministranten des Wegs, und durch die offene Haustür schreitend begab er sich nach oben in Resls Stube. Alle vorhin aufgezählten Anwesenden knieten nieder. Als Pater Ingbert mit dem Ciborium oben war, folgten sie ihm und sahen alle zu Resl. Mit dem Ausdruck höchster Glückseligkeit und edelster Erwartung breitete Resl die Arme aus, öffnete ein wenig ihren Mund und empfing den Heiland. Nach dem Empfang sank ihr Oberkörper selig in die Kissen zurück.

Nach etwa einer Viertelstunde ging der Herr Pfarrer als erster auf die Resl zu und sprach mit ihr. Nach Beendigung der Unterredung erlaubte er Dr. Mittendorfer mit Resl zu sprechen. Diese Zwiesprache dauerte ziemlich lange, so daß der ekstatische Zustand der Resl bereits vorüber war, als ich endlich mein Anliegen vorbringen sollte. Pfarrer Naber aber tröstete mich mit dem Versprechen, morgen – Sonntag – abermals dabei sein zu dürfen; dann würde ich ganz sicher mit ihr reden können.

Im Laufe des Vormittags hatte sich Resl von ihrem Leidenslager erhoben. Ich begegnete ihr in ihrem kleinen Garten, in welchem sie Unkraut jätete. Sie lud mich freundlich ein, in den Pfarrgarten zu kommen. Im Pfarrgarten befindet sich eine kleine nette Holzlaube. In dieser verbrachte ich den ganzen Nachmittag bis zum späten Abend. Größtenteils waren Resl und ich allein, doch fanden sich besuchweise abwechselnd und auch zusammen, Herr Pfarrer Naber, Pater Ingbert und ein Porzellanarbeiter Knetner aus Waldsassen ein. Die Unterhaltung drehte sich hauptsächlich um den wahren Glauben an Gott und den Heiland. Auf meine Frage, warum die Leute vor der Hostie knieten, wurde ich ausführlich belehrt. So verging der Samstagabend in schnellem Fluge, die Dunkelheit brach herein, so daß man sich ziemlich eilig verabschiedete.

Sonntag morgen, ein herrlicher Sommertag. Die Kommunion Resls sollte diesmal in der Kirche und zwar hinter dem Altar stattfinden. Ich fand mich rechtzeitig ein. Resl nahm in ihrem Stuhl Platz. Dann kam der Herr Pfarrer mit dem Heiland. Ich hatte bald Gelegenheit, mit der ekstatischen Resl zu sprechen. Ich trug meine Seelennot etwa wie folgt vor: »*Was soll ich bloß tun? Ich finde keine Ruhe in meinem Innern. Ich habe das Gefühl, als ob ich katholisch werden müßte, wenn ich ehrlich bleiben will. Und dennoch erscheint es mir unrecht, daß ich einen solchen Gedanken hege, weil doch die katholische Kirche so viel Unheil angerichtet hat, so viel Blut vergossen! Was soll ich nun tun?*«

Aus dem Munde der Resl kamen die Worte: »*Du würdest dem Heiland eine große Freude machen, wenn Du katholisch werden würdest!*« Aber nicht genug damit. Der Mund Resls fuhr fort: »*Wenn Du Deine Frau noch ein wenig bei Dir behalten willst, mußt Du ihr sofort eine Hilfe besorgen!*« Über diese beiden Sätze war ich so überrascht, daß ich nicht mehr sprechen konnte. Auch Resl schwieg, so daß ich zurücktrat und zum Herrn Pfarrer in die Sakristei ging.

233

Nachdem die Resl aus ihrer Ekstase zurückgekehrt war, berichtete ich ihr und dem Herrn Pfarrer das soeben Gehörte: daß ich namentlich auch über den zweiten Satz auf das höchste erstaunt sei, da die Resl meine Frau doch gar nicht kenne, ich ihr aber über deren Gesundheitszustand auch nie ein Wort gesagt habe, ja, nicht habe sagen können, da ich selbst solche Gefahr nie geahnt hätte. Pfarrer Naber antwortete: »Wenn Ihnen die Resl in der Ekstase das gesagt hat, so tun Sie gut, sofort den Rat zu befolgen, denn Sie müssen wissen, in der Ekstase spricht aus der Resl Jemand, der alles weiß und sich nicht irrt.«

Um diesen Bericht zu schließen, ist noch kurz hinzuzufügen, daß ich nach der Verabschiedung vom Pfarrer und von der Resl zu Fuß nach Waldsassen pilgerte. Bis zur Abfahrt des Zuges standen mir etwa 2 $1/2$ Stunden zur Verfügung. Der Zufall fügte es, daß ich Herrn Knetner traf, der mich in Waldsassen umherführte und mir den Klostergarten der Zisterzienserinnen, den er selbst angelegt hatte, und die wunderbare Stadtkirche zeigte. Montagabend, am 5. August, war ich wieder in Berlin und bereits am Dienstag meldete ich meine Kinder zum katholischen Religionsunterricht in der Schule, mich selbst aber zum Konvertitenunterricht bei dem Steyler Missionspater Balkenhol, den mir Resl als Lehrer genannt hatte, an. Ein Mädchen für den Haushalt wurde sofort gesucht, bald gefunden und eingestellt. Am Tage meiner Heimkehr kamen die Herren Arnold, von Treskow und einige weitere Freunde zu Besuch. Sie waren begierig zu hören, was ich in Konnersreuth erlebt hatte. ich mußte sogleich berichten und tat dies unter Fortlassung der Auskunft, welche mir in der Kommunions-Ekstase in bezug auf meinen Glauben zuteil geworden war. Dieses große Erlebnis wollte ich meiner Frau allein mitteilen. Und so geschah es.

Wenige Tage hindurch herrscht wieder köstlicher Friede. Dann aber gab ich das bisher sorglich gehütete Geheimnis, nämlich die Aussage Resls in der Ekstase, meinen Freunden Arnold und von Treskow preis. Sofort rührte sich der antikatholische Geist in beiden. Sie machten mich auf meine durch den Spiritismus gewonnenen Erfahrungen aufmerksam. Es müßte mir, so sagten sie, doch klar sein, daß jedes Medium gewissermaßen abfärbe, das heißt, daß es nicht in der Lage sei, die objektive Wahrheit unverfälscht, ohne Zutun seiner subjektiven Anschauungen, wiederzugeben. Aber nicht nur das setzten sie mir entgegen. Sie erinnerten an die Inquisition, an schlechte Päpste und an die Überheblichkeit der Priester, die sich höher einschätzten als die Engel.

Einige Tage später brachte Herr von Treskow zu seiner Unterstützung ein sogenanntes Vatermedium mit, um gemeinsam mit diesem mein Vorhaben zu Fall zu bringen. Der neue Gast las sogenannte inspirierte Schriften von Jakob Lorbeer vor. Alle diese neuen Eindrücke entfernten mich keineswegs von Christus, der katholischen Kirche aber wurde ich immer fremder. Diese Skrupel quälten mich. Allein die Sehnsucht, in der Kommunions-Ekstase der Resl authentische Aufklärung zu erhalten, konnte mich einigermaßen versöhnen.

Die dritte Reise nach Konnersreuth folgte. Indessen kam ich nicht dazu, meine mich bewegenden Fragen dort anzubringen.

DRITTE REISE NACH KONNERSREUTH

Hatte die Resl mich bereits früher aufgefordert, meine Frau einmal mitzubringen, so war es selbstverständlich, daß ich ihr diese Freude auch machen wollte. Am Donnerstag, dem 5. und Freitag, dem 6. Dezember 1929 hatte ich dienstlich in der Nähe von Konnersreuth zu tun. Früher als geahnt waren meine Pflichten erledigt, so daß ich mit meiner Frau und dem kleinen Klaus am Freitag in Konnersreuth ankam. Aber hören wir meine Frau – sie hat ihre Eindrücke aufgeschrieben; und die Art, wie sie es tat, ist so, daß ich es ihr nicht nachmachen kann, obwohl ich jedes Wort unterschreibe:

Wir traten – mein Mann, Klaus und ich – in das Haus Neumann's. Alles hier berührte mich lieb und traut, wir warteten nicht lange. Während Herr Neumann die Vögel fütterte, ging Frau Neumann zum Pfarrer hinauf. Der Herr Pfarrer war bei der Resl. Wir sollten nur hinaufkommen, hieß es.

Auf der Treppe, die zu Resls Stübchen führt, stand Herr Pfarrer Naber. Die Art, wie er uns begrüßte, war so ungemein lieb und warm, sein durchgeistigtes Gesicht so einfach, schlicht und herzlich, ein gütiges Lächeln darauf, die Arme wie einladend uns entgegengestreckt. Sein einfaches, dunkles Gewand, von welchem sein Kopf sich abhob, ohne auch nur einen Schein von rührender, hingebender Vatergüte zu verlieren – so stand der hochwürdige Herr vor uns und führte uns in Resl's Zimmer. Ich fühlte mich darin so wohl, so geborgen. In diesem Raum kam ein Friede über mich, wie ich es empfunden im Häusel meines seligen Großvaters. Das Stüblein war mir so vertraut. Die Heilandsnähe breitete ihre Weihe über mich aus.

Resl lag im Bett mit leidensvollen Zügen, ein weißes Tuch um den Kopf und blutdurchtränktes Linnen auf der Herzgegend. Es war der erste Freitag des Monats, dem Heiligsten Herzen Jesu geweiht. ›Sie hat heute an der Herzwunde besonders stark gelitten‹, sagte uns der Herr Pfarrer. Noch lag sie im Zustand der Eingenommenheit, in welchem sie niemanden erkennt. Die Mutter nahm ein blutiges Tuch von der Nähe des Ofens und hielt es mir aus-

235

gebreitet hin. Sie sagte, es sei von den Kopfwunden (Dornenkrone). Es sah aus wie ein großes, von Blut gezeichnetes Herz auf weißem Tuch. Resl sprach ganz leise mit dem Pfarrer. Ich blieb etwas hinten im Zimmer, ich wagte mich nicht so weit ans Bett – aus Scheu. Herr Pfarrer nötigte mich näher heran, näher, ganz zur Resl. So saß ich denn auf ihrem Bettrand, hielt mein Kind, den Klaus, der dicht vor ihr saß, auf dem Bette. Sie streichelte immerfort, glücklich lächelnd, sein blondes Köpfchen: ›Ach, ein Butzerl, ein Butzerl, ein lieb's! Klaus – ich war glücklich, solche Freude bei der Resl zu sehen! Und als sie meine Hände eine Weile hielt und leise sagte: ›gell, du hast den Heiland lieb!‹, drängte sich mir ein heißes Bejahen über die Lippen.

Resl war inzwischen aus dem Zustand der Eigenommenheit erwacht. Ich hatte Klaus an die Brust genommen, weil er unruhig wurde. Da richtete sie sich im Bette auf, schaute um sich her, sprach laut und lebhaft mit Herrn Pfarrer, machte ein frohes, leuchtendes Gesicht, anders als zuvor und freute sich über Klaus, den ich inzwischen auf den Fußboden gesetzt hatte. Sie sprach mit meinem Mann, den sie wiedererkannte und redete lieb und einfach: ›Und das ist Ihre Frau, gell, Herr Becker?‹ Nachdem Herr Pfarrer noch bemerkte, wir sollen am anderen Morgen um 8 Uhr (Sonnabend) hier wieder herkommen und zugegen sein, wenn Theres die heilige Kommunion empfängt, worüber wir erfreut waren, verabschiedeten wir uns. Resl rief noch vom Bett aus. Aber gell', das Butzerl kommt mit? Ja, sagte gütig der Herr Pfarrer, ›das Butzerl kommt auch!‹ Herr Pfarrer geleitete uns zur Tür und wir gingen hinunter zu den Eltern, um uns zu verabschieden. Im Gasthof drückten die Leute ihre Verwunderung darüber aus, daß wir sogleich hinauf durften zur Resl und am folgenden Morgen wiederkommen durften.

Frühzeitig war ich auf. Die Wirtin, Frau Weiß, hat mich mit freundlicher Fürsorge umgeben, so daß ich auch hier ein Geborgensein empfand. Früh 6 Uhr läutete es zum ›Engel des Herrn‹. Vom Fenster aus sah ich – wenige Schritte vor mir - die erleuchteten Kirchenfenster. Ich ging hinunter. Klaus schlief, zwar im gitterlosen Bett und ohne Sicherung, aber ich wußte hütende Engelhände um ihn. Drunten war es noch dunkel. Ein Zauber ländlichen Friedens umfing mich, und alte Kinderträume und Bilder standen vor mir. Immer war mir, als sei ich in der Heimat. Aus der Kirche drang das Licht durch die hohen Fenster und drüben aus einem Häuschen schauten aus einem kleinen Schaufenster ein glänzendes Tannenbäumchen und allerlei Spielzeug herüber. Dieses helle, ein Kindergemüt erfreuende Fensterchen schaute mich so lebendig an, mir wurde froh und warm ums Herz. Sonst lag noch alles still und dunkel. Nur einige Kinder mit Schulränzeln, in langen, einfachen Kleidern gingen hinüber in die Kirche.

Auch dieses Bild umfing mich traut und lieb, es machte mich fröhlich. Und doch kam mir alles wie ein holder Kindertraum am Nikolaustag vor Weihnachten vor. Es war auch gerade Nikolaustag! Aber ich wachte wirklich. Als ich wieder hinüberkam in den Gasthof, schlief mein Kläuschen noch in meinem Bett. Auch mein Mann schlief noch. Ich machte mir ein paar Notizen. Dann ging ich wieder zum Fenster und mußte in stiller Dankbarkeit der Tatsache gedenken, daß alles wirklich ist, was um mich geschieht.

Drunten in der Wirtsstube frühstückten wir. Ich bekam einen schönen Musbrei. Klaus blieb bei der Wirtin, denn mein Mann wolle ihn trotz meiner Bitte nicht mitnehmen. Ich meinte: ›Resl hat doch gesagt, er solle mitkommen!‹, aber mein Mann sagte, es würde nur stören, es sei doch ein feierlicher Akt. So blieb Klaus im Gasthaus. Wir gingen also zu Neumanns und warteten zunächst ein wenig in der Schneiderwerkstatt. Über dem Arbeitstisch hing ein Vogelbauer mit einem Stieglitz, welcher schon im Hause Neumann war, bevor Resl erblindete. Resl hatte diesen Stieglitz gern, weil sie ihn wiedersah, als durch ihre wunderbare Heilung sie das Augenlicht wiederbekam. Der Vater hatte uns dieses erzählt, als plötzlich der Vogel sonderbar im Käfig mit den Flügeln schlug und zuckend zum Boden fiel. ›Er stirbt‹, meinte der Vater, ›der ist schon alt.‹ Ich war traurig, daß der Vogel nun verenden sollte. Nun traten die Eltern auf den Flur. Einige Bauersleute standen ehrfürchtig in der Nähe des Hauses in Erwartung des Allerheiligsten. Die Geistlichen kamen. Der Benefiziat trug die heilige Hostie. Er war im Ornat, Herr Pfarrer im Talar. Die Leute knieten nieder beim Vorbeitragen des Allerheiligsten. Auch wir beugten uns. Hinauf ins Zimmer der Resl gingen nun die beiden Geistlichen, die Eltern und wir beide – mein Mann und ich.

Resl lag im Bett mit geschlossenen Augen. Alle knieten im Zimmer, auch mein Mann. Wähend der Benefiziat der Resl die Hostie entgegenreichte, richtete sich Resl im Bett auf und neigte sich mit verklärtem Ausdruck dem Heiland entgegen. Ihre Augen waren dabei weit und leuchtend und sichtlich an eine uns unsichtbare Gestalt oder ein Gesicht gebannt. Sowie Resl die Hostie empfangen hatte, sank sie schnell in die Kissen zurück, so in ihrem Glück etliche Minuten verharrend. Leise sprach sie dann etwas. ›Haben sie etwas zu fragen?‹ wendete sich der Herr Pfarrer an den Herrn Benefiziaten. Er verneinte. Wir alle, auch ich, verharrten regungslos. Ich glaube, wir alle waren erfüllt von der Heilands-Gegenwart. Ich wußte, nun liest Er auch meine Gedanken und all mein Wünschen liegt offen vor Ihm. Ich wußte, täte ich Ihn jetzt um etwas bitten, ohne daß ich es hier laut ausspreche, Er wird mich erhören. ›Du, Heiland, weißt alles, was mir nottut. Wie Dein Wille es fügt, so wirst Du alles lenken. Ich bitte Dich aber inständig, lasse da unten das kleine Vöglein leben, weil‹s die Resl freut!‹ Und nichts anderes bewegte mich im Herzen als diese Bitte. Ja, ich wurde dabei direkt froh.

Dies alles nun geschah in wenigen Minuten. Resl sprach mit dem Herrn Pfarrer. Er wandte sich zu uns und sagte: ›Wo haben Sie das Kindel? Sie will das Kindel!‹ Es mußte geholt werden. Ich freute mich heimlich, daß sie nun doch nach dem Klaus verlangte. So lief denn mein Mann ins Gasthaus, um den Klaus zu holen. Resl sprach wieder eindringlich und leise. Herr Pfarrer sagte es mir wieder, denn sie sprach so leise, daß es wohl nur verständlich war, wenn man sich über sie beugte. Von selbst aber wollte ich nicht an das Bett treten. Und ich glaubte, daß mich der Heiland so viel wissen lasse, wie mir jetzt zur Zeit nottue.

Inzwischen war mein Mann mit dem Klaus zurück. Resl war aus ihrem Zustand wieder erwacht, erkannte uns und nun hielt sie Klaus wieder bei sich, freute sich, lachte, streichelte ihn, fröhlich, herzlich. Wie ein Kind war sie, ein über das andere Mal dem Herrn Pfarrer und dem Herrn Benefiziaten ihre Freude an Klaus bekundend; und das etwa so: ›Gell, Herr Pfarrer, gell, Herr Benefiziat, is dös a lieb‹s Bübel!‹ Alles an ihm machte ihr Freude, besonders sein Strampelhöschen. Sie forderte uns auf, am Nachmittag, wenn sie aufgestanden sei, wieder zu ihr zu kommen, zum Plaudern. Als wir uns verabschiedet hatten, schauten wir noch einmal unten herein und – ich fühlte mein Herz vor Freude hoch schlagen – der Stieglitz hüpfte im Käfig herum!

Am Nachmittag gingen wir wieder hinüber zu Neumanns. Resl war nun für mich eine ganz andere. Sie trat unten ins Zimmer, wo wir schon saßen, hatte ein weißes Kopftuch um und hatte sich eine schwarze Schürze umgebunden. Ohne jede Pose, ganz natürlich, schlicht und einfach spricht sie. Kein Mensch könnte auch nur im entferntesten von ihr annehmen, daß sie mit wunderbaren Kräften ausgestattet sei. Sie zeigte uns verschiedene Räume im Haus, unter anderm auch die Tenne. Dort waren gerade ihre Geschwister beim Dreschen. Sie erzählte, daß sie früher auch stets mitgedroschen habe. Plötzlich ging sie auf ihre Schwester Zenzl zu, bat sie um den Dreschflegel und wollte uns vormachen, daß sie tatsächlich dreschen könne. Resl nahm den Flegel vorsichtig in ihre Hände und schon begann der Takt aufs Neue. Resl hielt wohl an zwanzig Gänge aus. Dann ließ sie den Flegel sinken und faßte nach ihrem Herzen, welches solcher Strapaze nicht mehr gewachsen war. Diese Tätigkeit der Resl überraschte selbst ihre Familie. Zenzl war gleich, nachdem Resl den Flegel verlangte, zu den Eltern ins Haus gestürzt und hatte sie von dem Vorhaben Resls unterrichtet. Diese kamen gerade noch zur rechten Zeit, um das seltene Schauspiel, welches ihnen die Resl bot, mit anzusehen.

Nach diesem etwas humoristischen Zwischenspiel gingen wir dann mit der Resl zusammen noch einmal zum Herrn Pfarrer und plauderten noch ein wenig. Sonntag Vormittag noch ein freundliches gegenseitiges ›Grüß Gott!‹ und um 11 Uhr begann die Heimreise, die uns gegen Abend bei unseren Kindern daheim landen ließ.

In der miterlebten Kommunionsekstase hatte, wie meine Frau später einmal verriet, die Resl gesagt: *Der Teufel hat ihn arg gepackt. Sie müssen dem Manne gut zusprechen und Geduld üben.* Wie recht die Resl hatte! Jede religiöse Aufwallung meiner Familie quittierte ich mit Zornausbrüchen. Ich hielt meine Familie für scheinheilig. Und dann kamen wieder Stunden stiller Einkehr. Dann glaubte ich, den Heiland gefunden zu haben, aber die katholische Kirche haßte ich förmlich. Ich nahm mir vor, bald wieder nach Konnersreuth zu fahren. Wohlüberlegte Fragen wollte ich der Resl in der Ekstase vorlegen. Vor allen Dingen aber wollte ich wissen, ob man nicht auch so, daß heißt ohne der katholischen Kirche anzugehören, ein guter Christ sein könne. Es war gewissermaßen die zwölfte Stunde, die mich nach Konnersreuth führte.

Ich durfte in der Ekstase fragen. Wie ich meine Fragen formulierte, weiß ich heute nicht mehr. Der Inhalt der erhaltenen Antworten war:

Christus ist die Wahrheit!
Er kann also niemals die Unwahrheit
oder das Verkehrte lehren.
Die katholische Kirche ist
im Besitze der Wahrheit.
Und wenn Du die Wahrheit liebst,
suche sie in ihr zu finden
und Du wirst innerlich glücklich
und ruhig werden!

Ich hätte gern noch mehr gefragt, aber was wollte ich denn mehr als Wahrheit, Glückseligkeit und Zufriedenheit? Im übrigen war ich über die Kürze und Treffsicherheit der Antworten so überrascht und verblüfft, daß ich mich bald zurückzog. Jetzt aber wurde der Plan gefaßt, im Sommer auf längere Zeit nach Konnersreuth zu fahren und dort mit der ganzen Familie zum katholischen Glauben überzutreten. Eine neue Reise nach Konnersreuth und die Antwort auf meine Fragen bestätigten die Richtigkeit und Zweckmäßigkeit dieses Vorhabens.

Am 1. Juli 1930 kam meine Familie in Konnersreuth an und fand Quartier im Gasthof Zum Deutschen Haus. Ich selbst hatte noch eine wichtige Dienstreise und folgte erst einige Tage später. Herr Pfarrer Naber wollte, wie meine Frau mir bei meiner Ankunft sagte, mit dem notwendigen Unterricht der Kinder erst nach der ausdrücklichen Zustimmung des Vaters beginnen. Ich aber hatte mir gelegentlich meiner Dienstreise einen neuen Plan zurechtgelegt: Ich wollte, obwohl ich aus der Freimaurerloge bereits ausgetreten war, mit meiner Konversion noch warten, andererseits gegen den Übertritt meiner Kinder nichts einwenden. Fanden sie im katholischen Glauben das ersehnte Heil, so sollte es mir recht sein. Ich persönlich aber konnte immer noch nicht über manche Punkte hinwegkommen. Aber der Mensch denkt und – Gott lenkt!

Ich hatte bereits längere Zeit den Schweigsamen gespielt, als plötzlich mein jüngster Sohn ernstlich krank wurde. Das kleine Geschöpf, welches ja noch nicht sprechen konnte, lag wimmernd und stöhnend in hohem Fieber da, und mir wurde es schwer, an sein Wiederaufkommen zu glauben. Endlich beschloß man in der Not, die Resl einzuweihen. Meine Frau fuhr den fiebernden Kleinen im Kinderwagen zum Neumannschen Haus. Und Resl? Ja, Resl wickelte den Kleinen in ihr Wolltuch, legte ihm eine Reliquie auf die zarte Brust und gab meiner Frau Walburgisöl[8] aus der Beneditinerinnen-Abtei St. Walburga, Eichstätt, mit, damit sie dieses dem Kleinen einträufele. Meine eigene Hilflosigkeit und das mich arg quälende Gewimmer des Kleinen hatten mich fortgetrieben. Als ich abends vom Pfarrhaus, wohin ich geflüchtet war, ins Gasthaus zurückkehrte, lag mein Kind ruhig atmend in tiefem Schlaf. Am kommenden Morgen rief mir Klaus das einzige Wort seines Sprachschatzes: *Papa!* lächelnd zu. Er war wohlauf. Diese plötzliche Heilung schrieb ich dem Gebet der Resl zu. Meine Frau aber bat mich, doch jetzt endlich zum Herrn Pfarrer zu gehen und die Anmeldung zum letzten Konvertitenunterricht zu vollziehen. Am folgenden Tag legten sich die drei großen Kinder fiebernd zu Bett.

Ohne, daß ich etwas davon wußte, hatte ein besuchsweise in Konnersreuth weilender Priester den Kindern den Krankensegen gegeben. Als sie wieder den Eindruck von Genesenden machten, beruhigte ich mich. Tags darauf aber verschlechterte sich plötzlich wieder der Zustand des kleinen Klaus. Kniend nahm ich am Krankensegen, den nun auch Klaus empfing, teil und folgte meinem inneren Antrieb: ich ging in den Pfarrhof und bat Herrn Pfarrer Naber, mich und meine Kinder zum Konvertitenunterricht anzunehmen. So heimtückisch und schnell wie die Erkrankungen begannen, so plötzlich stellte sich das Wohlbefinden aller wieder ein.

Herr Pfarrer Naber bestimmte, daß zunächst nur ich allein zum Unterricht kommen solle. Ich freute mich eigentlich darauf, alle negativen Einzeichnungen in meinem alten Katechismus vorbringen zu können. Jedoch ich fand ihn nicht, der Katechismus muß wohl in Berlin geblieben sein. So ging ich also mit einem von Neumanns entliehenen Katechismus unvorbereitet zum ersten Unterricht und war nach der ersten Stunde erstaunt, daß mir auch nicht der geringste Zweifel an dem vom Pfarrer Gelehrten entstand und ich auch nicht den geringsten Widerstand leisten konnte. Später hat die Resl mir verraten, daß sie den Heiland gebeten habe: *Lieber Heiland, gib dem Herrn Pfarrer die rechten Worte und hilf, daß alles gut werde!*

So waren drei Wochen vergangen. Fast täglich nahmen meine drei Kinder und ich die kostbare Zeit des Herrn Pfarrers in Anspruch. Zweifel nagten nicht mehr an meiner Seele. Statt dessen bäumte sich mein Inneres noch einmal gegen den Katholizismus auf. Die Beichte! *Genügt es nicht, wenn man auf die Knie sinkt und den Heiland voll echter Reue um Verzeihung seiner Sünden bittet?* Ach, welche Pein hat mir dieser letzte Schritt bereitet! Herr Pfarrer Naber hatte mir freigestellt, in Waldsassen zu beichten, was ich aber ablehnte. Schließlich bin ich doch zum alten Herrn Pfarrer wie ein kleiner Schulbub mit seinem Beichtzettel zur heiligen Generalbeichte gegangen.

Während ich beichtete, war meine Familie bei Resl. Alle beteten für mich, daß ich meine Pflicht gewissenhaft erfülle.

IN DER HEILIGEN KIRCHE

Das war ein weiter und beschwerlicher Weg bis hierher. Alles mußte ich absterben, verdorren lassen, was mit meiner Selbsterlösungsidee zu tun hatte. Am schwersten wurde die Erniedrigung, die Demut nicht nur vor Gott, sondern vor seinem Stellvertreter. Es läßt sich nicht mit Worten sagen, was man durchmachen, wie man kämpfen muß, wenn man im Alter von vierzig Jahren seine unter schwierigen Verhältnissen aufgebaute Weltanschauung aufgeben muß. *Ach, lieber Gott, wir sind ja so armselige Geschöpfe vor Deiner Größe! Auf was hätten wir wohl ein Recht, stolz zu sein? Alles kommt von Dir! Alles gehört Dir! Zu Deiner Ehre wollen wir gern auf alles, alles verzichten, wenn wir Dich nur haben, wenn Du mit Deiner Gnade bei uns bleibst! Lieber Heiland, aus tiefstem Herzen sehne ich mich nach Dir. Ich will alles, was uns noch trennen sollte, hinwegräumen, wie ich auch alles, was uns trennte, schließlich doch freiwillig opferte. Es galt mir nur so lange wertvoll, als ich Dich nicht kannte. Nun, da ich Dich gefunden habe, reut mich kein Verlust. So nimm mich denn auf in Deine heilige Kirche!*

Die Stunde des feierlichen Übertritts war gekommen. In aller Stille wurden die vorgeschriebenen Zeremonien erfüllt. Voller Überzeugung legte ich das vorgeschriebene Glaubensbekenntnis ab. Danach empfingen fünf Mitglieder der Familie bedingungsweise das Sakrament der heiligen Taufe. Die Paten waren Therese Neumann und der Konvertit Bruno Rothschild. Am nächsten Morgen, dem 4. August 1930, empfing ich mit meinen Kindern Erika, Hildegard und Hermann die erste heilige Kommunion. Am Hochaltar feierte Herr Pfarrer Naber die heilige Messe. Resl kommunizierte mit der Familie gemeinsam hinter dem Altar. Nach eingetretener Kommunionsekstase ließ ich durch meine Frau die Resl fragen, ob der Heiland nun mit mir zufrieden sei. Statt einer direkten Antwort erhielt meine Frau die Aufforderung: *Der Vater soll selbst kommen!* Ich ging also zur Resl heran und vernahm nun tatsächlich, daß der Heiland zufrieden sei. Aber vorher sollte ich noch einmal aus tiefster Scham erröten. Mir wurde das (allerdings nicht bewußte) Verschweigen früherer Sünden, welche niemand, auch nicht Resl, kennen konnte, vorgehalten und dann wurde dazu gesagt: *Das sagt Dir der Heiland nur, damit Du erkennst, daß Er alles weiß. Der Heiland hat Dir alle bisherigen Sünden – hörst Du – alle bisherigen Sünden verziehen. Nun schaue nicht mehr zurück und unterstütze die Gnade des Heilands durch ernstes Aufwärts- und Vorwärtsstreben.*

Es bleibt zum Schluß nur noch übrig zu sagen, daß die jungen Katholiken – mit Ausnahme des Jüngsten – am Tag der Unschuldigen

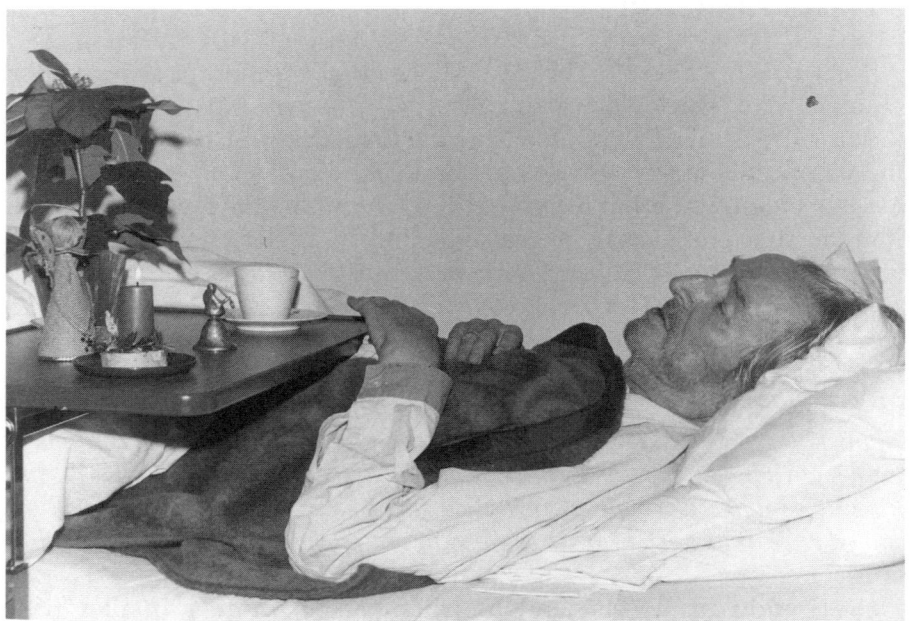

Foto: Letzter Besuch v. Erika und Hilde bei Papa am 24. Dezember 1969, † 8. Januar 1970.

242

Kinder, dem 28. Dezember 1930, in der Privatkapelle des Hochwürdigsten Herrn Bischofs Christian Schreiber[9] in Berlin das Sakrament der heiligen Firmung empfingen.

Gottes Wege sind wunderbar. Daß der ehrliche Sucher, welcher anklopft, durch die Gnade Gottes auch Einlaß findet, beweist diese Konversionsgeschichte. Ich war der verlorene Sohn, der nach großen Umwegen und Irrwegen endlich – über Konnersreuth – zum Vater nach Hause gewandert ist.

VORBEREITUNG

Wann kommt, o Heiland, meine Stunde,
in der ich Deinem Rufe folgen muß,
in der ich nackt und ohne ird'sche Habe
als Seele heimwärts kehr' woher ich bin?

Du gibst mir warnend vorher keine Kunde,
denn Deiner Gnaden großer Überfluß
war Mitgift meiner Seele, Gottesgabe,
mit der ich schöpfen sollte Heilsgewinn.

O gib, mein Heiland, daß ich stets gedenke
der Stunde, da ich zu Dir kommen muß,
daß mein Verdienst, Haus, Hof und alle Habe,
Weib', Ehr' und Kind ich dann verlassen muß.

Drum, güt'ger Gott, mein Heiland, bitte, lenke
mir Herz und Sinn und leite Hand und Fuß,
damit ich eine reine Seele habe,
die rein entbietet einen reinen Gruß,

wenn einst, o Gott und Heiland, jene Stunde
mir nahe ist, in der ich kommen muß;
wenn ich zwar nackt, doch kindlich rein und helle
werd' klopfen an die Tür vom Vaterhaus

und wenn von mir Du forderst richtend Kunde
von meinem Wirken bis zum Lebensschluß,
ich sagen kann: »Mein Gott, ich bin zur Stelle.
In Dir, o Herr, klang meine Seele aus!«

(H. Becker)

243

Wenn jemand Mir nachfolgen will, so verleugne er sich selbst, nehme sein Kreuz auf sich und folge Mir. (Mk 8, 34)

Die Niederschrift Hermann Beckers über die Konversion bedarf der Ergänzung durch die Nachkommen, denn es fehlt der Bericht über die Zeit der Bewährung im Glauben, die der Konvertit im privaten und öffentlichen Leben zu bestehen hatte.

Besonders schwer lastete auf ihm die Kluft, welche sich zwischen ihm und seiner evangelisch-lutherischen Verwandtschaft aufgetan hatte, denn niemand aus dieser Familie, keiner seiner Vorfahren gehörte der katholischen Kirche an. Auch die Freundschaft mit Hans Arnold löste sich auf, wie schon zuvor die Verbindung zu den *Brüdern* in der Freimaurerloge. Im Laufe der Zeit bildete sich eine neue, geistige Familie, zu der neben Pfarrer Naber und Resl auch Pater Paschalis Schmid SDS (Initiator des Priestersamstags), Pater Odo Staudinger OSB, Pater Benedikt Stolz OSB, Kaplan Helmut Fahsel, Dr. Peter Radlo, und viele andere wertvolle Menschen, Priester und Laien gehörten, die wir in und durch Konnersreuth kennengelernt hatten. Spätere Besuche in Konnersreuth vertieften die Verbindung zu Pfarrer Naber, Resl und ihren Angehörigen und dauerten über den Tod hinaus.

Ein besonderes Ereignis war der Aufenthalt von Pfarrer Naber in Berlin-Charlottenburg, der während dieser Zeit bei uns wohnte. Darüber schreibt er in seinem Tagebuch am 14. Dezember 1930:

Vergangene Woche bin ich in dringender Angelegenheit in Berlin gewesen. Äußerst ungern bin ich gefahren. Im ekstatischen Zustand hatte mir Theres gesagt, ich würde befriedigt zurückkehren, was auch in ganz auffälligem Maß eingetroffen ist. Zwei Mal hat Theres meiner hl. Messe in Berlin in entrücktem Zustand beigewohnt. Davon erzählte sie mir gleich nach meiner Rückkehr. Sie sprach, obwohl sie die Kirche, in der ich celebriert habe (St. Ansgar) nie gesehen, auch nicht im Bild, und nie davon gelesen und gehört hatte, doch ganz zutreffend davon, über ihre Größe und Einrichtung, besonders die des Altars. Sie erzählte, ich hätte einmal den Tabernakel nicht aufgebracht und der Ministrant mir erst habe Anweisung geben müssen. Das zweite Mal habe mir ein Pfarrer ministriert. Tatsächlich hatte man mir beim ersten Celebrieren ein Säckchen an den Altar mitgegeben, in dem ich beim Öffnen auf einen Schlüssel stieß. Mit ihm öffnete ich zwecks Kommunionsausteilung[10] die Tabernakeltür. Da ich aber hinter der äußeren Holztüre noch eine Metalltüre vorfand, zog ich den Schlüssel von der geöffneten Holztüre, um damit die Me-

talltüre zu öffnen. Nachdem ich mich einige Zeit vergeblich bemüht hatte, kam der Ministrant und sagte, daß für die innere Tür ein eigener Schlüssel im Säckchen sei. Bei der zweiten hl. Messe, der Theres beiwohnte, hat mir, da kein Ministrant zur Stelle war, tatsächlich der Pfarrer von St. Ansgar ministriert.[11]

Ein besonderes Erlebnis war auch der Aufenthalt von Herrn Pfarrer Naber für Herrn Kaplan Fahsel, der den Gast bei uns begrüßte und mit ihm zu Tische saß. Davon berichtet er Herrn Pfarrer Naber am 4. März 1931 u. a.:

Konnersreuth ist mir seit Ostern 1930 nicht in erster Linie ein Beobachtungsfeld für Studien in der christlichen Mystik, sondern ein großes Hilfsmittel für meine persönliche Beziehung zum Heiland. Und hierbei spielen Sie, Hochwürdiger Herr Pfarrer, eine besondere Rolle. Ich fühle mich zu Ihnen hingezogen, wie zu keinem anderen Priester. Wenn ich nur mit Ihnen sprechen darf, so scheue ich keine Mühe. Ich will nur zu Ihnen kommen. Ich will Resl nicht belästigen. Ich bin ihr gegenüber auch etwas befangen. Gewiß interessiert mich alles Wunderbare der christl. Mystik. Aber ich mag nicht Resl untersuchen und ausfragen und kritisch beobachten. Wer bin ich denn. Ich möchte lieber mit Resl nur von der Liebe zum Heiland reden. Resl macht mich immer unruhig, ihre Nähe weckt in mir das Streben, nun fort und für Jesus Christus zu arbeiten.

Wenn ich damals schrieb, dem Anfang der Leidensekstase beizuwohnen, so dachte ich nur daran, ganz still dabei zu sein und Gutes auf mich einwirken zu lassen. Kraft für meine Schwäche, Sauerstoff für die kleine Glut meiner Liebe. Aus meiner kleinen Glut will ich ein Feuer machen! Lieber guter Pfarrer Naber, wenn der Heiland nichts dagegen hat, so verhelfen Sie mir dazu. <u>Es waren unvergeßliche Minuten, als ich hier in Berlin mit Ihnen zusammen war, als ich bei Ihnen mit zu Tisch saß und als Sie mir oben in Ihrem Zimmer erzählten.</u>

Nach Ostern habe ich noch eine Woche auswärtige Vorträge ... dann komme ich zu Ihnen, ob Resl zu sprechen ist oder nicht. Ich komme wie einer, der aufhebt, was vom Tische fällt. Ich liebe Sie, weil Sie am Tische sitzen, und daher Gott sehr gefallen müssen. Die Liebe zu Jesus macht, daß man neidlos wird und sich nie beklagt, und doch auch immer noch mehr Liebe haben möchte. Man verlangt heftig nach mehr, aber doch mit dem Unterton: Mein liebster Heiland, ganz wie Du es willst ...

Ich preise Gott, daß es, wie Sie schreiben, mit der lieben guten Resl vorwärts geht. Was für eine Gnade, hier auf Erden schon solche Dinge erfahren zu dürfen, und für uns, solche Zeichen erkennen zu können. Nun heißt es, Schritt halten mit solchen Barmherzigkeiten Gottes. Besser werden, preisen, loben und danken.

Ich bitte um Ihren väterlichen Segen! Grüßen Sie Resl, bitte, und ihre lieben Eltern und Geschwister.

Ganz besonders aber bitten Sie Resl auch meiner zu gedenken, daß ich gut bleibe.

Mit herzlichsten Grüßen
in Dankbarkeit
Ihr ergebenster
Helmut Fahsel, Kaplan
(Berlin N.W.87, Flotowstr.1)

Jahrzehnte später schreibt Herr Kaplan Fahsel für Resl spontan auf einen kleinen, herausgerissenen Notizzettel, der im Konnersreuther Archiv bewahrt wird:

Das war die schönste Predigt, die ich je hörte. Er ist ein Heiliger!

Resl vermerkt auf der Rückseite:

Dies schrieb H.H. Kaplan Fahsel als er die Predigt des Herrn Pfarrers bei der Erstkommunionfeier 1954 hinter dem Altar zuhörte und mich nicht mit anreden stören wollte.

Wenige Jahre nach dem Besuch von Pfarrer Naber in Berlin änderte sich die politische Lage in Deutschland grundlegend. Mit der Machtergreifung Hitlers im Januar 1933 begann für seine Gegner unausweichlich eine Zeit großer Bedrängnis und Verfolgung. Nun kam auch für Hermann Becker die Zeit der Bewährung im Glauben.

Schon am 2. Mai 1933 wurde das Haus des Deutschen Musikerverbandes, dem er als Fachschaftsleiter angehörte, von SA-Leuten besetzt. Nach einigen Tagen der Ruhe folgte ein weiterer Überfall durch eine Kohorte, die dem *Kampfbund für Deutsche Kultur* angehörte. Dieser Kampfbund wurde kurz danach durch eine Organisation von Dr. Ley ersetzt, die sich *Verband der Theaterangestellten und ähnlicher Berufe* nannte. Die Gewerkschaftssekretäre waren – bis auf einen – mißhandelt und abgeführt worden. Wegen seiner umfassenden Berufserfahrung und auf Fürsprache des Dirigenten Wilhelm Furtwängler, mit dem ihn die frühere gemeinsame Arbeit in Lübeck verband, durfte Hermann Becker im Amt verbleiben. Er wurde im Februar 1934 übernommen als Geschäftsführer der Fachschaft I (Kulturorchester) der *Reichsmusikerschaft in der Reichsmusikkammer*. Einen Eintritt in die Nationalsozialistische Deutsche Arbeiterpartei lehnte er aus weltanschaulichen Gründen ab.

Aus Fragebögen, die in jener Zeit immer wieder ausgefüllt werden

246

mußten, konnte die Partei entnehmen, daß Hermann Becker Mitglied der SPD und der Freimaurerloge gewesen war. Trotzdem wollte ihn der Präsident der Reichsmusikkammer, Professor Peter Raabe, in seinem Amt halten. Der damalige *Präsident der Reichskulturkammer*, Joseph Goebbels, bestand aber auf seiner Entlassung. Als belastendes Argument wurde die Konversion Beckers zur katholischen Kirche angesehen. Fristlos wurde er im Juni 1936 entlassen.

Schwer lastete das Schicksal der Arbeitslosigkeit jetzt auf ihm, denn niemand wagte den Geächteten einzustellen. Er nutzte die Zeit zu fleißigem Studium auf der Oboe und dem Englischhorn, um künstlerisch wieder auf die Höhe zu kommen. Man gab ihm am 1. September 1938 eine Anstellung als zweiter Oboist im Nollendorftheater, die er aber später wegen des *totalen Krieges* mit einer *Brandwache* im Thaliatheater vertauschen mußte. Am 3. Februar 1945 wurde bei einem schweren Fliegerangriff auf Berlin auch das Thaliatheater vernichtet, wobei Hermann Becker mit knapper Not dem Tode entging. Aufgrund einer Krankheit befreite ihn eine polizeiamtsärztliche Untersuchung vom Dienst im *Volkssturm*. Er durfte sich zur Erholung nach Mecklenburg begeben, wo er das Kriegsende, getrennt von seiner Familie, erlebte. Erst nach dem Krieg, im Juli 1945, konnte er heimkehren. Zu Hause erwartete ihn die Nachricht vom Tod des jüngsten Sohnes Klaus, der noch im März 1945 als sechzehnjähriger *Flakhelfer* eingezogen worden und beim Einmarsch der Russen in Berlin am 23. April 1945 gefallen war. Der älteste Sohn war in Gefangenschaft geraten.

Das Musikleben Berlins nach dem totalen Zusammenbruch wieder zu fördern, gab dem Schwergeprüften neue Energien. Es kam zur Bildung des *Internationalen Symphonie-Orchesters* unter Professor Gawriloff. 1946 wurde Hermann Becker an den Berliner Rundfunk berufen, bei dem er zusammen mit Professor Arthur Rother das Berliner Rundfunk-Sinfonie-Orchester aufbaute. Wiederum fand sein berufliches Wirken ein jähes Ende infolge seiner Gesinnungstreue: Der im britischen Sektor gelegene *Berliner Rundfunk* unterstand damals der russischen Besatzungsmacht, die Kontrolloffiziere im Hause eingesetzt hatte. Man verlangte 1950 von Becker, der dem Betriebsrat angehörte, ein Zeichen seiner politischen Einstellung und trug ihm an, dem *Ehrenausschuß der Nationalen Front* beizutreten. Er lehnte – wie schon einmal zu nationalsozialistischer Zeit – aus politischen und religiösen Gründen ab. Man gab ihm 24 Stunden Bedenkzeit, die er verstreichen ließ. Unmittelbar nach Empfang der Entlassungsbestätigung mußte er am 25. Februar 1950 das Haus *Berliner Rundfunk* an der Masurenallee verlassen.

Die Arbeitslosigkeit hatte zwar bedrückende finanzielle Folgen, aber sie ermöglichste es ihm, sich seiner dichterischen Begabung zu widmen. Immer wieder holte er sich im Gebet, aus der Heiligen Schrift und durch die Sakramente neue Kraft. Er ließ auch Pfarrer Naber und Resl an seinem Schicksal teilnehmen und bat um ihre Gebetshilfe. Am 23. Mai 1951 schickte er ihnen eine Kostprobe seiner metrisch verarbeiteten 150 Psalmen und anderer Arbeiten und schrieb dazu: *Ich habe ja meine Gedichte niemals in der Absicht geschrieben, sie einmal drucken zu lassen. Sie sind lediglich der sichtbare Durchschlag der Gedanken, die ich in stillen Stunden gehegt habe.*

In einem ausgedehnten Briefwechsel zeigte sich nun auch die Ausstrahlungskraft seiner Persönlichkeit. Hermann Becker hat vielen Suchenden während der schweren Prüfungszeit des Nationalsozialismus, in den Kriegs- und Nachkriegsjahren geholfen, den Weg zu Gott zu finden. Nicht wenige von ihnen, darunter auch Kollegen, konvertierten zur katholischen Kirche.

Stellvertretend für diese sei hier nur auf einen Brief von Frau Anna Schondorf hingewiesen, den sie am 2. Oktober 1951 aus Konnersreuth – aus Anlaß des Todes von Frau Emma Becker – an deren Ehemann schreibt: *Wie gern sähe ich Sie, lieber Herr Becker, einmal wieder, verbindet uns doch so vieles und muß ich Ihnen auch noch so viel danken, daß Sie es waren, der uns den Gang nach hier bescherte ...* Auf dem *Gebets-Gedenken* lesen wir:

ZUM FROMMEN GEDENKEN
an
Ministeralrat i. R.
PAUL SCHONDORF
geboren am 1. November 1873
zu Güstrow in Mecklenburg,

konvertierte in der Gnade Gottes
durch das sühnende Gebet und Leiden
der stigmatisierten Therese Neumann -
Konnersreuth zu Neustrelitz in
Mecklenburg am
30. Januar 1933,
gestorben am 4. August 1949 zu
Konstanz a.B., wohin der Verewigte
nach seinem Eintritt in den Ruhe-
stand 1934 seinen Wohnsitz verlegt
hatte.

Die letzte große Prüfung, die Gott ihm auferlegte, war der Tod seiner Frau Emma Becker, die am 12. Juni 1951 verstarb. Zwei Tage später berichtet der Einsame nach Konnersreuth:

Liebe, gute Resl!
Nun ist meine liebe Mutti heimgegangen … Erika, Hilde und ich waren an ihrem Sterbelager … Erika hat ihr das Kopftuch [12], welches Sie mir einmal schenkten, auf die Stirn gelegt. Mutti legte es sich aufs Herz … Ihre letzten Worte waren: ›Resl, Resl, Resl!‹ Ein überirdisches Lächeln verklärte ihr Gesicht. Dann brachen die Augen …

Noch einmal gewährte Gott dem Leidgeprüften eine Zeit des Schaffens für sich und seine Kollegen. Nach der Gründung der *Deutschen Orchestervereinigung* im Jahre 1952 wurde Hermann Becker zu ihrem stellvertretenden Geschäftsführer berufen. In körperlicher und geistiger Frische stand er noch mit 70 Jahren im Berufsleben. An seinem Geburtstag ehrte ihn eine Rundfunksendung, in der man auch einige seiner Gedichte vortrug. Voll Dankbarkeit und großer Freude durfte er mit seinen Kindern in der *zweiten Heimat* Konnersreuth die 25. Wiederkehr des Erstkommuniontages feiern und mit Resl und Pfarrer Naber zusammen sein, zu denen die Verbindung in all den Jahren immer tiefer geworden war.

Der Tod Therese Neumanns im Jahre 1962 führte Hermann Becker und seine beiden Töchter noch einmal nach Konnersreuth. Diesmal aber lag Resl, in ihrem Bett aufgebahrt unten in der Schneiderstube des Elternhauses, umgeben von Blumen aus ihrem Garten und bedeckt mit einem blutbefleckten Kopftuch aus dem Freitagsleiden.

EINE GRABANSPRACHE FÜR RESL

Bei der Beerdigung am 22. September 1962 trafen wir Herrn Kaplan Fahsel, der als erster Redner am offenen Grab sprach:

Werte Trauerversammlung! Liebe Freunde!
Alle, die Ihr hier versammelt seid – auch von der Ferne gekommen – Ihr wißt, um wen es sich handelt. Es ist eine Person, zwar weiblichen Geschlechtes, aber beinahe schon eine historische Person geworden. Vor 33 Jahren lernte ich Therese Neumann kennen und damals schrieb nicht nur die Presse Deutschlands, sondern der ganzen Welt über ein Bauernmädchen aus einem

Orte, durch den nicht einmal die Eisenbahn fährt. Denn Gott erwählt sich das Schwache, das Demütige, um Seine große Wahrheit zu offenbaren. Und daher habe ich – was ich hier seit diesen 33 Jahren erlebt habe in Konnersreuth als katholischer Priester – verbinden können mit der Lehre des heiligen Paulus, mit der Lehre unserer heiligen einigen Kirche: Daß Gott, der zwar ein Geist ist, den Menschen nicht nur zu Sich ruft rein geistig, sondern Er hat ihn geschaffen mit einem Körper. Und darum naht sich Gott auch den Menschen durch das Körperliche. Und darauf beruht unsere Sprache, unsere Ideen und darum haben wir einen Leib, daß der Leib ein Werkzeug der Seele ist. Und so gehört es zum Christentum, zum wahren, daß wir durch körperliche Mittel zu dem geistigen Gott gelangen. Darum hat Er sich genähert in Visionen den Propheten und ist Mensch geworden in Jesus Christus, der in seinem Fleische und an Seinem Leibe und mit Seiner Hand und mit Seinen Segnungen Tote erweckt hat, Sünden vergeben hat und daher gehört es zum Wesen unserer heiligen Religion, daß auch die Materie dient – nicht nur dem Geiste, sondern auch der Übernatur. Und daher ist unsere heilige Kirche eine sichtbare – der mystische Leib Christi, der fortlebt auch noch in Seinen Gliedern. Und das ist der tiefe Sinn und der Wahrheitsgehalt von dieser, die wir nun betrauern, daß sie körperlich von uns gegangen, die aber geistig mit uns verbunden und deren Seele – wir können sicher sein – in der Anschauung Gottes ist. Denn Gott hat sie gewürdigt – nach der Lehre des heiligen Paulus – daß Er auch das schwache Geschlecht erfaßt und hat ihr Gnadengaben gegeben und diese Gnadengaben sind dazu da, uns in unserem Glauben zu stützen, ihn zu erleichtern, uns zu entflammen für das Übernatürliche, was uns so fehlt! Und so ist Christus hier in Konnersreuth in einer besonderen Weise sichtbar geworden an einem einfachen Mädchen. Ich will nicht davon reden, wie sie in ihrem natürlichen Leben war, denn wir wissen nicht, wie auch Gott da vielleicht gewirkt hat in ihr. Und darum – meine liebe Resel! – was ich bei Dir erlebt habe am Bette, wenn Du Deine Visionen hattest, oder wenn Du unter Deinen Blumen warst und wenn Du mit mir gesprochen hast und mir tiefste Seelenerlebnisse aus meinem Leben aus dem Jahre 1905 auf den Kopf zugesagt hast und wie ich auch erkennen mußte, daß Du alle meine Sünden, meine Schwächen erkanntest, ohne daß ich beichten brauche.

Diese Kenntnis der Herzen – verbunden mit dem Blute an ihrem Körper, verbunden mit ihrer Nahrungslosigkeit – seit dem Jahre 1927 lebt sie nur von der heiligen Kommunion. Und ich habe damals – im Jahre 1930 in Berlin, in allen Städten Deutschlands, in der Schweiz – ich will mich nicht rühmen – über Konnersreuth gesprochen. Die Gelehrten haben mich gehört, die Ärzte, und sie haben gesagt: Wir müssen Therese Neumann untersuchen, oder: wir müssen noch warten – fünf Jahre, zehn Jahre – da muß der Betrug herauskommen!

Gott, die Göttliche Vorsehung hat Therese Neumann erhalten. Erhalten über die Nazizeit bis in unsere Zeit und nichts hat sie gegessen. Aber die Wissenschaft hat geschwiegen, die Ärzte haben sich nicht mehr interessiert und irgendwo hat man auf einen Knopf gedrückt, damit Therese Neumann vergessen wird. Sie ist aber nicht vergessen – nicht, um sie allein zu ehren. Denn Gott hat viel zu viel an ihr gearbeitet. Und darum rede ich letzten Endes nicht von Gemütsstimmungen des Privatlebens, sondern zur Ehre Gottes, zur Verteidigung unserer heiligen Kirche. Denn sie ist die einzige, in welcher auch das schwache Geschlecht – ein Bauernmädchen – erhoben wird – nicht nur durch Tugenden glänzte, sondern durch die Charismen.-

Und dann noch etwas anderes: Warum ist Therese Neumann in der Weltpresse so bekannt geworden, warum kamen hier Hunderttausende nach Konnersreuth von dem Jahre 1927 bis zur Herrschaft des Dritten Reiches? – Weil ich darin eine Vorsehung des barmherzigen Gottes sehe. Bevor die Schreckensherrschaft kam, die das irdische Blut, das deutsche Blut als Erlöser pries, – war die Resel am Karfreitag gezeichnet von dem Blute Christi: Ihre Wundmale. Und alle, die kamen, wurden erinnert, daß wir nur durch den Nazarener, durch den Gottessohn, durch Sein Leid, erlöst werden und darum haben Hunderttausende in ihrem Glauben eine Kraft gefunden durchzuhalten, als die Diktatur kam.

Aber Gott hat gesehen und hat gezeigt, wie die Throne zerbrechen, wie die Verbrecher entlarvt werden! Aber sie hat ihr Leben weitergeführt in Demut und alles das, was uns der hochwürdige Herr Pfarrer Schuhmann gesagt hat in der Kirche. Ja, das ist wunderbar!

Aber nun muß ich noch eines anderen gedenken – erlauben Sie mir das – des Pfarrer Naber, der der Resel gedient hat, der die Menschen aufgeklärt hat über sie, der nicht müde wurde – und in meinen Augen gleichsam ein heiligmäßiger Mann ist.- Er lebt noch, er hat sie überlebt, er ist ihr Freund, sie haben sich beide geliebt – gewiß: schöne Liebe, Freundschaft war es hier – herrlich! Und darum erlaube ich mir noch allen denen zu danken, – besonders der Marie, der Haushälterin, die der Resel beigestanden hat und die andere große Schwester aus Eichstätt, Ottilie – sie ist ja schon gestorben.- Ich habe die Eltern kennengelernt, viele, die sich bekehrt haben. Alle die sind zu einem großen Teil im Jenseits. Dort ist auch die Resel und darum wollen wir sie bitten, daß sie für uns betet in der Anschauung Gottes. Sie, die in ihrem Leiden für uns gebetet hat und uns Gnaden verschafft. Möge sie es weiter, möge der Segen Gottes über Konnersreuth, über Bayern, über unser Vaterland und weiter über die Ganze Welt kommen und möge auch die Resel dazu beitragen, daß unsere Kirche immer wieder vom Heiligen Geist – auch in dieser Weise – befruchtet werden möge und daß auch ihr Gebet – verbunden mit unserem – ihr jetzt zum Konzil beistehe, damit alles eine Herde werde, ein Hirt, ein Segen.

Und wenn wir guten Willens sind, wollen wir zusammen zur Anschauung
Gottes gelangen. Dazu helfe uns auch, liebe Therese Neumann, von der wir
Abschied nehmen, von der sterblichen Hülle.
  Gelobt sei Jesus Christus!

Nekrolog und Apologetik für Resl durch einen Laien
(Brief Hermann Becker's an den Spiegel v. 11. X. 62)

Hermann Becker
Lochham vor München
Im Birket 6, Tel. 851844
am 11. Oktober 1962

An die Redaktion
des Deutschen Nachrichtenmagazins
Der Spiegel
Hamburg 1, Pressehaus

Sehr geehrte Herren!
In der Anlage überreiche ich Ihnen eine Photocopie des Regensbur-
ger Bistumsblattes, in welchem das Leben der jüngst verstorbenen
Stigmatisierten aus Konnersreuth, Therese Neumann, gewürdigt wird.
  Diese gediegenen Darlegungen stehen natürlich in eklatantem Widerspruch zu dem Nachruf im *Spiegel,* der eine vollkommene Ignoranz
des anonymen Artikelschreibers offenbart, ein wirklichkeitsfremdes
Phantasiebild zeichnet, Spott und Hohn sät und m. E. ganz offenbar
die Absicht verfolgt, die Heimgegangene öffentlich zu diskriminieren.
  Therese Neumann war ganz gewiß kein Manager. Ihre Psyche glich
auch keineswegs einem Irrgarten. Sie hatte ein einfaches und bescheidenes Wesen, das nie daran gedacht hat, eine Rolle spielen zu wollen.
Sie hat auch nie Krankheiten geheilt. Sie war im Gegensatz zu dem Ar-
tikelschreiber ein tief gläubiges Menschenkind und demzufolge wahr-
heitsliebend. Die mystischen Begebenheiten in Konnersreuth sind von
ihr weder gewollt noch herbeigeführt worden. Nur ein völlig Unein-
geweihter kann sie eine Hysterikerin nennen.
  Wenn in Konnersreuth des öfteren plötzliche Krankenheilungen
vorkamen, so war Therese Neumann nur insofern daran beteiligt, als
sie in zweifelsfreiem Glauben um die Gnade der Genesung betete und
Erfüllung fand.
  Therese Neumann war ein innerlich vollkommen sauberes Geschöpf. Und als solches diente sie in hingebender Liebe und Unei-

gennützigkeit ihrem – leider aber von vielen Menschen geleugneten – Heiland.

Bei manchen Darstellungen des hier angeführten Artikels kann man sich des Eindrucks nicht erwehren, den Unsinn einer Mente capta zu vernehmen. So z. Bspl. wenn Therese angeblich gesagt haben soll: *Heiland ich hab keine Zeit, daß ich rede mit Dir; ich muß ausschlafen!* – Wenn so etwas überhaupt gesprochen worden sein soll, dann kann es nur so gewesen sein, daß Resel den Heiland als Zuflucht angesprochen und dann einen lästigen Anwesenden abgewiesen hat. Etwa so, wie man wohl sagen mag: *Lieber Gott, nun kommt der Sowieso auch noch und hält mich auf!*

Um in der Beurteilung den Konnersreuther Phänomenen gerecht werden zu können, genügt es nicht, diese oder jene unberechtigten negativen Äußerungen eines unberufenen Schriftstellers nachzuplappern. Hier sind nach einer gewissenhaften persönlichen Überprüfung am Orte selbst mehrere Bestimmungsgründe in Betracht zu ziehen.

Damit ist von vornherein die Leichtfertigkeit desjenigen gerichtet, der in dem besprochenen Artikel glaubt, mit einem einzigen Maßstab auskommen zu können. Die überaus ernst zu nehmende Konnersreuther Angelegenheit ist mit einer spielerischen Rabulistik nicht zu erledigen.

Zum Schluß möchte ich ganz allgemein in Abwandlung einer bekannten Verlautbarung sagen: Die Verächter von Konnersreuth lästern, was sie nicht kennen oder, wenn sie eine oberflächliche Kenntnis haben, fehlt ihnen das Verständnis oder, wenn sie es doch verstehen sollten, beweisen sie einen empörenden Undank.

Konnersreuth ist echt!!! – Wer es nicht glauben kann oder will, soll es unterlassen. Niemand wird es ihm verwehren. Auf jeden Fall aber soll ein anständiger Mensch die Ehre seines Mitmenschen, den er sowieso nur vom Hören her kennt, respektieren und nicht in den Schmutz ziehen. Die Verstorbene hat wie jeder andere Zeitgenosse Anspruch auf Wahrung ihres ehrlichen Namens.

Ich kannte Resel über 30 Jahre lang ganz genau und glaube ihr diese Erklärung schuldig zu sein.

Vielleicht haben Sie den Mut, diese Stellungnahme in Ihrem Blatte zu veröffentlichen.

Hochachtungsvoll

Hermann Becker

Zum letzten Mal zog es Hermann Becker an Resls Grab am Jahrestag ihres Todes, um der Errichtung des Grabmals beizuwohnen, welches sein Sohn Hermann[13], der Bildhauer und Kirchenmaler geworden war, im Auftrag von Pfarrer Naber geschaffen hatte. Der Pfarrer schrieb dem Sohn:

Konnersreuth, 20. Juli 1963 »Durch Eilboten«
Mein sehr lieber Hermann!

Du kommst mir wie vom Himmel geschickt. Schon längst such ich nach einem Bildhauer wie den lieben alten Mann, der mir das schlichte Grabdenkmal für Karolina Weiß gemacht hat. Nur ein solches würde Theres Neumann auch wollen. Du kennst sie ja und ihre Gesinnung. Das Beste ist, Du kommst am 27. Juli hierher, daß wir alles näher besprechen können.
Herzlichst grüßt,
Dein Naber, Pfarrer.

Konnersreuth, 1. IX. 63

Lieber Hermann!

Dein Brief hat mir große Freude bereitet. Dein Eifer für die Sache der Theres Neumann, Deiner geistigen Wohltäterin, aber von so vielen verkannten, ja sogar verleumdeten, hat meinem Herzen recht wohlgetan. Dieses ist je seit der Trennung vom Liebsten hier auf Erden in tiefes Weh getaucht. Deine Schwester hat mir anläßlich des Todes der Theres geschrieben, diese Trennung solle das tägliche Opfer sein, das ich dem Heiland bringe. Beim Tod der Schwester der Theres hat sie mir dann geschrieben, der Heiland scheine mich besonders gern zu haben, da er schon wieder ein so großes Opfer fordert. Für ihn, den über alles Geliebten, ist mir kein Opfer zu groß. Es freut einen aber halt doch, wenn man Teilnahme findet wie bei Euch.
Nun noch etwas betreff Grabmal für Resl und ihre Schwestern. Kürzlich waren einige Arbeiter des Herrn *Reul* da mit einer Mustervorlage für das Grab Resls. Sie haben dieselbe erst dem Pfarramt zur Begutachtung vorgelegt, das keine Beanstandung machte und dann mir. Ich konnte auch nichts zu beanstandetes finden, nur möchte ich immer nur *Theres* u. nicht *Theresia* oder *Therese* haben, da sie ja selber immer mit *Theres* unterschrieben hat. Die Firma *Reul*, ist erklärt worden, will bestimmt zum 22. Sept. rechtzeitig den Grabstein liefern – wenn Du rechtzeitig das Deine lieferst. Also doch einige Zeit vor dem 22.

Freu mich schon auf das gelungene Werk.
Herzlichst grüßt
Dein
Naber, Pfr.

Bei der Vollendung des Werks im Gartenhaus Resls, wo die Arbeit begonnen hatte, sagte Geistlicher Rat Naber, der Resl wie keiner sonst kannte und sich ein halbes Leben lang Gedanken gemacht hatte über das wunderbare Wirken Gottes in Konnersreuth: *Mich freut es, daß gerade Du den Grabstein machen darfst, Hermann! Die Leute sollen sehen, wie die Resl den Heiland schaut und dann sollen sie lesen, was sie gesagt hat:*

Mich freut alles, was vom Heiland kommt.
Jedes Blümlein, jedes Vöglein und jedes neue Leiden,
aber am meisten Freud' hab ich am Heiland selber.

ABSCHIEDSGESCHENK EINES GUTEN HIRTEN

Herr Pfarrer Naber kam während der Entstehung des Grabmals für Resl oft ins Gartenhaus, um den Fortgang der Arbeiten mitzuerleben. So auch am Fest der Verklärung Christi – 6. August 1963. Er kam an diesem Tag ganz allein und blieb nur kurze Zeit, weil er nicht stören wollte. Wegen seines hohen Alters begleitete ich ihn ein Stück auf dem holprigen Wiesenweg vom Gartenhaus zur Straße – ging schützend neben ihm her.
Mein Tagebuch erinnert mich an unser Gespräch auf diesem Weg: »Er wollte etwas von meiner Arbeit wissen. Ich berichtete ihm. ›Ja, ja, der Heiland macht schon alles, alles recht‹, sagte er lächelnd. Dann erzählte er mir gütig von seinen Schwierigkeiten mit dem Klerus und den Vorgesetzten, die ihm viel Sorgen gemacht hätten. Aber er habe sich ein ›Büchel‹ angelegt mit vielen guten Gedanken und Worten, die ihm ›Lebenshilfen‹ geworden seien. Eine davon sei … Er machte eine Pause. Ich erzählte ihm dann von Berlin und dem Klerus, von Kaplan Fahsel usw. Pfarrer Naber blieb noch minutenlang auf dem holprigen Weg stehen, erzählte von seinem Berlin-Besuch und davon, daß Resl ihn geistigerweise in die Ansgar-Kirche gefolgt sei und von seinen Schwierigkeiten mit dem Öffnen des Tabernakelschrankes, was Resl genau beobachtet hatte, obwohl sie hier in Konnersreuth war. Sie habe es dem Pfarrer alles erzählt, als sie ihn von Marktredwitz im Auto abholte.
Ich war sehr erstaunt über das gute Gedächtnis des dreiundneunzigjährigen, überaus gütigen Priesters. Zuletzt bat ich ihn, mir doch noch jene ›Lebensregel‹ zu sagen, die ihm über seine Schwierigkeiten

hinweghelfe. Er sage sie mir aber nicht, sondern erzählte von seinem jetzigen Bischof, der ihm so mutig – trotz der vielen Schwierigkeiten, die ihm die Priester zeitweilig in Sachen ›Resl‹ machen, den ›Geistlichen Rat‹ als Titel verliehen habe. Er (Naber) lege auf den Titel keinen Wert, es sei ihm alles egal, aber er freue sich doch um der gerechen Sache willen. Er betrachte es nicht so sehr als Ehrung für sich, sondern für Resl. – Die Diözese Eichstätt mache eine Ausnahme. Sie sei Resl gut gesinnt. –

›Kommen Sie doch morgen zu mir, wir wollen dann ein wenig plaudern. Aber sagen Sie es niemandem; das bleibt unter uns!‹

Ach, wie glücklich drückte ich ihm da seine gütigen Hände und sah ihm lange nach, bis er um die Ecke ins Dorf hinein bog. Dann schaffte ich wieder in Resls Garten zwischen ihren Rosen.

Mittwoch, 7. August 1963

Kurz vor vier Uhr klopfe ich am Neumannhaus. Vergeblich. Ich wiederholte das Klopfen geduldig. Endlich öffnet mir Herr Pfarrer Söllner. ›Der Herr Pfarrer erwartet Sie!‹ –

Ich ging die Treppe hinauf und klopfte an der Tür zu Pfarrer Naber. Keine Antwort! Warten. – Dann wagte ich es an einer anderen Tür neben der Kapelle. ›Herein!‹ Ich öffnete leise und sah den Pfarrer neben seinem Bett lesend sitzen. In der Hand ein Buch von Franz von Sales ›Anleitungen zum geistlichen Leben‹.

Herr Pfarrer Naber begleitete mich liebenswürdig in sein Arbeitszimmer, gab mir einen Stuhl am Tisch – ihm gegenüber. Das mitgebrachte Buch des Franz von Sales lag neben ihm. Es sei sein Lieblingsheiliger. Das Buch blieb geschlossen. Stattdessen nahm der Pfarrer – ich weiß nicht mehr woher; mir ist jetzt, als hätte er es aus seinem Rock gezogen – ein selbstzusammengeheftetes Schriftchen aus weißem Schreibmaschinenpapier. Auf der ersten Deckblattseite erkannte ich ein aufgeklebtes Bild von Franz von Sales. Pfarrer Naber sagte, er habe sich dies Heftchen mit ›Lebensregeln‹ geschrieben, damit die Frömmigkeit nicht nur aus schönen Worten bestehe, sondern auch festen Halt durch praktische Lebensregeln erhalte. Es sei zusammengetragen im Laufe der Zeit und enthalte das Wesentlichste. Dann begann er laut vorzulesen. Ich erkannte auf der zweiten Seite die Handschrift des Pfarrers und es zog mich von meinem Stuhl weg; dicht an seine Seite. Da setzte ich mich zu seiner linken und las mit:

Hl. Franz von Sales, lehre uns die wahre und liebenswürdige Frömmigkeit!«

CHRISTLICHE LEBENSREGEL

So spricht Jesus Christus, der Meister:
»Ich tu allezeit, was Gott gefällig ist.« (Joh. 8,21)
Das sollst auch du.
Dein immerwährendes Streben sei deshalb:

GOTT
GEFÄLLIG
JEDES VERHALTEN!

Gottgefällig – das soll heißen: möglichst vollkommen, um dadurch Gott, dem Allvollkommenen und deshalb über alles Hochgeschätzten und Geliebten, möglichst großes Wohlgefallen zu bereiten!

Jedes Verhalten – das soll heißen: das Verhalten in Bezug auf Gott u. das Verhalten in Bezug auf alles außer Gott: Jeder Gedanke, jeder Gesichtsausdruck, jede Tätigkeit der 5 Sinne, jedes Wort, jede Haltung, jede Bewegung, jede Handlung u. jede Unterlassung!

Gottgefällig gestalte also:

1.) Das Verhalten inbezug auf Gott: hab Gott stets vor Augen als den zeitlich und räumlich alles erfüllenden und allvollkommenen (allguten, allschönen, allwissenden, allweisen, allmächtigen, allheiligen, allgerechten, allwahrhaftigen, allgetreuen, allgütigen u. allbarmherzigen) dreipersönlichen Geist, der alles schafft, erhält u. leitet oder zuläßt, in der zweiten Person mit vollkommenster menschlicher Natur u. Tätigkeit!

Vornehmlich sieh in der ersten Person den weisesten Schöpfer u. Regierer des Weltalls u. den besten Vater, in der zweiten Person den barmherzigsten Erlöser und liebenswürdigsten Bruder mit vollkommmenstem Leib und einer Seele mit klarstem Verstand, edelstem Gemüt und heiligstem Willen, einst sichtbar auf Erden als herrlichstes Vorbild, als bester Lehrer, Hirt u. Priester, jetzt verklärt, sichtbar im Himmel als höchste Wonne der Seligen u. mächtigster Fürsprecher der noch nicht Seligen, unsichtbar auf Erden unter Brotes- und Weinsgestalten: in der hl. Messe als vollkommenstes Lob-, Dank-, Sühn- und Bittopfer, im Tabernakel als immer nahe u. verlässigste Zuflucht u. in der hl. Kommunion als kräftigste und köstlichste Himmelsspeise, im Lehr-, Hirten- und Priesteramt der katholischen Kirche aber unfehlbar lehrend, bestens leitend u. reichlichst Gnaden spendend durch die dritte göttliche Person, den hl. Geist, den er ihr gesandt!

Diesen betrachte vornehmlich als den freigebigsten Gnadenspender u. treuesten Freund!

Alle drei göttlichen Personen sieh dich stets teilnahmsvoll u. hilfsbereit, aber auch erwartungsvoll beobachten u. jeden Augenblick in sich aufnehmen ein Bild von allem in dir, an dir u. um dich, zu einem Gesamtbild deines Lebens, mit dem du einst vor Gottes Gericht wirst erscheinen müssen!

Erläuterungen.

Wie die Seele im Leib, so ist Gott überall ganz gegenwärtig im Weltall, besonders nah aber ist er im Himel, dem Wohnort der Seligen, u. in seinem Hause auf Erden, der Kirche, hier wie im Himmel auch seiner Menschheit nach im Tabernakel, besonders nahe ist er auch in denen, die ihn lieben.

Geist – unsichtbares lebendiges Wesen mit Verstand, Gemüt u. freiem Willen: Seele, Engel, Gott.

Gnade = entweder unsichtbares, lebendiges Licht aus Gott: die Seele reinigend u. verklärend – heiligmachende Gnade – den Verstand erleuchtend, das Gemüt erwärmend, den Willen stärkend. Helfende Gnade – oder sonstiger besonderer Gunsterweis Gottes oder soviel wie Anmut.

Maria, voll der Gnade – Maria, voll der Anmut, natürlicher und übernatürlicher, an Leib u. Seeele …

Wegen seines gottmenschlichen Wesens und Wirkens hab an Gott das allergrößte Interesse u. such mit allem Eifer ihn immer besser kennen zu lernen aus der Natur, besonders aus der nach göttlichem Vorbild geschaffenen menschlichen Natur, u. aus der übernatürlichen Offenbarung!

Hab und zeig tiefste Ehrfurcht vor Gott!

Freu dich Gottes herzlichst! Glaub und vertrau Gott rückhaltlos!

Lieb Gott über alles, innigst u. zärtlichst!

Verabscheue von Herzen alles Gott Missfällige, besonders in deinem Leben, u. erlaub dir nie mehr solches, sondern: Such Gott jeden Augenblick in jedmöglicher Beziehung möglichst großes Wohlgefallen zu bereiten.

Tu nichts deinetwegen, nichts anderer wegen, sondern alles möglichst vollkommen einzig Gottes wegen, aus Ehrfurcht vor ihm, dem Allvollkommenen, u. aus Liebe zu ihm, dem Allvollkommenen!

Rede gern in kindlicher Einfalt u. Zutraulichkeit, lobend, liebend, dankend, fragend u. bittend zu Gott, besonders zur zweiten göttlichern Person, zum Heiland Jesus Christus, in dessen Menschheit dir

Gott am nächsten ist. Stell dir Christus gerne vor in kindlich göttlicher Majestät, wie ihn die Weisen aus dem Morgenlande gesehen haben, in jugendlich göttlicher Majestät, wie ihn als zwölfjährigen die Schriftgelehrten im Tempel zu Jerusalem sehen konnten, in männlich göttlicher Majestät, wie er bei der Aussendung der Apostel auf dem Tabor feierlich die Worte spricht: »Mir ist alle Gewalt gegeben im Himmel u. auf Erden!« Hör in der Glocken Rufen des Heilands Stimme, der von seinem Hause aus erinnert an die Liebe, mit der er zu uns gekommen ist und bei uns bleibt, der einladet, an ihn zu denken, zu ihm zu reden, ihn zu besuchen, seinem Opfer beizuwohnen u. ihn zu empfangen, der im Stundenglockenschlag immer wieder mahnt, die unwiderruflich ablaufende Lebenszeit möglichst gut zu benutzen!

Mit jedem Pulsschlag möchte ich an die Himmelstüre klopfen mit den Worten: O, mein Gott, ich glaub an dich, ich hoff auf dich, ich lieb dich über alles, lass mich jeden Augenblick klar erkennen, was du gerade von mir willst, u. gib mir Lust u. Kraft, es auch zu vollbringen!

Red zu Gott d.h. bete, nicht bloß mit dem Verstand und dem Mund, sondern vor allem mit dem Herzen d.h. mit Liebe, mit Andacht! Der größte Feind der Andacht ist die Eilfertigkeit.

Merke: Nur der beharrliche vertrauteste Verkehr mit Gott macht wahrhaft heilig u. glücklich.

Red auch oft und vertraut zu den lieben Heiligen, besonders zum hl. Schutzengel neben dir!

Red, so oft Gelegenheit, mit innigster Begeisterung von Gott u. Göttlichem!

Tu, was immer du mit Sicherheit als von Gott gewollt oder gewünscht erkennst, mit größter Bereitwilligkeit!

Den Heiland besuchen im Tabernakel, ihn dem himmlischen Vater aufopfern in der hl. Messe, ihn in dich aufnehmen in der hl. Kommunion, sei dir das Höchste und Liebste! Freu dich aufrichtig über alle Liebe u. Ehre, die Gott erwiesen worden sind u. erwiesen werden!

Trauere gar sehr über alle Gleichgültigkeit u. Verunehrung, die Gott widerfahren sind u. widerfahren! Trag, soviel möglich, durch Gebet, Wort und Tat dazu bei, daß Gott erkannt, geliebt u. geehrt werde, wie er es verdient!

Zutiefst von der vollen Wahrheit einzig der katholischen Religion überzeugt, tritt, bei aller Teilnahme für die Außenstehenden, immer u. überall voll Begeisterung für diese hl. Religion ein, verurteil aber auch Irrungen, Unvollkommenheiten u. Fehler ihrer Bekenner rücksichtslos!

Nimm die nicht beseitigbaren irdischen Unvollkommenheiten willig hin, leide gern, bring freudig Opfer, um für deine u. Anderer Sünden – diese gottwidrigen Freuden – der Gerechtigkeit Gottes Sühne zu leisten und seiner Liebe dadurch größere Betätigung zu ermöglichen, um jene, seine Gerechtigkeit zu ehren, und diese, seine Liebe, zu erfreuen! Das beste Sühnopfer, ein unblutiges Martyrium, wäre die Beobachtung dieser Lebensregel bis ins Kleinste!

Gottgefällig gestalte
2.) das Verhalten inbezug auf alles außer Gott:

Alles außer Gott, vor allem dich selbst u. auch das Kleinste, betrachte stets als von Gott u. für Gott. Hinter allem, was ist und geschieht, sieh Gott als Schöpfer, Erhalter und Leiter oder Zulasser, alles betrachte als Zeugen für Gottes Dasein u. Vollkommenheit u. als berufen, durch größtmögliche Vollkommenheit allseits bei Gott u. Mensch möglichst großes Wohlgefallen zu bereiten. Wegen seiner Beziehung zu Gott hab und zeig entsprechend Interesse für alles, Ehrfurcht vor allem, Freude an allem, Liebe zu allem, Zufriedenheit mit allem u. Dankbarkeit für alles!

Behandle und gebrauche alles genau so, wie Gott dies wollen oder wünschen mag! Insbesondere halte Kreuz u. Kreuzzeichen hoch in Ehren, der Heiland hat sie mit seinem eigenen Blute geweiht, vom Kreuz geht aller Segen aus.

Such alles bei dir u. alles außer dir Beeinflußbare möglichst vollkommen zu gestalten!

Gott hat ja weder in der Natur noch in der Übernatur alles schon sogleich vollkommen geschaffen. Er wollte einen Himmel nicht schon auf Erden schaffen, aber er wollte den ihm ähnlich geschaffenen Wesen auch noch die Freude machen, an seiner Schöpfermacht teilnehmen zu dürfen, u. hat ihnen deshalb die Möglichkeit gegeben, Unvollkommenes selbst zu vervollkommnen u. dadurch auch noch einen entsprechenden Lohn sich zu verdienen im Himmel, dem Ort der Vollkommenheit, einen Platz mit lauter Freud, ohne Leid, durch die ganze Ewigkeit.

Bewahre also stets vollkommene Ruhe, allem gegenüber, innerlich u. äußerlich!

Sei nicht eilfertig, nicht empfindlich, nicht wählerisch, rühme dich nicht u. klag nicht müssig betreff Persönlichem!

Fürchte einzig Gottes Mißfallen, sonst nichts!

Beachte immer nur das gerade sicher Verpflichtende, zweifelhafte Verpflichtungen laß unbeachtet! Zwing die nach restlosem Sichauswirken strebenden leiblichen und seelischen Triebe in dir unnachgiebig zur Einhaltung des rechten Maßes!

Nütz jeden Augenblick ausschließlich zu dem gerade Entsprechenden bestmöglich aus, laß keinen unbenützt vorüber gehen!

Halt auf Wahrheit, auf Gediegenheit, auf Gefälligkeit u. auf Ordnung: Alles an seinem Platz, alles zu seiner Zeit! Kleide deine Gedanken u. Gefühle, soweit möglich, klar in entsprechende Worte!

Sei immer heiter u. herzlich im Gesichtsausdruck u. im Reden, wohlanständig in Haltung u. Bewegung, ernst u. traurig nur in entsprechend wichtigen Ausnahmefällen!

Sieh in jedem deiner Mitmenschen den Heiland vor dir u. benimm dich dementsprechend ehrfurchts- und liebevoll gegen ihn! Such anderen Unangenehmes, Gefährliches und Schädliches möglichst zu vermeiden, zu verhüten u. zu beseitigen!

Beschäftige dich mit des Nächsten Fehlern bloß aus gutem Grund, u. auch dann nur ruhig, heilig, ernst, trauernd, möglichst entschuldigend und zu bessern suchend! Sei allen, besonders den Vorgesetzten, stets gerne zu Willen, außer bei sicher Gott mißfälligen Forderungen!

Gönn und wünsch jedermann aufrichtig alles Gute! Hab und zeig lebhaftes Interesse für deine Mitmenschen u. für alles Ihrige, erkenn alles Gute und Schöne freudig an u. fördere es, so viel du kannst, sei und wirk aber auch entschieden gegen alles Nichtgute u. Nichtschöne, wo immer du auf beides stoßen magst!

Nimm innig Anteil an Leid u. Freud aller, bet für alle, hilf allen, mach allen Freude, soviel als möglich, um so mehr, je näher dir jemand steht! Laß den Anderen, soweit immer angängig, Recht und Vortritt!

Als Priester such zu sein

1.) ein würdiger Stellvertreter Gottes dem Menschen gegenüber, vorbildlich in allem, ein begeisterter Verkünder der Frohbotschaft Christi, ein furchtloser Eiferer für restlose Erfüllung des göttlichen Willens u. ein unermüdlicher Darbieter der Gnadenmittel der katholischen Kirche!

2.) Such zu sein ein wirksamer Vertreter aller deiner Mitmenschen vor Gott, besonders deiner Pfarrei, deines Bistums u. der ganzen kath. Kirche: in ihrem Namen red zu Gott im Gebet, besuch den Heiland im Tabernakel, bring Gott das hl. Meßopfer dar u. andere Opfer, soweit u. so gut, als möglich!

Blick in die Ewigkeit:
Himmel = Licht und Freude
Fegfeuer = Düsterkeit und Trauer
Hölle = Finsternis u. Schrecken.

Leiden der armen Seelen:

Allgemeines: Glühende Sehnsucht nach der Anschauung u. dem Besitz Gottes. Besondere: Klarste Erkenntnis der noch nicht abgebüßten Sünden u. brennende Verabscheuung derselben.

Gottes Lohn für alles Gute:

So spricht der Allmächtige u. Allgetreue: »Wandle vor mit und sei vollkommen, u. ich werde dein übergroßer Lohn sein.«

1. Mos. 15,1 u. 17,1

Bete gern das Kirchengebet:

O Gott, der du den dich Liebenden unsichtbare Güter bereitet hast, gieße unseren Herzen das Gefühl der Liebe zu Dir ein, daß wir, Dich in allem u. über alles liebend, Deine Verheißungen, die alles Sehnen übertreffen, erlangen. Durch Christus, unsern Herrn. Amen.

Der hl. Franz von Sales war Vorbild bei Aufstellung dieser Lebensregel, er sei auch Helfer bei der Ausführung derselben! Er, der es verstand, ohne Preisgabe der Wahrheit u. der Rechte Gottes, die liebenswürdigen u. anziehenden Seiten des hl. Glaubens so gewinnend darzustellen, er, der durch sein mildes Wort, durch seine verständnisvollen Briefe u. Schriften u. durch sein ungesucht die Frömmigkeit empfehlendes Beispiel so viele zum beharrlichen vertrautesten Verkehr mit Gott geführt hat!

Die Trennung vom Liebsten hier auf Erden, von Theres Neumann, sei dein tägliches Opfer für den Heiland, den über alles Geliebten!

Dem füg hinzu das Opfer der Trennung von deiner durch 35 Jahre hindurch treuesten Haushälterin Maria Neumann!

NACHWORT

In diesem Buch haben die Konvertiten Bruno Rothschild, Erna Herrmann-Haven und Hermann Becker dem Leser selbst von ihrem Gott-Lieben, Gott-Suchen und Gott-Finden erzählt und von der selbstlosen Hilfe, die sie durch Therese Neumann und Pfarrer Naber erfahren haben. Mir blieb nur das Auffinden, Ordnen und Ergänzen des Quellenmaterials, an das ich – sichtlich von der Vorsehung Gottes geführt und von guten Menschen unterstützt – gelangen durfte.

Wenn ich diese Berichte und Briefe mit Büchern, Zeitschriften und Zeitungsnotizen vergleiche, die über Therese Neumann und über die hier geschilderten Bekehrungen veröffentlicht wurden, so berührt es mich schmerzlich, daß viele Autoren so leichtfertig mit der Quellenforschung umgegangen sind. Einige bieten dem Leser aus der Gerüchteküche trübes oder gar vergiftetes Wasser.

Darum habe ich mich, entgegen meiner Absicht zu Beginn meiner Nachforschungen, entschlossen, das Quellenmaterial teilweise zu veröffentlichen. Hierzu ermunterte mich der Benediktinerpater Benedikt Stolz von Jerusalem aus: *Du solltest eigentlich einmal Deine Erlebnisse in Konnersreuth schriftlich der gedankenlosen Nachwelt erzählen. Das wäre eine gute Antwort auf ›Hanauers Testfall‹! Ich glaube sicher, daß Dir da noch ein Apostolat anvertraut worden ist zur Ehre Gottes und zum Nutzen vieler Seelen. Fronleichnam – Eucharistie – Resls Kommunionen und mystische Erlebnisse: Das ist erlebte Theologie. Den Menschen von heute davon etwas mitzuteilen, scheint mir auch für Dich eine Pflicht der Dankbarkeit gegenüber Gott und Resl zu sein.*

Mögen diese Aufzeichnungen dazu beitragen, Leben und religiöse Bedeutung der Therese Neumann ins rechte Licht zu rücken.

Berlin, 18. September 1985
Erika Becker

NACHWORT ZUR II. AUFLAGE   1. Oktober 1996

Mit dankbarer Freude erfüllt mich auch der Gedanke, daß PATER DR. BENEDIKT STOLZ – nunmehr vom »himmlischen Jerusalem« aus – die Zweitauflage seines ihm zu verdankenden Buches »Durch Resl bekehrt« durch den viel schöneren Titel »Geliebt – gesucht – gefunden« miterlebt.

Als er 1979 zum Ehrenbürger Jerusalems ernannt wurde, bedankte er sich beim Staatspräsidenten und beim Bürgermeister in einer oft zitierten Rede, die mit den Worten schloß: »Möge unser guter Herr und Gott uns alle dereinst des himmlischen Jerusalems würdig finden. Das walte Gott!« –

Noch kurz vor seinem Heimgang am 28. April 1986, bedankte er sich für die ihm übersandte Erstausgabe des Buches, das er »mit großer Befriedigung durchgelesen und weitergereicht« hatte. Schon früher teilte er mir auf Anfrage einmal mit: »Daß Bruno Rothschild durch Briefwechsel mit Edith Stein religiös beeinflußt und bereichert wurde, halte ich gemäß der Notiz im Büchlein für sehr wahrscheinlich. – Ich lernte Edith Stein im Kölner Karmel kennen kurz vor ihrem dortigen Eintritt. Wir waren zu gleicher Zeit Gäste in der Gästewohnung des Karmel und trafen uns bei Tisch«. In einem anderen Brief teilte er mit: »Von Edith Stein habe ich keine Briefe mehr! Alles verloren um 1948/49, als wir die Dormitio verlassen mußten (Unabhängigkeitskrieg). Geblieben ist mir nur die kleine Biographie ›St. Teresia Margareta vom Herzen Jesu‹, die sie mir noch persönlich geschickt und die ich auch schon im ›Gnadenkalender‹ verwerten konnte. –«

Möge nun die von Papst Johannes Paul II. am 1. Mai 1987 seliggesprochene Teresia Benedicta a Cruce – Edith Stein – vom Himmel aus bewirken, daß auch in naher Zukunft ihre »Namensschwester« THERESE NEUMANN – der mit den Stigmen des Kreuzesleidens Jesu Gezeichneten – zur Ehre der Altäre erhoben wird. Denn beide Frauen – die vom Kreuz Gesegnete und die vom Kreuzesleiden Jesu Gezeichnete – durchlitten sühnend gemeinsam und wissend umeinander die unheilvolle »Haken-Kreuz-Zeit« und bezeugten mit ihrem Leben:
»WIR ABER PREDIGEN CHRISTUS, DEN GEKREUZIGTEN.«

(1 Kor 1, 23)

---

[1] Vgl. Kaplan Fahsel »Konnersreuth – Tatsachen und Gedanken«. Thomas-Verlag, Berlin 19311.

[2] Vgl. *Kaplan Fahsel in seinem Werdegang unter Zuhilfenahme seiner Briefe und Aufzeichnungen*, dargestellt von Henriette v. Gizycki. Buchverlag Germania A. G. Berlin 1930.

[3] Lt. Mitgliederverzeichnis der unter der Konstitution der großen Loge von Hamburg arbeitenden gerechten und vollkommenen Johannis-Freimaurer-Loge »Zur Vaterlandsliebe« im Orient Wismar. (Gestiftet am 4. März 1819.) Logenhaus Lübschestraße 50. Am 16. 12. 1920 wurde er in Lübeck bei der Loge »Zur Weltkugel« aufgenommen. Auf eigenen Wunsch schied er dort 1930 aus. Er war zuletzt Freimaurermeister, III. Grad.

[4] Pastor Rehfeldt.

[5] Dirigent: Wilhelm Furtwängler. Bei Symphoniekonzert-Programm mitgewirkt am 9. 12. 1914.

[6] P. Odo Staudinger, O.S.B., Salzburg.

[7] Es war am 29. April 1929.

[8] Vgl. »*Heilige Walburga, Leben und Wirken*«, Abtei St. Walburga 1985.

[9] Am 13. August 1930 erhob Papst Pius XI. mit Wirkung vom 31. August 1930 Berlin zur neugegründeten Diözese.

[10] An Frau Emma Becker und Tochter Hildegard.

[11] Pfarrer R. Leppelt (1889–1947) Die St.-Ansgar-Kirche – eine Notkirche – wurde im Jahe 1926 eingeweiht. Die Predigt hielt der kath. Sozialpolitiker Dr. Carl Sonnenschein (»Großstadt-Apostel«), der, geboren in Düsseldorf am 15. 7. 1876, von 1918 bis zu seinem Tod am 20. 2. 1929 in Berlin tätig war; 1943 wurde die St.-Ansgar-Kirche durch einen Bombenangriff am 22./23. November vernichtet und das ehemalige Hansa-Viertel bei Kriegsende 1945 zu 98% zerstört.

[12] Blutbeflecktes Kopftuch von einem Freitagsleiden Resls.

[13] Hermann Becker jr., geb. 25. 4. 1919, gest. 15. 11. 1981 in Meppen/Ems.

Register

Abel, Joseph, Stadtpfarrer der katholischen Kirche in Lohr, * 19. Oktober 1866 in Kolitzheim; † 29. März 1933 Lohr

Aigner, Eduard, Dr. med. Nervenarzt aus Freiburg/Br. bei einem Bombenangriff im 2. Weltkrieg dort umgekommen

Anderlohr, Karl, Redakteur der Lohrer Zeitung

Ansgarkirche, St., Berlin-Tiergarten

Aretin, Dr. Erwein Freiherr von, † 25. Februar 1952. Vgl. Fritz Michael Gerlich, Verlag Schnell & Steiner 1983

Arnold, Hans, Theosoph und Schriftsteller, Berlin-Lankwitz. * 31. Juli 1867 Stolp/Pommern, † 3. Mai 1945 Zepernick, 9.15 Uhr im Altenheim Buchallee 140/ »Massengrab«

Balkenhol, Steyler Missionar (SVD), Berlin

Bauch, Andreas, Prälat, Prof. Dr., Priesterweihe 29. Juni 1932;
1932–1934 Kaplan in Nürnberg-Eibach
1934–1947 Subregens im Priesterseminar Eichstätt
1946–1976 Professor für Allgemeingeschichte und Kirchliche Kunst an der Phil.-Theol. Hochschule und Gesamthochschule, nunmehr Katholische Universität Eichstätt
1950–1971 Regens des Priesterseminars Eichstätt; † 24. Oktober 1985

Bahlmann, Bischof aus Santaren, Brasilien

Bahr, Hermann, Schriftsteller u. Dramaturg. Bekannte sich ab 1916 zur kath. Tradition. * 19. Juli 1863 Linz, † 15. Januar 1934 München

Becker, Hermann u. Elfriede, geb. Angerstein

Becker, Hermann (sen.), Musiker

Becker, Hermann (jr.), Bildhauer u. Kirchenmaler

Benediktinerinnen-Abtei Frauenwörth im Chiemsee

Benediktinerinnen-Abtei St. Walburg, Eich-stätt; an der Grabstätte der hl. Walburga. Gegründet i. J. 1035

Berard, Pater (Näheres nicht ermittelt!), Gerlich, Bd. I, Seite 59

Berliner Illustrierte, Wochenzeitschrift

Berliner Rundfunk

»Bernardette« (Soubirous), * 7. Januar 1844 Lourdes, † 16. April 1879 Nevers, Heiligsprechung 1933 durch Papst Pius XI., Papst Joh. Paul II. als Pilger in Lourdes am 14. August 1983

Bernhart, Joseph, Philosoph und Theologe (1881–1967)

Bodman, Uta Freiin von, * 18. November 1896, † 14. August 1988 Oberkirch

Bosch, Geistlicher Rat, Bamberg, * 8. Dezember 1870; † 16. März 1944

Brand (Näheres über diese in Ludwigshafen wohnende Dame konnte bisher nicht ermittelt werden)

Brauns, Dr. Heinrich

Buchberger, Dr. Michael;
29. Juni 1900 Priesterweihe
1908 Domkapitular in München
1923 Kardinal Faulhabers Generalvikar und Weihbischof
1927 Bischof von Regensburg (Ernennung durch Papst Pius XI.)
1950 Erzbischof (Ernennung durch Papst Pius XII.). Herausgeber des zehnbändigen »Lexikon für Theologie und Kirche«
† 10. Juni 1961 in Straubing

Cleve, Gerhard, Kaufmann, * 6. September 1878 (siehe Fremdenbuch v. 27. 7. 1928 in Konnersreuth)

Cosmas, Pater OFMCap., † 6. April 1942

Cramer, Dr.

Danner (bisher nicht ermittelte Person!)

Der christliche Pilger. Sonntagsblatt für das Bistum Speyer (Schriftleiter Nikolaus Lauer)

Der Führer. Nationalsozialistische Zeitung; Karlsruhe

Der Spiegel. Deutsches Nachrichtenmagazin, Hamburg I, Pressehaus

Der Stürmer. Nationalsozialistisches Wochenblatt, Nürnberg

Deutscher Musikerverband, Berlin (in »Reichsmusikkammer« während des »Dritten Reiches« umbenannt. 1952 Neugründung unter dem Titel: *»Deutsche Orchestervereinigung«,* Düsseldorf)

Die Brüderschaft zum heiligen Gral

Dimpfl, Anna, Haushälterin von Pfarrer Naber

Diözesan-Archiv, Speyer

Dominikanerinnen (Heiliggrabkloster) in *Bamberg:*
Schw. Maria *Petra* Regina Sturm, Handarbeitslehrerin (* 6. März 1888, † 5. Dezember 1974)
Schw. *Bonifatia,* Priorin
Schw. *Angelika*

Dominikanerinnen (Kloster St. Magdalena), *Speyer* (seit 1228), Lyzeum und Lehrerinnen-Bildungsanstalt
Schw. *Raymunda*
Schw. *Bonaventura*
Schw. Maria *Adele* Hermann, Buchautorin 103

Eckstein, Dr., Rabbiner in Bamberg
Ehrenausschuß der nationalen Front
Emmert, Anna
Emslander, Dr. Richard, † Januar 1969
Emslander, Willi, * 1928 in Eichstätt
Englische Fräulein, Bamberg. Katholische Frauenkongregation für Mädchenerziehung, 1609 von der Engländerin Mary Ward gegründet
Epp, Franz Xaver, Ritter von, General, Hitlers Reichsstatthalter in Bayern (siehe Freikorps Würzburg)

Fahsel, Helmut, Kaplan in Berlin. * 2. November 1891 in Kiel, † 15. Januar 1983 in Locarno
Er konvertiert zum katholischen Glauben in der Hauskapelle des Hedwigkrankenhauses, Berlin, 1914. Es folgt

Kriegseinsatz in Flandern.
Theologiestudium in Innsbruck u. Breslau. Priesterweihe 20. Juni 1920 in Breslau. 12. Oktober 1920 feste Anstellung als Kaplan bei der Kirche St. Klara, Berlin-Neukölln. Beginn seiner öffentlichen Vortragstätigkeit. Kontakt zu Dr. Carl Sonnenschein, dem »Großstadtapostel« in Berlin.
Sommer 1924 Hausgeistlicher bei den Franziskanerbrüdern in Schöneiche bei Berlin.
Von Kardinal Bertram 1927 für die Fortsetzung seiner Vortragstätigkeit in der Öffentlichkeit – vor Juden und Antisemiten, Freidenkern –, vor Evangelischen und Theosophen beurlaubt.

Faulhaber, Michael von (1869–1952)
1911 Bischof von Speyer
1917 Erzbischof von München-Freising
1921 Kardinal, * 15. März 1869; † 16. Juni 1952

Franziskus von Assisi, Einsiedler, Ordensgründer. * 1181 oder 1182 in Assisi, 1224 Empfang der Wundmale Christi, † 3. Oktober 1226
16. Juli 1928 Heiligsprechung in Assisi
25. Mai 1230 Beisetzung in San Francesco

Freikorps Würzburg – Truppe des Franz Xaver Ritter v. *Epp;* Hitlers Reichsstatthalter in Bayern

Freimaurer-Loge »Zur Weltkugel im Orient Lübeck«

Friedrich von Regensburg, Seliger

Fritz, Dr., Erzbischof von Freiburg

Furtwängler, Dr. Wilhelm, Dirigent und Komponist, * 25. Januar 1886, Berlin, † 30. November 1954, Baden-Bd.

Fuchs, Stadtpfarrer der evangelischen Kirche in Lohr von 1922–1954

Gawriloff, Professor, Leiter des Internationalen Symphonie-Orchesters, Berlin

Geiger, Theodor, Domkapitular in Bamberg, Dompfarrer, * 14. August 1863, † 8. März 1960

Gemelli, Agostino, Pater, * 18. Januar 1878; † 15, Juli 1959

266

Genofeva, 1) Schutzpatronin von Paris. Nach der Legende rettete sie Paris vor den Hunnen (451)
2) Gattin eines Grafen Siegfried von Brabena (um 750)

Gerlich, Dr. Fritz, Historiker, Staatsarchivrat. * 15. Februar 1883, Stettin; † 30. Juni 1934 in Dachau ermordet
1920–1928 Hauptschriftleiter der »Münchner Neuesten Nachrichten«
1930–1933 Herausgeber des Kampfblattes gegen den Nationalsozialismus »Der Gerade Weg«
9. März 1933 Verhaftung, 30. Juni/1. Juli 1934 Überführung ins KZ Dachau und dortige Ermordung.

Gerlich, Sophie, geb. Stempfle

Goebbels, Dr. Joseph, Nationalsozialistischer Politiker für Volksaufklärung und Propaganda, * 29. Oktober 1877, Freitod 1. Mai 1945

Görres, Joseph von, Publizist und Gelehrter, Vorkämpfer des spätromantischen Katholizismus

Götz, Georg, Pfarrer von Arberg 1925–1933

Graber, Rudolf, Dr. theol., Dr. h.c., Priesterweihe 1. August 1926 durch Bischof Leo von Mergel, OSB
1937 Lehrer für Asketik und Mystik im Priesterseminar Eichstätt
1946 Professor für Kirchengeschichte und Patrologie
1902–1982 Bischof von Regensburg
Sein Wirken war gekennzeichnet von seinem Leitwort »Dienen in Liebe«
* 13. September 1903 Bayreuth, † 31. Januar 1992

Graßl, Otto, akadem. Kunstmaler aus Dachau, Grobenriedstr. 24 c/II

Grüßer, Artur, Student (siehe Fremdenbuch Gasthof zum Deutschen Haus, v. 26. 7. 1928), * 2. Februar 1909, † unbekannt

Haren, Firmin, * 7. 5. 1896, † 20. 10. 1981

Henle, Dr. theol. Antonius, Ritter von, Bischof von Regensburg, römischer Graf, Sr. Heiligkeit Thronassistent, ehem. Reichsrat der Krone Bayerns. * 22. Mai 1851; † 11. Oktober 1927

Härtl, Liborius, Benefiziat in Konnersreuth von 1929 bis 1936.
* 17. Oktober 1893 Wondreb
† 5. September 1944 als Pfarrer von Schwarzenbach

Haggemiller, Dr., Arzt in Nürnberg

Hammann, Köln, hat die Untersuchung und Überwachung 1927 angeordnet und durchführen lassen; folgt im Bischofsamt Buchberger

Hanauer, Dr. Josef, Geistlicher Studienrat

Hanover, Dr., Rabbiner aus Würzburg

Haven, Erna, geb. Herrmann
* 28. September 1902 Scheßlitz
† 14. April 1977 Grimbergen/Belgien

Haven, Firmin, Industrieller
* 7. Mai 1896 Belgien, † 30. Oktober 1991

Haven, Dr. Georg, Belgien

v. *Henlein*, Antonius, Bischof von Regensburg, † Oktober 1927

Herbot, Familie aus Wiesbaden

Herrmann, Dr., Chemiker aus Berlin

Herrmann, Hugo Theresia Laurentius Clemens, aus Wien
* 14. 8. 1891, getauft anläßlich der Konversion in St. Augustin, Wien, am 17. Dezember 1929 durch Pfarrer Ludwig Wegmann, Pfarrer i. R.

Herrmann, Ludwig

Herrmann, Ernestine, geb. Fleischer, * 17. März 1865

Herrmann, Hilda (Tochter der Eheleute Ludwig und Ernestine H.)

Hildegardisschwestern in Boßweiler

Hitler, Adolf, Politiker und Diktator
* 20. 4. 1889, Freitod 30. 4. 1945 Berlin

Höffner, Josef, Kardinal, Bischof von Münster 1962–1968, Erzbischof von Köln 1969–1987
* 24. 12. 1906, † 16. 10. 1987

Horwath, Dr. Victor, Weihbischof aus Kalocza/Ungarn

Imhof, Professor (Mieter im Hause Rothschild in Lohr, Am Markt)

Internationales Symphonie-Orchester, Berlin

Israelitische Kultusgemeinde in Lohr am Main (H. Winheimer, Vorstand)

Justin der Märtyrer, frühchristlicher Kirchenlehrer, der das Christentum als die allein wahre Philosophie verteidigte. Er wurde in Rom um 165 enthauptet. Heiliger

Kaas, Ludwig, Monsignore, 1918 Professor für Kirchenrecht am Priesterseminar in Trier, 1928–1933 Vorsitzender der »Zentrumspartei«. Sekretär an der Kardinalskongregation von St. Peter, Rom, von 1933 an
* 1881, † 1952
(Vgl. Sr. M. Pascalina Lehnert, »Ich durfte ihm dienen«, Verlag J. W. Naumann, Würzburg)
Kampfbund für deutsche Kultur
Karmelitinnen-Kloster »Maria vom Frieden«, Köln-Lindenthal, Schw. Amata Neyer, Archivarin, Schw. Theresia de Spiritu Sancto
Karmelitinnen-Kloster in Würzburg
Karmelitinnen-Kloster in Echt/Holland
Karmelitinnen-Kloster von Lisieux, Frankreich
Kaspar, Dr. Karl, Fürsterzbischof von Prag, Kardinal. 25. Februar 1893 Priesterweihe in Rom; 13. Juni 1921 Bischof von Königgrätz; 15. November 1931 Erzbischof von Prag; 16. Dezember 1935 Kardinal (Ernennung durch Papst Pius XI.)
* 16. Mai 1870 in Miroschau, † 21. April 1941
Kiefer, Dr. Karl, Generalvikar in Eichstätt
Kinderheilstätte des Diözesan-Caritas-Verbandes auf dem *Donnersberg* bei Speyer
Knetner, Porzellanarbeiter, Gärtner in Waldsassen
Konnersreuther Sonntagsblatt
Kraus, Johannes, Dompfarrer, Bischöflicher Geistlicher Rat und Ehrenbürger der Stadt Eichstätt, * 6. Oktober 1862; † 20. 5. 1943

Lauer, Nikolaus, Monsignore, Päpstl. Geheimkämmerer
Laurentius, St., Kirchenpatron der Konnersreuther Pfarrkirche; unter Papst Sixtus II. Erzdiakon in Rom. Als Märtyrer gestorben im Jahr 258. Fest am 10. August
Leppelt, R., Pfarrer von St. Ansgar, Berlin-Tiergarten, 1926–1931
* 1889, † 1947
Liebermann, Franz, Maria, Paul. Jüdischer Konvertit (»Der Negerapostel«). Zum Priester geweiht 1841. Gründern der Kongregation vom Herzen Mariä
* 24. März 1803, † 2. Februar 1852
Lisowski, Franz, Weihbischof von Lemberg/Polen

Männer, Schmiedemeister in Konnersreuth
Malan, Antonio, Bischof von Petronila in Brasilien
Mandelbaum, Mitglied der Würzburger Freimaurerloge, Zahnarzt
Marx, Wilhelm, Politiker (»Zentrumspartei«), Reichskanzler a. D. (1923–1925, 1926–1928)
* 15. Januar 1863 in Köln, † 5. August 1946 in Bonn
Mayr, Dr. Franz Xaver, Hochschulprofessor (1923–1959) für Chemie, Biologie, Geologie und Anthropologie an der Philosophisch-Theologischen Hochschule Eichstätt. Träger der goldenen Bürgermedaille, der goldenen Verdienstmedaille des Landkreises Eichstätt, des Bayerischen Verdienstordens und des Bundesverdienstkreuzes I. Klasse des Verdienstordens der BRD. Geistiger Vater des Jura-Museums auf der Willibaldsburg in Eichstätt. Päpstlicher Hausprälat
* 21. Februar 1887, † 21. Juni 1974
Mergel, Dr. Leo Ritter von. OSB. Bischof von Eichstätt (1905–1952)
* 1847
Mittendorfer, Dr. Josef, Arzt in München
* 14. Januar 1895, verstorben in München
Molitor, Dr. H., Promotor Fidei im Erzbischöflichen Offizialat Köln, * 3. Februar 1916; † 2. September 1994

Molz, Friedrich, Prälat, Domdekan in Speyer
* 3. Januar 1849, † 23. Oktober 1932
Museum in Eger (Tschechoslowakei)
Musikschule in Wismar

Naab, Ingbert, Kapuzinerpater (OFM-Cap.) * 5. November 1885. Priesterweihe 29. Juni 1910 durch Bischof Leo von Mergel OSB im Dom zu Eichstätt. Begnadeter Seelsorger und mutiger Kämpfer gegen den Nationalsozialismus. Zusammen mit Dr. Fritz Gerlich Herausgeber der Deutschen Zeitung für Wahrheit und Recht »Der Gerade Weg«. Flucht vor den nationalsozialistischen Machthabern aus Eichstätt in die Schweiz am 27. 6. 1933. Er starb am 28. März 1935 in Straßburg-Königshofen als Pater Peregrinus (= der Fremdling). Nach dem Niedergang des Dritten Reiches werden die Gebeine am 21. April 1953 nach Eichstätt heimgeholt und auf dem Klosterfriedhof der Kapuziner beigesetzt. (Vgl. Helmut Witetschek, »Pater Ingbert Naab«, Verlag Schnell & Steiner)
Naber, Joseph, Pfarrer in Konnersreuth von 1909 bis 1967. Ehrenbürger der Marktgemeinde 1934. Er war 72 Jahre Priester, 51 Jahre Pfarrer in Konnersreuth, 44 Jahre Seelenführer der stigmatisierten Therese Neumann. Bischof Dr. Rudolf Graber hat ihn mit dem Titel »Geistlicher Rat« ausgezeichnet
* am 4. Dezember 1870 in Neukirchen-Balbini, † 23. Februar 1967 in Konnersreuth
Nationalsozialistische Deutsche Arbeiterpartei (NSDAP)
Natter (Näheres über Herrn Natter konnte nicht ermittelt werden.)
Neumann (Eltern der Theres Neumann):
Ferdinand, Schneidermeister,
* 16. Juni 1873, † 26. November 1959
Anna, geb. Grillmeier,
* 26. Oktober 1874, † 9. Dezember 1949
Agnes, verh. Dietz,
* 2. Juni 1909

Anna, verh. Härtl,
* 6. Juli 1900, † 17. Februar 1981
Augustin, * 15. August 1907, †
Engelbert,
* 11. Juni 1904, † 5. September 1949
Ferdinand,
* 24. April 1911
Dr. Johann (Hans), Zahnarzt,
* 28. Juli 1912, † 29. Dezember 1984
Kreszenz (Zenzl), verh. Pflaum,
* 31. März 1906, † 15. Juli 1981
Ottilie, Haushälterin bei Prof. Wutz,
* 14. Dezember 1902, † 1. Mai 1959
Maria, Haushälterin bei Pfarrer Naber,
* 19. Juni 1899, † 15. Juni 1963
Therese,
* 8. April 1898, † 18. September 1962
Newman, John Henry, Priesterkonvertit, Kardinal (1801–1890)
Niklas, Dr. (Näheres nicht ermittelt!)
Niklaus, Orgelbauer in Eichstätt
Nollendorf-Theater, Berlin

Ortlauf, Fritz, * 4. März 1900 in Lohr; † 10. Dezember 1989 in Lohr

Papen, Franz von, deutscher Politiker
1921–1932 Zentrumsabgeordneter im Preußischen Landtag,
Juni bis November 1932 Reichskanzler,
Januar 1933 Vizekanzler in der Regierung Hitlers,
1934–1938 Botschafter in Wien,
1939–1944 Botschafter in der Türkei.
Freigesprochen im »Nürnberger Prozeß«.
* 29. Oktober 1879, † 2. Mai 1969
Papst Johannes Paul II. (Karol Woityla),
* 18. Mai 1920 in Wadowice/Polen,
26. Juni 1967 Kardinal,
16. Oktober 1978 Papst
Papst Pius X. (Guiseppe Sarto),
1884 Bischof von Mantua,
1893 Patriarch von Venedig – Kardinal,
4. August 1903 Papst,
* 2. Juni 1835 in Riese/Italien,
† 20. August 1914
Papst Pius XI. (Achille Ratti),
1919 Nuntius in Polen,
1921 Erzbischof von Mailand – Kardinal,

6. Februar 1922 Papst,
* 31. Mai 1857 in Desio/Italien,
† 10. Februar 1939

Papst Pius XII. (Eugenio Pacelli),
1917–1925 Nuntius für Bayern,
ab 1920 zugleich für das Deutsche
Reich (bis 1929),
16. Dezember 1929 Kardinal,
7. Februar 1930 Staatssekretär,
2. März 1939 Papst,
* 2. März 1876 in Rom,
† 9. Oktober 1958

Preysing, Konrad, Graf von Preysing-
Lichtenegg-Moos
1932 Bischof von Eichstätt
1935 Bischof von Berlin (bis 1950)
1946 Kardinal
* 30. August 1880, Kronwinkl b. Lands-
hut, † 21. Dezember 1950

Prinzessinnen Hildegard und *Helmtrud* aus
dem Hause Wittelsbach

Raabe, Professor Dr. Peter, »Präsident der
Reichsmusikkammer«

Rabbiner-Seminar, Breslau

Rackl, Dr. Michael, 1935–1948 Bischof von
Eichstätt, * 31. Oktober 1883; † 5. Mai
1948

Radlo, Dr. med. Peter, Warschau

Raymunda, Ordensschwester im Dominikanerinnenkloster St. Magdalena,
Speyer

Ratisbonne, Alfons Maria,* 11. Mai 1814,
† 6. Mai 1884

Reckem, van, Bischof

Regensburger Bistumsblatt

Rembold, Kommerzienrat, Brauereibesit-
zer in Augsburg

Rehfeldt, Pastor an der Luisenkirche in
Berlin-Charlottenburg

Reul, Steinbruchbesitzer, Granitwerk in
Kirchenlamitz

Richtstätter, Pater Karl SJ, * 15. März 1864
in Rosellen/Rheinland, eingetreten in
die Gesellschaft Jesu am 4. April 1894,
† 4. August 1949 in Köln

Rößler, Dr. Max, Monsignore, Würzburger Diözesanpriester und katholischer
Publizist im Nachkriegsdeutschland.

1987 Verleihung des Bundesverdienstkreuzes am Band, * 1. Oktober 1911
Würzburg, † 22. Februar 1992 Würzburg

Rosner, Lorenz, Prälat, Domkapitular i. R.,
* 11. September 1901; † 21. Juni 1990

Rother, Arthur, Professor, Leiter des »Berliner Rundfunk-Sinfonie-Orchester«

Rothschild, Bruno, Apotheker, Konvertit.
Priesterweihe in Eichstätt 29. Juni 1932
* 24. Januar 1900, † 24. Dezember 1932

Rothschild, Hermann, Kaufmann in Lohr
* 8. Mai 1868 Grünsfeld, † 21. Dezember 1932 Lohr

Rothschild, Helena, geb. Herrmann, Ehefrau, * 17. Januar 1876, Scheßlitz, † 6.
Mai 1951, Chicago/USA

Rothschild, Alvin, * 16. Mai 1908, ausge-
wandert nach Amerika 1938

Rothschild, Irma, verehel. Mannheim, 28.
August 1901

Rothschild-Bankhaus in Frankfurt/M.

Ruhland, Hochschulprofessor

Sales, Franz von, Bischof von Genf, Or-
densstifter, 1661 selig-, 1665 heiliggesprochen, * 21. August 1567 auf Schloß
Sales in Savoyen, † 28. Dezember 1622

Salesianer in Eichstätt (Willibaldsburg)

Sattler, Schw. Ernestine, Bezirksfürsorgerin in Speyer

Sauer, Pfarrer in Germersheim

Schalle, Dr., Sanitätsrat in Bad Wörishofen

Schlembach, Dr. Anton, Bischof von
Speyer, * 7. Februar 1932

Schmid, Dr. Georgius, Bischof von Chur./
Schweiz

Schmid, Paschalis, S.D.S. (Salvatorianer-
Pater), * 25. August 1887, † 25. Dezember 1957

Schondorf, Paul, Ministerialrat a. D. (Ehefrau Anna), konvertiert in Neustrelitz
30. Januar 1933, * 1. November 1873,
Güstrow, † 4. August 1949, Konstanz

Schreiber, DDr. Christian, erster Bischof
des neugegründeten Bistums Berlin
(Inthronisation 31. 8. 1930), * 3. August
1872 in Samborn b. Gelnhausen, † 1.
September 1933

Schrembs, Josef, Bischof von Cleveland/ Nordamerika, * 3. August 1872 (besuchte Resl im Dezember 1927 u. 31. Mai 1929), † 1. September 1933

Schuhmann, Josef, Pfarrer von Konnersreuth seit 1. April 1962, Geistlicher Rat, * 17. September 1912, † 24. September 1995

Schwarz, Dr. phil. Günther, Pastor i. R. Geboren 1928 Hamburg. Übersetzt aus dem Hebräischen Text des Denkmals für Herm. Rothsch. Vgl. hierzu: »Das Zeichen von Konnersreuth«. Herausgegeben von der Abteilung für Selig- und Heiligsprechungsprozesse beim Bischöflichen Konsistorium für das Bistum Regensburg (1994).

Sebastian, Dr. Ludwig, Bischof von Speyer, * 1862 in Frankenstein, † 1943 in Speyer

Seidl, Dr. Otto, Sanitätsrat, seit 1921 Ehrenbürger von Waldsassen, damals zweiter Bürgermeister, ging damals in Regensburg zusammen mit Pfarrer Naber ins Gymnasium, * 9. März 1869, † 11. Juni 1945

Siller, Joseph, Regensburger Priester, * 24. Januar 1906; † 8. März 1984

Skriba, Theodor, Apotheker in Schotten, * 1. Oktober 1882, † 26. April 1959

Sloskans, Boleslas, Titularbischof von Cillium, Apostolischer Administrator von Minsk und Mohilev (Weißrußland) im Exil, Verleihung des Titels durch P. Pius XI. »Beistand am Päpstlichen Thron« (vgl. »Zeuge Gottes bei den Gottlosen«, Gefängnistagebuch, herausgegeben 1988 bei »Kirche in Not« – Ostpriesterhilfe)
* 31. August 1893 Tiltagals/Litauen, † 18. April 1981 Belgien

Söllner, Joseph, Priesterweihe 1932 in Eichstätt, * 14. April 1900; † 21. Oktober 1963
Priestermutter von Joseph Söllner

Spätberufenen-Seminar St. Josef, Fockenfeld, für Welt- und Ordenspriester
Leitung Salesianer-Patres (OSFS), kirchliche Weihe durch Erzbischof Dr. Michael Buchberger 3. Oktober 1955,

Weihe der Seminarkirche durch Bischof Dr. Rudolf Graber am 26. Oktober 1968

Spiegel, M. Benedikta, Gräfin von und zu Pickelstein, Äbtissin im Benediktinerinnen-Kloster St. Walburg, Eichstätt, * 30. Januar 1876; † 17. Februar 1950

Stein, Edith, Dr. phil., * 12. Oktober 1891 Breslau, getauft am Neujahrstag 1922 in Bergzabern, St. Martin, gefirmt am 2. Februar 1922 durch Bischof Dr. Ludwig Sebastian in dessen Hauskapelle in Speyer (Edith St. nahm bei der Taufe zu ihrem Rufnamen die beiden Namen Theresia und Hedwig hinzu)
1923–1931 Lehrerin am Mädchenlyzeum und an der Lehrerinnenbildungsanstalt der Dominikanerinnen von St. Magdalena in Speyer
1932–1933 Dozentin am Deutschen Institut für wissenschaftliche Pädagogik in Münster/W.
14. 10. 1933 Eintritt in den Karmel Köln
15. 4. 1934 Einkleidung als Sr. Teresia Benedicta a Cruce
21. 4. 1938 Ewige Gelübde
31. 12. 1938 Übersiedlung nach Echt/ Niederlande
2. 8. 1942 Verhaftung und Abtransport nach Auschwitz. Tötung am 9. 8. 1942
4. 1. 1962 Eröffnung des Seligsprechungsprozesses durch den Erzbischof von Köln, Josef Kardinal Frings. Abschluß des Diözesanprozesses durch Kardinal Höffner
1. Mai 1987 Seligsprechung Edith Steins durch den Heiligen Vater Papst Johannes Paul II. in Köln

Stein, Auguste, geb. Courant (Mutter von Edith Stein), * 1849, † 14. September 1936

Stein, Else (Schwester von Edith Stein), * 1874, † 1954

Stein, Dr. med. Erna, verh. Biberstein (Lieblingsschwester von Edith Stein); weilte 1968 zu Besuch im St. Magdalenen-Kloster, Speyer, * 1890, † 1978 (vgl. Maria Adele Herrmann O.P. »Die

Speyerer Jahre von Edith Stein«. Pilger-Verlag, Speyer, 1990)

Stein, Rosa, Tertiarin des Karmel und Klosterpförtnerin, * 13. Dezember 1883, am 2. August 1942 zusammen mit ihrer Schwester Edith Stein im Karmel zu Echt verhaftet und getötet worden in Auschwitz am 9. August 1942

Stadtpfarrkirche in Eger/Tschechoslowakei

Stadtpfarrkirche in Waldsassen, ehemalige Zisterzienserkirche, am 17. September 1969 in den Rang einer päpstlichen *Basilika Minor* erhoben auf Bitten des Regensburger Bischofs Dr. Rudolf Graber

Stadttheater in Lübeck

Staudinger, Dr. Pater Odo OSB, Salzburg, * 10. August 1891; † 5. Mai 1961

Steger, Pater Laurentius OSB

Steiner, Dr. Johannes, Verleger, Buchautor und Mitbegründer des Verlages Schnell & Steiner
1931–1933 Mitarbeiter von Dr. Fritz Gerlich (Verlagsleiter) bei der Zeitschrift »Der Gerade Weg«. Dr. Steiner wurde vom Papst mit dem St.-Silvester-Orden ausgezeichnet. Gründungsmitglied des »Konnersreuther Ring e. V.« † 1995

Stengl, Kaplan aus Neuburg a. O.

Stolz, Dr. Benedikt, Benediktiner der Abtei Dormitio, Jerusalem (seit 1921)
Präfekt des lateinischen Priesterseminars, nach 1949 Prior über fast 30 Jahre hin. Zum Ehrenbürger von Jerusalem ernannt März 1979 durch Staatspräsident Navon und Bürgermeister Teddy Kollek. * 6. Januar 1895, † 28. April 1986 in Jerusalem

Sträter, Dr. Carl SJ. Langjähriger Professor für Dogmatik an verschiedenen Theologischen Fakultäten. Er wurde – durch Bischof Dr. Rudolf Graber – 1972 mit den Vorarbeiten für einen Seligsprechungsprozeß der Therese Neumann beauftragt. * 1909 in Maastricht/Niederlande, † 18. Januar 1992 in Teisendorf/Oberbayern

Teodorowicz, Dr. Josef, Erzbischof von Lemberg, * 1864, † 1938. Vgl. »Konnersreuth im Licht der Psychologie und Mystik«, Verlag Pustet, Salzburg 1936

Thalia-Theater, Berlin

Theresia von Avila (die »Große«), Mystikerin, Ordensreformerin
* 23. März 1515 in Avila (Spanien), † 4. Oktober 1582. Papst Paul VI. ernannte am 27. 9. 1970 Theresia als erste Frau zu einer Lehrerin der Kirche.

Theresia von Lisieux (die »Kleine«). Ordensname der Karmeliterin *Theresia vom Kinde Jesu.* Weltlicher Name Theresia Martin
* 2. Januar 1873 in Alencon, † 30. September 1897 in Lisieux, Heiligsprechung durch Papst Pius XI. am 17. Mai 1925. Er erklärt die hl. Theresia am 14. Dezember 1927 zur Patronin der Weltmissionen. Liturgischer Festtag für die ganze Kirche 1. Oktober

Theresianum, Anbetungskloster der Marienschwestern vom Karmel
Grundsteinweihe 28. April 1963 und Weihe der Kapelle und des Klosters durch Bischof Dr. Rudolf Graber am 22. September 1963

Theresia-Schule, St., Mädchengymnasium in Eeclo/Belgien

Tirpitz, Alfred von, Großadmiral. 1924–1928 MdR (deutsch-national). Gründer der »Vaterlands-Partei«

Treskow, Otto von, Oberstleutnant a. D.

Uhl, Julius, Apotheker in Germersheim/Rh.
* 8. Mai 1867 St. Ingbert, † ?

Uhl, Dagobert, Apotheker in Germersheim (Sohn des Julius Uhl)
* 4. Februar 1906, † 26. November 1986

Uhl, Elisabeth (Tochter des J. U.)

Uhl, Hildegard (Tochter des J. U.)

Verband der Theaterangestellten und ähnlicher Berufe

Visionen: Petrus und Paulus vor Nero in Rom – Jüngling von Naim und Franziskus von Assisi – Heilung des Gichtbrüchigen – Todesvision der hl. Theresia vom Kinde Jesu – Pfingsten – Festnahme von Petrus und Johannes – Petrus im Hause des Cornelius – Heilung der Schwiegermutter von Petrus – hl. Antonius – Auf Tabor – Einsetzung des Altarsakramentes – Tod des hl. Aloysius – Enthauptung Johannes des Täufers – *Sühneleiden:* für ein Mädchen; *Visionen:* Bei Maria und Martha im Hause des Lazarus – Tod und Himmelfahrt Mariens – Engelsturz – Tod der hl. Theresia von Lisieux – Jesus in Kapharnaum im Haus des Petrus – Kleine hl. Theresia von Lisieux – Resl folgt der heiligen Messe Pfarrer Nabers – *Mystische Kommunion; Visionen:* Hochzeit zu Kana – Heilige Drei Könige – An der Bahre von Bruno Rothschild – Fest Mariä Namen – Heilung eines wassersüchtigen Mannes – Gastmahl des Pharisäers – Fest Kreuzerhöhung – Resl folgt der heiligen Messe Pfarrer Nabers in Berlin – *Kommunion-Ekstase*

Vogl, Anton, Geistl. Rat, Postulator. * 1. November 1936

Waitz, Dr. Sigismund, Fürsterzbischof von Salzburg
† 30. Oktober 1941

Waldburg zu Zeil, Erich Fürst von, * 21. August 1988; † 24. Mai 1953

Waldsassener Grenzzeitung

Weber, Eva, Institutszögling von der Insel Frauenwörth/Chiemsee
* 10. Mai 1914, † 26. Juli 1928

Weber, Hubert, akad. Kunstmaler und Bildhauer

Weisl, Wolfgang von, Dr. med., Berlin

Weiß, Anna (genannt »Spitzwirtin«), † 15. April 1969

Weiß, Johannes, Regensburg, * 24. Januar 1910

Weiß, Privatgasthof Zum Weißen Roß, Konnersreuth

Weiß, Karolina aus Höflas
* 29. Januar 1914, † 23. Juli 1930

Weiss, Liberat, Märtyrer-Pater aus dem Franziskanerorden
* 4. Januar 1675 in Konnersreuth. Aufgenommen in das Grazer Noviziatshaus der österreichischen Franzikanerprovinz am 13. Oktober 1693, Priesterweihe 14. September 1698, erste Missionsreise nach Äthiopien im September 1704, nach Scheitern der ersten dann zweite Missionsreise im November 1711. Am 3. März 1716 erlitten Pater Liberat *Weiss* und seine Gefährten den Märtyrertod durch Steinigung. Seligsprechung durch Papst Johannes Paul II. am 20. November 1988

Weiß, Joseph, Besitzer des »Gasthof Zum Deutschen Haus« (Bürgermeister)

Wiene, Peter (nicht ermittelter Herr)

Wilde (nicht ermittelter Herr)

Willibaldsburg, benannt nach dem hl. Willibald, Bistumsheiliger, Gründung 1355, ehemalige Residenz der Eichstätter Fürstbischöfe. Jura Museum Eichstätt

Windthorst, Ludwig, 1812 in Obercappeln bei Osnabrück geboren, seit 1867 im Norddeutschen Bund, seit 1871 im Deutschen Reichstag und im Preußischen Abgeordnetenhaus, trat er besonders während des Kulturkampfes für die Rechte der Katholiken ein und bekämpfte auch die ersten Anzeichen des Antisemitismus. Er starb am 14. März 1891 und wurde in der Marienkirche in Hannover beerdigt

Winheimer, H., Vorstand der Israelitischen Kultusgemeinde in Lohr

Wohlmuth, Dr. Georg, Philosophieprofessor, Dompropst und Politiker in Eichstätt. (Vgl. Bauch, Andreas »Im Dienst von Glaube und Leben. Gestalten aus Augsburgs jüngster Geschichte«. Sonderdruck aus: Veröffentlichungen der Gesellschaft für Fränkische Geschichte, 7. Reihe: Lebensläufe aus Franken, Bd. 6). Würzburg 1959, S. 45–55

Wutz, Franz Xaver, Dr. theol., o. Professor der alttestamentlichen Exegese und

der biblischen Wissenschaften an der Philosophisch-Theologischen Hochschule Eichstätt, Bischöfl. Geistl. Rat
* 21. Oktober 1882 Eichstätt, † 19. März 1938 Eichstätt
(Vgl. »Gedenkworte von Professor Dr. J. *Kürzinger* an Professor Dr. Franz Wutz«, gehalten vor der Hörerschaft der neutestamentlichen Vorlesung am 21. März 1938 in der Aula der Mariana der Bischöflichen Philosophisch-Theologischen Hochschule)
Anläßlich des 100. Geburtstages von Prof. Wutz fand in der Universitätsbibliothek der Katholischen Universität Eichstätt eine Ausstellung statt, die unter das Leitwort »Heilige Schrift – Konnersreuth – Widerstand« gestellt und von November 1982 bis Februar 1983 geöffnet war.
Zu dieser Ausstellung erschien ein Begleitheft. Es enthält u. a. Gedenkworte des Bischofs von Eichstätt, Dr. Alois Brems, ein Lebensbild des Franz Xaver Wutz, Schriftenverzeichnis Franz Xaver Wutz und ein Verzeichnis der 145 Ausstellungsstücke. Das Begleitheft wurde im Auftrag der Katholischen Universität Eichstätt verfaßt und bearbeitet von Dr. Matthias Buschkühl.

Zeppelin-Riesenvogel LZ 127. Vgl. Chronik d. Marktgemeinde KJo. v. Konnersreuth

Zita, die heilige Jungfrau und Dienstmagd. Im Dorf Monsagrati bei Lucca in Italien geboren. † am 27. April 1278. Ihr heiliger Leichnam wurde zu Lucca in der Kirche des heiligen Frigidian begraben und wurde nach dreihundert Jahren unverwest und unversehrt aufgefunden. Im Jahre 1696 wurde sie von Papst Innozenz XII. heiliggesprochen.